시스템분석 및 설계

황선명 · 염희균

도서출판 그린

목 차

CHAPTER 01

객체지향 개념

객체지향 기술의 정의와 기본 개념을 소개한다. 또한 객체지향 방법론이 출현되고 표준화되기까지 개발 방법론의 발전 과정이 간단히 소개되는데, 전통적인 방법론인 구조적 방법과 정보공학 방법을 이 모델링과 개발 프로세스 측면에서 설명함으로써 객체지향 방법론의 필요성을 알아보고, 객체지향 기술을 적용하여 정보 시스템을 만들어 가는 과정을 사례를 통해서 쉽게 설명하고자 한다. 이 장에서는 객체지향 개념과 객체기술에 대해 학습한다.

1.1 객체지향 기술

본 절은 객체지향 기술의 개요로서, 객체지향 기술이란 무엇이고, 어떻게 발전해 왔는지에 대하여 다룬다.

학습목표

- 객체지향 기술의 개념, 발전을 알아본다.
- 객체지향 기술의 필요성, 효과를 알아본다.

1.1.1 객체지향 기술 정의

객체지향 기술(Object-Oriented Technology)은 단지 개념, 프로그래밍 언어, 개발 방법론의 변화가 아닌 현재 전사적 환경(Enterprise Computing)에서 개발하고 사용하는 컴퓨터 소프트웨어 산업 전반에 걸쳐 동시에 진행되고 있는 '패러다임 변화(paradigm shift)'이며, 시스템 모델의 변화이다.

객체지향 기술은 새롭게 생겨난 것이 아니라 여러 분야에 걸쳐 기술적 요구에 의해 성숙된 기술이다. 객체지향은 보통 smalltalk 등 객체지향 프로그래밍 언어에 의해 제기되고 구체화되어진 사고라고 인식되어져 왔다. 하지만 프로그래밍 언어에서 모듈이나, 데이터의 추상화 등의 발상과 같은 기초연구 및 개념 자체가 아니라 여러 분야에서 동시다발적으로 제기 되어온 새로운 사고방식이라 볼 수 있다.

1.1.2 객체지향 기술의 발전

먼저 객체지향 기술의 기원과 기술적 접근 흐름을 살펴보자. 첫째, 객체지향 기술의 기원은 프로그래밍 언어에서 찾아볼 수 있다. 객체지향의 부품화, 추상화는 많은 이점과 이론적 설명이 가능하여 객체지향 프로그래밍 언어에서 다른 분야(분석설계, 데이터베이스 등)보다 쉽게 적용이 되었다. 사실 객체지향은 프로그래밍 기술에서 현실화되어진다고 볼 수 있는데, 이러한 이유로 대부분 사람들은 객체지향 프로그래밍 언어를 사용하여 정보시스템을 개발하면 객체지향 기술을 적용한 프로젝트라고 잘 못 생각하는 경향이 있다.

둘째, 데이터베이스이다. 데이터베이스를 통해서 지금의 객체 지향적 사고에 많이 접근했다고 볼 수 있다. 데이터베이스로 정형화된 정보를 저장하기 위해서는 문제 영역에서 실체(Entity)라 불리는 데이터를 찾아내고, 실체들의 연관성을 "E-R 모델"로 알려진 데이터 모델의 표현 형식을 취하게 되는데, 이러한 절차들은 객체지향 개념으로 가까워지는 흐름이다.

이러한 기술들은 현재 멀티미디어 데이터를 문자나 숫자 등과 같은 일반형태의 데이터와 함께 데이터베이스에 저장 및 검색을 통해 여러 응용 분야에 적용함으로써 추상화, 정보은닉의 객체지향 개념을 사용하고 있다.

셋째, 인간적 사고를 컴퓨터에 적용하고자 하는 인공지능을 들 수 있는데, 지금의 객체지향 기술의 사고와 같은 분야로 볼 수 있다. 현실에 존재하는 사물(객체)을 그대로 컴퓨터로 옮기는 일, 이러한 사고가 객체지향의 근본이라고 본다.

우리는 처음 컴퓨터 프로그래밍을 하면서 실세계의 것들을 컴퓨터가 인식할 수 있고, 원하는 방식으로 표현하는 기술을 배웠다. 컴퓨터 하드웨어를 가까이서 지원하는 기계언어들을 능숙하게 사용하는 사람을 고급 기술자로 생각해 왔다. 하지만 소프트웨어 기술이 발달하면서 점차로 실세계의 것들을 사람이 생각하는 방식대로 표현할 수 있는 객체지향형 프로그래밍 언어가 출현되면서 프로그래밍 언어의 복잡한 표현을 배우기보다는 실세계의 것들을 추상화하여 모델링하는 기법들이 더 중요하게 되었다.

이처럼 객체지향 기술은 컴퓨터가 원하는 방식대로 실세계의 것들을 표현하는 것이 아니라 실세계의 것들을 사람이 생각하는 방식 그대로를 모델링하여 컴퓨터에 옮기는 방식이라 할 수 있다.

1.1.3 객체지향 기술의 필요성

소프트웨어의 큰 문제는 복잡성이다. 이런 복잡성으로 인해 생산성과 신뢰성은 물론 고비용의 문제점을 야기한다.

따라서 개발 생산성을 높이고 안정성을 보장하기 위한 다양한 소프트웨어 개발 방법과 기법이 끊임없이 등장하여 적용해 왔으나, 급변하는 기업의 비즈니스 환경에 적극적으로 대응하기에는 역부족이었다. 또한 정보시스템은 갈수록 거대하고 복잡, 다양해져 가고 있는데 반해 소프트웨어 기능에 대한 사용자들의 요구는 계속적으로 증가하고 있고, 수시로 수정 보완되어야 하는 외적 환경으로 소프트웨어의 개발 및 유지보수 비용은 급증하여 '소프트웨어 위기(Software Crisis)'란 말까지 생겨나게 되었다.

[표 1-1]에서는 개발 단계별 소프트웨어 비용을 백분율로 표시하였는데, 소프트웨어 개발이 종료된 이후에 소프트웨어의 복잡성으로 인한 유지보수의 비용이 절반 이상을 차지하고 있음을 쉽게 알 수 있다.

표 1-1 개발 단계별 소프트웨어 프로젝트 비용

개발단계	%
요구분석	3
설계	8
개발	7
테스트	15
유지보수	67

융통성(flexibility) 및 재사용성(reuse)을 기반으로 하는 객체지향 기술은 소프트웨어 위기를 해결하기 위한 유일한 해결책이다. 또한 객체지향 기술은 소프트웨어를 개발하는 방식은 물론 전 세계적으로 네트워크로 연결된 이기종 컴퓨터 환경에서의 어플리케이션들이 서로 정보를 교환하는 방법과 구조를 변화시킨다. 또한 객체지향 모델은 비즈니스 프로세스를 설계하는 방식을 바꾸고, 현재 전사적인 비즈니스 프로세스를 재설계하여 미래의 비즈니스 형태에 접합하도록 접근 방법을 제시해 주는 역할을 한다.

1.1.4 객체지향 기술의 효과

객체지향 기술이 소프트웨어 개발에 미치는 효과를 몇 가지로 요약하면 다음과 같다.

첫째, 객체지향 기술은 개발환경을 단순화하고, 개발된 코드와 어플리케이션의 재사용을 통한 개발 시간을 단축시킨다.

둘째, 추상화 기법 프로그래밍을 통한 단순, 집중 능력은 소프트웨어 개발 생산성 향상과 더 신뢰 있고 품질이 좋은 단단한 소프트웨어를 제공한다.

셋째, 복잡성을 잘 처리하는 능력은 개발자들에게 어려운 어플리케이션에 대해 쉽고, 능숙하게 처리하게 한다.

넷째, 프로그램 가능한 재사용 컴포넌트의 제공과 객체지향 기법은 소프트웨어 개발 비용을 감소시켜 준다.

그러나 객체지향 기술이 정보시스템의 성공적인 구축에 있어 많은 효과와 성공에 필요한 요소들을 충분하게 수용하고는 있지만, 객체지향 기술을 기반으로 한 프로젝트가 모두 성공하는 것은 아니다. 객체지향 프로젝트가 성공하기 위해서는 프로젝트 초기에 재사용(Reuse)에 대한 계획과 프로젝트 인력에 대해 객체지향 기술에 대한 충분한 교육 및 표준 기술에 대한 투자, 그리고 전체적인 프로젝트를 관리할 수 있는 관리 방안이 기본적으로 선행되어야 할 것이다.

1.2 객체지향의 기본개념

본 절에서는 객체지향의 기본 개념 및 구성요소에 대하여 자세히 살펴본다.

학습목표

- 객체를 알아본다.
- 객체의 속성과 행위에 대하여 알아본다.
- 클래스에 대하여 알아본다.

1.2.1 객체지향의 기본 개념들

객체지향은 분석/설계 방법, 프로그래밍 언어, 개발 도구, 데이터베이스, 운영체제, 코드의 라이브러리/프레임워크 등의 기술적 문제를 해결하는 방법으로만 제한하지 않고, 실세계의 비즈니스를 모델링하고 시스템 문제를 해결하는 데 더 많이 적용되고 있다.

즉, 실세계의 객체들을 통해서 비즈니스와 소프트웨어 모델들을 시스템화 한다고 볼 수 있다. 그러면 객체 지향적 접근방법을 통해서 기본적으로 사용되는 용어 및 개념을 알아보기로 하겠다.

객체 지향적 접근법은 문제 영역에서 시스템들을 기능 위주로 보지 않고 각 시스템에 포함되어 있는 객체들을 분석하여 행위와 데이터를 찾아내는 방법을 취한다.

예를 들어, 판매 시스템에서는 기본적으로 "제품", "주문" 등의 클래스를 가지고 있다(객체, 클래스에 대한 정의는 뒤에서 설명하고 있다.)

"제품" 객체는 "제품 이름", "제품 단가" 등의 데이터(속성)를 가지고 있으며, "제품을 등록한다.", "제품 내역을 작성한다." 등의 행동(행위)을 취한다. "주문" 객체는 "주문 수량", "주문 일자" 등의 데이터와 "주문을 등록한다.", "주문 수량을 작성한다." 등의 행동을 취한다.

"제품" 객체가 주문된 제품의 수량을 알고 싶다면 "주문" 객체에게 "주문 수량을 알려 줌" 이라는 메시지를 보내면 "주문" 객체는 주문 수량을 "제품"객체에게 알려주게 된다.

이와 같이 문제 영역에 포함된 비즈니스 객체들을 찾아내어 데이터와 행위를 정의하고, 객체들 사이의 필요한 정보들을 메시지를 통해 서로 요구하고, 제공하게 함으로써 시스템을 만들어 가는 것이다. 이러한 객체지향 시스템의 큰 장점은 모델과 코드를 재사용할 수 있다는 것이다.

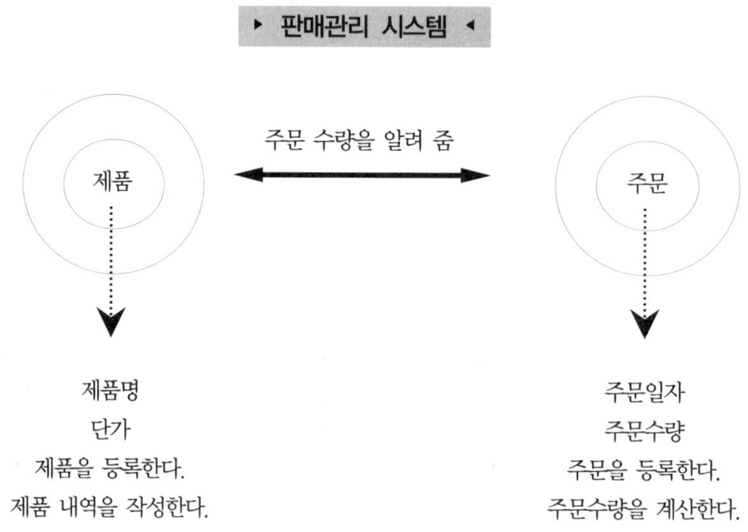

그림 1-1 판매관리 시스템(예)

만일 A사의 판매 시스템은 자사에서 생산된 제품 외에 타사의제품도 판매한다고 했을 때 "타사 제품"이라는 또 하나의 클래스가 필요하게 된다. 이때 "제품"이라는 클래스(상위 클래스)의 데이터와 행위를 "타사 제품"이라는 클래스(하위 클래스)에 그대로 상속시켜 재사용하게 하고, "타사 제품"클래스의 특징이 되는 데이터와 행위만 새롭게 정의하면 "제품"클래스의 모든 것(데이터, 행위)을 그대로 사용한 확장된 개념의 새로운 클래스를 만들 수 있다.

다음 절에서는 지금까지 설명한 예를 들어, 판매 시스템에서 사용된 용어, 즉 객체(Object), 클래스(Class), 메시지(Message), 계승(Inheritance), 상위 클래스 / 하위 클래스 등을 중심으로 객체지향 기술의 기본 개념과 구성요소를 설명하겠다.

1.2.2 객체(Object)

객체는 객체지향에서 기본적인 사고의 단위이며, 실세계 어떤 것들(things)을 실체화하여 표현한 것을 말한다.

객체는 데이터(속성) 값과 객체가 하는 일을 나타내는 행위들(behavior)로 구성되어 있고, 이들은 정보 은닉(캡슐화)의 원리로 보호되어 있다. 또한 객체는 식별자(identity)를 포함하는데, 시스템 안의 객체들 사이에서 유일성을 나타내고 있다.

객체의 행위는 자신의 데이터를 조작하는 전용 메서드(Private Methods)과 다른 객체와 통신을 하기 위한 공용 메서드(Public Methods)로 구분되어 있다.

객체는 다른 객체와의 통신 수단으로 오직 메시지(Message)만을 사용하는데, 다른 객체의 공용 행위에게 메시지(message)를 보내어 원하는 정보를 얻게 된다.

실세계에서 발견할 수 있는 객체를 예로 들어 보면 "송장", "사원", "급여", "기차", "기차엔진", "객차", "컨테이너 차", "차", "컴퓨터", "컴퓨터 키보드", "마우스", "마우스 패드", "스크린", "스크린 안의 아이콘", "부서", "사무실" 등 다양하게 볼 수 있다.

이 객체 중에서 기차는 "기차엔진", "객차", "컨테이너 차"등으로 구성 되어 있고, 승객들이 이용하는 "객차" 객체의 경우 "창문", "의자" 등 여러 개의 객체들로 이루어져 있음을 알 수 있다. 여기서 우리는 또, 한 가지 사실을 발견하게 되는데, 객체는 또 다른 객체들로 구성되어 있다는 점과, 실세계의 모든 것을 객체로 표현할 수 있다는 것이다.

1.2.3 속성(Attribute)과 행위(Behavior)

객체들은 나름대로 특징을 나타내는 요소들을 가지고 있다. 예를 들면 "학생"이라는 객체는 이름, 학번, 키, 몸무게, 특기, 취미, 성별 등의 항목을 가지고 있으며, 학생이라는 객체는 여러 개의 독립된 특성인 속성(데이터)으로 표현되어 진다.

다르게 표현하면 속성은 데이터 항목(Variable)이며 각각의 객체들은 자신의 값들을 가지고 있다. 속성들은 숫자, 문자 등 서로 다른 데이터 타입을 가지고 있으며, 객체지향 프로그래밍 언어들은 풍부한 데이터 타입을 제공하고 있고 개발자들은 스스로 데이터 타입을 정의할 수가 있다.

객체 중에서 다른 객체들을 참조하고 있는 속성들을 가지는 객체가 있는데 이것을 복합 객체들(Compound Objects)이라고 하며, 앞에서 기차 객체로 설명되었으므로 설명은 생략한다.

객체들은 행위들을 포함하고 있는데, 객체들은 메시지를 통하여 다른 객체의 행위들을 호출하여 서로 정보를 교환한다.

행위는 기능상 함수(Function)와 매우 비슷하다. 그러나 중요한 다른 점이 있다. 행위는 오직 메시지 전달(Message-Passing Paradigm)방식을 취한다는 점과 오직 자신의 데이터만을 사용하고 데이터 전달은 파라미터(parameter)에 의해서만 이루어진다는 점이다. 또한 객체의 관련된 기능들이 데이터와 함께 객체 안에 존재하여 행동한다는 점에서 객체지향에서의 행위가 기존의 함수와 또 다른 의미를 찾을 수 있다.

행위들은 여러 가지 용어로 표현이 되는데 예를 들면 메서드(methods), 메시지의 구현(message implementation), 오퍼레이션들의 집합(set of operation)들로 불리어지며, 프로그래밍 언어에서는 C++ 경우 멤버 함수(member function), smalltalk 경우 메서드(method)로 사용된다.

1.2.4 캡슐화 (Encapsulation) 와 정보 은닉

캡슐화란 객체 내의 데이터와 행위를 같이 포장하는 방식을 말하며, 포함된 행위로 인해 데이터가 조작 또는 변경된다. 또한 캡슐화는 다른 객체로부터 데이터를 은닉, 보호하는 역할을 하게 되는데, 정보은닉은 한 객체가 다른 객체로부터 자신은 데이터들을 은닉하기 때문에 객체들은 오직 메시지를 보내는 방법에 의해서만 다른 객체의 정보를 얻을 수가 있는 것이다.

1.2.5 메시지(Message)

앞에서 설명했듯이 메시지는 객체간의 정보를 전달하기 위한 유일한 수단이며, 객체지향 프로그래밍에서도 유일한 프로그램 표현 방식이다.

객체는 정보은닉의 원리가 작용하고 있어서 자기 자신의 객체만을 조작할 수 있기 때문에 다른 객체에서 정보를 참조하기 위해서는 메시지를 통해 공용 행위를 호출해야만 한다. 그러므로 객체의 공용 행위는 메시지에 의해 선택된다고 볼 수 있다. 메시지는 다른 모듈을 호출한다는 차원에서는 전통적인 절차적 언어에서 사용된 함수 호출에 해당된다고 볼 수 있다.

객체지향에서의 정보 교환은 객체와 메시지라는 이 두개의 요소로 처리가 가능하다는 점이며, 이러한 특징은 객체지향 기본 원리를 이해하는 데 많은 도움을 준다.

1.2.6 클래스(Class)

클래스란 동일한 데이터 구조(속성)와 공통의 행위(behavior), 공통의 관계들, 그리고 같은 의미를 가지는 객체들의 모음을 추상적으로 표현한 형태(Type)를 말한다.

객체는 클래스로부터 생성이 되어 지는데, 이러한 클래스 형판에 의해 생성되는 객체들을 다른 말로 클래스의 인스턴스(instance)라고 불리어진다. 그래서 보통 클래스를 객체를 생성하는 형판(Template)이라고 말하며, 객체와 같이 속성과 행위들을 갖는다.

예를 들어 보면, 학원관리 시스템에서 교과목은 클래스이다. "교과목" 클래스는 데이터 구조와 행위를 갖게 되며, 개별적인 객체들을 생성하게 되는 형판(Template)의 역할을 수행하게 된다. 교과목 클래스는 국어, 영어, 수학, 과학 등과 같은 인스턴스(객체)들을 생성하게 되는 것이다.

각각의 클래스 안에 있는 객체는 같은 속성들과 행동 양식을 가지고 있다. 대부분 객체들은 그들의 속성들에 대해 서로 다른 값들을 가지나, 일부 객체들은 동일한 속성값들과 공통의 행위를 허용하기도 한다.

객체들간의 유일한 통신 수단인 메시지를 이해하는 것이 객체지향의 기본 원리를 공부하는데 많은 도움이 되듯이, 객체와 클래스를 이해하고, 그들의 관계를 파악하는 것은,

객체지향 기술을 통해 시스템을 모델링하고, 구현하는 전반적인 과정에서 매우 중요한 역할을 하게 된다.

클래스는 동일 부류의 객체들을 추상화했다고 말할 수 있는데 계속해서 추상화에 대해서 알아보기로 하겠다.

1.2.7 추상화(Abstraction)

추상화를 간단하게 말하면 "복잡성을 줄여서 단순하게 표현한 것"이다. 실세계에서 사고의 기본 단위인 객체를 추출하여, 객체의 특성들을 개략 화시켜 클래스로 정의하는 과정들을 추상화한다고 말한다.

객체지향 개념을 현실 세계에 적용하여 얼마나 추상화를 잘 하느냐에 따라 복잡성을 단순화시키고, 재사용에 대한 확신을 가질 수 있게 한다. 시스템을 분석하는 과정에서 성공적인 추상화는 시스템 구축에 중요한 성공 요소이다.

클래스에는 추상(abstract) 클래스와 구체적(concrete)클래스가 있는데, 추상 클래스는 하위 클래스의 공통된 특성들을 추출하여 생성된 클래스이며, 자신의 인스턴스는 생성하지 않는 것이 특징이다.

클래스와 클래스 사이에 정보를 공유하는 방법은 클래스를 추상화하는 정도에 따라서 계층화하여 하위 클래스는 상위 클래스의 성질을 상속받음으로써 가능하다.

1.2.8 상속(Inheritance)

클래스와 클래스 간에도 정보를 분산하는데, 그 방법은 클래스들 사이에서 공통되는 성질과 공통되지 않는 성질을 나누고, 그 공통된 성질을 취하여 클래스를 만들고(상위 클래스), 상위 클래스가 가지고 있는 공통적인 성질을 그대로 상속받는 하위 클래스를 정의함으로써 이루어진다.

예를 들면 어떤 회사에서 근무하는 사원이 정규 사원과 임시 사원이 있다고 하자. "정규 사원", "임시 사원" 두 클래스는 회사의 직원이라는 공통된 특성을 가지고 있다. 이러한 공통된 특징의 데이터 구조와 행위는 "사원" 클래스가 가지고 있어서, 두 개의 하위 클래스는 상위의 "사원" 클래스로부터 특징의 전부를 상속받게 된다.

앞에서 설명한 것과 같이, 상위 클래스와 하위 클래스에서 정보를 공유하는 방법으로 상속을 사용하는데, 상속은 객체지향 시스템에서 재사용 측면에서 중요한 역할을 한다.

상속은 복잡한 비즈니스 모델을 설계와 개발 차원에서 단순화시키고, 복잡성을 해결한다. 개발자에게도 여러 가지 혜택을 주는데 프로그래밍 언어 차원에서 코드를 재사용하게 하고, 수정이 필요할 때 상위 객체의 행위를 수정함으로써 하위 객체들은 상속을 통해서 수정된 부분들을 그대로 사용하게 되는데 이러한 방법으로 수정사항들을 쉽게 해결할 수 있다.

상속은 두 개 이상의 상위 클래스로부터 상속을 받는 하위 클래스가 있는데 이러한 상속을 다중 상속이라고 말한다.

예를 들면 대학교에서 조교로 활동하는 사람은 주로 대학원 학생들이 많은데 그러면 "조교"는 교직원이면서 학생이 된다. 이러한 경우 "조교" 클래스는 "직원" 클래스와 "학생" 클래스에서 모든 특성을 상속받게 된다.

다중 상속은 실세계에서 많이 일어나는 현상이며, 객체지향에서는 이 부분에 대한 모델링도 가능하게 한다. 하지만 객체지향 프로그램 언어 중에서는 다중 상속을 지원하는 언어(C++)와 지원하지 않는 언어(Java)가 있다. 다중 상속은 구현상 몇 가지 어려움으로 인해 구현에 있어 신중을 기해야 한다.

상속을 더욱 향상시킬 수 있는 방법은 객체지향의 중요한 특징 중 하나의 다형성(Polymorphism)을 통해서 유연성과 재사용성을 높일 수 있다.

1.2.9 다형성(Polymorphism)

다형성은 같은 종류의 행위들에 대해 하나의 이름으로 사용을 허락하는 것을 말한다. 즉, "삼각형을 그린다.", "사각형을 그린다.", "원을 그린다." 라는 행위들을 하나의 "그린다." 라는 행위로 사용할 수 있다. 다형성은 이처럼 하나의 행위로 여러 개의 결과를 출력할 수 있게 한다. 좀 더 구체적으로 설명하면, 같은 메시지에 대하여 이 메시지를 수신하는 객체에 따라 다르게 행동하는 것을 말한다.

상위 클래스로부터 상속된 행위들은 제거할 수 없으나 대신 하위 클래스들은 차별화된 버전을 가질 수 있어, 클래스 구조를 확장할 때 도움이 된다. 이것은 상위 클래스와 동일한 이름으로 가지고 있지만 실제적으로 새롭게 정의하여 사용할 수 있음을 알 수 있다.

프로그래밍에서 다형성을 사용하면 우리가 많이 사용하던 IF ELSE, CASE 등이 불필요하게 되며, 또한 상속의 개념을 향상시켜 사용할 수 있다.

예를 들어 급여 시스템에서 상위 클래스인 "급여" 클래스와 하위 클래스인 "정기급여"와 "상여"가 있다고 하자. 다른 객체로부터 급여를 "계산하다"라는 메시지를 각 객체들(정기급여, 상여)에게 보내면 각각의 객체들은 같은 이름의 행위를 수행하지만, 내부적으로 서로 다른 계산 방식으로 결과를 산출하게 된다.

비록 같은 상위 클래스에서 상속되어 같은 이름의 행위를 가지고 있지만 동일한 이름으로 재정의함으로 각각의 하위 클래스에서는 다른 내용을 수행하게 된다. 이러한 다형성은 상속을 통한 하위 클래스들을 더욱 특화(specialization)하여 사용할 수 있도록 한다.

연 습 문 제

1. 소프트웨어 개발 기술의 발달을 시대별로 정리하여 보아라. 그리고 객체지향 기술은 완전히 새로운 기술인가?

2. 객체지향 기술의 어원이 될 수 있는 기술들을 정리하여 보아라.

3. 객체 인스턴스와 클래스의 차이점은 무엇인가?

4. 객체의 주요한 특성을 정리하여 보아라.

CHAPTER 02

소프트웨어 개발 방법론

소프트웨어 개발 방법론을 말할 때 일반적으로 모델링, 프로세스, 프로젝트관리 등이 포함된 개발 방법을 말한다. 여기서도 시스템 모델링, 즉, 객체지향 분석설계 방법론을 중심으로 알아보기로 하겠다. 또한 개발 프로세스는 생명주기 모델(폭포수 모델, 반복 점진 모델)을 개략적으로 설명함으로써 소프트웨어 개발 방법의 종류와 발전과정을 이해하고자 한다.

2.1 분석과 설계

본 절에서는 시스템 모델링 즉, 분석설계에 대한 개념과 객체지향과 구조적분석과 설계에 대한 차이점에 대하여 살펴본다.

학습목표

- 분석과 설계에 대하여 알아본다.
- 객체지향과 구조적 분석설계의 차이점에 대하여 알아본다.
- 클래스에 대하여 알아본다. 객체지향 기술의 개념, 발전을 알아본다.
- 객체지향 기술의 필요성, 효과를 알아본다.

2.1.1 분석과 설계

우리는 보통 어떠한 업무영역을 어플리케이션을 통하여 개발하려고 할 때 우선 해당 업무를 분석하는 일을 먼저 생각하게 되고, 이러한 일들을 분석이라고 한다. 분석은 "문제(problem)를 조사하는 것과 "시스템이 무엇을 해야 하는가?"에 관심을 두고 있다.

예를 들면 새로운 고객관리 시스템을 만들고자 할 때, 다음과 같은 분석에 관련된 일들을 하게 된다. 먼저 고객관리의 문제 영역 조사와 사용자들의 요구사항을 분석하고, 고객의 신용관리, 각종 통계자료 출력 등 앞으로 고객 관리 시스템이 어떤 업무 프로세스를 수행하고, 어떤 일들을 하게 되는지를 조사하게 된다.

분석을 통해서 조사된 문제 영역을 어플리케이션을 통해서 개발하려고 할 때, 요구사항들을 어떻게 해결하는가에 대한 논리적인 솔루션을 만들어 가는데, 이것을 설계라고 한다. 설계된 산출물은 궁극적으로 소프트웨어와 하드웨어로 완전하게 구현되어야 한다.

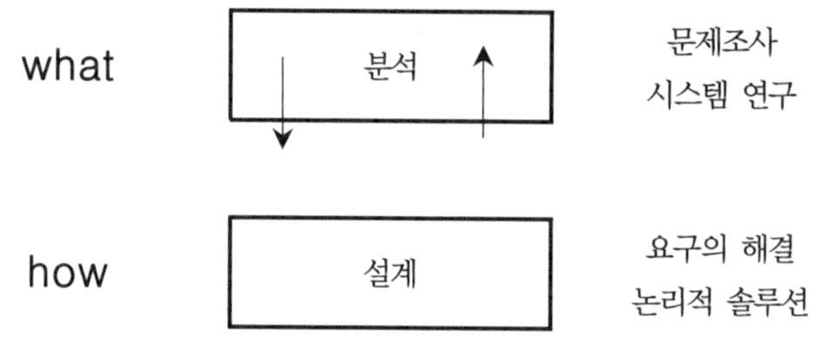

그림 2-1 분석과 설계의 차이점

2.1.2 객체지향 분석과 설계

객체들을 기반으로 분석과 설계에 접근하는 방법을 객체지향 분석과 설계라고 말한다. 즉, 프로세스, 데이터, 개념 등을 객체로 표현하여 분석에서는 실세계에 존재하는 객체들을 찾고, 설계에서는 논리적인 프로그래밍 언어를 통해서 객체와 클래스의 속성과 행위를 상세히 정의하고, 서로의 관계성을 찾아낸다. 분석과 설계를 통해서 정의된 객체는 객체지향 프로그래밍 언어와 객체지향 데이터베이스로 모델에 변경 없이 시스템으로 바로 구현되게 된다. 그러나 객체지향 방법론에서는 분석단계와 설계단계의 구분이 명확하게 구별되지 않는 것이 특징인데, 이것은 반복, 점진적인 개발 프로세스를 사용하는 점과 객체 모델링에 순서가 순환되는 특성 때문이다.

2.1.3 객체지향과 구조적 분석/설계의 차이점

어떤 시스템을 모델링할 때, 일반적으로 업무의 복잡성 때문에 주로 기능을 분해(decomposition)하는 일을 하게 된다. 전통적인 구조적 분해 방법에서는 일반적으로 기능을 몇 가지고 분할하고, 분할된 기능에서 프로세스들을 세분화 하는 작업을 하게 된다.

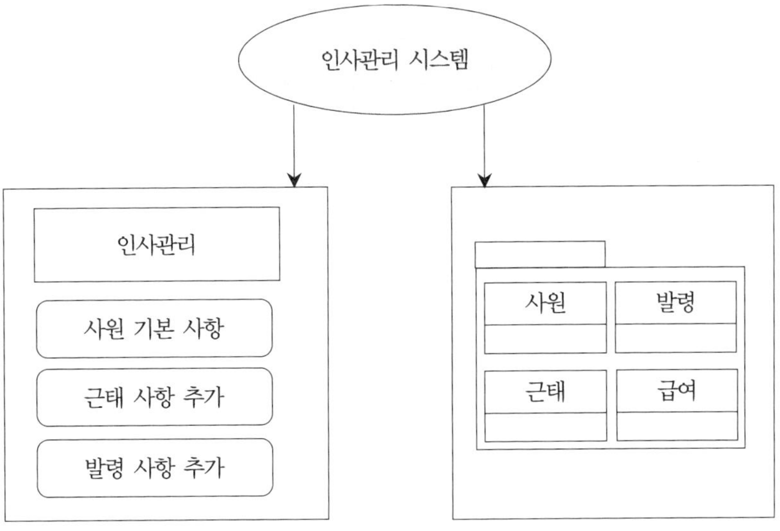

그림 2-2 객체지향과 구조적 방법의 업무 분해

객체지향에서는 [그림 2-2]처럼 복잡한 업무를 기능과 프로세스의 분해를 통해서 세분화하지 않고 실세계의 현상을 그대로 객체로 추출하고 객체들을 이용하여 여러 개의 계층으로 추상화시킴으로써 시스템을 단순화하고, 독립적으로 운영하게 하여 재사용이 가능한 모델로 만들어 간다.

객체지향 분석 방법은 구조적 분석과 같은 프로세스 중심 방법론들에 대해서는 급진적인 변화를 가져온 것이지만, 정보공학과 같은 데이터 중심 방법론들에 대해서는 점진적인 변화만을 가져온 것이라고 결론을 내렸다. 프로세스 중심 방법론들은 모델링 과정 동안 객체들의 본질적인 특성들에 대해서는 별 관심을 가지지 않으며, 객체지향의 3가지 필수 원칙인 캡슐화, 객체들의 분류, 상속성에는 벗어나는 문제 영역의 모델을 이끌게 된다.

간단히 말해, 구조적 분석은 요구 사항들에 대한 별개의 입력-프로세스-출력 관점을 갖는다. 데이터는 데이터를 변환하는 프로세스와는 별도로 고려된다. 구조적 분석에서 시스템 행위는 중요하지만 보충적인 역할을 담당한다. 구조적 분석 접근법은 기능 분해를 주로 사용한다.

Fichman과 Kemerer[FIC92]는 기존의 분석 방법과 객체지향 분석방법을 비교하는데 사용할 수 있는 11개의 "모델링 차원(modeling dimension)"을 다음과 같이 제안했다.

① 개체들의 식별/ 분류
② 일반-특수 그리고 전체-부분의 개체 관계들
③ 다른 개체 관계들
④ 개체들의 속성에 관한 서술
⑤ 대규모의 모델 분할
⑥ 상태와 상태들 간의 전이
⑦ 기능에 대한 세부적인 명세
⑧ 하향식 분해
⑨ 프로세싱 순서
⑩ 배타적인 서비스 식별
⑪ 개체 통신(메시지 또는 이벤트를 통해서)

2.2 개발 방법론의 발전 과정

본 절에서는 소프트웨어 개발 방법론의 발전과정에 대하여 살펴본다.

학습목표

- 구조적 개발 방법론에 대하여 알아본다.
- 정보공학 방법론에 대하여 알아본다.
- 객체지향 방법론에 대하여 알아본다.

현재의 소프트웨어의 특징은 크기가 확장되었고, 복잡화되고 있으며, 시스템 구조와 네트워크의 발전으로 인해 급속하게 분산화 되고 있다.

이러한 특징으로 인해 사용자들은 비즈니스 변화와 능동적으로 대처할 수 있고, 개발 생산성 향상과 고품질의 소프트웨어를 요구하게 되었다. 소프트웨어의 품질을 높이고, 개발 생산성을 향상시키기 위하여, 개발의 순서와 절차를 정의하고, 표준 모델링 언어와 관리 기법을 사용하여 소프트웨어를 체계적으로 개발하는 방법 즉, 소프트웨어 개방 방법론이 생겨났으며, 실제적으로 프로젝트에 적용되어, 지금까지 계속 진화되고, 발전하고 있다.

미래의 소프트웨어는 부품(Component)에 기반 한 시스템들이 대부분을 차지할 것이고, 과거나 현재처럼 시스템들이 호스트 기반에서 클라이언트 서버 시스템으로 전체의 구조가 바뀌는 혁신적인 형태보다는 대부분 조직에서는 연속적으로 진화되어 가는 시스템들이 보편화되리라 예상된다.

또한 프로그래밍 위주의 개발자들이 점점 불필요하게 될 것이고, 모델링, 프로세스, 아키텍처 등에 대한 일들이 더욱 중요시될 것이다. 이러한 이유로 객체지향 방법론을 기반으로 한 소프트웨어의 개발은 미래의 정보 시스템의 성공과 실패를 가늠할 수 있는 중요한 요소가 된다.

여기서는 구조적 방법에서 객체지향 방법까지 소프트웨어 개발 방법론의 발전과정을 분석/설계 방법과 개발 생명주기 모델을 중심으로 개발 프로세스를 간단히 설명하겠다. 개발 프로세스는 특정 방법론에 종속되는 것은 결코 아니다. 그러나 여기에서는 각각에 방법론을 사용하여 프로젝트 수행 중에 일반적으로 많이 선택되어 사용된 개발 생명주기 모델을 같이 포함하고자 한다.

2.2.1 구조적 개발 방법론

구조적 개발 방법론은 업무영역에 대하여 기능을 중심으로 분해하고, 업무 프로세스를 행위 위주로 분석/설계하는 것이 특징이다. 개발 프로세스는 보통 폭포수(Waterfall) 모형을 사용했는데, 분석, 설계, 개발, 테스트 단계를 순서에 따라 일정한 간격으로 수행하는 모델을 따르고 있다.

구조적 개발 방법은 요던(Yourdon) 등에 의해서 제안되었고, 분석/설계 단계에서 주요 산출물로 DFD(Data Flow Diagram), 모듈 명세 들이 사용된다. 이러한 구조적 분석/설계 방법은 기존의 코드 중심의 프로그래밍 방식에서, 비록 업무를 기능 위주로 분해하는 방법으로 시스템을 분석/설계하였지만 기존에 프로그래밍 위주의 소프트웨어 개발에서 체계적인 개발 방법을 적용하였고, 또한 프로그램을 모듈화 하는 구조적 프로그래밍을 통하여, 복잡하고, 거대한 코딩 라인을 줄이는 효과를 가져왔다.

그러나 구조적 분석/설계 방법을 통해서 만들어진 기능을 안전성 있고, 변하지 않는다는 원칙하에 만들어져 있는데 반해, 업무 프로세스는 언제나 변화할 수 있고 발전될 수 있어, 프로젝트 개발 중이나, 유지보수에 특히 많은 문제점을 안고 있다.

시스템 설계나 개발자들은 기능 분해로 인한 부분적 기능위주의 설계나 개발을 다루게 되므로, 시스템의 전체를 파악하기 어렵고, 통합하는데 에도 많은 어려움이 따른다.

2.2.2 정보공학 방법론

James Marthin은 1982년에 "전략적 데이터 계획 방법론(Stratiegic Data Planning

Methodologies)"을 소개하면서 기업의 데이터는 안정적이므로, 프로세스에서 데이터를 사용하는 측면보다는 데이터 자체에 중요성을 강조하였다. 이러한 정보공학은 ERD라고 불리는 데이터 관계도(Entity Relationship Diagram)를 사용하여, 문제영역에서 데이터를 찾아내고, 서로의 관계를 설정함으로써 시스템 분석과 설RP 과정을 수행한다.

정보공학이 현재의 대부분 시스템에 적용된 방법론으로 자리잡는 데는 오라클, 인포믹스와 같은 상용 관계형 데이터베이스 제품들의 기술적 성숙이 많은 기여를 했다. 정보공학적 분석에 의해 만들어진 데이터를 물리적인 데이터베이스 모델로 전환하여 쉽게 적용할 수 있기 때문이다.

그러나 정보공학 방법의 문제점은 데이터를 찾아내고 시스템화하는 단계에서 추상화의 수준이 낮게 적용되고, 표기법의 한계로 인해 시스템의 전체적인 관점을 나타내기가 어려울 뿐 아니라, 크고 복잡한 시스템의 경우 모델링하기가 매우 어렵고, 반드시 전무가의 도움이 필요하게 된다.

나선형(Spiral) 모델의 개발 프로세스는 1988년 Barry Boehm에 소개되었다. 이 모델은 4개 상위 단계, 즉 산출물 정의, 비즈니스 객체 결정 등 목표를 결정하고, 프로토타이핑(Prototyping)을 통한 문제점 분석, 상세설계 및 제품개발, 고객의 검증을 통한 다음 반복 계획 등을 반복적으로 수행하면서 문제점을 발견하고, 새로운 요구사항들을 개발 과정 중에 추가해 나간다.

나선형 모델은 폭포수 모델의 많은 취약점을 알려주며, 여러 번의 구축을 통해서 개발팀과 고객들과의 요구사항을 최대한 수용할 수 있어 폭포수 모델의 문제점을 해결할 수 있는 것이다. 나선형 모형은 프로토타이핑기법을 적용하고 있다. 필수기능만 수행하는 실제적인 시스템을 빠른 기간 안에 만들어 봄으로써 개발자나 사용자들이 미처 생각하지 못했던 부분들을 미리 발견하고, 제품의 품질과 개발기간을 단축시키는 역할을 한다. 또한 위험 요소를 확인하고 다음 단계로 진행해 나가는 방식을 취하고 있다.

정보공학 방법에서는 데이터 모델링에 큰 비중을 두었기 때문에 업무 프로세스 관점이 취약했고, 실제적으로 프로젝트 수행 시 많은 관리자나 개발자들이 좀 더 향상된 개발 프로세스를 적용하는 데는 소극적인 경향을 보였다. 결론적으로 말하면 정보공학 방법도 구조적 방법과 마찬가지로 정보기술의 기반을 구축하고, 전사적인 시스템에서 발생되는 문제점에 대한 구체적인 해결책을 제공하지 못하고 있다.

2.2.3 객체지향 방법론

기업의 규모와 형태가 다변화되고, 업무 프로세스가 급변하고 있는 상황에서, 새로운 정보기술과 더불어 기업 구조개선, 업무의 혁신 등을 주도할 체계적인 소프트웨어 개발 방법이 필요하게 되었는데, 이러한 요구를 충족시켜주는 객체지향 방법은 현실 세계의 객체를 중심으로 자연스러운 모델링을 추구하고 있다. 구조적 방법이 기능 중심이고, 정보공학 방법이 데이터 중심이라면, 객체지향 방법은 데이터적 요소와 기능적 요소를 하나의 관점으로 표현한 객체 중심이다.

다양한 표현 기법을 통해 쉽게 객체를 추출하고, 추상화 수준을 높여 정확하고 단순하게 실세계의 것들을 표현함으로써 복잡성을 줄이고, 재사용을 현실화시키고 있다. 특히 객체지향 방법은 새롭게 만들어진 것이 아니라, 구조적 방법과 정보공학 방법의 장점을 그대로 수용함으로써 상호 보완적인 방법을 추구하고 있다.

객체지향 방법에서는 반복적이고 점진적인 개발 프로세스를 적용하고 있는데 자세한 내용은 다음에 설명될 객체지향 개념 프로세스인 Unified Process에서 알아보기로 하겠다.

객체지향 방법론은 1980년 말부터 OMG에서 UML을 표준으로 제정할 때까지 많은 방법론들이 출현했고, 발전되었다.

객체지향 방법론을 주도 했던 OMT(Object Modeling Technique) 방법, Booch 방법, Objectory 프로세스는 UML에 통합되어 사용되고 있기 때문에 별도로 설명하지는 않겠다.

연 습 문 제

1. 일반적으로 적용할 수 있는 시스템 개발 방법을 제안하시오.

2. 소프트웨어 생명 주기의 각 단계를 간단하게 설명하시오.
3. 시스템 개발 주기의 각 단계를 간단하게 설명 하시오.

4. 소프트웨어 생명주기와 시스템 개발 주기의 관계를 설명하시오.

5. 폭포수 모델의 각 단계에서 발생하는 활동 내용을 서술하고, 장단점을 논하시오.

CHAPTER 03

UML 개념

••• 작은 집을 지을 때는 설계도면 없이도 지을 수 있을 것이다. 하지만 큰 빌딩도 설계도면 없이 지을 수 있을까? 아마도 힘들 것이다. 프로그래밍도 이와 비슷해서 스케일이 큰 시스템을 만들게 된다면 역시 세밀한 부분까지 설계가 되어있는 설계도면이 필요할 것이다. 이 설계도면을 나타낼 수 있도록 도와주는 도구가 Unified Modeling Language(UML) 이다. 이 장에서는 현재 객체지향 시스템 개발에서 가장 많이 쓰이는 UML에 대한 이해와 구성요소에 대해 학습한다.

3.1 UML 이해

본 절은 UML의 개요로서, 모델링이란 무엇이고, 어떻게 발전해 왔으며, 모델링 언어의 표준으로 자리 잡고 있는 UML의 배경 및 구성 요소에 대하여 다룬다.

학습목표

- 모델링의 개념, 역사, 방법을 알아본다.
- UML 정의 및 배경, 필요성을 알아본다.
- 구성요소, 공통메커니즘, 아키텍처와 같은 UML 구조를 알아본다.

3.1.1 모델링 개요

(1) 모델링 개념

모델(Model)이란 현실의 단순화, 가시화를 통해 개발할 시스템에 대한 계획/구상에 대한 내용을 나타낸 것이다. 모델링(Modeling)은 양질의 소프트웨어를 개발하기 위해 모델을 만드는 작업에 들어가는 모든 활동이라고 볼 수 있다.

(2) 모델링 역사

80년대 말부터 나타나기 시작한 객체지향 모델링 방법은 OMT(Object modeling technique), 부치 방법론(Booch method), OOSE(Object-oriented software engineering), RDD(Responsibility driven design) 등 50여가지 정도 있었다. 그 중 가장 많이 사용된 방법으로 OMT, 부치 방법론, OOSE 가 대표적이었다. 94년 말에 OMT방법론의 제임스 럼버(James rumbaugh) 박사가 부치 방법론의 그래디 부치(Grady booch)가 있는 래쇼날 소프트웨어(Rational software)사로 합류하였고 95년에는 OOSE의 이바 야콥슨(Ivar jacobson) 박사도 같이 합류하여 객체지향 분석/설계 표준화를 시작하게 된다. 마침내 97

년 1월에 세명의 노력으로 OMT, 부치 방법론, OOSE 세 방법론이 융화된 UML 1.0을 발표하게 된다. 이듬해 UML 1.1을 발표하여 기술표준 기구인 OMG에 표준인증을 받게 된다. 1999년에는 UML 1.3을 발표하고 2001년에는 UML 1.4를 발표하게 된다. 2003년에는 UML 2.0 최종 승인을 받고 현재(2005년 1월)계속 업데이트 중이다.

(3) 모델링 방법

여러 가지 방법이 있겠지만 그중 가장 대표적인 제임스 럼버의 OMT, 그래디 부치의 부치 방법론, 이바 야콥슨의 OOSE, 최근 가장 각광받는 래쇼날 소프트웨어사의 UP(Unified Process), 새롭게 등장하고 있는 OMG의 MDA, 켄트 백, 워드 커닝험의 XP 등의 방법론에 대해서 알아본다.

① 제임스 럼버의 OMT(Object modeling technique)

제임스 럼버가 일했던 GE(General electric)에서 개발된 방법이다. OMT는 시스템 분석에 다음 세 가지 모델을 이용하여 시스템이 요구하는 객체를 완벽하게 기술할 수 있다.

- 객체 모델링(Object modeling): 시스템에서 필요한 객체를 찾아내고 객체의 속성과 객체들 사이의 관계를 규명한다.
- 동적 모델링(Dynamic modeling): 객체 모델링에서 나타낸 객체들의 행위와 상태를 포함하는 라이프 사이클을 나타낸다.
- 기능 모델링(Functional modeling): 각 객체의 변화로 인해 다른 상태로 전이되었을 때 수행되는 동작들을 기술한다.

② 그래디 부치의 부치 방법론(Booch method)

부치는 '시스템은 몇 개의 뷰(View)로 분석된다.'고 생각했고 뷰는 모델 다이어그램으로 나타내었다. 거시적 개발 프로세스와 미시적 개발 프로세스를 모두 포함하고 단계적 접근과 자동화 도구를 지원한다.

실제로 여러 가지 다른 방법론을 통합하여 하나의 방법론으로 만들었는데 분석보다는 설계 쪽에 더 많은 중점을 두고 있다. 또한 부치 방법론은 객체지향 방법론에 대한 광범위한 이론적 배경을 제시하여 더 넓게 바라볼 수 있는 안목을 제공했다.

③ **이바 야콥슨의** OOSE(Object-orient software engineering)

야콥슨에 의해 만들어진 OOSE는 유즈케이스(Use case)를 강조한다. 유즈케이스는 외부 액터(External actor)와 상호 작용하는 시스템의 요구사항을 정의한다. 이렇게 정의된 유즈케이스는 개발, 시스템 테스트, 시스템 검증 단계에서 사용된다. OOSE는 실제로 방법론이 복잡하고 내적인 연관성이 강해서 초보자에게는 어려움이 있다. 하지만 큰 규모의 시스템 개발에는 강한 면모를 가지고 있어서 큰 시스템 개발에는 이점을 가지고 있다.

④ **래쇼날 소프트웨어사의** UP(Unified process)

현재 가장 많이 쓰이는 객체지향 방법론 중의 하나로 미국의 래쇼날 소프트웨어사에서 개발한 UP이다. 객체지향 적으로 소프트웨어를 개발하는 프로세스를 정의한 방법론으로서, 소프트웨어를 개발하기 위한 일련의 활동과 작업, 그리고 산출물들을 작성하는 방법을 제시한다. 이바 야콥슨의 유즈케이스 중심적(Use-case driven) 방법을 사용하며 요구사항 식별로부터 분석, 설계, 구현, 테스트 등의 개발단계를 반복적으로 점진적으로 사용함으로써 완성도 높은 시스템을 개발할 수 있으며 아키텍처 중심적 설계가 특징이다. UP역시 소프트웨어 개발을 위한 하나의 방법이지만, 다양한 유형의 소프트웨어, 다양한 문제 도메인 및 조직, 그리고 프로젝트 규모에 따라 적절히 확장하거나 수정해서 적용할 수 있는 유연한 구조를 제공한다.

⑤ OMG**의** MDA(Model driven architecture)

MDA는 OMG에서 추진해온 OMA(Object management architecture)와 UML이 조합되어 만들어진 방법론으로 2001년 3월에 공식 발표되었다. MDA는 먼저 비즈니스 로직과 데이터 정의로 구성된 플랫폼 독립적 모델(PIM, Platform Independent Model)을 만든다. 이 PIM은 계속 수정 보안되며 J2EE와 같은 특정 미들웨어 플랫폼에 특화한 플랫폼 의존적 모델(PSM, Platform Specific Model)로 변환된다. 이 PSM을 이용하여 최종 어플리케이션 코드를 생성하게 된다. 따라서 MDA는 PIM을 이용하여 플랫폼에 상관없이 모델링 할 수 있으며 PSM을 사용하여 특정 플랫폼에 맞는 시스템을 개발할 수 있다는 장점이 있다.

⑥ 켄트 백, 워드 커닝험의 XP(eXtreme programming)

1996년 켄트 백(Kent Back)과 워드 커닝험(Ward Cunningham)이 만든 민첩한 (Agile) 방법론 중의 하나로, 소프트웨어 개발에 있어서 단순성(Simplicity), 소통(Communication), 피드백(Peedback), 용기(Courage)의 네 가지 가치 추구를 통해, 고객의 비즈니스 가치 실현을 최고의 목표로 하는 실천적인 개발 방법론이다. 요구사항을 적는 유저스토리(User story)와 위험성 있는 문제를 찾아낼 수 있는 간단한 프로그램인 스파이크 솔루션(Spike solution)을 만든다. 일정 주기마다 주기 계획을 세우고 주기별 개발을 하여 최단시간 내에 요구사항이 수렴된 시스템을 만드는 것이 XP의 목표이다. 요구사항 등의 변화가 자주, 많이 있거나 개발자가 소규모(10명 내외)이고 같은 공간을 사용하는 경우에 높은 효과를 볼 수 있다고 알려져 있다.

3.1.2 UML 개요

(1) UML 정의

UML은 소프트웨어 청사진을 작성하는 표준 언어로서, 소프트웨어 중심 시스템의 산출물을 가시화하고, 명세화 하고, 구축하고, 문서화하는데 사용될 수 있다.

① **가시화 언어** : UML은 소프트웨어의 개념모델을 가시적인 그래픽 형태로 작성하여 참여자들의 오류 없고 원활한 의사소통이 이루어지게 하는 언어이다.

② **명세화 언어** : UML은 소프트웨어 개발과정인, 분석, 설계, 구현 단계의 각 과정에서 필요한 모델을 정확하고 완전하게 명세할 수 있게 하는 언어이다.

③ **구축 언어** : UML 언어는 다양한 객체지향 프로그래밍 언어로 변환 가능하다. 따라서 UML로 명세된 설계 모델은 구축하려는 프로그램 코드로 순변환 하여(순

공 학이라고 함) 구축에 사용가능하다. 또한 기 구축된 코드를 UML 모델로 역변환(역공 학이라고 함)하여 분석을 하게 할 수도 있다.

④ **문서화 언어** : UML은 여러 개발자들 간의 통제, 평가, 및 의사소통을 위한 문서화를 위한 언어이다.

(2) UML 역사

80년대 후반과 90년대 초반 등장하기 시작한 객체지향 적 분석 및 설계방법론 들간의 치열한 경쟁 속에서 가장 유력한 방법론이었던 제임스 럼버의 OMT, 부치의 부치 방법론, 이바 야콥슨의 OOSE가 UML이라는 하나의 모델링 언어로 통합되게 되고 1997년 9월 래쇼날 사는 UML버전 1.1을 발표하고 OMG에 의해 표준표기법으로 받아들여지게 된다. [표 3-1]은 UML의 역사를 요약한 것이다.

표 3-1 UML의 역사

1980년대 말~ 90년대 초반	50여 가지의 다양한 표현기법과 방법론 존재
1995년	부치의 부치 방법론과 제임스 럼버의 OMT 방법론 통합 OOPSLA'95 에 발표
1996년	이바 야콥슨의 OOSE 방법론이 추가 통합 UML 0.9 정의
1997년	1월 : UML 1.0 발표 9월 : UML 1.1 발표 (OMG에 표준화안 상정) 11월 : OMG 표준 인증
1999년	UML 1.3 발표
2001년	UML 1.4 발표
2003년	UML 2.0 승인

(3) UML 필요성

소프트웨어 시스템을 만들기 전에 모델을 만드는 것이 빌딩을 만들기 위한 설계도처럼 아주 중요한 역할을 한다. 따라서 소프트웨어 시스템을 만들기 위해서도 어휘와 규칙을 두어 시스템을 개념적/물리적으로 표현하는 모델이 필요하게 되었다. 이 모델로써 시스템의 구조적 문제와 프로젝트 팀 내의 의사소통, 그리고 소프트웨어 구조의 재사용 문제를 해결할 수 있게 되었다. 이로써 성공적으로 시스템을 만들기 위해서는 객체지향적인 분석과 설계를 위한 표준으로 인정받은 모델링 언어인 UML이 필요하게 되었다.

3.1.3 UML 구조

(1) UML 구성요소

UML은 모델의 기본 요소를 구성하는 '사물(Thing)'과 사물들 간의 관계를 나타내는 '관계(Relationship),' 그리고 관련성이 있는 사물들 간의 관계를 도형 형태로 표현한 '다이어그램(Diagram)'의 3가지 구성요소로 이루어져 있다. [그림 3-1]는 UML 구성요소를 그림으로 나타낸 것이다.

UML 구성 요소		
[사물]	[관계]	[다이어그램]
구조사물	연관관계	클래스 다이어그램
행동사물	포함관계	객체 다이어그램
그룹사물	일반화관계	유스케이스 다이어그램
주해사물	의존관계	시퀀스 다이어그램
	실체화관계	콜레보레이션 다이어그램
		스테이트차트 다이어그램
		액티비티 다이어그램
		컴포넌트 다이어그램
		배치 다이어그램

그림 3-1 UML 구성요소

① 사물(Things)

사물은 추상적 개념으로써 모델 구성의 기본요소가 된다. 시스템의 구조, 행위를 표현하고, 개념들을 그룹화 하는 것, 부가적인 설명을 위한 것들이 있다.

- 구조를 표현하는 사물
  - · 클래스(Class): 동일한 속성, 오퍼레이션, 관계, 의미를 공유하는 객체 표현
  - · 인터페이스(Interface): 외부적으로 가시화되는 요소의 행동표현
  - · 객체(Object): 클래스의 인스턴스
  - · 유즈케이스(Use case): 시스템이 행위자에게 제공하는 기능 표현
  - · 액티브 클래스(Active class): 쓰레드나 프로세스를 갖는 클래스를 표현
  - · 컴포넌트(Component): 물리적으로 관리되는 요소들의 패키지를 표현
  - · 노드(Node): 실행 시 나타나는 컴퓨터나 주변기기 등을 표현
- 행위를 표현하는 사물
  - · 인터렉션(Intcraction): 객체 사이의 메시지, 활동순서, 연결을 표현
  - · 상태머신(State machine): 객체의 상태와 변화순서 표현
- 그룹화 하는데 사용하는 사물
  - · 패키지(Package): 요소를 그룹으로 묶어 표현
- 부가적으로 개념을 설명하는 사물
  - · 노트(Note): 주석 및 제약을 표현

② 관계(Relationships)

사물 간의 연결 관계를 추상화 한 것으로 다음 종류가 있다.

- 연관관계(Association): 구조적 관점에서의 사물들의 연결표현
- 포함관계: 사물 사이의 포함관계를 표현
- 일반화관계(Generalization): 사물간의 특수화, 일반화 관계 표현
- 의존관계(Dependency): 사물간의 영향을 미치는 관계표현
- 실체화관계(Realization): 사물의 수행하기로 되어있는 계약을 명세화

③ **다이어그램(Diagrams)**

UML에는 다음과 같이 여러 가지 종류의 다이어그램이 존재하는데 이는 관련이 있는 사물들의 상호관계를 도형형태로 표현한 것이다.

- 요구 모델링에 사용되는 다이어그램
  · 유즈케이스 다이어그램(Use case diagram): 외부 행위자, 즉 액터와 시스템을 사용하는 다양한 경우, 즉 유즈케이스의 관계를 구조적으로 표현한 다이어그램
- 구조 모델링에 사용되는 다이어그램
  · 클래스 다이어그램(Class diagram): 시스템을 구성하는 클래스, 인터페이스 사이의 구조적 연관 관계를 표현한 다이어그램
  · 객체 다이어그램(Object diagram): 특정 시점의 객체들의 구조적 상태를 표현한 다이어그램
  · 컴포넌트 다이어그램(Component diagram): 소프트웨어의 물리적 단위의 구성과 의존관계를 표현한 다이어그램
  · 배치 다이어그램(Deployment diagram): 노드에 존재하는 컴포넌트의 물리적 구성을 표현한 다이어그램
- 행위 모델링에 사용되는 다이어그램
  · 시퀀스 다이어그램(Sequence diagram): 시스템 외부 이벤트를 처리하기 위하여 시스템 내부 객체 간에 주고받는 동적 메시지를 시간의 흐름에 따라 표현한 다이어그램
  · 콜레보레이션 다이어그램(Collaboration diagram): 시퀀스 다이어그램과 동일한 내용을 객체 상호 관계의 관점에서 표현한 다이어그램
  · 액티비티 다이어그램(Activity diagram): 시스템 내부의 활동 흐름을 표현한 다이어그램
  · 스테이트 차트 다이어그램(Statechart diagram): 시스템 내부의 상태전이를 표현한 다이어그램

(2) UML 메커니즘

분석 설계 내용을 쉽게 알 수 있도록 UML에서는 다음 방법을 이용하여 산출물을 작성 한다

① 명세(Specification)

모든 UML 구성요소의 그래픽 표기에는 표준화된 명세법이 있어서 정확한 구문과 의미를 전달 할 수 있다. 예를 들어 클래스의 명세 표기법은 클래스의 이름, 속성, 오퍼레이션 등을 표현하는 방법을 제공한다.

② 장식(Adornment)

UML의 각 요소들은 요소의 중요한 특징을 표현하기 위해 고유한 그래픽 표기를 가지고 있다. 예를 들면, [그림 3-2] 에서 삼등분 되어있는 사각형은 클래스의 이름, 속성, 오퍼레이션을 그래픽하게 표현한 장식의 한 예이다.

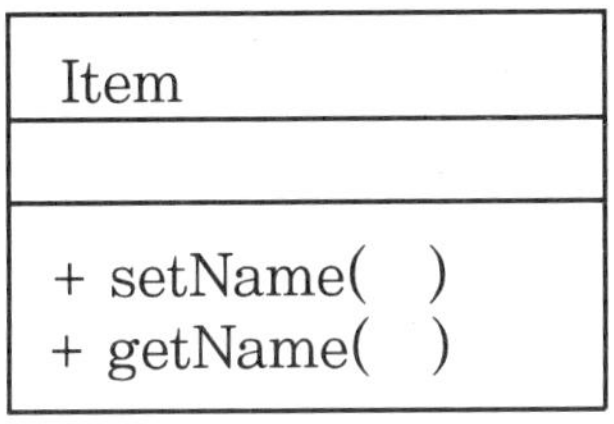

그림 3-2 장식

③ 공통분할(Common division)

객체 지향 모델링에서는 클래스와 객체, 인터페이스와 구현과 같은 공통 분할의 개념이 있다. 예를 들어, [그림 3-3]에서 (a)에 있는 Student 개념을 표현한 클래스 이고 (b)는 이 Student 개념을 구체화시킨 객체를 두 가지 형태로 표현한 것이다. (b)의 위의 Student 객체는 인스턴스 이름을 '김영훈' 이라고 명시한 것이고, 아래의 객체는 명시하지 않은 것이다.

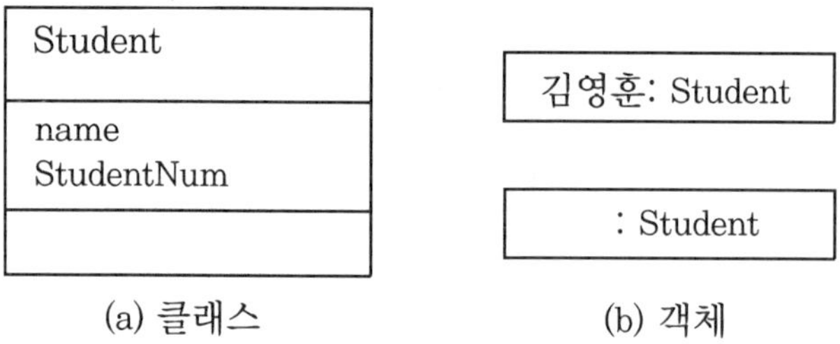

그림 3-3 클래스 / 객체 공통분할

UML에서도 이와같은 클래스/객체 형태의 공통분할을 지원한다. 먼저, 클래스에 대하여 클래스 인스턴스인 객체가 존재하고 [그림 3-3]의 예와같이 표현도 가능하다. 뿐만 아니라 유즈케이스에 대하여 유즈케이스 인터턴스가, 컴포넌트에 대응하여 컴포넌트 인스턴스가, 노드에 대한 노드 인스턴스가 존재한다. 또한 UML에서는 인터페이스/구현과 같은 형태의 공통분할도 지원한다. [그림 3-4]와 같이 인터페이스/구현에 표현이 가능하다.

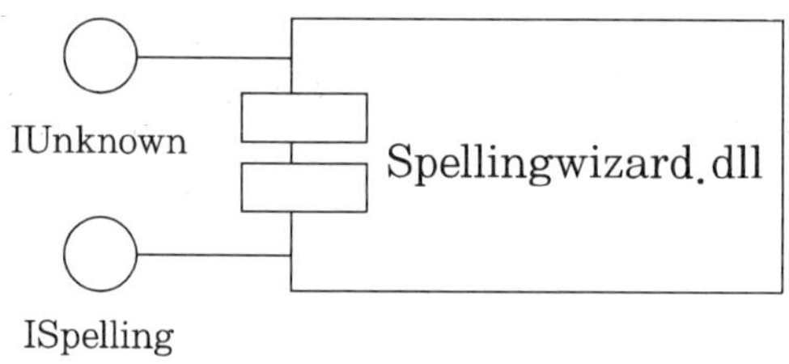

그림 3-4 인터페이스/구현 공통분할

④ 확장메커니즘(Extensibility mechanism)

UML은 소프트웨어 모델을 표현하기 위한 표준화된 언어 표현 방법을 제공한다. 그러나 모든 종류의 모델을 모두 표현하기는 부족하기 때문에 다음과 같은 세 가지 통제된 형태로 부족한 부분을 확장하는 방법을 제공하고 있다.

- 스테레오타입(Stereotypes): UML의 기본적 요소 이외의 새로운 요소 만들어 내기 위한 확장 메커니즘이다. 형태는 기존의 UML의 요소를 그대로 사용하나 내부의미는 다른 목적으로 사용하도록 확장한다. 스테레오 타입 객체는 << >> 기호를 사용하여 표현한다.

- 꼬리표값(Tagged values): UML 구성 요소가 갖는 속성을 확장하여 구성요소의 명세서에 새로운 정보를 추가하기 위한 메커니즘이다. {tag = value} 기호를 사용하여 표현한다.
- 제약(Constraints): UML 구성 요소에 있는 이전의 규칙을 수정하거나 새롭게 생성하기 위한 메커니즘이다. { } 기호를 사용하여 표현한다.

[그림 3-5]는 확장 메커니즘의 예이다. 패키지에 스테레오 타입을 적용시켜서 서브시스템을 나타냈다. 또한 꼬리표를 사용하여 Billing 시스템의 버전을 표현하였다. 서류에 있는 은행계좌는 비밀이어야 하며 은행계좌는 법인 혹은 개인에 속해있다. OCL로 나타낸 제약을 보면 자신의 아내는 여성 이어야 하며 남편은 남성이어야 한다.

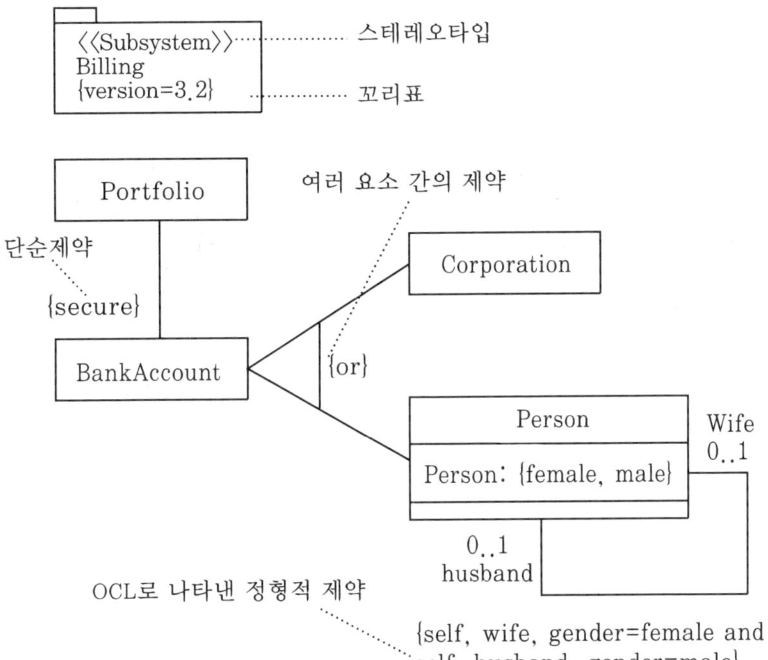

그림 3-5 확장 메커니즘

(3) UML 아키텍처

모델링 대상인 시스템의 소프트웨어 아키텍처를 여러 관점, 즉 뷰(View),에서 표현하기위하여 UML 다이어그램을 사용할 수 있다. 본 수험서는 중급수준의 UML 모델링을 다루기 때문에 소프트웨어 아키텍처에 대한 내용은 범위를 벗어난다. 여기서는 소프트웨어 아키텍처를 나타내는데 일반적으로 많이 사용되는 4+1 뷰에 대하여 간단히 소개하는 정도로 마친다. [그림 3-6]은 유즈케이스 뷰를 중심으로 한 4+1의 구조를 나타낸 그림이다.

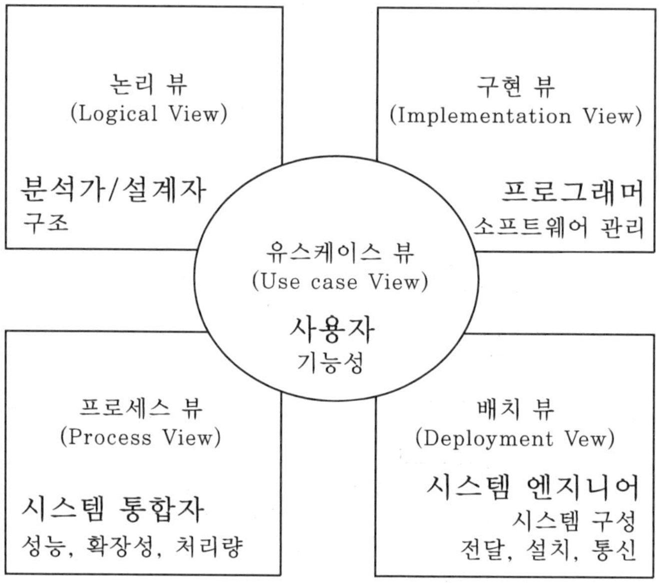

그림 3-6 4+1 뷰 소프트웨어 아키텍처

- 유즈케이스 뷰(Use case view): 외부 액터에 의해 인식되는 시스템의 기능 요구사항을 보여주는 뷰이다. 유즈케이스 다이어그램에서는 유즈케이스 뷰의 정적인 모습을 표현하고 인터랙션 다이어그램, 스테이트차트 다이어그램, 액티비티 다이어그램에서는 유즈케이스 뷰의 동적인 모습을 표현한다.
- 논리 뷰(Logical view): 기능적 또는 비기능적 요구사항을 달성하기위하여 시스템의 내부가 어떻게 설계되었는지를 보여주는 뷰이다. 논리 뷰의 정적인 모습은 클래스 다이어그램과 객체 다이어그램에서 표현하고, 동적인 모습은 인터랙션 다이어그램과, 스테이트차트 다이어그램, 액티비티 다이어그램에서 표현한다.

- 프로세스 뷰(Process view): 시스템의 효율성 및 처리량 향상을 위하여 쓰레드나 프로세스를 사용하는 경우 발행하는 통신 및 동기화 등의 문제 등을 다루는 뷰이다. 정적/동적인 모습을 논리 뷰에서와 같은 종류의 다이어그램으로 나타낸다. 그러나 쓰레드와 프로세스를 표현하기 위해서는 액티브 클래스를 사용한다.
- 구현 뷰(Implementation view): 시스템의 구현 형태를 나타내기 위하여 컴포넌트와 같은 구현모듈과 그들 사이의 관계를 보여주는 뷰 이다. 정적인 부분은 컴포넌트 다이어그램으로, 동적인 부분은 인터랙션 다이어그램, 스테이트차트 다이어그램, 액티비티 다이어그램으로 표현한다.
- 배치 뷰(Deployment view): 물리적 시스템의 구성을 노드와 그들 사이의 관계로 표현한 뷰이다. 정적인 부분은 배치 다이어그램에서 나타내고, 동적인 부분은 인터랙션 다이어그램, 스테이트차트 다이어그램, 액티비티 다이어그램에서 나타낸다.

3.2 UML 구성요소

본 절에서는 UML의 구성요소에 대하여 좀 더 자세히 살펴본다. 특히 각 구성요소의 UML의 표준 명세 방법을 익힌다.

학습목표

- UML의 사물을 알아본다
- UML의 관계를 알아본다.
- 각각의 UML 다이어그램들에 대해 간단히 알아본다.

3.2.1 사물

사물은 모델의 구성 기본 요소로서 모델을 구성하는 추상적 개념이나 물리적 개체를 나타낸다. 사물은 구조사물, 행위사물, 그룹사물, 주해사물로 분류된다([그림 3-7] 참조).

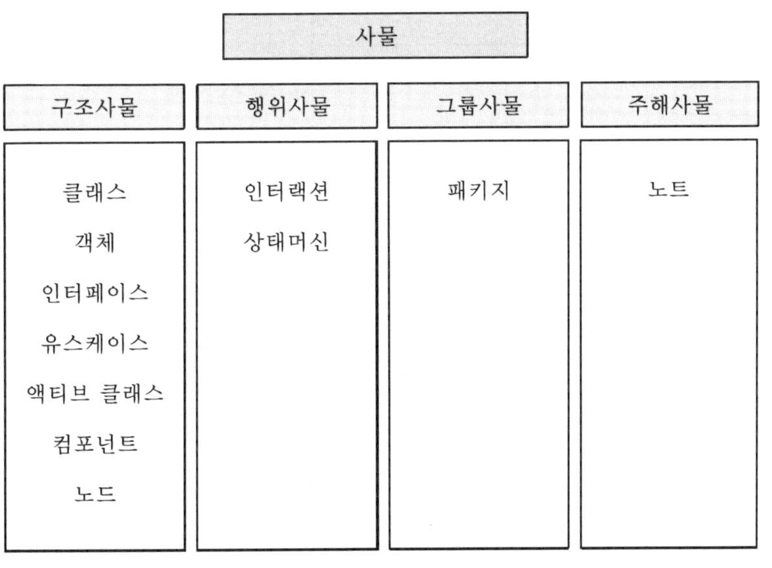

그림 3-7 사물의 분류

(1) 구조사물(Structural Things)

구조사물은 UML의 명사형으로 표현되며 모델의 정적인 부분을 나타내며 개념적/물리적 요소들을 표현한다. 구조사물에는 클래스(Class), 인터페이스(Interface), 콜러보레이션(Collaboration), 유즈케이스(Use case), 액티브 클래스(Active class), 컴포넌트(Component), 노드(Node) 가 있다.

① 클래스(Class)

동일한 속성, 오퍼레이션(Operation), 관계, 의미를 공유하는 객체의 집합으로써 객체지향에서 의미하는 클래스를 말한다. 프로그램에서 실행되기 위해서는 실제로 클래스에서 생성되는 객체를 필요로 하는데 동일 클래스에서 생성되는 이 객체들은 모두 동일한 속성, 오퍼레이션을 가지고 있다.

[표기법]

UML에서는 클래스를 [그림 3-8]과 같이 직사각형에 클래스명, 속성, 오퍼레이션을 나누어 표시한다. 클래스, 속성, 메서드 모두 표현할 수도 있고, 경우에 따라서는 속성이나 메서드를 생략하여 표현할 수도 있다.

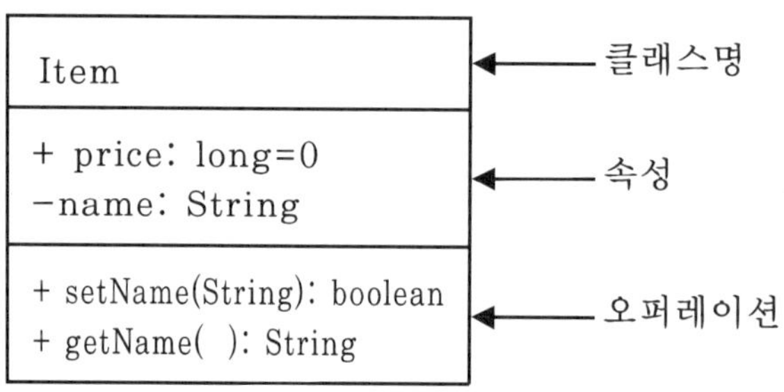

그림 3-8 클래스 표기법

- 클래스명: 클래스명에는 단순명과 경로명이 있다.
  - · 단순명: 클래스의 자체 이름만을 표현한다. Customer
  - · 경로명: 클래스가 속한 패키지명까지 표현한다. java::io::File
- 속성: 속성은 클래스가 지녀야 할 정보를 표현하는 것으로서, UML에서 속성을 표기하는 표기법은 다음과 같다. 가시성에는 4가지인 +(public),

(private), #(protected), ~(package) 형태가 있다. +(public)은 외부 객체로부터 속성에 대한 직접적인 접근을 허용한다. -(private)는 외부 객체로부터 속성에 대한 직접적인 접근을 허용하지 않는다. #(protected)는 같은 패키지 내의 객체와 속성이 #으로 선언된 클래스를 상속받은 하위 클래스로부터 속성에 대한 직접적인 접근을 허용한다. 그리고 ~(package)는 같은 패키지 내의 객체로부터 속성에 대한 접근을 허용한다. 속성명은 속성의 이름을 나타내며 속성타입은 float, String과 같은 속성 타입을 표현한다. 초기값은 초기에 할당되는 속성의 값을 표현한다. 다중성이나 속성 타입, 초기값, 그리고 프로퍼티는 생략 가능하기도 하다.

가시성(Visibility) 속성명[다중성] [:속성 타입] [=초기값][{프로퍼티}]

오퍼레이션(메서드): 오퍼레이션은 클래스가 지니고 있는 속성을 가지고 뭔가 작업을 수행하는 행위를 말한다. UML에서 오퍼레이션을 표기하는 표기법은 다음과 같나. 가시성에는 속성과 동일하게 3가지인 +(public), -(private), #(protected) 형태가 있다. 오퍼레이션명은 오퍼레이션 이름을 표현한다. 매개변수명은 오퍼레이션에서 처리해야할 인자값을 표현하며 반환 타입은 리턴값의 타입을 표현한다

가시성(Visibility) 오퍼레이션명[(매개변수명:매개변수타입) [: 반환 타입] [{프로퍼티 }]

- 추상클래스: 추상 클래스의 오퍼레이션들 가운데 구현이 없는 가상 함수는 함수명을 이탤릭체로 표현하게 되며, 이를 상속 받아서 구현한 하위 클래스들에서는 이 함수를 보통체로 표현하게 된다.

② 객체(Object)

클래스의 인스턴스로써 추상적인 개념의 클래스를 실제 프로그램에서 사용할 수 있는 형태로 구체화 시킨 것이다. 같은 클래스에서 생성된 객체는 속성, 오퍼레이션이 같다.

[표기법]

클래스의 표기법과 동일하게 직사각형에 객체명, 속성, 오퍼레이션을 나누어 표

시한다. 객체명은 [그림 3-9]와 같이 콜론으로 연결하여 클래스명과 같이 적으며 밑줄을 그어 객체임을 표시한다. 속성이나 메서드를 생략하여 표현할 수도 있다.

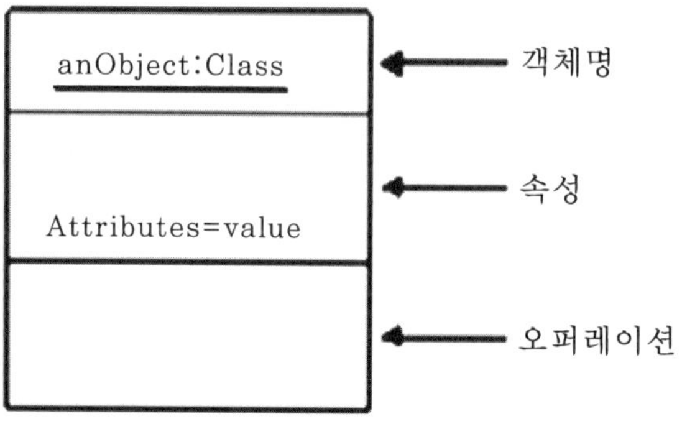

그림 3-9 객체 표기법

③ 인터페이스(Interface)

인터페이스란 클래스나 컴포넌트가 제공하는 서비스들을 나타내는 오퍼레이션들의 집합을 나타내는 클래스의 일종이다. 따라서 인터페이스에는 함수들의 시그너처(Signature)만 명세할 뿐 함수 구현은 전혀 존재하지 않는다. 상태 값도 존재할 수 없다. 인터페이스의 구현은 인터페이스를 상속한 클래스에서 한다. 인터페이스도 추상 클래스처럼 객체를 생성할 수 없으며, 인터페이스는 추상 클래스와 달리 속성이나 함수 구현은 전혀 가질 수 없다. 그리고 인터페이스와 인터페이스 간에는 일반화 관계가 이루어지나, 인터페이스와 클래스 간에는 일반화 관계가 이루어질 수 없다. 클래스와 인터페이스 간에는 실현(Realization) 관계로 표현한다.

[표기법]

원으로 표현하고 인터페이스명을 아래쪽에 표시하거나 클래스 형식으로 표현하고 스테레오 타입으로 <<interface>>를 사용할 수 있다. 인터페이스명에는 단순명과 경로명이 있다.

- 단순명: 인터페이스 자체 이름만을 표현한다. → ItemServiceIF
- 경로명: 패키지명까지 표현한다. → Service::ItemServiceIF

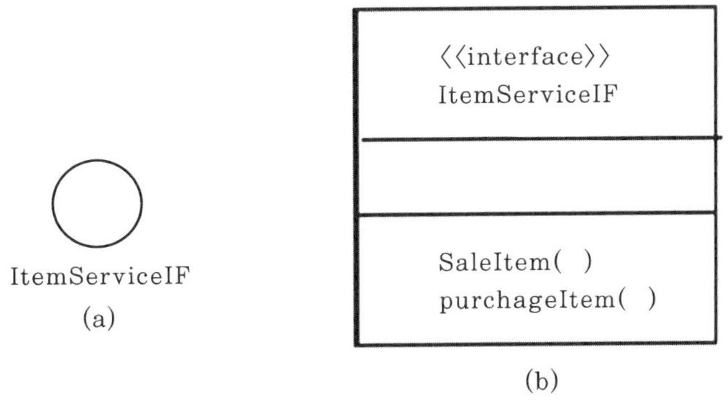

그림 3-10 인터페이스 표기법

④ **유즈케이스(Use case)**

유즈케이스는 시스템이 액터에게 제공하는 기능을 표현한 것이다.

[표기법]

실선으로 타원을 표현하고 원 내부에 유즈케이스명을 표시한다. 유즈케이스명에는 단순명과 경로명이 있다. 자세한 설명은 3.2.3절에서 다룬다.

- 단순명: 인터페이스 자체 이름만을 표현한다.
- 경로명: 패키지명까지 표현한다.

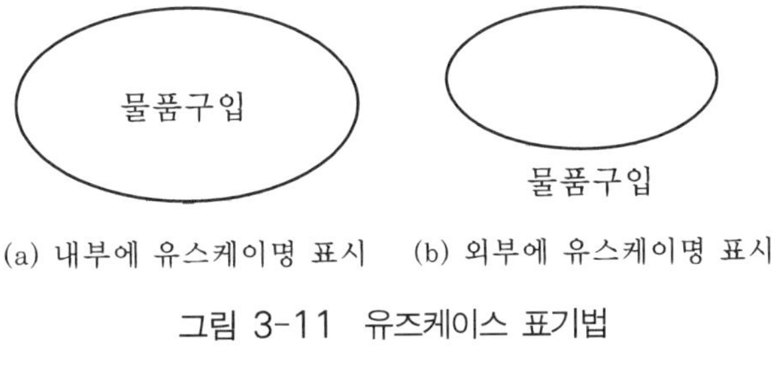

그림 3-11 유즈케이스 표기법

⑤ **액티브 클래스(Active class)**

객체가 하나 또는 그 이상의 프로세스(Process)나 쓰레드(Thread)를 갖는 클래스를 표현한다. 이 클래스의 객체는 다른 요소들과 동시적으로 발생할 수 있으며 제어 활동도 할 수 있다.

[표기법]

클래스와 같이 직사각형에 표시하며 테두리의 선을 굵게 표시한다.

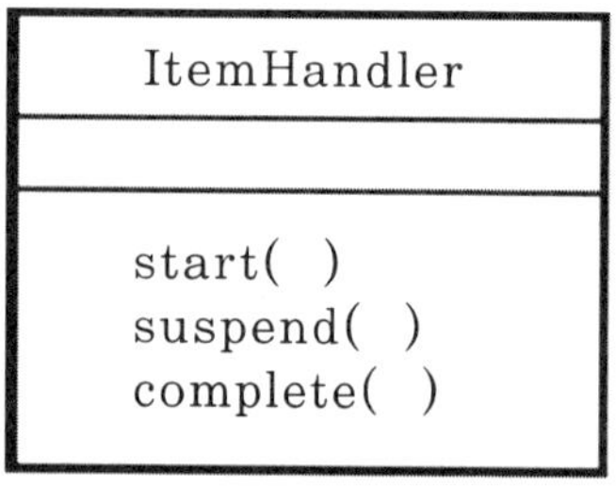

그림 3-12 액티브 클래스 표기법

⑥ 컴포넌트(Component)

시스템에서 물리적으로 관리되는 클래스, 인터페이스, 콜레보레이션 등의 요소를 패키지화 한 것을 나타낸다.

[표기법]

두개의 작은 직사각형이 붙은 직사각형으로 표현하고 내부에 컴포넌트명을 표시한다. 컴포넌트명에는 단순명과 경로명이 있다.

· 단순명: 컴포넌트 자체 이름만을 표현한다.

· 경로명: 패키지명까지 표현한다.

- 꼬리표 값을 추가하여 정보 추가 가능
- 의존, 연관, 일반화 표현 가능하다.
- 컴포넌트를 연결하는 수단으로 인터페이스를 사용한다.

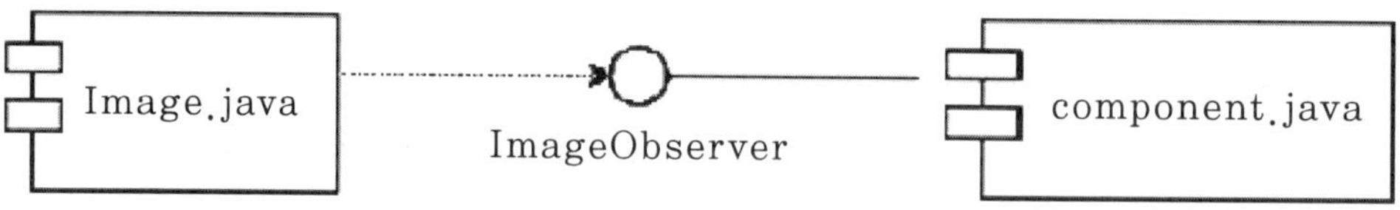

그림 3-13 컴포넌트 표기법

⑦ 노드(Node)

실행 시에 존재하는 물리적 요소이며 컴퓨터나 네트워크 기기등을 나타낸다.

[표기법]

육면체로 표현하고 겉면에 노드명을 표시한다.

그림 3-14 노드 표기법

(2) 행동사물(Behavioral things)

행동사물은 UML 모델의 동사형으로써 주로 모델의 동적인 부분을 나타내며, 시간과 공간에 따른 행동을 표현한다. 행동사물에는 인터랙션(Interaction)과 상태머신(State machine)이 있다.

① 인터랙션(Interaction)

지정된 목적을 완성하기 위하여 특정 문맥에 속한 객체들 사이에 주고받는 메시지(Message)들로 구성되어 있다. 객체 사이의 메시지, 활동 순서, 객체 사이의 연결 등을 표현한다.

[표기법]

화살표로 표현하며 화살표 위에 인터랙션명을 표시한다.

그림 3-15 인터랙션 표기법

② **상태머신(State machine)**

상태머신은 객체 혹은 인터랙션에 발생하는 이벤트에 대한 객체의 상태와 상태의 변화 순서를 나타낸다.

[표기법]

모서리가 둥근 직사각형으로 표현하고 내부에 상태 머신명을 표시한다.

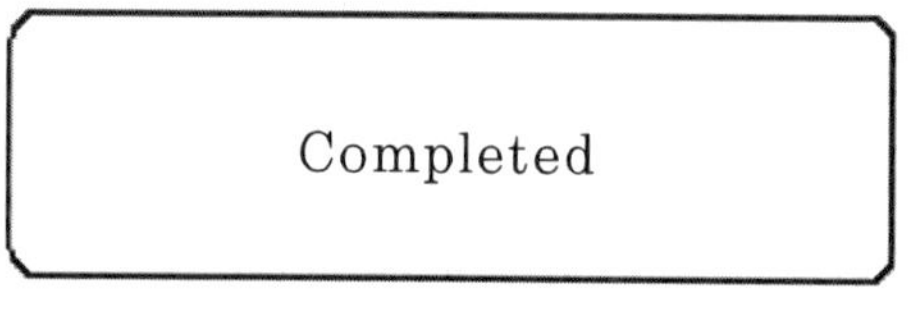

그림 3-16 상태머신 표기법

(3) 그룹사물(Grouping Things)

그룹사물은 UML 모델의 다른 사물들을 그룹화 하는 기능을 한다. 그룹사물에는 패키지(Package)가 있다.

· **패키지(Package)**

패키지는 요소를 그룹으로 묶는 기능을 한다.

[표기법]

작은 직사각형이 붙은 직사각형으로 표현하고 패키지명을 표시한다. 직사각형 내부에 포함되는 요소들을 직접 표시할 수 있다.

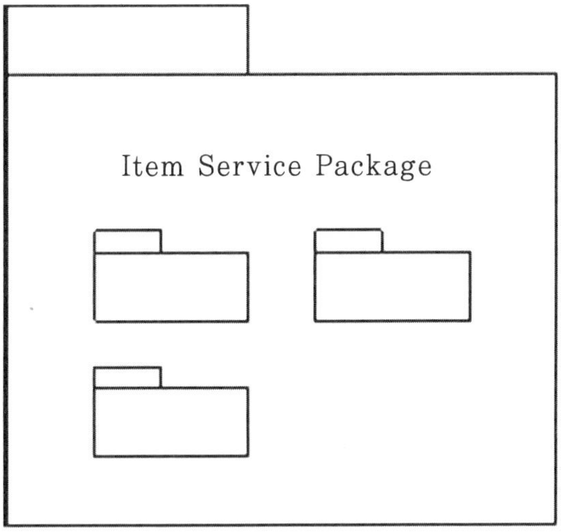

그림 3-17 패키지 표기법

(4) 주해사물(Annotation things)

주해사물은 UML 모델을 설명하는 부분으로써 모델의 다른 사물들의 이해를 돕는다. 주해사물에는 노트(Note)가 있다.

· **노트(Note)**

노트는 첨부되는 주석 또는 제약을 기술하는 기호이다.

[표기법]

우측 모서리가 접힌 직사각형으로 표현하고 문자 또는 그림을 사용하여 표현한다.

그림 3-18 노트 표기법

3.2.2 관계(Relationships)

관계는 사물간의 의미 있는 관계를 표현한다. 관계에는 연관관계, 일반화관계, 의존관계가 있다.

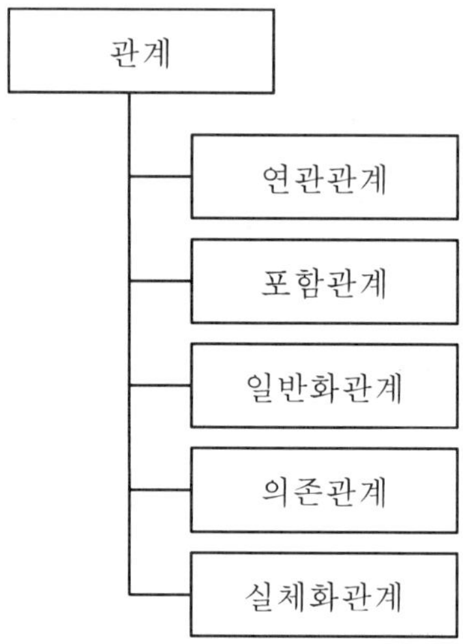

그림 3-19 관계의 분류

(1) 연관관계(Association)

연관관계는 일회성이 아닌 지속적으로 유지되는 구조적 관계로서 사물 객체들 간의 연결 관계를 나타낸다.

[표기법]

실선으로 표현하고 연관관계가 양방향인 경우에는 화살표를 표시하지 않고 단방향일 경우만 표시 한다

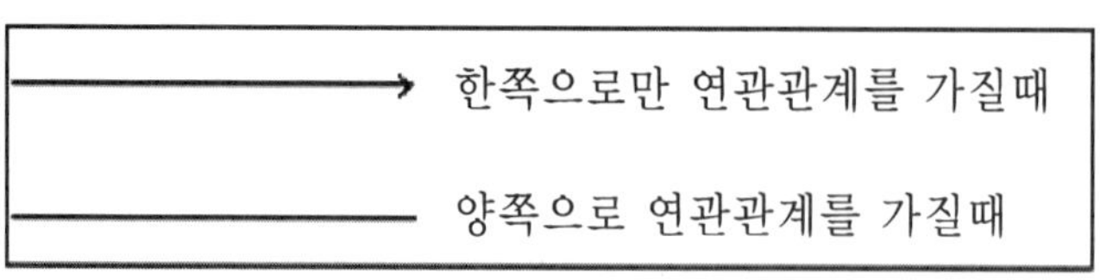

그림 3-20 연관관계의 방향

연관관계의 양쪽 끝에 연관관계에 있는 클래스의 인스턴스(객체)들의 대응 관계를 표현할 수 있는데, 이를 다중성(Multiplicity)라고 한다. 이 다중성은 개체 관계도(Entity Relationship Diagram:ERD)에서 말하는 Cardinality와 Modality 개념을 의미한다. 또한 연관관계의 양쪽 끝에 각각의 클래스가 해당 연관관계에서 지니는 역할 명을 표현할 수도 있다. 예를 들어, [그림 3-21]에서 교수와 학생은 일대다의 연관관계이다. 교수 한 명당 배정된 학생 수는 한명 이상이고 교수의 역할은 teacher, 학생의 역할을 student이다. 교수가 학생에게 가르치기 때문에 연관관계 방향이 학생 쪽으로 향하고 있으며 연관관계명은 teach로 하였다

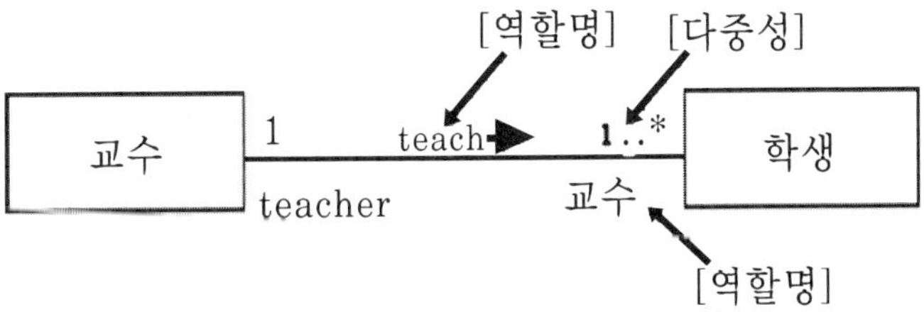

그림 3-21 연관관계 표기법

(2) 포함 관계

연관관계의 특수형태로 사물 사이의 포함관계를 나타낸다. 포함관계에는 다음과 같은 두 가지 종류가 있다.

① 집합연관(Aggregation)

'part-of'관계로써, 한 사물이 또 다른 사물을 포함하는 전체와 부분간의 구조적 관계를 의미한다. 포함되는 사물(부분)이 없이는 포함하는 사물(전체)의 객체가 완성되지 않는 것이다. 예를 들어, 자동차와 바퀴 관계를 보면 된다. 자동차 객체가 완성되려면, 바퀴라는 객체를 포함하지 않고는 완전한 자동차 객체가 생성되지 못하는 것이다.

② 합성연관(Composition)

합성연관은 집단연관과 비슷하게 사물간의 포함관계를 표현한다. 그러나 차이점은 합성연관이 집단연관 보다 더 강한 포함 관계를 지닌다. 여기서 강하다는 의미는 집단연관에서는 부분은 한 사물뿐만 아니라 다른 사물에도 포함될 수 있지만, 합성연관에서는 부분은 단지 하나의 사물에만 포함 되어야 한다. 따라서 집단연관에서는 전체 객체가 소멸되어도 부분 객체는 소명되지 않고 존재할 수 있지만, 합성연관에서는 전체 객체와 부분 객체가 생명주기를 같이하기 때문에, 전체 객체가 생성될 때 동시에 부분 객체가 생성되고 전체 객체가 소멸될 때에 동시네 부분 객체가 소멸된다. 즉, 부분은 전체에 종속되어 전체 없이는 부분도 있을 수 없다.

[표기법]

연관관계의 한 종류 이므로 실선으로 표현하되 집합연관은 전체 쪽에 속이 흰 다이아몬드로 표현하고 합성연관은 전체 쪽에 속이 검은 다이아몬드로 표시한다.

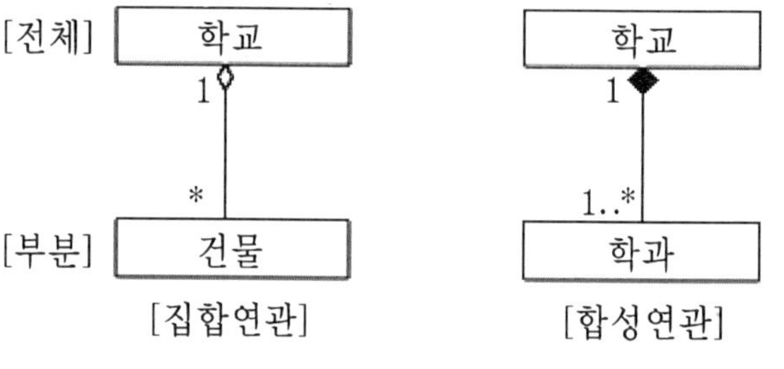

그림 3-22 집합 / 합성 연관 관계 표기법

(3) 일반화관계(Generalization)

일반화관계는 'is-a kind-of'관계로써 특수화, 일반화된 사물간의 관계를 표현한다. 클래스와 클래스, 유즈케이스와 유즈케이스 사이의 상속 관계를 표현한다.

[표기법]

특수 사물에서 일반 사물 쪽으로 향하는 속이 빈 삼각형이 있는 실선 화살표로 표현 한다

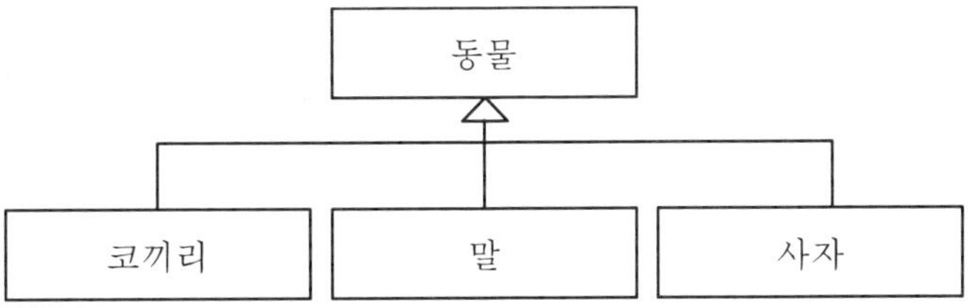

그림 3-23 클래스간의 일반화관계 표기법

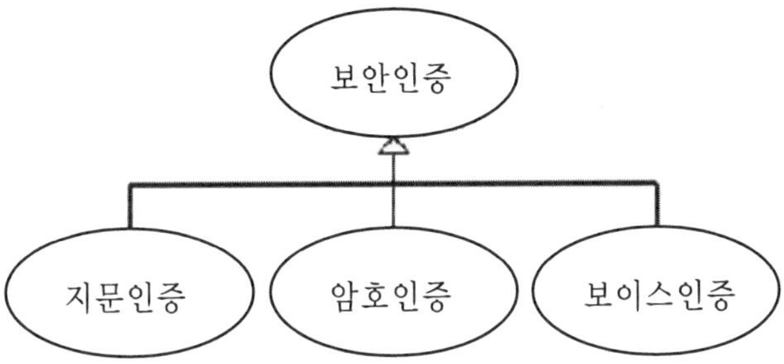

그림 3-24 유즈케이스간의 일반화관계 표기법

(4) 의존관계(Dependency)

의존관계는 두 사물간의 의미적 관계로서, 한쪽 사물의 명세의 변화가 다른 사물에 영향을 주는 관계를 표현한다.

[표기법]

의존 관계 방향으로 점선 화살표를 사용하고 표현한다. 필요할 경우 선위에 설명을 넣는다.

그림 3-25 의존관계 표기법

(5) 실체화관계(Realization)

분류자간의 의미적 관계이다. 한 분류자가 다른 분류자가 수행하기로 한 계약을 명세한다. 인터페이스-클래스, 인터페이스-컴포넌트 간의 관계에 나타낼 수 있다.

[표기법]

일반화관계와 의존관계를 합쳐서 인터페이스 쪽에 빈 삼각형이 있는 점선으로 표현한다.

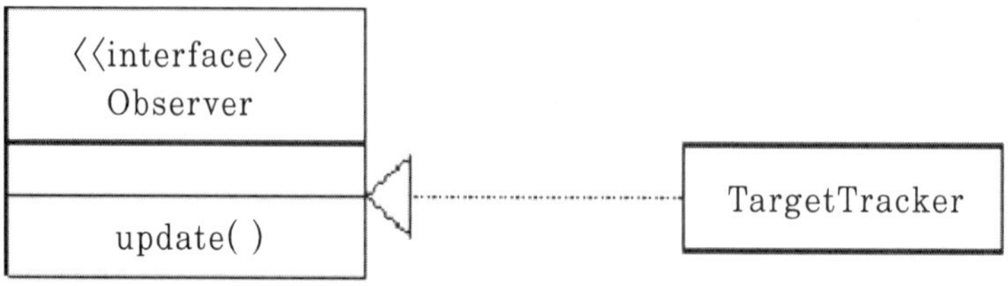

그림 3-26 실체화 관계 표기법

3.2.3 UML 다이어그램들 소개

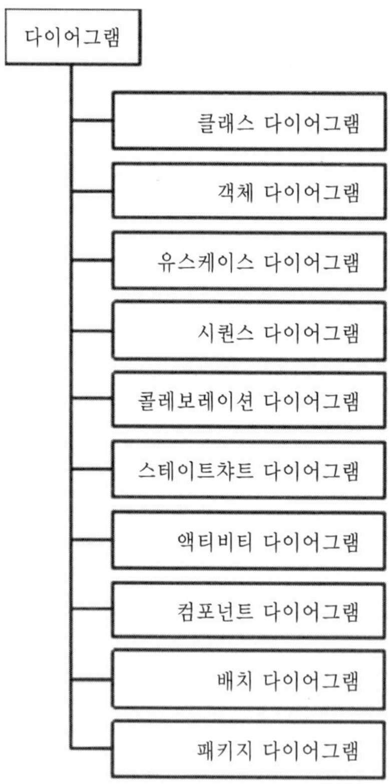

그림 3-27 다이어그램의 분류

(1) 클래스 다이어그램(Class diagram)

클래스 다이어그램은 시스템을 구성하는 클래스와 인터페이스 사이의 유지하는 지속적인 정적인 관계를 나타낸 다이어그램으로서 객체지향 시스템 모델링에서 가장 많이 사용되는 다이어그램이다. 클래스 다이어그램은 시스템의 논리 뷰를 모델링할 때에도 사용되고 컴포넌트 다이어그램과 배치 다이어그램의 기초가 된다. 순/역공 학을 통해 시스템을 구축하고 분석하는데도 사용된다.

관련된 표기법은 앞에서 설명하였으므로 여기서는 생략한다. [그림 3-28]은 클래스 다이어그램의 한 예이다. 학교는 0명 이상의 학생으로 구성된 집합연관이고 학생은 여러 수업을, 수업은 여러 명의 학생을 수용할 수 있는 다대다 관계이다. 교수 한명 당 0개 이상의 수업을 담당한다.

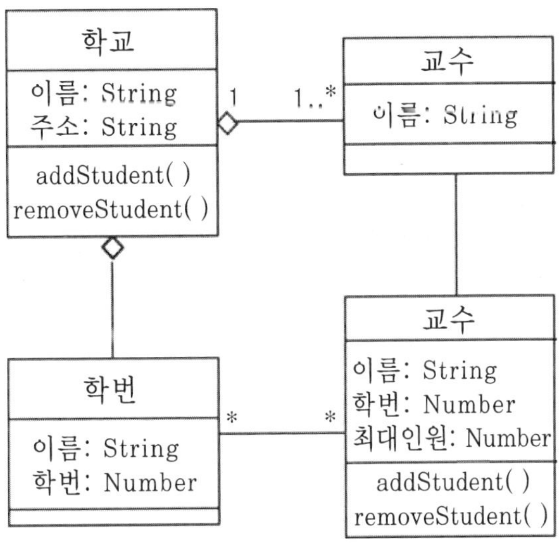

그림 3-28 클래스 다이어그램 예

(2) 객체 다이어그램(Object diagram)

객체 다이어그램은 클래스 다이어그램에 포함된 사물의 인스턴스를 모델링하는데 특정 시점의 객체와 객체 사이의 관계로 표현한다. 시스템의 정적 디자인 뷰나 정적 프로세스 뷰를 모델링할 때 객체 다이어그램을 사용한다. 관련된 표기법은 앞에서 설명하였으므로 여기서는 생략한다. [그림 3-29] 은 객체 다이어그램의 한 예이다. 학교 클래스의 객체인

sc1은 이름, 주소라는 속성을 가지고 있는데 현재 이름은 "우리학교"라는 문자열 값이, 주소는 "한국"이라는 문자열값을 가지고 있다. 학생 클래스의 객체인 st1은 이름, 학번이라는 속성을 가지고 있는데 현재 이름은 "김용"이라는 문자열 값을, 학번은 001463이라는 숫자값을 가지고 있다.

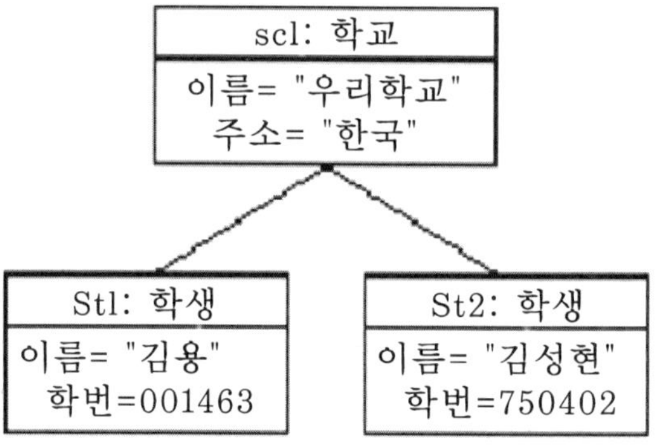

그림 3-29 객체 다이어그램 예

(3) 유즈케이스 다이어그램(Use case diagram)

UML에서는 시스템의 요구사항을 보다 효율적으로 도출하기 위한 장치로 유즈케이스 다이어그램을 제공하고 있다. 유즈케이스 다이어그램에서는 요구사항들 가운데서 기능적인 요구사항을 유즈케이스란 단위로 표현하고 액터와 이들 사이의 관계를 표현한다. 유즈케이스 다이어그램은 다음과 같은 요소들로 구성되어 있다.

① 액터(Actor)

액터는 시스템 외부에 존재하는 개체로서 시스템과 관련하여 시스템을 접근하는 사용자의 역할 명을 액터로 표현하기도 하고, 시스템 외부에 존재하는 타 시스템이나 타 데이터베이스 서버 등을 표현하기도 한다.

[표기법]

[그림 3-30] 과 같이 스틱맨으로 표시하고 하단에 액터의 이름을 명시한다.

그림 3-30 액터 표기법

② 유즈케이스

유즈케이스는 액터가 특정 목표를 달성하기 위하여 해당 시스템에서 수행해야 하는 일련의 행동들로서, 시스템에서 제공해야 하는 독립적인 기능군을 의미한다. 따라서 한 유즈케이스는 데이터베이스의 트랜잭션 개념처럼 일단 유즈케이스가 실행되면 그 유즈케이스는 완전히 해당 기능에 대한 수행을 종결시켜야 한다. 예를 들어, '회원 가입'이란 유즈케이스의 경우를 살펴보자. 액터가 시스템에 회원 가입을 요청하면, 시스템은 액터에게 회원 정보 입력을 요청하게 될 것이고, 액터가 회원 정보를 입력하면, 입력된 정보들에 대해서 제대로 정보들이 입력되었는지 검사하고, 오류가 없으면 새로운 회원 정보를 하나 생성하여 데이터베이스에 등록하고 등록 결과 메시지를 액터에게 보여 줌으로써 '회원 가입'이란 유즈케이스의 수행을 마무리 짓는다.

③ 연관관계(Association)

유즈케이스 다이어그램에서 연관관계는 액터와 유즈케이스 간의 관련성을 표현하는 장치이다. 일반적으로 액터가 시스템 내의 기능인 유즈케이스를 접근하기 때문에 연관관계 표현에 있어서 액터에서 유즈케이스로 화살표가 향하게 된다. 이러한 액터를 다른 말로 능동적 액터(Active Actor)라고도 하는데 일반적으로 능동적 액터에 대한 연관관계의 화살표는 생략가능하다. 그러나 때로는 반대로 유즈케이스에서 액터로 화살표가 향하게 되는 경우도 있다. 이러한 경우는 해당 유즈케이스를 수행하는 도중이나 혹은 수행 후의 정보가 액터로 보내져야 할 경우이다.

예를 들어, [그림 3-31]에 표현된 것처럼 인터넷 쇼핑몰에서 '결제'유즈케이스와 같은 경우를 보자. 해당 쇼핑몰에서 '결제' 유즈케이스를 수행하는 도중에 카드 결제인 경우에 카드 정보를 카드 회사 서버인 카드 결제 시스템 액터로 보내져야 한다.

이러한 경우에 있어서는 유즈케이스에서 액터로 화살표가 표현되게 된다.

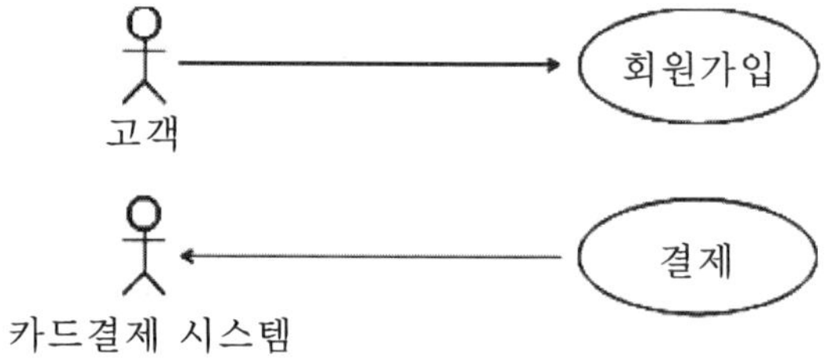

그림 3-31 액터와 유즈케이스간의 연관관계 표기법

④ include

유즈케이스 다이어그램에서 유즈케이스들 간의 관계를 표현하는 장치로는 include 관계와 extend 관계가 있다. include 관계는 여러 유즈케이스들에서 중복적으로 나타나는 기능들에 대해서 이러한 기능들을 별도의 유즈케이스로 추출하여 관련된 유즈케이스와 연결을 맺어줄 때 표현하는 장치이다. 따라서 include 관계를 맺는 유즈케이스는 여러 유즈케이스들에서 중복적으로 사용된다.

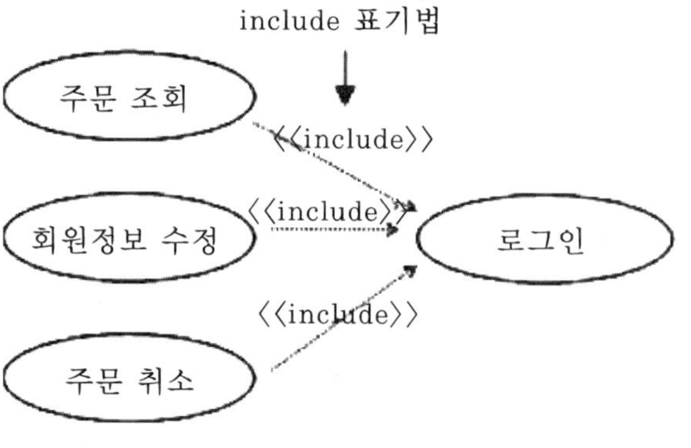

그림 3-32 include 표기법

⑤ extend

extend 관계는 특정 한 유즈케이스 내에서 유즈케이스 내의 흐름이 특정 시점에서 여러 가지 형태로 분류 될 경우에 표현하는 장치이다. 따라서 extend 관계에 있는 유즈케이스는 include 관계처럼 여러 유즈케이스에 걸쳐서 중복적으로 사용되지 않고, 한 유즈케이스로만 파생되어 표현된다.

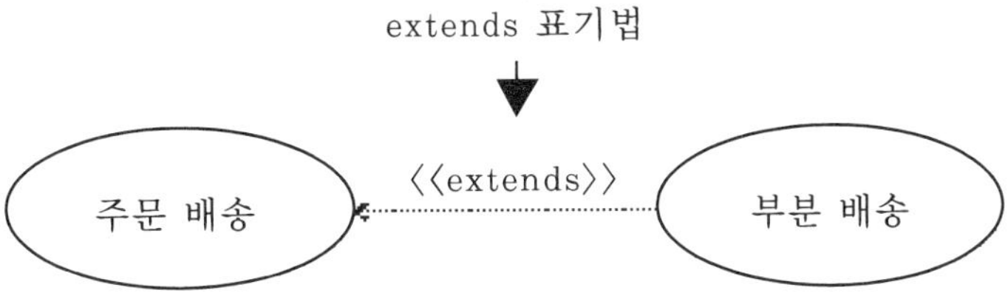

그림 3-33 extends 표기법

[그림 3-34]는 유즈케이스 다이어그램의 한 예이다.

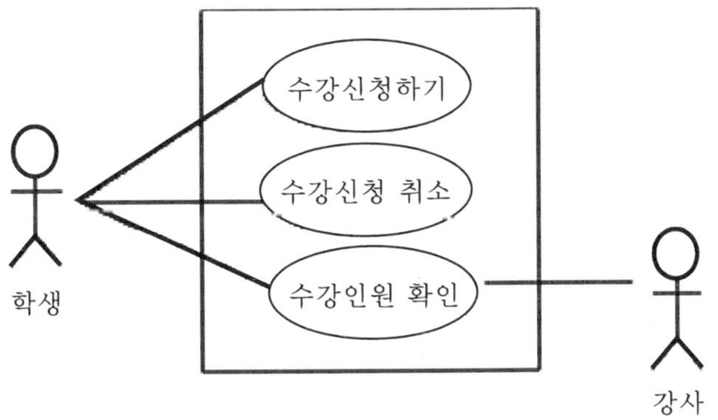

그림 3-34 유즈케이스 다이어그램 예

(4) 시퀀스 다이어그램(Sequence diagram)

시퀀스 다이어그램은 시스템 내부에서 일어나는 동적인 면을 표현하는 다이어그램이다. 객체와 객체 간의 관계와 객체들 간의 주고받는 메시지 교환을 나타낸다. 콜레버레이션 다이어그램과 유사하지만 시퀀스 다이어그램은 객체들 사이의 주고받는 메시지의 순서를 강조한 다이어그램이다.

[표기법]

① ▭ (객체): 상호작용에 참여하는 개체

② | (생명선): 객체의 존재하는 시간을 표현

③ ⟶ (함수호출, 제어흐름: Procedure call, Flow of control): 다른 객체의

함수 호출이나 시그널과 같은 메시지를 보냄

④ → (비동기메시지: Asynchronous message): 다른 객체로의 제어흐름의 이동

⑤ ⮐ (재귀메시지): 객체 자신의 함수를 호출

⑥ → (리턴) : 호출객체에 값을 되돌려준다

⑦ ✕ (소멸) : 객체를 소멸시키는 것으로 객체는 자기 자신을 소멸시킬 수도 있다.

[그림 3-35]는 POST(Point of Sale Terminal) 시스템에서 물품 판매과정 중 일부분이다. POST 객체는 enterItem(upc,qty)의 파라미터로 upc코드와 qty(수량)을 입력받는다. POST 객체는 Sale 객체를 생성하고 Sale 객체는 SalesLineItem 객체를 생성한다. POST는 ProductCatalog의 specification(upc)함수를 사용해 upc코드에 해당하는 물품의 상세정보를 얻는다. 얻는 과정에서 ProductCatalog는 ProductSpecification의 find(upc)함수를 호출하게 된다. POST 객체는 Sale의 makeLineitem(spec,qty)함수를 사용하여 sl:SalesLineItem을 생성하고 SalesLineItem 객체의 add(sl)함수를 사용하여 추가한다.

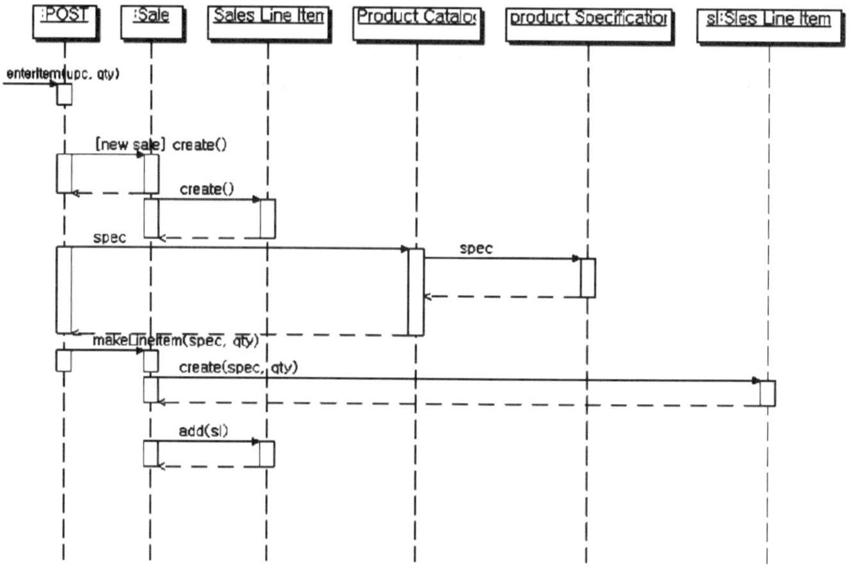

그림 3-35 시퀀스 다이어그램 예

(5) 콜레보레이션 다이어그램(Collaboration diagram)

콜레보레이션 다이어그램은 시퀀스 다이어그램과 마찬가지의 객체들 사이의 메시지 교

환의 순서를 표현한다. 하지만 콜레보레이션 다이어그램은 객체와 객체들 사이의 관계표현에 더 효과적이다.

[표기법]

① ▭ (객체): 상호작용에 참여하는 개체
② ___ (링크): 객체간의 의미적 연결, 메시지 전달 경로
③ ↩ (재귀메시지): 객체 자신의 메시지 호출
④ → (메시지): 객체 간 정보 전달 규약
⑤ 1.1 (메시지 전달 순서): 메시지 전달 순서를 나타내며 1, 1.1, 1.2 와 같이 단계별로 순서가 적용된다.

[그림 3-36]은 [그림 3-35]의 시퀀스 다이어그램에 대한 콜레보레이션 다이어그램이다.

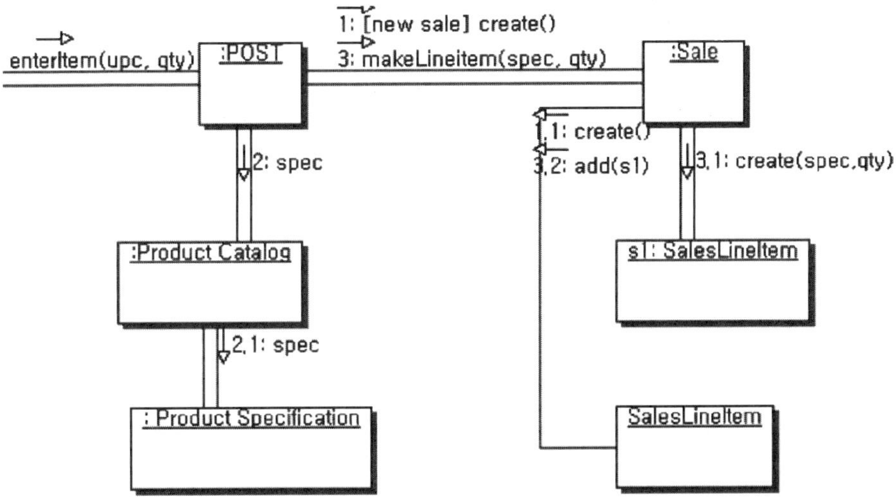

그림 3-36 콜레보레이션 다이어그램 예

(6) 스테이트차트 다이어그램(Statechart diagram)

시스템의 동적인 모습을 나타내는 스테이트 차트 다이어그램은 사건에 따라 순차적으로 발생하는 한 객체의 상태변화를 표현한다.

[표기법]

① ▭ (상태): 객체의 상태, 특정한 속성의 값으로 표현 가능

② ● (시작): 객체의 상태변화가 시작되는 곳

③ ◉ (종료): 객체의 상태변화가 종료되는 곳

④ → (전이): 다른 상태로 변화하는 것

⑤ ⇄ (재귀전이): 어떤 상태에서 자신의 전이를 호출

[그림 3-37]은 스테이트 차트 다이어그램의 한 예이다. 대기상태에서 수강신청을 하기 위해 수강신청 페이지에 접속한다. 로그인을 하고 과목목록을 확인한 뒤 과목을 선택한다. 선택한 과목의 수업을 선택하면 수강신청이 완료된다.

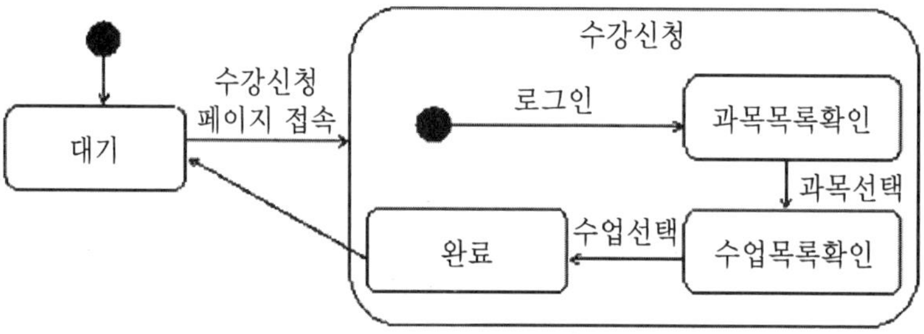

그림 3-37 스테이트 차트 다이어그램 예

(7) 액티비티 다이어그램(Activity diagram)

액티비티 다이어그램은 시스템 내부의 활동의 흐름을 표현한다. 플로우 차트(Flowchart)와 비슷하여 제어흐름을 표현하는데 적합하다. 하지만 기존 플로우 차트와 차이점은 행위에 따라 변화하는 객체의 상태를 표현할 수 있다는 것이다.

[표기법]

① ▭ (상태): 객체가 가질 수 있는 조건이나 상황

② ⬭ (액티비티): 행위나 작업을 의미

③ ● (시작): 상태변화가 시작되는 곳, 객체의 생성시점이 시작상태

④ ◉ (종료): 객체 상태변화가 종료하는 곳, 객체의 소멸시점

⑤ → (전이): 하나의 상태에서 다른 상태로 변화하는 것

⑥ ⇄ (재귀전이): 어떤 상태에서 자기 자신의 전이를 호출하는 경우

⑦ ▬ (동기화): 병행처리가 시작되거나 모이는 곳

⑧ ◇(분기): 논리식의 결과 값에 따라 분기가 일어남

⑨ ▭ (스윔레인:swinrain): 역할에 따른 구분이나 조직에 따른 구분 등으로 사용가능하다.

[그림 3-38]은 액티비티 다이어그램의 한 예이다. 수강신청 페이지에 접속하여 과목을 선택한 뒤 수업을 선택하여 잔여좌석을 확인한다. 잔여좌석이 없을 경우 과목선택부터 다시 시작한다. 잔여좌석이 있을 경우 수업등록을 하고 완료하게 된다.

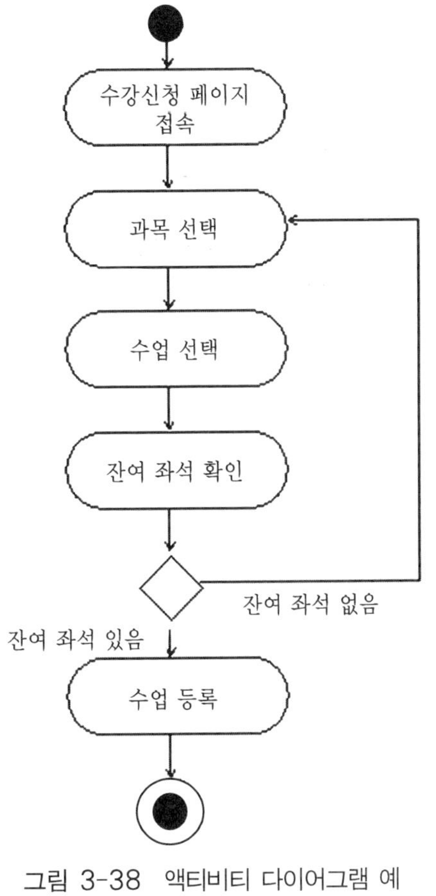

그림 3-38 액티비티 다이어그램 예

(8) 컴포넌트 다이어그램(Component diagram)

컴포넌트 다이어그램은 실제 구현된 모듈인 컴포넌트들 간의 관계를 표현해 주는 모델로서 4+1 뷰에서는 배치 다이어그램과 함께 구현 뷰를 표현하는 장치로 분류된다. UML에서 논리적인 설계는 유즈케이스 다이어그램, 클래스 다이어그램, 상호 작용도(Interaction Diagram), 상태도, 활동도 등과 같은 다이어그램들로 표현되는 반면에 이러한 논리적 설계에 대한 구현은 컴포넌트 다이어그램과 배치 다이어그램을 이용하여 완성하게 된다.

[표기법]

①  (컴포넌트): 물리적이며 교체 가능 한 시스템의 부분

②  (패키지): 요소들을 그룹으로 묶어서 표현

③ (의존관계): 사물간의 영향관계 표현

[그림 3-39]는 컴포넌트 다이어그램의 한 예이다. 도서관 관리시스템과 학사관리 시스템의 변동사항은 증명서 발급시스템에 영향을 준다.

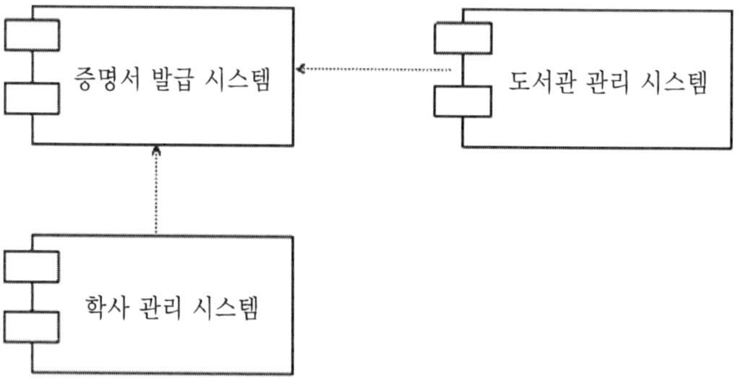

그림 3-39 컴포넌트 다이어그램 예

(9) 배치 다이어그램(Deployment diagram)

노드와 노드에 존재하는 컴포넌트들의 물리적 구성을 표현한다. 컴퓨터와 부가장치, 연결 상태 등의 하드웨어적인 내용과 설치된 소프트웨어를 표현한다.

[표기법]

① (노드): 하드웨어를 표현

② — (커넥션): 노드 사이의 물리적 연결을 표현

③ (컴포넌트): 물리적이며 교체 가능한 시스템의 부분

④ → (의존관계): 사물간의 영향관계 표현

[그림 3-40]은 배치 다이어그램의 한 예이다. 학사 관리 시스템 서버와 도서관 관리 시스템 서버는 콘솔로 연결되어 있다.

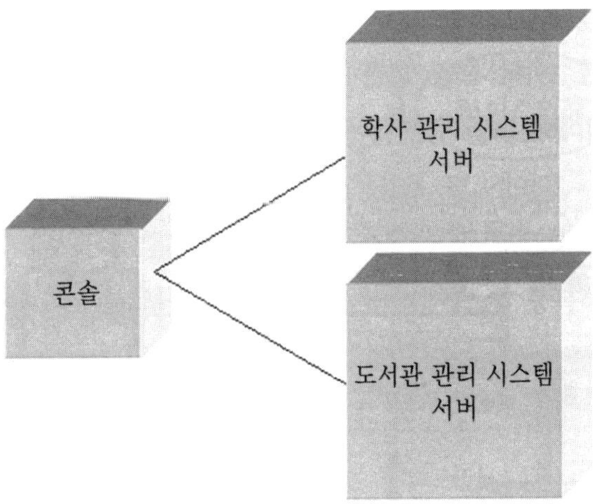

그림 3-40 배치 다이어그램 예

(10) 패키지 다이어그램(Package diagram)

패키지란 일종의 관련된 모델링 요소들을 묶는 장치이다. 자바와 같은 객체지향 언어에서는 클래스들을 그룹화 하는 장치로서 패키지가 사용되지만, UML에서는 패키지는 그 용도가 단지 클래스들만을 그룹화 하는 장치뿐만 아니라 유즈케이스, 컴포넌트 등과 같이 관련 있는 모델링 요소들을 그룹화 하는 장치로 확대되어 사용되고 있다. 그러나 일반적으로는 클래스들을 그룹화 하는 용도로 많이 사용되고 있다.

[표기법]

① (클래스)

② (패키지): 요소들을 그룹으로 묶어서 표현

③ → (의존관계): 사물간의 영향관계 표현

UML에서는 [그림 3-41]에서처럼 패키지 표기법을 제공하고 있으며, 패키지는 독립성이 높은 모듈이기 때문에 패키지와 패키지들 간의 관계는 의존 관계로 표시한다. 물론 패키지 내에 또 다른 패키지가 포함될 수도 있다. 그러나 이를 집단 연관과 합성연관 표기법을 사용하여 표현하지는 않는다.

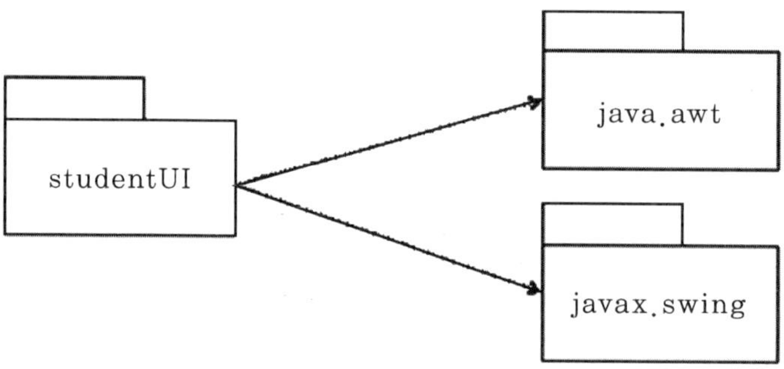

그림 3-41 패키지 다이어그램 예

연 습 문 제

1. 다음 내용 중 빈칸에 들어갈 말로 적당한 것은?

> [(a)] (이)란 현실의 단순화, 가시화를 통해 개발할 시스템에 대한 계획/구상에 대한 내용을 나타낸 것이다. [(b)] (은)(는) 양질의 소프트웨어를 개발하기 위해 모델을 만드는 작업에 들어가는 모든 활동이라고 볼 수 있다.

① (a): 클래스 (b): 모델 ② (b): 모델 (c): 모델
③ (b): 모델 (c): 모델링 ④ (b): 모델링 (c): 모델

2. '시스템은 몇개의 뷰로 분석된다.' 라고 생각했고 뷰는 모델 다이어그램으로 표현하였다. 여러 기지 방법론을 통합하여 만든 방법론으로 분석보다 설계에 중점을 두고 있는 방법론은 무엇인가?
① OMT ② RUP
③ OOSE ④ 부치방법론

3. 외부 액터와 상호작용하는 시스템의 요구사항을 정의한 유즈케이스를 강조하였다. 방법론이 복잡하고 연관성이 강해 큰 규모의 시스템 개발에는 강한 면모를 가지고 있는 방법론은 무엇인가?
① OMT ② RUP
③ OOSE ④ 부치방법론

4. OMT 방법론은 세가지 모델로써 시스템이 요구하는 객체를 완전히 기술할 수 있다. 이 세가지 모델에 속하지 않는 것은?
① 객체모델링 ② 기능모델링
③ 동적모델링 ④ 정적모델링

5. UML의 특징은 크게 네가지로 볼 수 있는데 다음 중 이 네가지에 속하지 않는 것은?
① 구축 언어 ② 가시화 언어
③ 문서화 언어 ④ 설계 언어

6. 'UML은 여러 개발자 간의 통제, 평가, 의사소통을 위한 언어이다' 와 관련된 UML의 특징은?

① 구축 언어 ② 가시화 언어
③ 문서화 언어 ④ 명세화 언어

7. 다음 중 UML의 역사에 관해 틀린 내용은?

① 1997년 UML 1.0 발표 ② 1999년 UML 1.3 발표
③ 2001년 UML 1.4 발표 ④ 2002년 UML 1.8 발표

8. OMT 방법론에서 시스템에 필요한 각 객체를 찾아내고 객체의 속성과 객체들 사이의 관계를 규명하는 모델은?

① 객체 모델링 ② 기능 모델링
③ 동적 모델링 ④ 관계 모델링

9. 다음 중 사물의 분류에 속하지 않는 것은?

① 구조사물 ② 관계사물
③ 그룹사물 ④ 주해사물

10. 다음 중 구조를 표현하는 사물이 아닌 것은?

① 클래스 ② 유즈케이스
③ 상태머신 ④ 컴포넌트

11. 다음 중 행위를 표현하는 사물은?

① 콜레보레이션 ② 인터랙션
③ 액티브 클래스 ④ 패키지

12. 다음 중 관계의 종류에 속하지 않는 것은?

① 연관관계 ② 포함관계
③ 실체화관계 ④ 그룹관계

13. 다음 중 요구 모델링에 사용되는 다이어그램은?

① 클래스 다이어그램 ② 유즈케이스 다이어그램
③ 배치다이어그램 ④ 콜레보레이션 다이어그램

14. 다음 중 구조 모델링에 사용되는 다이어그램이 아닌 것은?
① 클래스 다이어그램
② 컴포넌트 다이어그램
③ 객체 다이어그램
④ 스테이트차트 다이어그램

15. 시퀀스 다이어그램과 동일한 내용을 객체 상호 관계의 관점에서 표현한 다이어그램은?
① 객체 다이어그램
② 액티비티 다이어그램
③ 스테이트차트 다이어그램
④ 콜레보레이션 다이어그램

16. 다음 중 UML 메커니즘이 아닌 것은?
① 명세
② 설계
③ 장식
④ 공통분할

17. {tag = value}의 기호를 사용하여 UML 구성요소가 갖는 속성을 확장하여 구성요소의 명세서에 새로운 정보를 추가하는 확장 메커니즘은 무엇인가?
① 스테레오 타입
② 꼬리표값
③ 제약
④ 장식

18. 4+1 뷰에 속하는 뷰가 아닌 것은?
① 유즈케이스 뷰
② 프로세스 뷰
③ 실행 뷰
④ 배치 뷰

19. 행위 모델링에 사용되는 다이어그램이 아닌 것은?
① 시퀀스 다이어그램
② 콜레보레이션 다이어그램
③ 객체 다이어그램
④ 스테이트차트 다이어그램

20. 다음 중 그룹화에 사용되는 사물은?
① 컴포넌트
② 노드
③ 노트
④ 패키지

21. 다음 중 소프트웨어의 물리적 단위의 구성과 의존 관계를 표현한 다이어그램은?
① 컴포넌트 다이어그램
② 배치 다이어그램
③ 객체 다이어그램
④ 클래스 다이어그램

22. 'UML의 각 요소들은 요소의 중요한 특징을 표현하기 위해 고유한 그래픽 표기를 가지고 있다' 에서 설명하고 있는 UML 메커니즘은?

① 명세 ② 장식
③ 공통분할 ④ 확장메커니즘

23. '모든 UML 구성요소의 그래픽 표기에는 표준화된 명세법이 있어서 정확한 구문과 의미를 전달할 수 있다.' 에서 설명하고 있는 UML 메커니즘은?

① 명세 ② 장식
③ 공통분할 ④ 확장메커니즘

24. 다음은 4+1뷰 중에서 어느 한 뷰를 설명하고 있다. 다음 중 그 뷰는 무엇인가?

기능적 또는 비기능적 요구사항을 달성하기 위하여 시스템의 내부가 어떻게 설계되었는지를 보여주는 뷰이다. 정적인 모습은 클래스 다이어그램과 객체다이어그램에서 표현하고, 동적인 모습은 인터랙션 다이어그램과, 스테이트차트 다이어그램, 액티비티 다이어그램에서 표현한다.

① 유즈케이스 뷰 ② 논리 뷰
③ 프로세스 뷰 ④ 구현 뷰

25. 다음은 4+1뷰 중에서 어느 한 뷰를 설명하고 있다. 다음 중 그 뷰는 무엇인가?

시스템의 구현 형태를 나타내기 위하여 컴포넌트와 같은 구현 모듈과 그들 사이의 관계를 보여주는 뷰이다. 정적인 부분은 컴포넌트 다이어그램으로, 동적인 부분은 인터랙션 다이어그램, 스테이트차트 다이어그램, 액티비티 다이어그램으로 표현한다.

① 유즈케이스 뷰 ② 논리 뷰
③ 프로세스 뷰 ④ 구현 뷰

26. 구조 모델링에 사용되는 다이어그램이며 시스템을 구성하는 클래스, 인터페이스 사이의 구조적 연관관계를 표현한 다이어그램은 무엇인가?

① 클래스 다이어그램 ② 객체 다이어그램
③ 컴포넌트 다이어그램 ④ 배치 다이어그램

27. 다음 중 올바른 스트레오타입 표기법은?

① {sub system}
② {subsystem = 2.1}
③ 〈 subsystem 〉
④ 《 subsystem 》

28. {} 기호를 사용하여 UML 구성 요소에 있는 이전의 규칙을 수정하거나 새롭게 생성하기 위한 메커니즘이다. 이 확장 메커니즘은 무엇인가?

① 스테레오 타입
② 꼬리표값
③ 제약
④ 공통분할

29. 다음은 4+1뷰 중에서 어느 한 뷰를 설명하고 있다. 다음 중 그 뷰는 무엇인가?

시스템의 효율성 및 처리량 향상을 위하여 쓰레드나 프로세스를 사용하는 경우 발행하는 통신 및 동기화 등의 문제 등을 다루는 뷰이다. 정적/동적인 모습을 논리 뷰에서와 같은 종류의 다이어그램으로 나타낸다. 그러나 쓰레드와 프로세스를 표현하기 위해서는 액티브 클래스를 사용한다.

① 유즈케이스 뷰
② 논리 뷰
③ 프로세스 뷰
④ 구현 뷰

30. 다음은 4+1뷰 중에서 어느 한 뷰를 설명하고 있다. 다음 중 그 뷰는 무엇인가?

외부 액터에 의해 인식되는 시스템의 기능 요구사항을 보여주는 뷰이다. 유스케이스 다이어그램에서는 뷰의 정적인 모습을 표현하고 인터랙션다이어그램, 스테이트차트 다이어그램, 액티비티 다이어그램에서는 뷰의 동적인 모습을 표현한다.

① 유즈케이스 뷰
② 논리 뷰
③ 프로세스 뷰
④ 구현 뷰

31. 클래스는 클래스명, 속성, 오퍼레이션 으로 구성된다. 속성은 세 가지 형태로 나타낼 수 있는데 세 가지에 속하지 않는 것은?

① –(private)
② +(public)
③ *(privacy)
④ #(protect)

32. 다음 중 클래스의 속성 표기법중 옳지 않은 것은?

① +name: String = "yong"   ② −name: String

③ −name : "yong"   ④ #name

33. 다음중 클래스의 오퍼레이션 표기법 중 옳지 않은 것은?

① +getName( )   ② #getName(int)

③ #getName(stNum:int)   ④ −getName(stNum:int): String

34. 다음 인터페이스 표기법 중 옳은 것은?

① 

② 

③ 

④ 

35. 다음 그림은 어떤 사물을 표현한 것인가?

① 액터   ② 액티브클래스

③ 상태머신   ④ 유즈케이스

36. 다음 중 노드 표기법으로 올바른 것은?

① 

② 

③ 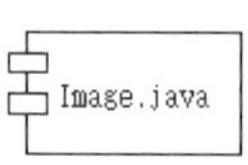

④ 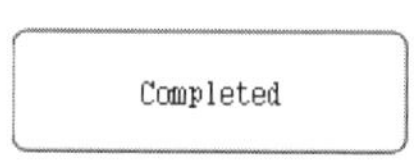

37. 다음 그림은 어떤 사물의 표현인가?

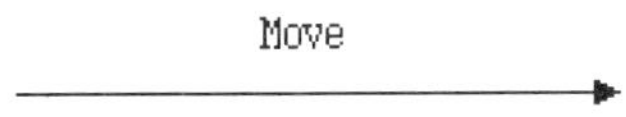

① 상태머신　　② 액티브 클래스
③ 인터랙션　　④ 호출

38. 두 사물간의 의미적 관계로서, 한쪽 사물의 명세의 변화가 다른 사물에 영향을 주는 관계는 무엇인가?

① 의존관계　　② 포함관계
③ 실체화관계　　④ 일반화관계

39. 다음 중 일반화 관계를 옳게 표현한 것은?

①
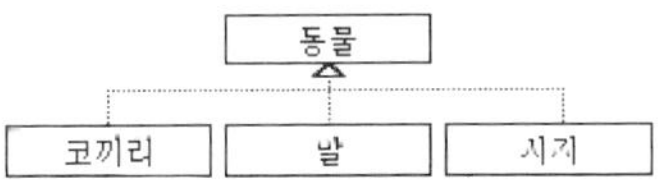

②
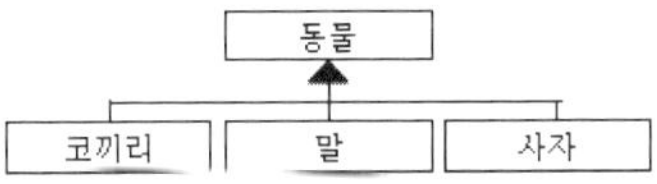

③
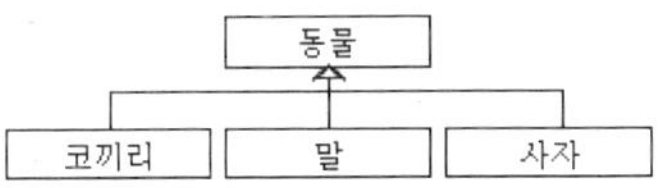

④
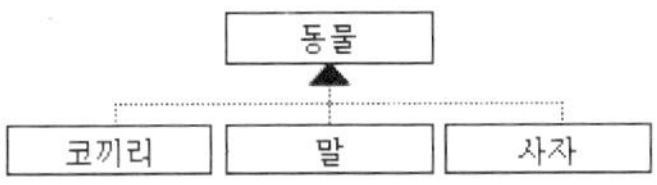

40. 'part-of' 관계로써, 한 사물이 또 다른 사물을 포함하는 전체와 부분간의 구조적 관계를 의미한다. 포함되는 사물(부분)이 없이는 포함하는 사물(전체)의 객체가 완성되지 않는 것이다. 이 내용이 설명하는 관계는?

① 일반화관계　　② 집합연관
③ 합성연관　　④ 실체화관계

41. 다음 그림이 표현하는 관계는?

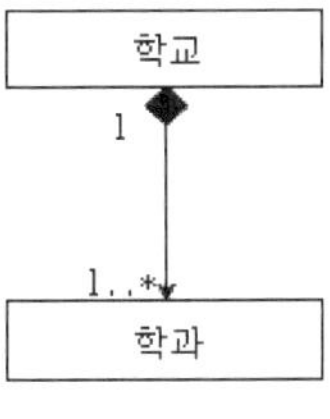

① 실체화관계　　② 집합연관
③ 합성연관　　④ 일반화관계

42. 다음 중 실체화 관계를 올바르게 표현한 것은?

① 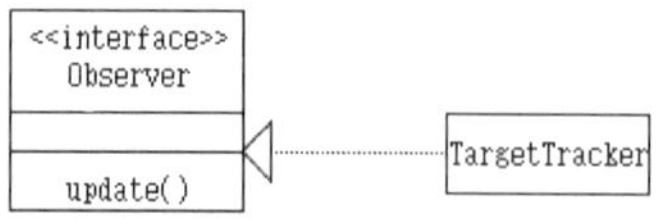

② 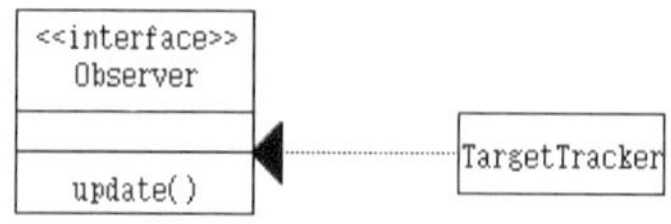

③ 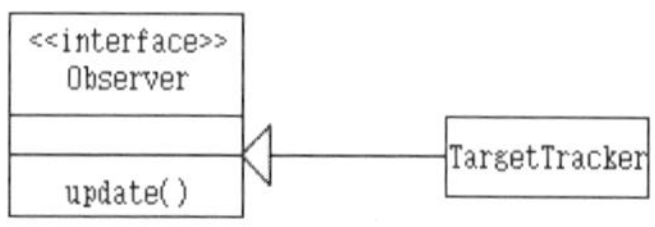

④ 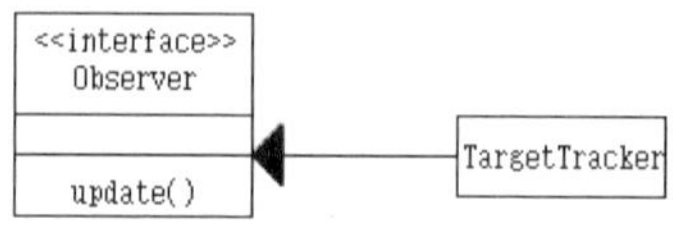

43. 다음은 어떤 다이어그램에 대한 설명인가?

노드와 노드에 존재하는 컴포넌트들의 물리적 구성을 표현한다. 컴퓨터와 부가장치, 연결상태 등의 하드웨어적인 내용과 설치된 소프트웨어를 표현한다.

① 클래스 다이어그램
② 컴포넌트 다이어그램
③ 패키지 다이어그램
④ 배치 다이어그램

44. 다음은 어떤 다이어그램에 대한 설명인가?

시스템 내부의 활동의 흐름을 표현한다. 플로우 차트(Flowchart)와 비슷하여 제어흐름을 표현하는데 적합하다. 하지만 기존 플로우 차트와 차이점은 행위에 따라 변화하는 객체의 상태를 표현할 수 있다는 것이다.

① 액티비티 다이어그램
② 스테이트차트 다이어그램
③ 패키지 다이어그램
④ 컴포넌트 다이어그램

45. 다음은 어떤 다이어그램에 대한 설명인가?

UML에서는 시스템의 요구사항을 보다 효율적으로 도출하기 위한 다이어그램이다. 요구사항들 가운데서 기능적인 요구사항을 유스케이스란 단위로 표현하고 액터와 이들 사이의 관계를 표현한다.

① 클래스 다이어그램 ② 액티비티 다이어그램
③ 유즈케이스 다이어그램 ④ 컴포넌트 다이어그램

46. 다음 설명은 무엇에 대한 내용인가?

시스템 외부에 존재하는 개체로서 시스템과 관련하여 시스템을 접근하는 사용자의 역할 명을 표현하기도 하고, 시스템 외부에 존재하는 타 시스템이나 타 데이터베이스 서버 등을 표현하기도 한다.

① 유즈케이스 ② 액터
③ include ④ extend

47. 다음 유즈케이스 다이어그램의 빈칸에 공통적으로 들어갈 적당한 스테레오타입은?

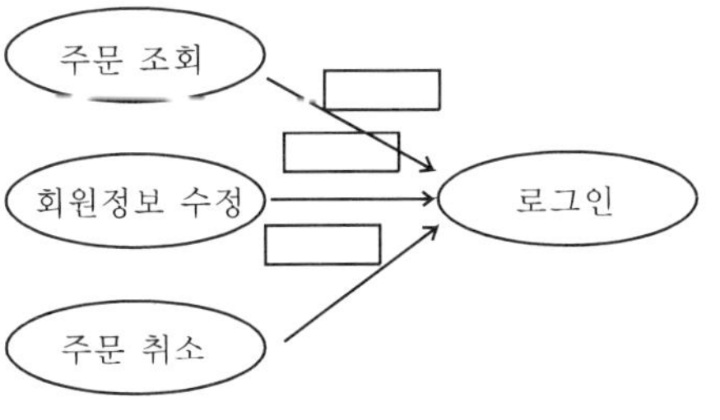

① 《 interface 》 ② 《 include 》
③ 《 extends 》 ④ 《 extend 》

48. 다음 콜레보레이션 다이어그램을 시퀀스 다이어그램으로 변환하였다. 옳은 것은?

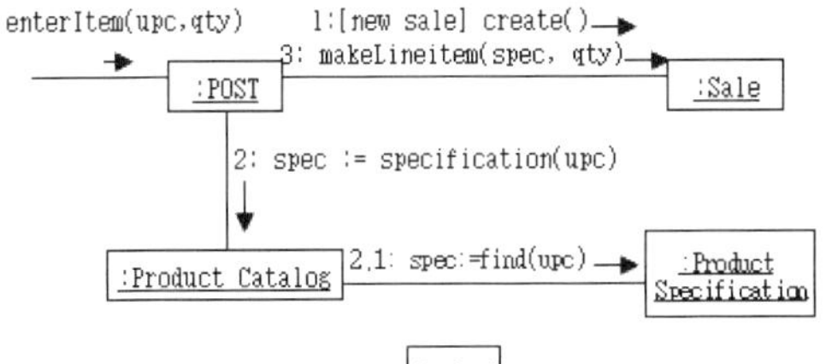

①

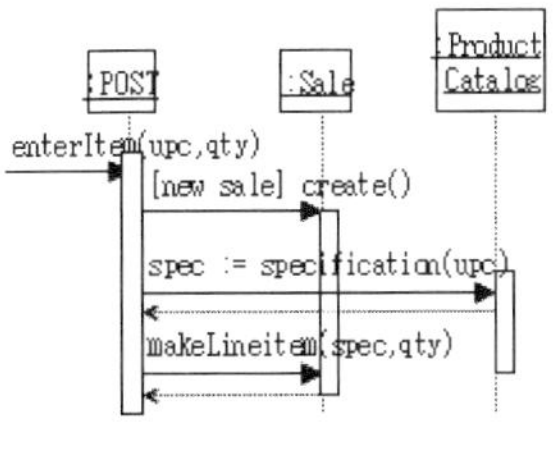

②

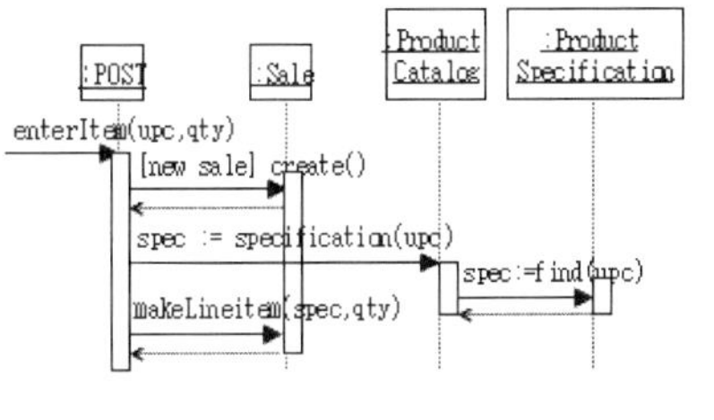

③ 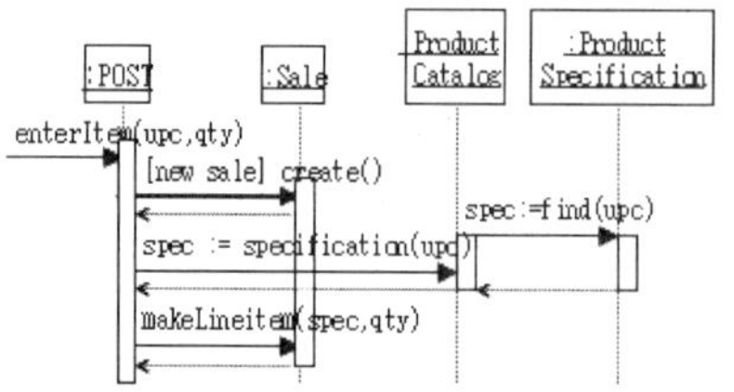

④ 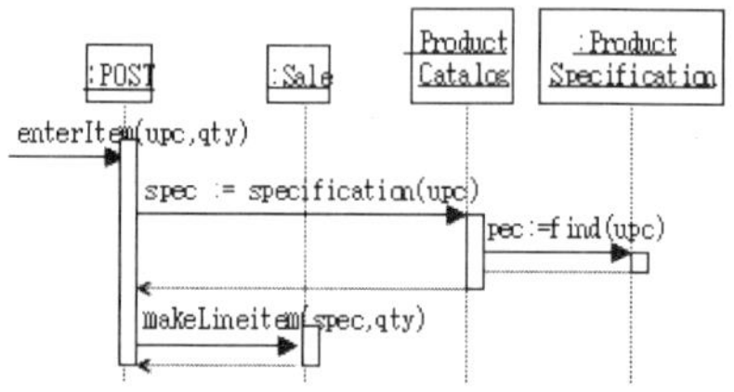

49. 다음 다이어그램의 이름은 무엇인가?

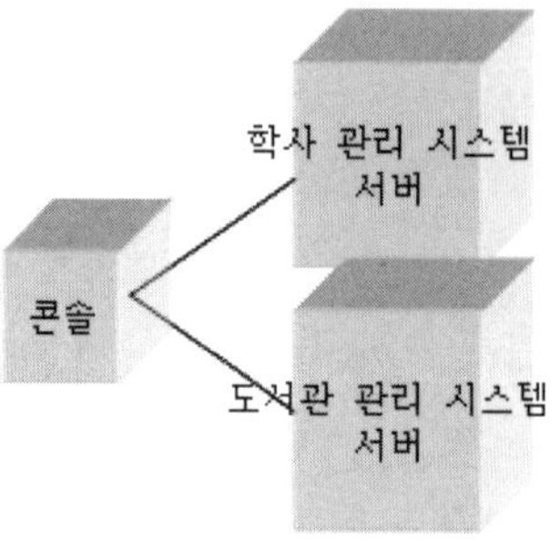

① 클래스 다이어그램
② 패키지 다이어그램
③ 컴포넌트 다이어그램
④ 배치 다이어그램

50. 일회성이 아닌 지속적으로 유지되는 구조적 관계로서 사물 객체들간의 연결 관계를 나타내는 관계는?

① 연관관계
② 일반화관계
③ 의존관계
④ 실체화관계

51. 다음 설명이 나타내는 사물은?

> 클래스나 컴포넌트가 제공하는 서비스들을 나타내는 오퍼레이션들의 집합을 나타내는 클래스의 일종이다. 따라서 함수들의 시그네처(Signature)만 명세할 뿐 함수 구현은 전혀 존재하지 않는다. 상태 값도 존재할 수 없다. 구현은 상속한 클래스에서 하며 추상 클래스처럼 객체를 생성할 수 없다. 클래스와의 관계는 실체화 관계로 표현한다.

① 클래스
② 액티브클래스
③ 인터페이스
④ 상태머신

52. 객체 혹은 인터랙션에 발생하는 이벤트에 대한 객체의 상태와 상태의 변화순서를 나타내는 사물은?

① 인터랙션 ② 상태머신
③ 액티브클래스 ④ 유즈케이스

53. 포함연관에는 집합연관과 합성연관이 있다. 다음 중 합성연관의 예로 올바른 것은?

① 학교 - 건물 ② 손 - 손가락
③ 자동차 - 바퀴 ④ 가방 - 지퍼

54. 다음 중 일반화의 예로 잘못된 것은?

① 포유류 - 곰 ② 학생 - 고등학생
③ 책 - 소설책 ④ 디지털카메라 - 필름카메라

55. 다음은 어떤 관계에 대한 설명인가?

> 인터페이스-클래스, 인터페이스-컴포넌트 간의 관계를 나타낸다. 분류자 간의 의미적 관계로써 한 분류자가 다른 분류자가 수행하기로 한 계약을 명세한다.

① 의존관계 ② 포함관계
③ 일반화관계 ④ 실체화관계

56. 다음 중 의존관계를 나타내는 기호는?

①  ② 
③  ③

57. 다음은 어떤 관계에 대한 설명인가?

> 'is-a kind-of' 관계로써 특수화, 일반화된 사물간의 관계를 표현한다. 클래스와 클래스, 유스케이스와 유스케이스 사이의 상속 관계를 표현한다.

58. 다음 설명은 어떤 다이어그램에 대한 설명인가?

> 시스템 내부에서 일어나는 동적인 면을 표현하는 다이어그램이다. 객체와 객체 간의 관계와 객체들간의 주고 받는 메시지 교환을 나타낸다. 콜레버레이션 다이어그램과 유사하지만 객체들 사이의 주고 받는 메시지의 순서를 강조한 점이 콜레보레이션 다이어그램과의 차이점이다.

① 액티비티 다이어그램　　② 스테이트차트 다이어그램
③ 시퀀스 다이어그램　　④ 배치 다이어그램

59. 스테이트차트 다이어그램에서 종료를 나타내는 기호는?

① 　　② ●
③ 　　④ ◉

CHAPTER 04

UML 모델링

●●● 이번 장은 앞장에서 배운 UML 표기법을 사용하여, 소프트웨어 개발 생명주기중 요구사항 이해, 분석, 설계 공정을 수행하는데 필요한 요구 모델링과 구조모델링 그리고 행위모델링 기법과 절차, 가이드라인을 살펴볼 것이며, 예시를 통해 모델링 능력을 습득하게 된다.

먼저, 요구 모델링은 요구사항의 중요성 및 관리의 필요성에 대해 파악해 보고, 요구사항과 관련된 세부 프로세스, 즉 요구사항을 추출하고, 분석, 명세, 검증, 유지보수 하는 일련의 과정을 살펴봄으로써 보다 효과적으로 요구사항을 수집하고 명세 하는 기법을 학습할 것이며, 사용자의 기능 요구사항을 표현하는 유즈케이스 모델링 기법 및 명세서 작성 방법에 대해 상세히 설명할 것이다.

4.1 요구 모델링(Requirement Modeling)

학습목표

- 요구 모델링을 위한 요구사항 중요성을 인지하고, 효과적인 요구사항 수집 및 명세기법을 이해한다.
- 요구 모델링의 주요 모델링 기법인 유즈케이스 모델링 기법을 알아본다. 특히, 유즈케이스 모델링 절차와 액터 및 유즈케이스 식별, 명세 방법을 이해한다.
- UML 표기법을 토대로 유즈케이스 모델의 해석 방법과 실례를 통한 모델링 기술 및 가이드 라인을 숙지하여 유즈케이스 모델링 능력과 작성된 모델의 가독능력을 배양한다.

4.1.1 개요

(1) 요구사항의 중요성

요구사항은, 구축하여야 할 시스템이 어떤 기능을 제공해야 하는지를 표현하고 있으므로, 프로젝트 전 단계에서 참조해야 할 절대적인 이정표라 할 수 있다. 따라서 프로젝트 초반에 정확하고 완전하게 요구사항을 정의하지도 않은 채 섣불리 분석, 설계, 개발단계를 강행한다면, 시스템 구축에 큰 장애요소로 작용될 수 있을 뿐 아니라, 그로 인해 프로젝트 전 단계에 걸쳐 막대한 영향을 끼칠 수 있다는 점에서 그 중요성을 찾아 볼 수 있다.

즉, 요구사항을 명확히 이해하지도 않고 분석, 설계, 개발단계를 진행하여 얻은 결과물은 부정확하고, 완성도가 떨어져 사용자의 불신을 얻을 가능성이 클 뿐만 아니라, 설령 나중에 정확히 요구사항을 이해하여 해당 영역을 정정하더라도, 발생한 에러를 수정하는데 따른 부담은 프로젝트에 치명적 영향을 끼칠 수 있다.

여러 연구기관에서 발표한 통계자료에 따르면, 프로젝트에서 발생한 대부분의 에러는 요구사항 정의단계인 프로젝트 초반에 발생하고, 에러를 찾아 정정하는데 소요되는 비용은 소프트웨어 개발공정 후반으로 가면 갈수록 기하급수적으로 증가한다는 것을 수치로 나타내어 요구사항의 중요성을 다시 한번 일깨워주고 있다.

게다가 프로젝트에 참여하는 모든 이해당사자(Stakeholder)에게 공통적으로 연관된 부분이 바로 요구사항 영역이고, 요구사항 명세서(SRS, Software Requirements Specification)라는 형태로 정형화 되어 발주자와 수행자간 계약기준이 됨과 동시에, 프로젝트 중 수행되는 각종 테스트 기준, 그리고 프로젝트 완료 후에는 검수 및 인수인계의 기준이 된다는 점에서, 요구사항의 중요성은 아무리 강조해도 지나치지 않다고 할 수 있다.

이런 의미에서, 요구사항 정의단계에서는 사용자와 합의하여 요구사항을 작성하는 것이 좋고, 합의된 요구사항 명세서를 사용자가 확인하고 승인하는 절차를 통해 사용자의 프로젝트 참여도를 높일 수 있음은 물론, 개발 후반부에 발생할 수 있는 요구사항의 추가, 변경에 따른 분규의 소지를 어느 정도 완화 시킬 수 있다.

(2) 요구사항 유형

시스템 요구사항은 기능 요구사항과 비기능 요구사항으로 분류될 수 있다. 기능 요구사항은 시스템이 수행해야 하는 행위를 구체화한 것으로 향후 유즈케이스 모델을 통해 분석되고, 비기능 요구사항은 행위와 관련된 제약사항으로써 시스템이 가져야 하는 기능 이외의 요구사항(성능, 신뢰성, 편의성, 유지보수성, 보안 및 인증체계, 외부 인터페이스, 설계 제약 사항, 시스템 특성 등)을 의미한다.

[그림 4-1]은 비기능 요구사항의 체계적인 분류와 분류에 따른 세부 항목을 나타내고 있는데, 파악된 비기능 요구사항 이외에 누락된 비기능 요건이 있는지를 점검하는 기준으로 활용하기 바란다.

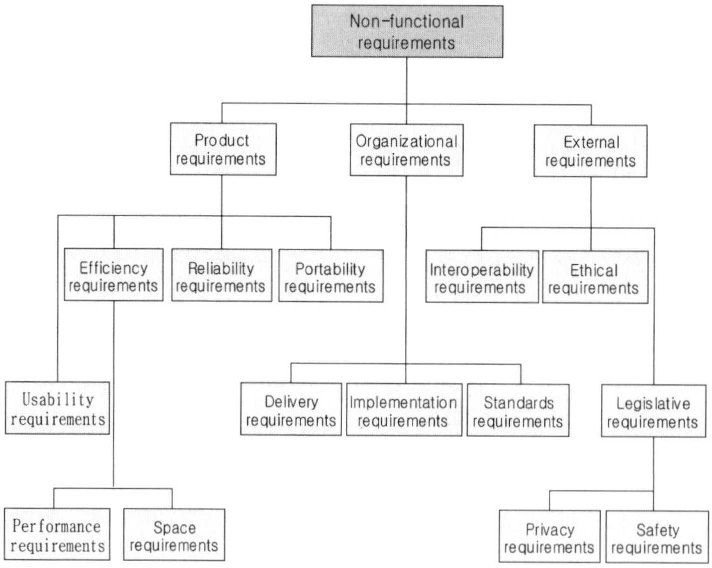

그림 4-1 비기능 요구사항 분류

한편, 일반적인 요구사항 유형분류와는 다른 관점으로, 'FURPS + Model'을 참조하여 요구사항을 파악하는 것도 좋은 방법이라 할 수 있다.

위에서 파악된 요구사항 중 기능 요구사항은 소프트웨어 개발주기의 분석단계 수행의 기준이 되는 반면, 비기능 요구사항은 아키텍처 정립과 설계단계에서 주로 고려된다. 즉, 분석단계는 시스템 구현관점을 배제한 시스템이 제공할 기능만을 대상으로 수행되며, 설계단계는 편의성, 신뢰도, 성능, 지원성 등의 비기능 요구사항을 추가적 고려하여 분석단계에서 작성된 산출물을 더욱 구체화하는 것이다.

(3) 요구사항 범위

IEEE에서 정의한 소프트웨어 요구사항 범위는, 요구공학 프로세스, 추출, 분석, 명세, 검증, 유지보수를 포함하고 있으며, 요구사항도 일반적인 소프트웨어 개발 프로세스와 마찬가지로 나름대로의 프로세스를 정의함으로써 각 단계별 주요 활동을 명시하고 있다.

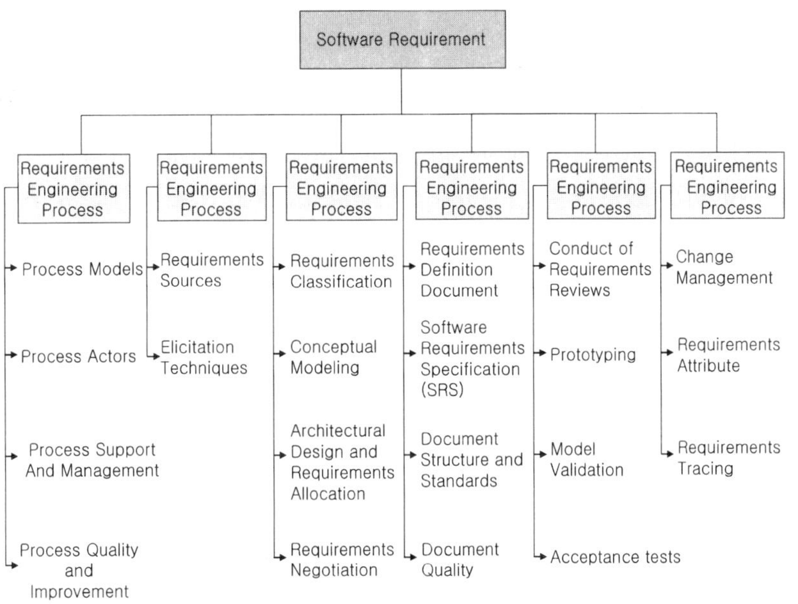

그림 4-2 요구사항 범위 (출처:SWEBOK, IEEE, 2001)

(4) 요구사항 프로세스

소프트웨어 개발 생명주기의 요구분석 단계 목표는, 개발하고자 하는 시스템이 어떤 기능과 특성을 가져야 하는지, 그리고 제약요소는 무엇인지 등을 파악하고 분명히 명세화 하는 것이다. 그러나 산업구조가 복잡해지고, 대형화, 다양화됨에 따라 사용자 요구를 분석하고 기술하는 일 또한 복잡해졌으며, 설령 요구분석이 명확하다 하더라도 그 후 설계, 구현, 테스트, 이행에 이르는 공정을 진행하면서, 변화되는 요구사항의 형상을 추적, 관리하는 일은 더욱 복잡하고, 어려워졌다고 할 수 있다.

시스템 개발에서 이러한 복잡성과 어려움이 발생되는 주된 원인은 애매모호하고 부정확하며, 불완전하고 지속적으로 변화하는 요구사항의 특성 때문이라 할 수 있으며, 이러한 이유로 파생되는 개발범위의 혼돈은 비용 증가, 납기 지연 등을 유발하여 결국은 고객의 불만족 및 프로젝트 실패로 이어질 수 있음을 간과해서는 안된다.

결론적으로 이러한 문제점들은, 사용자 요구사항과 관련된 일련의 활동이 체계적으로 이루어지지 않는데 기인하므로, 시스템 개발에 참여하는 모든 이해당사자가 요구사항 관련 프로세스를 명확히 이해하여 수행할 수 있어야 하고, 각 활동의 원활한 수행을 위한 기법을 활용할 수 있어야 하며, 변경되는 형상 또한 지속적으로 관리할 수 있어야 할 것이다.

요구사항 관련 프로세스는 [그림 4-3]에서 보는 바와 같이, 요구사항 추출(Elicitation), 분석(Analysis), 명세(Specification), 검증(Validation), 유지보수(Maintenance)의 다섯 단계로 나눌 수 있고, 프로세스의 각 단계에 대해 간략히 살펴보도록 하겠다.

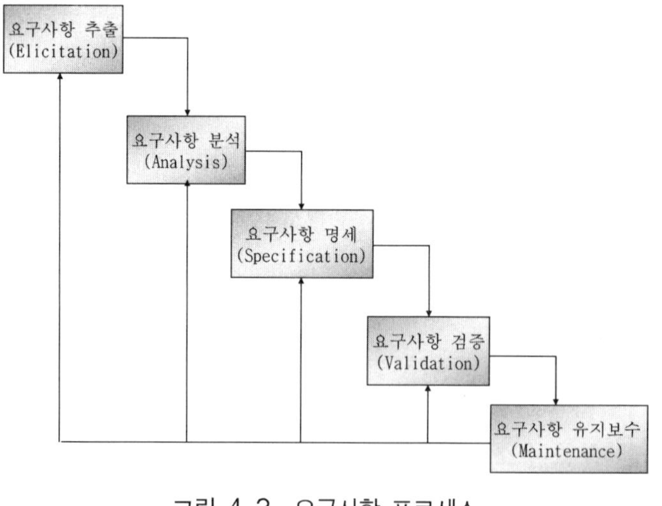

그림 4-3 요구사항 프로세스

① 요구사항 추출

요구사항 추출이란 고객, 시스템 사용자, 그리고 시스템 개발에 관련된 이해당사자들과 서로 의견을 교환함으로써 실제로 개발하고자 하는 시스템에 대한 요구들을 찾아내는 공정으로, 이후의 다른 단계들보다 선행되는 단계이므로 더욱 중요한 과정이라 할 수 있겠다.

요구사항 추출은 특정분야의 지식뿐 아니라 응용분야의 유기적이고 조직적인 지식을 필요로 한다. 이 공정은 사용자가 원하는 것이 무엇인지를 알아내며, 조직과 응용분야의 주의 깊은 분석과 개발될 시스템이 어떻게 사용되어야 하는 가에 관한 내용들을 포함한다. 그러나 사용자들이 구축될 시스템으로부터 어떤 서비스를 받기를 원하는지 정확히 알지 못하거나, 동일한 요구사항에 대해 서로 다른 표현을 사용하는 등의 문제들이 상존하고 있으므로 이런 문제를 해소하기 위한 다양한 기법을 적기에 활용하여 사용자의 요구사항을 효과적으로 추출할 수 있어야 한다.

② 요구사항 분석

요구사항 분석은 사용자가 필요한 것을 알아내고, 여러 제약사항들을 정리하는 공정으로, 어떻게 시스템을 만들 것인가 보다는 어떤 시스템을 만들 것인가를 분석하는 단계이다. 이 공정에서는 여러 가지 다양한 분석 기법을 활용하여 내재된 요구사항을 이해하고 문제들을 도출함으로써, 요구사항 중에 중복, 상충, 불명확, 비현실적인 것뿐만 아니라 아직 파악되지 않은 것도 파악하여 총체적으로 분석한 뒤, 협상하고 평가하여 요구사항을 개선하고 정제하는 과정을 통해 구축할 시스템 범위 내 요구사항을 결정하게 된다.

요구사항 분석 방법에는 객체지향 중심 분석 방법인 OOA(Object- Oriented Analysis), 자료와 프로세스 관계를 중심으로 분석하는 방법인 FOA(Function-Oriented Analysis) 등이 있다.

OOA는 대체로 반복, 점진적으로 수행되고, 세부 수행내용은 2장을 참고하기 바란다. 또한 FOA는 일반적으로 계층이 트리 구조로 형성되는데 상위 계층은 시스템과 입, 출력 관계를 추상적으로 나타내며, 하위 계층으로 가면 갈수록 더욱 세분하여 구체적으로 나타내게 된다. 특히 DFD(Data-Flow Diagram)는 FOA 중 일반적으로 많이 활용되는 대표적인 방법으로 자료의 흐름이 어떻게 흘러가는지를 계층적으로 표현한 도식기법이다.

요구사항 분석단계는 기존의 요구공학 공정 중 케이스 도구의 지원을 가장 많이 필요로 하고, 실제로도 많은 도구에서 다양한 기능을 지원하고 있어 사용자가 필요한 것을 파악하여 문서화하고, 문제 해결을 위한 여러 제약사항들을 정리하기 위한 편의성을 제공하고 있다.

③ 요구사항 명세

요구사항 명세는 분석된 요구사항을 명확하고, 정확하게 기록하여 문서화하는 공정이며, 명세 하는 방법으로는 자연어에 의한 방법과 정형화 기법(Formal method) 등이 있다.

자연어에 의한 방법은 보편적으로 산업체에서 많이 사용하는 방법으로 사용자와 개발자 모두 이해 할 수 있다는 장점이 있으나 명확성 및 검증에 문제점이 있으며, 반면 정형화 기법(예를 들어 ASM: Abstract State Machines, LOTOS: Language of Temporal Ordering Specifications, VDM: Vienna Development Method, Z notation 등)은 위의 문제점을 해결할 수 있으나, 이러한 기법에 대한 사전지식이 없으면 일반 사용자들은 그 의미를 명확하게 이해 할 수 없고 대형과제에 응용 사례가 적다는 다른 문제점을 가지고 있다.

④ 요구사항 검증

요구사항 검증은, 사용자들의 요구사항에 맞게 정확하고, 완벽하게 그리고 추적성 있게 명세화 되었는지를 점검하는 단계로, 두 가지 작업을 통해 검증할 수 있다.

첫째로는, 요구명세서가 내부적으로 일관성을 유지하고 있는지와 형식에 맞게 작성 되었는지, 그리고 품질기준에 적합한지를 확인하기 위하여 요구사항에서의 생략(Omission), 충돌(Conflict), 그리고 모호성(ambiguity) 등을 검사하는 것이고, 둘째는 외부적으로 사용자나 고객이 명세서를 검증하는 것으로 검증의 어려움이 예상될 경우, 요구사항을 미리 확인해 보기 위해 프로토타입 기법을 사용하기도 한다.

⑤ 요구사항 유지보수

요구사항 유지보수는, 새로운 요구사항 출현과 빈번한 변경이 발생함에 따라 이를 체계적으로 관리하는 활동을 말하며, 요구사항 변화관리, 요구사항 간의 추적성 관리 및 관련양식의 표준화 준수 여부 등이 주요 관리대상 영역이라 할 수 있다.

특히, 기업 본래 사업영역을 초월하는 비정형화된 비즈니스의 등장과 인터넷을 활용한 업무 복잡성 증가, 그리고 인터넷 발전으로 글로벌 시장이 누구에게나 열려져 있는 현 시장상황을 고려한다면, 고객이라는 정의가 불투명해지고 사용자 요구 또한 다양화 되는 것이 필연적이라 할 수 있으므로, 인터넷 기반의 비즈니스 요구사항은 날로 더 크고 복잡해져 유지보수의 어려움은 더욱 가중될 것이다.

게다가 소프트웨어 개발 및 운영환경 또한 급변하고 있는 최근에는, 변경된 요구사항에 대한 신속한 처리 및 대응이 절실히 요구되는 바, 요구사항 유지보수가 중요한 이슈로 대두되고 있어, 요구사항 변경 시 이와 관련된 이해당사자와 시스템 전반에 어떤 영향을 미치는가를 파악하기 위해, 효과적으로 요구사항을 관리해 주는 많은 상용 도구들이 제품화 되어 판매되고 있기도 하다.

(5) 요구사항 관리방안

요구사항 관리의 목적은 프로젝트 요구사항을 소프트웨어 개발 생명주기 전 과정에 걸쳐 관리하여 사용자가 원하는 품질의 제품을 정해진 기한 내에 인도하기 위함이며, 관리의 핵심은 전 단계를 통해 추적성(Traceability)을 보장하는 것이다.

요구사항은 고객이 필요로 하고 원하는 것과 문제제기를 통해 제시된 영역을 대상으로 시스템 구축을 위한 형상이 정의되고, 그 형상은 더욱 구체화 되어 요구사항 명세로 정리되며, 분석 및 설계단계를 거쳐 구현에 이르는 일련의 과정을 통해 사용자가 사용할 수 있는 시스템으로 가시화 된다.

즉, 요구사항 추적 관리는 프로젝트 진행 동안 고객의 요구사항이 반영되고 시스템화 되는 과정을 효과적으로 관리할 수 있는 중요한 활동이다. 이는 변경 요청의 영향을 평가하고 분석하기 위해서도 반드시 필요하며, 요구사항 변경 관리 및 구성관리와 연계되어 개발된 소프트웨어 제품을 검증하는데도 많은 도움과 소요시간 절감을 가져온다.

또한 철저한 요구사항 추적관리는, 각 산출물이 서로 연계되어 체계적으로 관리되고 있음을 가시적으로 보여줄 수 있어 고객에게 프로젝트 신뢰도와 만족도를 높일 수 있는 충분한 계기가 될 수 있으므로, 요구사항 추적 계획을 철저하게 수립하여 지속적으로 관리하여야 한다. 요구사항의 추적에는 각 요구사항 간의 관계 추적과, 순방향 및 역방향 추적이 있는데 추적 계획은 모든 추적을 고려하여 수립하여야 한다.

4.1.2 요구사항 수집 및 명세

요구사항 정의는 사용자가 원하는 것을 명확하게 파악하여 시스템 요구사항으로 정의하는 체계적인 활동이며, 요구사항 수집은 요구사항 정의에 앞서, 시스템이 제공해야 하는 기능들이 무엇인지를 도출하는 과정이라 할 수 있다.

요구사항 수집 작업의 대부분은 사용자의 적극적인 참여와 협조가 전제 되므로 사용자가 자연스럽게 참여할 수 있는 여건을 조성하는 것이 무엇보다 중요하다. 아울러 요구사항 수집활동의 효과를 높이기 위해 치밀한 계획과 철저한 일정관리가 요구되며, 특히 프로젝트 관리자는 요구사항 수집 작업 일정이 계획대로 완료될 수 있도록 지속적인 관심과 노력을 기울여야 한다.

(1) 요구사항 수집기법

요구사항을 수집하려면 먼저 개발 시스템과 관련된 조직 및 사용자를 파악하는 것이 우선이며, 파악된 사용자를 중심으로 요구사항 수집에 필요한 자료 확보 계획을 수립하고, 사용자 및 상황별로 적절한 수집기법을 활용하여 사용자의 요구사항을 명확히 이해하고 파악함으로써, 얻어진 관련정보를 유형별로 분류하여 문서화 하게 된다.

이때, 사용자가 필요로 하고, 원하는 요구사항을 효과적으로 수집하기 위해 다양한 수집기법이 활용될 수 있고, 각 수집기법이 가지는 특성을 충분히 인식하여 적재적소에 필요한 기법을 사용할 수 있어야 한다.

요구사항 수집기법별 적용상황과 수행 단계는 [표 4-1]과 같이 정리해볼 수 있다.

표 4-1 요구사항 수집기법

기 법	적용 상황	단 계
Interview	- 상위 요구사항을 도출 할 때 - 사용자 필요(Needs)를 파악하고자 할 때 - 사용자 문제를 효과적으로 이해하고자 할 때 - 의사 결정자들의 프로젝트에 대한 관심과 신임을 고조시키고자 할 때	
Questionnaire	- 시스템에 대한 전체 의사가 필요한 경우 - 현 시스템의 문제점을 파악하고자 할 때 - 사용자가 원격지에 있을 때	
Role Playing	- 사용자의 문제를 효과적으로 이해하고자 할 때	추 출
Workshop	- 요구사항 추출을 촉진시켜 요구사항 범위를 확정 하고자 할 때 - 단기간에 집중적인 노력을 들여 요구사항을 추출, 피드백을 받아 확정하고자 할 때 - 실 사용자의 개선된 의사결정 및 책임의식을 기대할 때	
Brainstorming	- 짧은 시간 내에 많은 양의 아이디어를 획득하고자 할 때 - 판단과 비판을 유보하여 창의성을 극대화할 때	
Use case Modeling	- 사용자 참여도를 높이고자 할 때 - 사용자와 효과적인 의사소통이 필요할 때	
Data Modeling	- DBMS를 중심으로 업무를 파악하고자 할 때	
Prototyping	- 사용자의 정확한 피드백을 얻고자 할 때 - 기술 검증이 필요할 때 - 위험 관리가 중요할 때 - 고객의 이해 증진과 공유를 위해 - 정확한 개발계획 수립이 필요할 때	분 석
Review	- 고객과 함께 검토하고자 할 때-	
Inspection	- 사용자 요구사항이 정확히, 완벽하게 그리고 추적성 있게 정의되었는지 점검할 때	검 증
Walk-Through	-객관성을 확보하기 위해 제삼자가 점검할 때	

(2) 요구사항 명세방법

요구사항 명세서는 분석 및 설계자에게 충분하고 자세한 수준의 정보를 제공할 수 있고, 시스템 테스트에 필요한 정보를 줄 수 있는 소프트웨어 요구사항의 모든 것으로, 각 요구사항은 유일한 ID와 함께 기술하여 향후 요구사항 관리를 위한 추적성을 보장할 수 있도록 작성 되어야 한다.

일반적으로 요구사항 명세의 문제점은, 사용자의 경우 소프트웨어 개발 공정에 대해 충분히 알지 못하여 자신의 요구사항을 잘 표현하지 못하고, 개발자는 사용자 업무에 대해 충분히 이해하지 못해 요구사항을 잘 기술하지 못하는데 있으므로 요구사항 명세는 사용자와 개발자가 함께 만드는 것이 가장 좋은 방법이라고 할 수 있으며, 명세서 작성 시 유의사항은 하단의 Tip을 참고하기 바란다.

① 요구사항 명세화 절차

요구사항 명세화는, 먼저 현행 시스템 사용자 지침서나 인터뷰 결과와 같은 요구사항 관련 문서를 수집하여, 이를 토대로 기술서 개요를 작성하되, 프로젝트 목적과 기능 및 비기능 요구사항을 파악하여 기술하고, 가정과 위험요소, 용어와 데이터 정의 및 사용자 인터페이스 식별 등의 절차를 거쳐 명세화 한다.

② 요구사항 명세 속성

잘 정의된 요구사항 명세서는 정확성, 명확성, 완전성, 일관성, 수정용이성, 추적성 등의 속성들을 갖추어야 하는데, 이러한 속성을 고려하여 명세하여야 하고, 작성된 명세서 또한 이런 속성을 만족하는지를 점검하여 명세서의 완성도를 높일 수 있어야 한다.

표 4-2 요구사항 명세 속성

명세 속성	내 용
정확성 (Correctness)	명세화 된 요구사항이 실제 시스템 구현 시 필요한 것인지 알 수 있도록 정확해야 한다.
명확성 (Clarity)	혼돈스럽지 않게 단 한가지로 해석 되어야 한다.
완전성 (Completeness)	시스템이 구현될 때 필요하고 요구되어진 모든 것이 표현 되어야 한다.
일관성 (Consistency)	요구사항들 간에 충돌이 없어야 한다.
수정용이성 (Modification)	구조와 스타일의 일관성이 유지되면서 요구사항 변경이 용이하여야 한다
추적성 (Traceability)	각각의 요구사항들이 그들 간에 관련 있는 다른 요구사항과 유기적으로 연결되어 있어야 한다. 이것은 요구사항 변경이나 유지 보수에 매우 중요한 속성이다

③ 요구사항 명세서 포함 항목

요구사항 명세서는 요구사항 유형에서 살펴 본 바와 같이, 기능 요구사항과 비기능 요구사항을 중심으로 작성하도록 한다. 한 가지 유념해야 할 점은 기능 요구사항에 치중하여 작성하다 보면 상대적으로 비기능 요구사항 세부 항목이 누락되기 쉽고, 누락된 비기능 요구사항 항목이 프로젝트 종료시점에 이슈화 되는 경우, 프로젝트를 어렵게 하는 요인이 될 수 있으므로 사전에 이러한 항목을 빠짐없이 파악하여 요구사항 명세서에 포함시켜야 한다.

요구사항 명세서에 포함해야 할 주요 항목은 [표 4-3]과 같다.

표 4-3 요구사항 명세서 포함 항목

<table>
<tr><th>대구분</th><th>소구분</th><th>포함 항목</th></tr>
<tr><td>개 요</td><td colspan="2">프로젝트 목표, 범위, 용어 및 정의, 약어, 참고 문헌 등</td></tr>
<tr><td>일반사항</td><td colspan="2">사용자 특성, 제약 사항, 가정, 위험요소 등</td></tr>
<tr><td>기능 요구사항</td><td>업무기능</td><td>각 업무별 제공기능을 온라인, 배치, 보고서 유형별로 분류하여 기술</td></tr>
<tr><td rowspan="3">비기능 요구사항</td><td>시 스 템 기본요건</td><td>– 성능 : 시스템이 만족시켜야 할 처리 응답시간 수준(Local 및 Remote로 분류하여 정의)
– 신뢰성 : 오류가 발생하지 않으면서 시스템이 동작할 확률
– 편의성 : 조작의 편리성과 사용의 편리성
– 유지보수성 : 이식 및 추가, 변경용이성 및 효율성
– 보안 및 인증체계 : 사내외 보안 및 인증정책
– 가용성 : 사용자가 시스템을 사용할 수 있는 가용시간 및 기간
– 복구성 : 시스템 장애발생시 업무재개를 위해 요청되는 시스템 기능 및 데이터 복구 방법
– 마이그레이션 : 유형 및 범위(대상, 데이터량)
– 사용자인터페이스 : 방식, 표준화 요건
– 산출물 : 산출물 종류 및 각 산출물별 갖추어야 할 요건</td></tr>
<tr><td>기술 요구사항</td><td>– 하드웨어 : 플랫폼, 서버, 클라이언트, 주변기기
– 소프트웨어 : O/S, 미들웨어, DBMS, 지원도구
– 네트워크 : 네트워크 구성방식, 프로토콜, 장비</td></tr>
<tr><td>인터페이스 요구사항</td><td>– 인터페이스 기능 : 디바이스, 연동해야 할 내부 및 외부시스템
– 인터페이스 시점
– 전달하는 데이터 유형 및 포맷
– 전달받는 데이터 유형 및 포맷</td></tr>
</table>

(3) 요구사항 관련 산출물

요구사항과 관련된 산출물은, 프로젝트에 참여하는 모든 이해 당사자들에게, 구축해야 할 시스템이 어떤 기능을 제공해야 하는지에 대한 동일한 목표를 제시한다. 다시 말해 작성된 산출물을 통해, 사용자는 궁극적으로 자신들이 요구한 내용이 충분히 반영 되었는지를 확인할 수 있고, 개발자는 개발범위를 명확히 인식할 수 있으며, 프로젝트 관리자는 이해당사자들의 요구사항이 적절히 시스템 구축에 반영 되었는지를 검증하는 기준으로 활용할 수 있다.

특히 요구사항 단계에 참여한 당사자와 분석 및 설계단계, 개발단계를 수행하는 주체가 다른 경우, 요구사항 단계에서 작성한 산출물을 기반으로 분석, 설계, 그리고 개발단계가 진행되므로 그 내용의 정확성과 완전성이 더욱 요구되어진다고 할 수 있다.

① 요구사항 관련 산출물 종류

요구사항과 관련된 산출물 종류는 비전기술서(Vision Statements), 요구사항기술서(Requirements Statements), 그리고 소프트웨어 요구사항명세서(SRS, Software Requirements Specification), 시스템 특성 명세서(System Feature Specification) 등이 있다.

이들 산출물은 프로젝트 특성에 따라 선택적으로 작성될 수 있고, 이들 중 필수적으로 작성해야 할 중요 산출물로는, 기존 시스템이 가지고 있는 문제점 및 해결방안, 그리고 시스템 상위 수준 요구사항을 기술하고, 프로젝트 목적을 각 이해당사자들의 관점으로 작성한 비전기술서와, 결정된 요구사항을 기능 및 비기능 유형으로 분류하여 기술한 요구사항 명세서라 할 수 있으며, 부가적으로 수집된 모든 요구사항을 정리한 요구사항 기술서와 시스템 특성과 관련된 요구사항을 정리한 시스템 특성명세서도 필요한 경우 선택적으로 작성될 수 있다.

4.1.3 유즈케이스 모델링

소프트웨어 개발의 성공 여부는 요구사항을 정확히 파악할 수 있는지에 달려있다고 해도 과언이 아니며, 소프트웨어 프로젝트가 실패하는 주된 원인을 찾아보아도 대부분이 사용자 요구사항을 정확히 파악하지 못한데서 기인한다.

설령 요구사항의 중요성과 문제점을 인지한다 하더라도, 다양한 사용자 요구사항을 주어진 기간 내에 완벽하게 도출하기는 매우 어려운 게 사실이다. UML에서는 이러한 요구사항을 더 쉽고, 효과적으로 도출할 수 있도록 유즈케이스 다이어그램을 제공하고 있다.

유즈케이스 다이어그램은 크게 2가지 목적으로 사용될 수 있다. 첫째는, 사용자 요구사항이 제대로 도출하였는지를 검증하기 위한 용도로 사용되고, 둘째는 개발하고자 하는 시스템의 기능들을 제대로 이해하여 식별하였는지를 파악하기 위한 용도로 사용된다. 유즈케이스 다이어그램은 UML을 처음 제정한 3인 가운데 한 사람인 이바 야콥슨에 의해 처음 개발된 다이어그램으로써, 이 다이어그램은 UML의 다른 다이어그램들처럼 객체 지향 개념에 기반을 두기 보다는 오히려 기능 중심에 초점을 둔 다이어그램이라고 볼 수 있다. 따라서 유즈케이스 다이어그램은 사용자 요구사항들 가운데 주로 기능 요구사항을 유즈케이스라는 단위로 표현한다.

(1) UML 표기법 및 유즈케이스 모델링 절차

앞장에서 유즈케이스 모델링과 관련된 UML 표기법에 대해 살펴봤지만, 주요한 표기법을 다시 정리해 보면 [그림 4-4]와 같다.

대구분	소구분	표기법
구성요소 (Elemente)	핵퍼 (Actar)	
	유스케이스 (Wae Cane)	
	시스템바운더리 (Syatem Boundary)	
관계 (Relationehipm)	임반파 (Generalizatian)	
	연관관계 (Anwaciation)	
	포함 (Include)	〈〈nclude〉〉 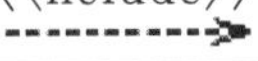
	확장 (Eutend)	〈〈extend〉〉 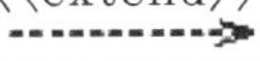

그림 4-4 유즈케이스 관련 UML 표기법

유즈케이스 모델링 절차는 [표 4-4]와 같고, 이후의 설명은 제시된 모델링 절차에 의해 예시된 지문을 중심으로 설명하도록 하겠다.

표 4-4 유즈케이스 모델링 절차

주요 단계	세부 절차
1. 액터 식별	– 액터를 먼저 도출하고 그 역할을 정의한다.
2. 유즈케이스 식별	– 사용자가 시스템을 통해 얻으려고 하는 기능을 유즈케이스 단위로 식별한다.
3. 유즈케이스 다이어그램 작성	– 액터와 유즈케이스 간 관계를 설정한다. – 유즈케이스들 간 관계를 설정한다. – 유즈케이스 다이어그램을 검토한다.
4. 유즈케이스 명세서 작성	– 유즈케이스명, 액터명 및 개요를 기술한다. – 사전 및 사후 조건과 제약사항들을 식별한다. – 작업(정상, 대치,예외)흐름과 시나리오를 도출한다. – 유즈케이스 흐름에서 포함(include)이나 확장(extend) 유즈케이스로 구조화한다.
5. 사용자 승인	– 사용자 리뷰를 통해 확인하고 승인을 득한다
6. 추적성 보장	– 변경사항을 관리하고 그 이력을 관리한다.
7. 유즈케이스 실체화	– 유즈케이스를 인터랙션 모델로 실체화한다.

(2) 액터 식별

액터는 시스템 외부에 존재하는 사람 또는 사물로써, 시스템을 접근하는 사용자 및 사물의 역할 명을 액터로 표현하고, 시스템 외부에 존재하는 타 시스템이나 타 데이터베이스 서버 등을 표현하기도 한다.

따라서 액터의 명칭은 특정 사람의 이름을 사용해서는 안 되며, 사람의 역할 명(Role Name)이나 외부 시스템 명으로 기술해야 한다.

액터는 요구사항 명세서에서 시스템에 이벤트를 주거나 시스템으로부터 정보를 받게 되는 외부 개체에 해당하는 사람 또는 사물로 식별할 수 있다.

· **실습**

제시된 예제 인터넷 쇼핑몰에서 '고객'이나 '직원', '카드승인 시스템'등이 액터로 추출될 수 있다. 특히 '카드승인시스템'은, 인터넷 쇼핑몰에서 개발될 시스템이 아니라 카드회사에서 개발되는 시스템이기 때문에 외부 시스템이 되는데, 이러한 타 시스템의 경우도 개발될 시스템과 정보를 주고받게 되면, 액터로 식별하여야 한다.

그림 4-5 액터 식별 예

(3) 유즈케이스 식별

유즈케이스는 사용자 입장에서의 기능 요구사항이며, 액터가 특정 목표를 달성하기 위하여 해당 시스템에서 수행해야 하는 일련의 행동들로써, 시스템에서 제공해야 하는 독립적인 기능 군을 의미한다. 또한 외부시스템과 상호작용하는 행위들의 집합으로써 시스템 또는 서브시스템의 필수 행농 및 범위를 표현하여 죄종 사용자 또는 고객과의 의사소통 수단을 제공한다. 따라서, 유즈케이스는 대상 행동 자체만을 명세 하는 것이며, 행동에 대한 구체적인 수행방법은 규정하지 않는다고 할 수 있다.

유즈케이스를 식별하기 위해서는 먼저 개발할 시스템의 기능 요구사항 명세서를 보고, 이전 작업에서 식별된 액터를 중심으로 액터가 시스템에 대해 원하는 기능들이 무엇인가 찾아서 이를 유즈케이스로 추출하여야 한다.

여기서 유의할 사항은 하나의 유즈케이스는 하나의 독립적인 일을 마무리 지을 수 있는 단위로 표현되어야 하며, 기존 시스템의 화면이나 단위기능(Function) 수준으로 식별하지 않아야 한다. 또한 추출된 모든 유즈케이스들이 기능 요구사항 명세서에 기술된 기능들을 모두 반영하고 있는지를 반드시 확인해 보아야 한다. 예를 들어, 기능 요구사항 명세서에는 10개의 기능이 기술되어 있는데, 유즈케이스에는 8개의 기능만 반영하고 있다면, 유즈케이스가 완전하게 식별되었다고 볼 수 없다. 물론 유즈케이스의 개수와 기능 요구사항 명세서의 기능의 개수가 동일 할 필요는 없다.

· **실습**

예제의 경우, 인터넷 쇼핑몰에서 제공하여야 할 주요 기능인 회원등록, 회원로그인,

물품구매, 배송조회, 본인확인, 신용 카드 지불 등이 유즈케이스로 추출될 수 있다.

다만, 본인확인 유즈케이스의 경우, 다른 유즈케이스에서 공통적으로 사용할 수 있는 기능군임을 고려하여 별도의 유즈케이스로 도출하였고, 신용 카드 지불 유즈케이스의 경우에도 카드승인시스템에서 처리하는 일련의 기능을 제공하기 위해 유즈케이스로 도출하였다.

그림 4-6 유즈케이스 식별 예

(4) 유즈케이스 다이어그램 작성

하나의 유즈케이스와 관련 있는 하나 이상의 액터를 관계로 식별하여 유즈케이스 다이어그램에 표현한다. 이때 식별된 액터와 유즈케이스의 관계는 액터와 유즈케이스 간에 정보교환이 있음을 의미한다.

① 액터와 유즈케이스 간 관계 설정

액터와 유즈케이스와의 관계를 설정하기 위해서는 해당 액터와 이벤트를 보내거나 받는 유즈케이스를 찾아서, 액터와 유즈케이스 간의 연관 관계를 맺도록 도식한다.

② 실습

예제의 경우, 인터넷 쇼핑몰에서 고객이 회원등록 유즈케이스를 수행한다는 관계를 다음과 같이 표시할 수 있다.

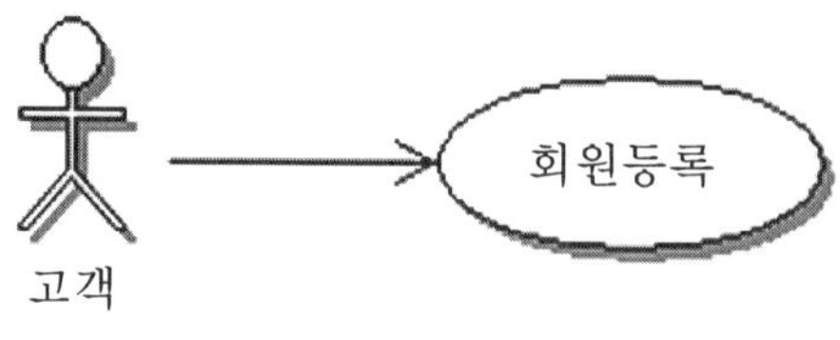

그림 4-7 액터와 유즈케이스 간 관계 설정 예

③ 유즈케이스들 간 관계 설정

유즈케이스 다이어그램에서 유즈케이스 간의 관계는 의존성(Dependency)으로 표현되며, 스테레오타입으로 그 관계를 명확하게 표현한다. 유즈케이스 간의 관계는 <<include>>와 <<extend>>로 표현하며, 이는 각 유즈케이스 간에 포함(include)관계 및 확장(extend)관계로 이루어져 있음을 나타낸다.

- include 관계 실습

include 관계는 여러 유즈케이스들에서 중복적으로 나타나는 기능들에 대해서 이러한 기능들을 별도의 유즈케이스로 추출한 뒤, 관련된 유즈케이스와 연결을 맺어줄 때 표현하는 장치이다. 따라서, include 관계를 맺는 유즈케이스는 여러 유즈케이스들에서 중복적으로 사용되며, 반드시 include 하는 유즈케이스를 포함하는 형태로 상위 유즈케이스가 실행된다.

예제의 경우, 회원로그인 유즈케이스가 수행되거나 물품구매 유즈케이스가 수행될 때 반드시 본인확인 유즈케이스가 수행(포함)되어야 한다는 의미로 본인확인 유즈케이스를 회원로그인 유즈케이스와 물품구매 유즈케이스에서 include 하는 관계로 표시하였다.

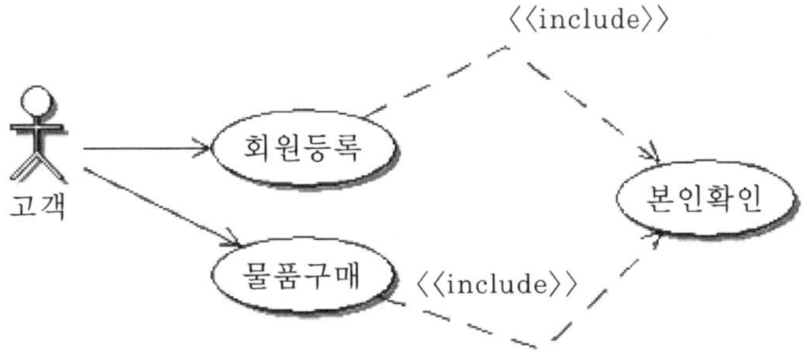

그림 4-8 include 관계 예

- extend 관계 실습

extend 관계는 특정 한 유즈케이스 내에서 유즈케이스 내의 흐름이 특정 시점의 특정조건에서 여러가지 형태로 분류 될 경우에 표현하는 장치이다. 따라서

extend 관계에 있는 유즈케이스는 include 관계처럼 여러 유즈케이스에 걸쳐 중복적으로 사용되지 않고, 특정 조건에서 한 유즈케이스로만 파생되어 표현되며, 확장(extend)하는 유즈케이스는 상위 유즈케이스로부터 어떠한 특정 조건에 의해 수행됨을 의미한다.

예제의 경우, 고객이 물품구매 유즈케이스를 수행할 때, 물품구매 결재수단에 따라, 일반 포인트인 경우에는 해당 유즈케이스에서 끝나지만, 신용카드로 결재하는 경우에는 신용 카드 지불 유즈케이스가 수행되기 때문에 물품구매 유즈케이스로부터 신용 카드 지불 유즈케이스가 확장되는 형태로 이루어져야 하며, 신용카드 지불 시에는 카드 승인사에게 카드승인을 요청해야 하므로 카드승인사와의 관계도 설정하여야 한다.

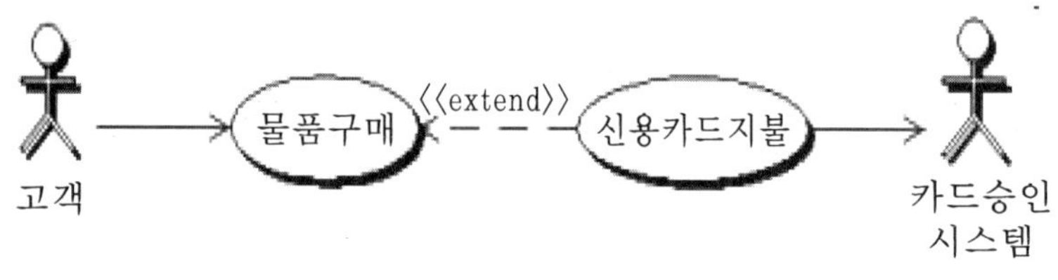

그림 4-9 extend 관계 예

④ **유즈케이스 다이어그램 검토**

- 실습

위의 요구사항 명세서로부터 액터와 유즈케이스를 추출하고, 액터와 유즈케이스의 관계 및 유즈케이스간의 관계를 다이어그램을 통해 작성하면 다음과 같다.

· 고객은 회원등록을 통해 회원가입이 가능하며, 이를 통해 로그인을 수행한다, 로그인을 수행할 때에는 본인확인 기능을 통해 본인확인을 수행한다.

· 고객은 물품구매를 수행할 수 있는데, 물품 구매 시에도 마찬가지로 본인확인을 하여야 한다.

· 물품 구매 시에는 결재수단에 따라 신용카드의 경우, 신용 카드 지불 유즈케이스로 확장할 수 있으며, 신용카드지불이 요청되면 카드승인시스템을 통해 카드승

인을 수행한다.

· 고객은 자신이 주문한 건에 대해 배송조회를 수행하며, 직원은 고객이 요청한 주문 건에 대하여 배송추적을 할 수 있다.

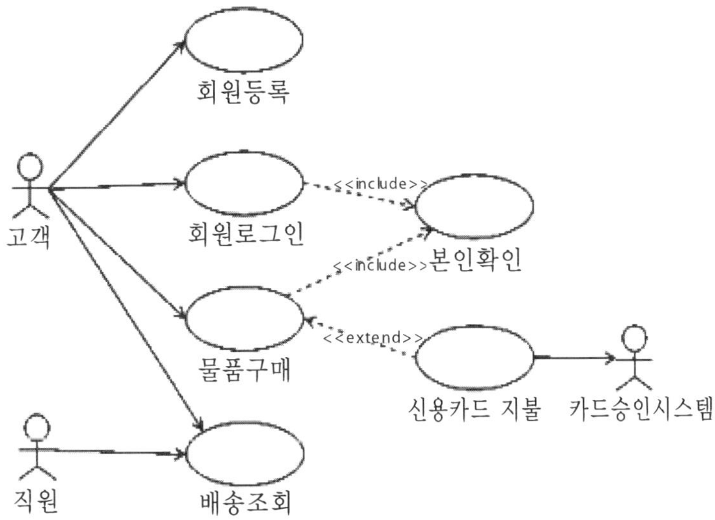

그림 4-10 인터넷 쇼핑몰 시스템의 유즈케이스 다이어그램 예

(5) 유즈케이스 명세서 작성

유즈케이스 다이어그램에서 유즈케이스는 시스템이 수행해야 할 기능이 무엇인지 만을 표현한다. 즉, 유즈케이스 내부에 대한 기술은 하지 않고, 다만 유즈케이스명 만을 표현할 뿐이며, 유즈케이스 내부에 대한 기술은 UML에서 유즈케이스 명세서를 통해서 기술할 수 있도록 하고 있다.

유즈케이스 다이어그램에서 유즈케이스는 단지 시스템의 기능이 무엇인지를 표현하는 장치라면, 유즈케이스 명세서는 각각의 유즈케이스에 대해서 해당 유즈케이스가 어떻게 수행되는지를 표현하는 수단이라고 할 수 있다.

UML에서는 유즈케이스 명세서를 기술하는 방법이나 양식은 제공하지 않지만, 일반적으로 유즈케이스 명세서에 기술되는 항목들은 다음과 같다. 특히 기술항목 중 시나리오는 유즈케이스의 특정 예를 구체적인 값을 통해 예시하는 것이므로, 가능한 한 다양한 업무유형을 알고 있는 업무 전문가가 작성하여야 하고, 이는 시스템 개발 시 테스트 케이스로도 활용되므로 다양하고 신중히 작성하는 것이 좋다.

> □ 유스케이스 명
>
> □ 액터 명
>
> □ 유스케이스에 대한 개요(혹은 설명)
>
> □ 사전 및 사후조건
>
> □ 작업 흐름
>
> ○ 정상 흐름(Normal Flow) : 해당 유스케이스가 정상적으로 수행되는 흐름을 표현하는 절차이다.
>
> ○ 대치 흐름(Alternative Flow) : 유스케이스 내의 작업 흐름이 수행되는 중에 특정 시점에서 여러 가지 선택적인 흐름으로 나뉘어 질 경우에 발생하는 흐름을 말한다.
>
> ○ 예외 흐름(Exceptional Flow) : 유스케이스 내의 작업 흐름이 수행되는 도중에 발생할 수 있는 예외 상황이나 오류를 표현하는 흐름을 말한다.
>
> □ 시나리오 : 각 시나리오는 유스케이스의 특정한 예를 나타낸다.

- 실습

다음은 회원등록 유즈케이스 명세서 예이다.

· 유즈케이스명 : 회원등록

· 액터 : 고객(비회원)

· 설명 : 비회원이 인터넷 쇼핑몰 시스템을 사용하기 위해 회원 가입을 하는 유즈케이스다.

· 사전 조건 : 회원에 가입 되어 있지 않은 상태여야 한다.

· 정상 흐름

액 터	시스템
1. 회원등록을 요청한다.	2. 회원약관을 보여준다.
3. 회원약관에 동의(E-1)한다.	4. 회원정보입력항목을 보여준다.
5. 회원정보 항목(비밀번호, 비밀번호 재입력, 이름, 주민등록 번호, e-mail 등)을 입력하고 등록요청을 한다.	6. 입력된 정보를 확인(E-2)한다.
	7. 기존 가입 회원인지를 주민등록번호를 검색하여 확인(E-3)한다.
	8. 회원정보를 저장, 등록을 완료한다.

· 대치 흐름 : 해당사항 없음

· 예외 흐름

E-1a. 회원약관에 동의하지 않을 경우, '약관 동의하에 회원가입 가능' 오류 메시지를 보여주고 동의를 요청한다.

E-2a. 회원 정보를 입력하지 않은 항목이 있을 경우 오류 메시지를 띄우고 재입력을 요청한다.

E-2b. 비밀번호가 4~8자리에 해당하지 않을 경우나 특수문자가 입력되었을 경우 오류 메시지를 보여주고 재입력 요청한다.

E-3a. 기존에 가입 되어 있는 회원인 경우 '이미 가입된 회원입니다'라는 메시지를 보여준다.

· 시나리오

물품구매를 위해 홍길동은, 1234, 1234, 홍길동, 123456-1234567, hong@mail.com 내용으로 회원등록을 완료하였다.

(6) 유즈케이스 실체화(Realization)

유즈케이스 실체화에서는 도출된 기능중심의 유즈케이스를 구현시스템의 구성요소로 구체화 시키는 형태로 진행되며, 명세서 중심의 유즈케이스를 유즈케이스 실체화 과정을 통해 구현 시스템의 논리적 구성요소인 클래스(Class)를 식별하고 이의 협력(Collaboration) 관계를 파악하는데 중점을 두는 과정이다.

즉, 유즈케이스 다이어그램은 시스템 외부의 뷰를 표현하는 반면 실체화를 위해 작성하는 인터랙션 다이어그램은 어떻게 유즈케이스들이 실현되는지를 객체들 간의 메시지 흐름의 상호작용으로 설명함으로써 실체화 된다고 볼 수 있다.

(7) 유즈케이스 모델링 관련 FAQ(Frequently Asked Question)

① 유즈케이스 크기(Granularity)에 관한 문제

유즈케이스 식별작업을 하다보면, 유즈케이스 크기에 대한 기준이 모호하여, 개발자간 식별된 유즈케이스 크기 차이가 많은 문제점이 종종 발생한다. 물론 크기에 대한 절대적인 기준이나 원칙은 없지만, 어느 정도 그 크기를 맞추는 것이 명세서 작성이나 실체화 과정 등 여러 가지로 유리하므로, 크기 결정에 대한 대안을 몇 가지로 제시하고자 하며, 이들 방안을 충분히 이해한 후 프로젝트와 업무 특성을 고려하여 적절한 방안을 선택 하여야 한다.

- 단위 시스템별로 20-30개 정도 추출하는 것이 좋다. 이는 단위시스템의 기능군을 한 그림으로 도식할 수 있는 수준이며, 한눈에 파악할 수 있어 이해의 용이성과 가독성을 고려한 크기 결정방안이다.
- 유즈케이스 하나 당 분석에서 설계, 구현이 2~3주에 걸쳐 이루어질 수 있는 정도의 크기로 단위를 결정하는 것도 좋은 방법이다. 이는 개발자 역량이 고려되어야 하는 방안이며, 단 기간에 수행함으로써 개발 생산성을 극대화할 수 있을 뿐 아니라, 반복과정을 통해 오류를 최소화 하고, 일관성을 유지하는데 도움이 되는 방안이다.
- 요구사항 정의서에 도출된 요구사항을 바탕으로 유즈케이스 단위를 정할 수도 있다. 단, 사전에 요구사항 정의 기준이 명확하게 제시되어 있고, 그에 따라 작성이 되었는지를 먼저 검토하는 것이 전제된다.

② CRUD(Create/Read/Update/Delete) 기능의 유즈케이스 추출 문제

하나의 엔티티를 기준으로 본다면 입력, 수정, 삭제, 조회기능은 항상 필요한 기본 기능인데, 각각을 유즈케이스로 분리하여 볼 것인가 아니면 전체를 통합하여 하나의 유즈케이스로 볼 것인가에 대한 문제가 발생한다.

물론 4가지 기능이 각각 다른 목적으로 기능을 담당하고 있어 나누어야 할 것처럼 보이지만, 나누게 될 경우 유즈케이스 수가 너무 많아져, 작성해야 할 명세서 작업량이 방대해질 뿐만 아니라 제공하는 각 기능이 굳이 설명이 필요 없는 직관적인 기능이므로, 나누어서 추출하는 것 보다는 전체를 하나로 묶어 '~관리' 라는 유즈케이스명으로 통합하여 추출하는 것이 좋다. 다만, 특정 조회기능이 많은 유즈케이스로부터 포함(include) 관계로 자주 사용된다면 재사용 측면에서 분리하는 것을 고려하면 된다.

이와 유사한 이유로, 액터가 관리자 역할을 수행한다면, CRUD를 통합하는 것이 유리하고, 액터가 비즈니스 적으로 중요한 이벤트를 발생시키는 경우라면 각각을 별도로 분리하는 것이 좋다.

4.2 구조 모델링

학습목표

- 구조 모델링을 하는데 필요한 클래스 모델링 기법을 습득한다.
- 인터페이스 기반 모델을 활용한 확장성 있는 모델링 기법을 이해한다.
- 아키텍처 정의 및 패턴을 적용한 모델링 기법을 이해한다.
- 설계 레벨 클래스 다이어그램 및 모델 개선, 진화를 이해한다.

4.2.1 개요

인류 역사를 살펴보는 방법에는 한 사건이 시대에 따라 어떻게 진행했는지 경과를 볼 수도 있고(통시적), 다른 한 방법은 특정 시대에 있었던 상황을 종합해서 살펴보는(공시적) 형태가 있다. 모델링도 이와 유사하게 시간에 따른 변화에 중점을 두고 모델을 작성하거나, 시간을 고려하지 않은 현상/구조 자체에 중점을 둔 모델을 작성할 수 있다. 전자를 행위적 모델링이라 하고, 후자를 구조적 모델링이라 부른다. 우선 구조적 모델링부터 살펴보자.

이 수험서가 철학 책은 아니기 때문에 본질이 무엇인가에 대해 자세히 논의하는 것은 어울리지 않는다. 다만 본질에 가까운 것 일수록 변하지 않을 가능성이 높다는 점을 생각해보자. 구조 모델링의 기본은 본질 즉 핵심들을 파악하고 그들 간의 관계를 설정하는 것이다. 그 이후 핵심 토대 위에 행위를 분산시키는 것이다.

그런데 다양한 소프트웨어들을 개발할 때마다 본질 또는 핵심들을 그때그때 파악한다는 것은 매우 힘든 작업이다. 다양한 모델링 기법이 존재하지만 프로젝트 특성, 프로젝트 수행 조직의 역량 등에 따라 어떤 접근법이 더 적절한지를 판단하는 것조차도 쉽지 않다. UML을 활용한다고 해서 모델링의 어려운 점이 사라지지는 않는다. 하지만 UML 모델링 요소나 다이어그램을 이해하고 몇 가지 모델링 기법을 사용해서 초기 모델을 만들고 이를 계속 개선하면서 좋은 모델을 만들어갈 수 있다.

그렇다면 향후 행위 모델링의 토대가 될 구조 모델링을 어떻게 하면 좀 더 체계적으로 만들어갈 수 있을까? 모델링 기법을 알아보기 전에 몇 가지 다음 사항들을 점검하기 바란다; 구조 모델링을 하는데 필요한 UML 모델링 요소에는 어떤 것들이 있는가. UML 다이어그램 표기법은 무엇이 있으며, 구조 모델링에 관계된 다이어그램들은 어떤 특징들이 있는가.

모델링 기법을 습득하려면 표기법과 다이어그램에 대해서는 기본으로 충분히 알고 있어야 하기 때문이다.

4.2.2 클래스 모델링

클래스 모델은 UML을 활용한 구조적 모델링에서 중요한 역할을 한다. 요구사항 모델링 결과를 바탕으로 클래스 다이어그램을 그릴 때 객체지향 방법론에서는 몇 가지 기법을 제시하고 있다. 예를 들면 요구사항이 정의된 문서에서 명사 형용사 동사 등을 분류해서 클래스를 정의하는 형식에 치우친(구문 분석) 방법도 있고, 분산 환경과 반복 개발 특성을 살려 클래스를 3부류(바운더리, 컨트롤, 엔티티)로 나누어 찾는 방법도 있고, 기존 시스템에서 화면과 테이블을 참고삼아 클래스를 찾기도 한다.

여러 접근법들은 나름대로 강점과 약점을 갖고 있다. 앞에서 예로 들은 접근법도 마찬가지이다. 구문 분석법은 요구사항 정의 문서에 너무 의존적이다 보니 문서 내용이 완성도가 높지 못한 경우 좋은 클래스를 찾는 것부터 어렵다. 특히 반복을 적극 장려하는 객체지향 방법론이나 컴포넌트 기반 방법론을 활용한다면 클래스를 정의할 정도로 충분히 정리된 요구사항 문서를 처음부터 만드는 것은 올바른 접근법이 아니다. 따라서 UML을 활용하는 객체지향 방법론과는 잘 어울리지 않는 접근법이다. 하지만 다른 접근에 비해 이론적 토대가 있고 요구사항 정의 관련 도구들을 기본으로 활용하는 기법중 하나이다.

3부류로 나누는 기법을 권고하는 방법론들은 분석과 설계 단계를 구분하지만 그 경계가 엄격하지 않다. 지속적으로 반복을 적용하다보면 설계 단계까지 마친 문서에 새로이 분석 모델을 추가할 수도 있고 기존 내용 중에서 논리적 표현을 개선할 수도 있다. 3분류법은 분석과 설계 개념을 크게 깨뜨리지도 않으면서 분산 환경에 적합한 개념을 제공하기 때문에 가장 현실적인 대안이라고 할 수 있지만, 이론적 토대는 약한 접근 방법이다.

기존 시스템을 근간으로 클래스를 정의하는 방법은, 새로운 방법을 도입하거나 아키텍처만을 개선하고자 할 때, 객체지향 방법론에 익숙하지 않은 조직과 가장 빠르게 상호작용을 할 수 있는 방법이기도 하다. 하지만 기존 시스템을 기반으로 클래스를 찾는 것은 새로운 요구사항에 관한 것들을 파악하기 어렵고, 기존 시스템이 없는 경우라면 이용하기 힘든 접근법이다. 또한 기존 시스템이 화면과 테이블을 잘못 사용하고 있는 상황이라면 심각한 문제를 만들 수도 있는 위험한 접근 방법이라고 말할 수도 있다.

가장 바람직한 방법은 업무나 개발 및 운영 환경을 미리 고려해서 비즈니스, 애플리케이션, 데이터 등을 충분히 이해하고 나서 클래스 모델링을 하는 것이다. 예를 들면 큰 프로젝트는 개발 프로젝트 이전에 ISP(Information Strategy Planning), BPR(Business Process Re-engineering), EAP(Enterprise Architecture Planning) 등을 하게 되는데 이들 작업 결과를 최대한 활용하는 것이다. 하지만 이 접근법을 작은 프로젝트에 적용할 기회는 거의 없고, 경험 있는 전문 인력이 부족한 조직이라면, 컨설팅 결과가 있는 큰 프로젝트라도 이들을 충분히 이해해서 개발 프로젝트에 활용하는 것은 쉽지 않다.

모든 병에 잘 듣는 약이 없는 것처럼 모든 프로젝트에 적합한 방법은 없다. 따라서 프로젝트 성격에 따라 어떤 접근 방법을 정할지 또는 여러 접근 방법을 병행할지를 결정할 필요가 있다. 다음에 제시하는 클래스 모델링 작업에 대한 몇 가지 기법들을 보면서 프로젝트 별로 가장 적합한 방법은 어떤 것이 될지 신중한 선택을 하기 바란다.

(1) 개념 클래스 모델링

개념 클래스란 구체적인 클래스이기 보다는 도메인과 시스템에서 중요하다고 생각되는 개념 위주로 찾아진 클래스를 말한다. 개념 클래스로 구성된 개념 클래스 다이어그램은 분석 단계 클래스 다이어그램을 그릴 때 좋은 토대로 사용될 수 있다.

클래스 다이어그램을 그리려면 요구사항 모델을 참조할 필요가 있다. 객체지향 방법론에서 가장 중요한 요구사항 모델로 유즈케이스 다이어그램과 유즈케이스 기술서가 있지만 개념 클래스 모델링에서는 이들을 바탕으로 간략하게 만들어진 '24시 편의점 관리 시스템' 개요를 사용해보자.

① 24시 편의점 관리 시스템 개요

> 24시 편의점은 고객이 물품을 언제라도 구입할 수 있도록 24시간 운영하는 소매점으로 24시 편의점 관리 시스템은 컴퓨터나 바코드 스캐너와 같은 하드웨어 부품과 매출등록, 결재처리 등을 할 수 있는 소프트웨어로 구성된다.
>
> 시스템은 제3자가 제공하는 세금 계산기나 재고관리 시스템과 같은 다양한 외부 시스템과 연계되어 24시간 내내 작동되어야한다.
>
> 고객이 편의점에서 물품 구입을 원하면 점원은 바코드 스캐너를 이용해서 물품 판매를 기록하고 영수증을 발급해준다. 이때 고객은 현금 또는 카드를 사용해서 물품을 구입할 수 있다.
>
> 편의점에는 고객이 원하는 물건이 있는지 살펴볼 수 있도록 상품 카탈로그(Catalog)가 비치되어있으며 카탈로그에는 상품 설명과 가격이 적혀있다. 편의점 관리자는 금전등록기에 동전이나 지폐가 적정량 있는지 확인하고 남는 금액은 수거한다.

② 클래스 찾기

가장 처음 해야 할 것은 클래스를 찾는 것이다. 이때 주어진 상황에 구문적 접근을 한다고 가정해보자. 앞에서 편의점 관리 시스템을 짧게 설명했지만 그 안에서도 많은 명사들을 찾을 수 있을 것이다. 무턱대고 명사를 고르기보다는 팁(Tip)에 열거된 개념 클래스 후보 가이드를 활용해보자. 익숙한 도메인을 대상으로 프로젝트를 수행한다면 후보 가이드 없이도 좋은 개념 클래스들을 찾을 수 있지만, 후보 가이드를 활용하면 쉽게 개념 클래스 또는 초기 클래스 후보들을 찾을 수 있을 것이다.

팁에 제시된 사항들 대부분은 잘 알고 있는 것들이지만 생소하거나 명확하게 이해되지 않는 것들이 있다. 예를 들어 '트랜잭션'에 해당하는 것을 편의점에서 찾아보면 판매(Sale)에 해당하는 것으로 좋은 개념 클래스이다. '트랜잭션 라인 아이템'이라는 것은 분석 클래스 다이어그램에도 필요한 개념으로 판매 품류(品類) 또는 판매 품목(SaleLineItem)에 해당한다. 이때 편의점이 보유하고 있는 물품 하나는 'Item'에 해당한다. 이들을 연결시켜 설명하면 'Sale'은 여러 'SaleLineItem'을 포함하고 각각의 'SaleLineItem'들은 'Item'들을 포함하는 관계에 있다. 쇼핑몰 시스템처럼 판매와 관련된 시스템이라면 항상 사용할 수 있는 개념 클래스 들이다.

위에 제시된 팁을 활용해서 편의점에서 찾아볼 수 있는 개념 클래스들은 다음과 같다.

> 장소로 편의점(ConvenienceStore), 고객(Customer), 지불(Payment), 판매(Sale), 판매품목(SaleLineItem), 물품(Item), 점원(Clerk), 편의점 관리자(StoreManager), 상품 카탈로그(ProductCatalog) 등이 있다.

이들 개념 클래스 후보들을 3가지로 분류해보면 일을 하는 주체 개념, 대상 개념, 그리고 일 개념이 있다. 개념 클래스를 찾을 때 3가지 분류를 활용해볼 수도 있다.

하지만 앞에서 찾아진 이들 개념 클래스들은 완전하지 않다. 요구사항 모델이나 문제 정의서 등에서도 찾지 못한 개념 클래스들이 있을 수 있다. 또한 클래스 모델링에 대한 경험이 없는 사람들이라면 개념 클래스를 뽑을 때 중요하지 않은 개념들 또는 클래스라기보다는 속성에 해당하는 개념들을 많이 찾는다. 따라서 찾아진 개념 클래스에 부족한 사항들을 추가하거나 필요 없는 개념들을 제거시켜서 중요한 개념을 잘 표현한 개념 클래스 다이어그램을 그려야 한다.

'영수증(Receipt)'을 생각해보자. 영수증이 중요한 개념 클래스 인지 아닌지 명확하게 말하기 어렵다. 이런 문제들 때문에 클래스를 추출하는 과정에서 도메인 지식이나 현업에서 수행중인 업무 형태가 어떻게 이루어지는지 항상 확인할 필요가 있다. 만약 영수증을 보여주면 이미 구매한 물품을 돈으로 환불해준다면 영수증은 분명한 역할을 갖는 중요한 개념이다. 하지만 환불이 불가능하다면 영수증은 중요하지 않은 개념으로 개념 클래스 다이어그램에서 제외시켜야 한다.

이와 비슷한 다른 예로 자동차와 관련된 시스템을 가정해보자. '엔진'과 '깜빡이 등'을 생각해보자. 엔진은 매우 중요한 부품으로 중요한 개념 클래스이고 깜빡이등은 중요하지 않은 개념 클래스일까? 만약 시스템이 주차장 관리 시스템, 자동차 판매 시스템, 주차 대행 시스템, 대리운전 시스템 등이라면 둘 다 중요하지 않은 개념 클래스이다. 만약 시스템이 자동차 부품 판매 관리 시스템이라면? 엔진은 판매 대상이 되지 않지만 '깜빡이 등'은 많이 팔리는 주요 품목일 것이다. 이처럼 구문 중심으로 클래스를 추출할 경우 반드시 도메인이나 업무 상황에 적합한지 확인하는 과정이 필요하다.

영수증과는 정반대 경우에 해당하는 개념이 있다. 즉 개념인지 아닌지 판별이 어려운 것이 아니라 경험이 없는 사람은 아예 찾지 못하는 중요한 개념이 있을 수 있다. 판매점에서 예를 들면 상품 명세(Product Specification)가 여기에 해당한다. 이는 매우 중요한 개념으로 경험 없는 사람들은 물품(Item)이 상품 명세를 모두 포함하는 개념으로 생각하기 쉽다. 하지만 물품은 실제적인 대상인 반면 상품 명세는 대상을 표현하는 개념이다.

물리적 대상과 이에 대한 논리적 설명서를 분리하여 별도의 객체로 식별하는 것은 중요한 개념이다. 즉, 물리적으로 존재하는 상품과 이에 대한 설명(가격, 용도, 재질 등을 담고 있는 제품설명서)을 별도 객체로 분리하여 모델링하자는 것이다.

클래스 모델링도 데이터 모델링과 마찬가지로 추상화(Abstraction), 지식(Knowledge), 카탈로그(Catalog), 메타(Meta) 레벨에 해당하는 개념은 매우 중요하지만 경험이 없는 경우에는 찾기 어려운 정도가 아니라 찾아진 것을 보고 이해하기도 어렵다. 분석 패턴, 도메인 패턴, 비즈니스 패턴 등으로 알려진 클래스 모델들을 보면 모델링 경험이 있는 사람들조차 해당 분야에 대한 경험이 없다면 이해하기 어려운 사항들이 많이 있다. 이처럼 클래스 모델링을 완성시켜가기 까지는 전문가들 영역이 존재하는 경우가 많다. 실제 프로젝트에서는 새로운 기술이나 개념을 잘 아는 사람보다 해당 분야에서 오랜 경험을 쌓은 사람이 있어야 프로젝트가 잘 마무리되는 경우가 많은 것이다.

앞에서 찾아진 개념 클래스들을 나열하면 다음 그림과 같다.

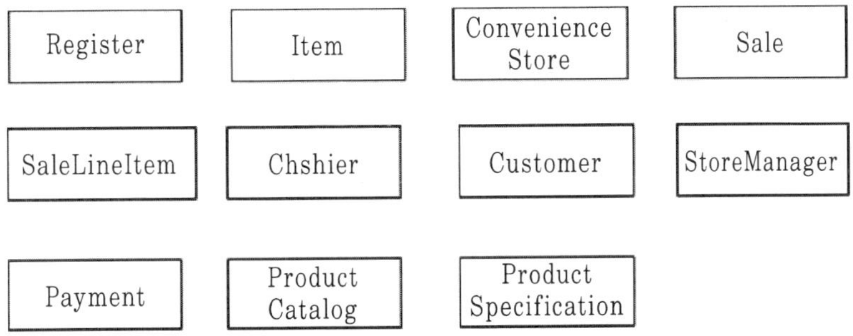

그림 4-11 24시 편의점 관리 시스템 개념 클래스들

① 개념 클래스들 간 관계 설정

클래스들간 관계는 데이터 모델과는 달리 행위적 관계가 포함된다. 클래스들을 찾는 과정과는 조금 다르지만 관계를 설정하는 것도 클래스를 찾는 것만큼 쉽지 않다. 잘 생각해보면 많은 개념들이 어느 정도는 서로 관련 있는 것처럼 보이기 때문이다. 따라서 관계가 찾아진다고 다이이그램에 모든 관계를 표현하는 것은 복잡할 뿐만 아니라 좋은 모델링 방법이 아니다. 중요하고 본질 관계만을 찾아 표현해야하는데 도메인 지식과 모델링 경험이 많은 경우라면 그리 어려운 문제만은 아니겠지만 그렇지 못한 경우라면 관계 설정이 매우 어려울 수도 있다. 다음 팁은 경험이 많지 않은 사람들을 위한 것이다.

개념 클래스 모델링에서는 UML 관계 표현을 적극적으로 사용하지 않고 어떤 관계인지만을 나타내는 것도 괜찮다. 개념 클래스는 초기에 찾아진 클래스로 현업 사람들 또는 도메인 전문가들과 함께 이야기할 수 있는 모델로 적당하기 때문이다. 현업 또는 도메인 전문가들은 UML 표기법에 익숙하지 않기 때문에 UML 표기법을 아는 사람은 쉽게 생각할 수 있는 표현도 불편하게 느낄 수 있다. 또한 표기법보다는 본질 내용에 집중할 필요가 있다.

앞에서 찾아진 개념 클래스를 바탕으로 중요한 연관들을 나열하면 다음과 같다. 편의상 영문을 사용한다. Sale-SaleLineItem, ProductCatalog-Product Spe cification, Clerk-Register, Store-Manager, Customer- Payment

다음 개념들 사이에는 관계가 없는지 생각해보자; Customer-Item, Customer-Sotre Manager, StoreManager-Convenience Store, Payment -Register 이들 관계를 표현

한다고 해서 틀리다고 말할 수는 없다. 하지만 모델 품질 특성 중 '간결성(Simplicity)'이 있다. 즉 모든 것을 표현하는 것보다 의사소통에 필요한 부분만을 표현하는 것이 더 중요하다는 것이다. 비행기 모델을 만들 때 실제 비행기만한 크기로 모델을 만드는 것은 무의미할 것이다. 마찬가지로 개념 클래스 다이어그램에 부각시켜야 할 요소 외에 중요하지 않은 개념 클래스들이나 중요하지 않은 관계까지 모두 표현한 복잡한 모델은 의미가 없다.

관계를 설정하려면 일차적으로 가이드를 활용할 수 있지만 클래스 찾는 과정과 동일하게 도메인 지식과 경험을 최대한 살려서 개념 클래스 다이어그램을 그려갈 필요가 있다. 다음 그림은 관계를 표현한 개념 클래스 다이어그램이다.

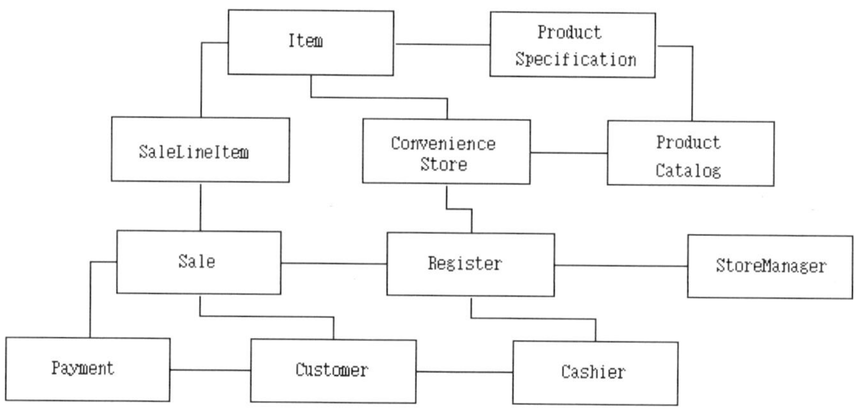

그림 4-12 개념 클래스들간 관계

앞에 제시한 다이어그램은 개념모델 자체로는 아직 완성된 것이 아니다. 특히 관계에 대한 구체적인 이름도 없고, 주요 속성도 찾아지지 않았다. 하지만 모델을 한 번에 완전하게 만들기는 어렵다. 또한 여기서 가장 중요한 것은 개념 모델링 전반에 걸친 이해가 아니고 어떻게 하면 중요한 본질에 가까운 개념을 찾는가에 대한 문제이다. 이와 같은 개념 모델 초기 과정은 구조 모델링 특히 클래스 모델링에 반드시 필요한 기본적인 통찰력과 추상화 능력을 키우는데 많은 도움이 된다.

만약 개념 모델링 자체가 목적이라면 이 후 여러 가지 작업을 더 진행할 수 있다. 속성, 오퍼레이션, 다중성, 관계 방향, 관계 이름, 역할 등 기본적인 클래스 다이어그램 표현과 유사한 사항들도 추가할 수 있다. 하지만 이와 같은 추가 사항은 개념을 찾아내는 첫 모델링 과정과는 달리 정해진 기반 위에 필요한 기법을 적용하는 기교적 측면이 강하다. 또한 이 후 사항들은 분석 클래스 모델링에서 다루는 사항들과 크게 다르지 않다.

개념 모델링에서 반드시 배울 사항은, 단지 상황만 주어진 상태에서, 처음으로 모델링 요소가 될 수 있는 본질적인 것을 찾아내는 능력이다. 이는 향후 구조적 모델링에 소개되는 여러 기법들보다 더욱 중요한 것이다. 좋은 개념은 탄탄한 부지와도 같아서 좋은 건물을 지을 수 있지만, 잘못된 부지 선정은 큰 문제를 초래할 수도 있다. 지반이 약하면 건물은 오래지 않아 균열이 생기거나 무너질 가능성까지 있을 것이다.

모델 근본이 계속 바뀌는 상황은 프로젝트를 하는 많은 사람들에게 매우 힘든 일이 될 것이다. 상황이 조금은 다르겠지만, 모든 개발자가 사용하는 라이브러리(JDK, MFC....)가 개발 중에 계속 바뀐다면, 그리고 바뀐 것을 사용해야한다면 개발을 정상적으로 진행하는 것은 어려울 것이다. 클래스 모델링을 언급하기 전에 개념 모델링을 먼저 언급한 것은 모델링에 대한 유사성도 있지만 향후 작업을 위한 토대 마련 작업이 그 만큼 중요한 것이기 때문이다.

② 분석 클래스 모델링

개념 클래스 다이어그램을 그리는 것은 분석 클래스 다이어그램을 그리기 전에 행하는 사전 작업으로 매우 좋은 방법이다. 하지만 UML을 기반으로 분석 클래스 모델링을 하기 위해 반드시 개념 클래스 모델링을 해야 하는 것은 아니다. 개념 클래스 모델링이 중요한 것은 클래스를 찾고 관계를 설정하는데 많은 도움이 된다는 점일 뿐이다.

UML을 사용하는 객체지향 방법론들은 저마다 분석 클래스 모델링을 위한 지침들을 제공한다. 여기서는 특정 방법론에 대한 지침을 제시하지는 않겠고 UML을 활용한 프로젝트들 중 이론적으로도 큰 문제가 없고 실제 활용하기 적당한 방법들 중심으로 분석 클래스 모델링 과정을 살펴보도록 하겠다.

UML을 사용하는 객체지향 방법론에서는 분석 클래스 모델링 작업에 필요한 주요 입력물로 유즈케이스 다이어그램을 포함한 유즈케이스 기술서를 사용한다. 유즈케이스 기술서는 유즈케이스 내부에 있는 업무 흐름 또는 서비스 절차뿐만 아니라 주요 입출력 데이터들이 나타나있다. 구체적인 모델링을 하려면 유즈케이스 기술서 전체가 필요하지만 유즈케이스 다이어그램과 유즈케이스 개요 일부를 먼저 보고 분석 클래스 모델링을 하면서 해당하는 세부 내용을 보도록 하자.

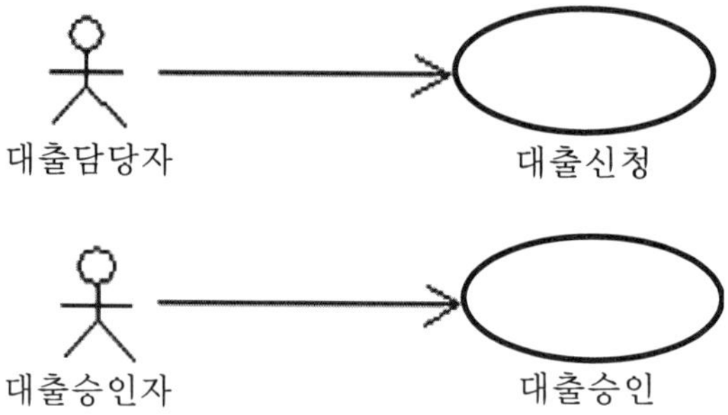

그림 4-13 대출 시스템 (일부) 유즈케이스 다이어그램

③ 대출 신청 유즈케이스 개요

고객이 대출요청을 하면 대출담당자는 대출관련서류를 안내하고 보험가입 권유를 하며, 대출관련서류를 제출받아 1차 서류심사 및 보험가입현황을 참조하여 대출신청 금액의 타당성을 검토하고 대출신청서에 기재된 내용(채무자(개인/기업/직원) 인적사항, 대출약정사항, 보증인사항, 담보사항 또는 보험사항)을 대출시스템에 입력하여 대출승인을 요청한다.

고객이 연장승인을 요청할 경우 대출담당자는 약정사항을 변경하여 연장요청을 한다.

④ 대출 승인 유즈케이스 개요

대출 승인자는 지점에서 송부된 대출신청서류를 접수하여 필요한 정보를 입력한 후, 대출금품의서를 출력하여 결재권자의 승인을 받고, 관련기관에 의뢰하여 설정 및 공증을 한다. 이후 설정번호를 부여받아 시스템에 등록하여 대출승인을 하고 상위 결재권자는 대출지급을 승낙하는 결재를 한다.

연장신청 시에는 대출담당자가 연장신청을 시스템에 등록하여 연장승인 신청을 하고 상위 결재권자는 연장승인을 허용하는 결재를 한다. 또한 신청현황을 조회할 수 있다.

⑤ 클래스 찾기

개념 클래스를 찾는 방법을 그대로 활용하거나 약간 응용할 수도 있다. 여기에서는 분산 환경에 대한 적극적 반복을 가정하고 바운더리(Boundary), 컨트롤(Control), 엔티티(Entity) 3가지 분류 클래스를 파악하면서 클래스를 찾는 방법을 살펴보자.

유즈케이스 다이어그램과 유즈케이스 개요를 보면 대출 시스템에 대한 기본 신청업무와 승인 업무를 이해할 수 있다. 이 두 가지 정보만으로도 초기 바운더리 클래스와 컨트롤 클래스, 일부 엔티티 클래스를 찾는데 충분하다.

바운더리 클래스는 액터가 시스템과 상호작용하는 부분 또는 다른 시스템과 연계되는 부분을 표현한다. 따라서 속성은 화면에 표현된 내용이나 다른 시스템과 연동하기 위한 정보를 가질 수도 있지만 단순 스트링(String)으로 처리할 수 있는 부분이기 때문에 분석단계에서 구체적인 속성을 표현할 필요는 없다. 다만 화면에 입력된 내용을 컨트롤 클래스에 전달하거나 컨트롤 클래스로부터 받은 정보를 화면에 출력하는 오퍼레이션 또는 타 시스템에 정보를 보내거나 받기 위한 오퍼레이션은 나타낼 필요가 있다.

대출 시스템에서 두 액터(대출담당자, 대출승인자)만을 우선 생각해보면 대출신청UI(User Interface)와 대출승인UI라는 두 바운더리 클래스를 찾아볼 수 있다. 이때 UI는 추상적인 개념으로 설계 단계에서 윈도우 화면, 웹 화면 또는 실제로 구현할 수 있는 다른 형태로 바뀐다. 분석 초기에는 바운더리 클래스들간 관계는 표현하지 않는 것이 더 좋을 수 있다. 만약 바운더리 클래스간 관계가 중요하다면 노트를 사용하거나 상위 수준 액티비티 다이어그램 등을 사용해서 업무간 관련성을 표현하는 것도 좋다.

예를 들면 대출 신청 고객이 신규 고객이라면 대출을 신청하기 전에 고객 정보를 등록해야한다. 이때는 고객관리UI가 필요하기 때문에 두 바운더리간 관련성을 표현할 수도 있다. 하지만 초기 클래스들을 찾을 때는 가급적 단위 업무별로 모델링을 해서 단위 모델들을 정제하는 것이 모델링에 대한 난이도를 낮추는 방법이다. 물론 모델링에 경험이 많은 사람이라면 관련 있는 사항들을 초기부터 함께 표현해도 모델링을 해나가면서 적절한 분류(Classification)를 할 수 있기 때문에 문제될 것은 없다.

컨트롤 클래스를 논리적 개념이 아니라고 생각하는 사람도 있다. 아주 틀린 말은 아니다. 하지만 컨트롤 클래스는 설계 단계에서 한 레이어(Layer)가 될 수도 있고 한 컴포넌트가 될 수도 있고 몇 개의 클래스가 될 수도 있다. 따라서 분석단계에서는 컨트롤 클래스 역할을 바운더리 클래스와 엔티티 클래스와는 다른 역할을 갖는 논리적 클래스로 생각할 필요가 있다. 즉 바운더리 클래스는 액터와 상호작용하는 역할, 엔티티 클래스는 정보를 관리하는 역할, 컨트롤 클래스는 바운더리 클래스와 엔티티 클래스 사이에서 허브(Hub) 역할을 하면서 유즈케이스 행위를 조정하는 역할이다.

분석 단계에서 컨트롤 클래스는 한 유즈케이스당 컨트롤 클래스를 하나씩 정의해도 충분하다. 대출신청과 대출승인 유즈케이스당 하나씩 컨트롤 클래스를 정의해보면 대출신청, 대출승인이라는 두 클래스를 정의할 수 있다.

엔티티 클래스는 정보를 관리하는 클래스로, 잘 만들어진 유즈케이스 기술서, 추상 개념 클래스 다이어그램, 운영 중인 시스템에 대한 데이터모델들 중 어느 하나만이라도 있다면 엔티티 클래스를 찾는데 도움을 받을 수 있다. 하지만 엔티티 클래스는 데이터 모델링이 갖는 어려움을 그대로 갖고 있다. 또한 도메인 또는 시스템을 잘 모르면 속성에 해당하는 것도 클래스로 파악할 수 있고, 클래스에 해당하는 중요한 것도 속성으로 파악해버릴 수도 있고, 시스템과는 전혀 관계가 없는 요소 (액터, 프로젝트 범위 외)를 엔티티 클래스로 찾을 수 있기 때문이다. 더구나 확장성, 유지보수성, 유연성 등이 필요한 시스템이라면 엔티티 클래스들에 대한 추상화 과정이 반드시 필요한데 이를 위해서는 업무 패턴이나 모델 구조 패턴 등을 어느 정도는 이해하고 있어야한다.

신청과 승인에 관련된 엔티티 클래스를 찾으려면 앞에서 본 유즈케이스 다이어그램과 유즈케이스 개요 외에 구체적인 정보를 더 알아야한다.

실제 대출신청 유즈케이스에는 신용대출, VIP대출, 연장 대출신청, 임직원대출, 보증보험 대출신청, 대출과 보험 연계 등 다양한 상황에 대한 흐름과 함께 예외(Exceptional) 또는 에러(Error)에 대한 흐름도 표현되어있다.

대출신청 유즈케이스 일부에 드러나 있는 정보만을 참조해서 엔티티 클래스를 찾아보자. 명사를 이용해서 엔티티 클래스를 찾는다면 대출신청 유즈케이스에서만도 수백 개는 충분히 찾을 수 있을 것이다. 하지만 대부분은 단순 속성에 머무는 것이다. 유즈케이스 기술서로부터 비교적 쉽게 찾을 수 있는 중요한 엔티티 클래스로 채무자, 보증인, 약정, 담보라는 4개 엔티티 클래스가 있다. 또한 채무자 부류에 대한 사항을 보면 개인, 기업, 임직원이 있고 이들도 다양한 속성을 갖고 있다. 이들 7개 엔티티 클래스는 주어진 유즈케이스 기술서 상에서 쉽게 찾을 수 있다.

조금 난이도 있는 엔티티 클래스를 찾아보자. '대출담당자'를 찾을 수도 있고 앞에서 제시된 내용에는 없지만 '사용자', '고객'을 엔티티 클래스로 찾을 수도 있다. 이들이 적절한 엔티티 클래스인가? 만약 대출담당자를 찾았다면 잘못 찾은 것이다. 모든 담당자들이 시스템에 관리해야할 클래스로 등록한다면 초기부터 너무 세부적으로 찾은 것이다. 비록 내용에는 없었던 명사이지만 사용자는 적절한 추상화 레벨에 해당하는 좋은 엔티티 클래스이다. 시스템에는 많은 액터가 있고 이들은 적절한 권한을 갖고 있다. 시스템 자원에 접근하려면 적절한 권한 검사를 해야 하고 사용자라는 엔티티 클래스는 충분한 역할을 할 수 있는 클래스이다.

'신청', '승인'은 엔티티 클래스인가? 이미 '대출신청', '대출승인'이라는 두 컨트롤 클래스를 찾은 상태에서 굳이 엔티티 클래스로 등록할 필요가 있는가? 신청은 시스템에서 관리할 필요가 있는 충분한 엔티티 클래스일 뿐만 아니라 '대출담당자', '신청일자' 등의 속성과 관련 엔티티 클래스들을 처리하는 매우 중요한 엔티티 클래스이다. '승인'은 현 상태에서 엔티티 클래스로 정의할 필요는 없고 대출신청에 관한 정보만 알면 승인 업무는 충분한 것처럼 보인다. '신청' 엔티티 클래스에 '승인일자', '대출승인자'만 속성으로 정의하면 되기 때문이다. 중요한 것은 이런 상황은 항상 일어날 수 있는 일반적인 문제이기 때문에 어떻게 이런 형태 문제를 해결할지 생각해 둘 필요가 있다. '신청' 클래스와 같은 상황이 나타나면 혼자서 판단하는 것은 문제를 키우는 것이다. 현업이나 전산담당자와 같이 관련된 사람들에게 의견을 물어보고 판단은 그 이후에 하는 것이다. 만약 전산담당자가 현재 운영 중인 시스템도 '신청'을 별도 관리하지 않는다면 별도 클래스로 뽑을 필요가 없지만, 승인일/ 승인자/ 승인금액 등을 별도로 관리를 해야 할 필요가 있는 중요 항목이라면 반드시 별도 클래스로 추가해야할 것이다. 전산담당자와 협의 후 특별히 별도 클래스로 뽑아야할 이유를 찾지 못해서 '신청'은 엔티티 클래스로 정의하지 않았다고 가정하자.

클래스 다이어그램 관련 사항으로 한 가지 더 고려해볼 사항이 있다. 채무자와 관련된 클래스에는 개인, 임직원, 기업들이 있다. 이들을 단순히 대출신청 클래스 다이어그램에 나열하는 것도 좋지만, 향후 '고객'이라는 패키지를 만들어 공통 업무 쪽에 할당하는 것도 필요할 수 있다. 이런 과정들은 모델에 대한 복잡도를 조절하거나 아키텍처 정의와도 관련된 사항으로 어려운 문제에 속하지만 향후 반드시 고려해야할 사항들이다.

현재 파악된 클래스들을 기반으로 기본 클래스들간 관계만을 추가한 초기 분석 클래스 다이어그램을 작성한 것이 다음 그림이다. 이번에는 아이콘(Icon) 형태로 표현했다.

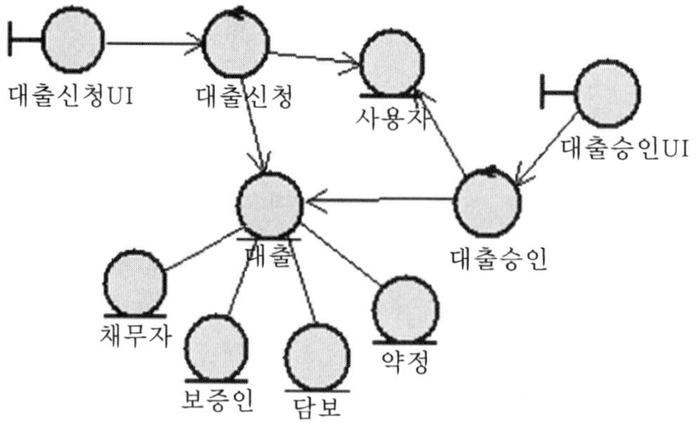

그림 4-14 신청, 승인 관련 초기 분석 클래스 다이어그램

관계를 설정하는 것이 먼저인가? 속성을 파악하는 것이 먼저인가? 아니면 오퍼레이션을 파악하는 것이 먼저인가? 상황에 따라 조금씩 달라질 뿐 어떤 것을 먼저 해

도 큰 차이는 없다. 방법론들은 대체로 한 가지 방법을 권하지만, 프로젝트 수행 조직의 역량이나 경험에 따라 달리해도 큰 문제는 없다. 업무 프로세스에 익숙하면 관계를 먼저 찾는 것이 쉽고, 데이터에 익숙하면 속성을 먼저 찾는 것이 쉽다. 하지만 다른 정보를 모른 상태에서 관계나, 속성이나, 오퍼레이션만을 상세히 파악하기란 쉽지 않다. 세부 관계까지 표현하려면 기본 속성과 오퍼레이션이 어느 정도는 표현되어 있어야한다. 모델링 경험이 있다면 한 가지 모델을 완전하게 만들고 나서 다른 것으로 진행하기 보다는 여러 가지를 순환적으로 파악해가면 훨씬 쉽다는 것을 알게 된다. 이 수험서에서는 모델링할 때 특정 순서나 절차를 선호하지 않는다. 내용을 전개하는 순서와는 상관없이 방법론에 따라 다른 순서로 진행할 수 있다는 것을 항상 기억하자. 여기서는 오퍼레이션을 먼저 찾아보도록 한다.

⑥ 오퍼레이션 파악

객체지향 방법론에서 클래스에 정의할 오퍼레이션을 찾는 방법은 유즈케이스 기술서를 바탕으로 한다. 즉 유즈케이스 기술서에 표현된 내부 행위를 오퍼레이션으로 등록하거나, 인터랙션 다이어그램을 그린 이후 인터랙션 다이어그램에 표현된 메시지들을 클래스에 오퍼레이션으로 등록한다. 방법론들이 권고하는 가장 바람직한 방법은 유즈케이스 기술서에 표현된 주요 흐름(시나리오)과 중요한 대안, 예외적 시나리오에 대해 시퀀스 다이어그램을 그리고, 시퀀스 다이어그램에 표현된 메시지를 클래스에 오퍼레이션으로 등록하는 방법이다. 이 수험서에 쓸 내용은 아니라서 구체적 언급을 하지는 않겠지만 객체지향 방법론에 익숙하지 않은 조직들은 화면을 구체적으로 활용한다.

앞에서 제시한 대출시스템 관련 내용을 보면 정보 처리에 관한 오퍼레이션이 대부분이고 액터가 입력하는 행위 또는 시스템이 액터에게 필요한 정보를 보여주는 행위 정도가 있을 뿐이다. 엔티티 클래스에서 정보를 처리할 때 속성들에 대한 'get', 'set' 오퍼레이션이나, 클래스가 가진 정보에 대한 CRUD(Create,

Read, Update, Delete) 기능은 대체로 생략한다. 당연한 기능이기 때문에 모델에 반드시 표현할 필요는 없다. 심지어는 코드를 생성(Generation)하는 세부 설계 클래스 다이어그램에서 조차 표현하지 않아도 된다. 코드 생성에 관한 스크립트(Script)에서 훨씬 정교하게 제어할 수 있기 때문이다. 다만 모델을 복잡하게 만들 수밖에 없거나, 형식적으로 엄격한 문서화가 필요하거나, 아주 세부적으로 정확하게 표현해야하는 경우에만 표현하자. 정확성에 위배 되지 않는다면 모델은 간결하게 유지하자.

모델이 덜 되어서 또는 부실하기 때문에 간결해 보이는 모델과 필요한 정보만을 표현해서 간결한 모델간 차이는 모델 자체 또는 모델간 균형을 보면 쉽게 구분할 수 있다

주어진 정보만으로 오퍼레이션을 파악해보면 바운더리 클래스들에는 display( ) 오퍼레이션이 있다. 대체로 실수하는 부분이 액터가 요청한 것을 오퍼레이션으로 모두 정의하는 것이다. 하지만 UI가 어떻게 구현될지도 모르는 상황에서 액터 요청을 오퍼레이션으로 등록할 필요가 없다. 또한 시스템에 익숙하지 않은 사람은 조금 생각이 필요하겠지만, 액터는 바운더리 클래스에 이벤트를 보내는 것이지 액터가 오퍼레이션을 직접 호출하는 것은 불가능하다. 이벤트와 오퍼레이션을 혼동해서는 안 된다. 시스템으로부터 받은 정보를 액터에 보여주는 display( )와 같은 오퍼레이션은, 정확하게 표현하면, 액터에게 이벤트를 보내거나 메시지를 보내는 것이 아니고 시스템에 요청한 결과를 처리하는 내부 함수의 하나이기 때문에 필요하다.

신청 컨트롤 클래스에는 엔터티 클래스들(채무자, 보증인, 약정, 담보, 신청)에 대한 정보관리요청 오퍼레이션(saveX( ), readX( ))들과 checkAuthority( )라는 오퍼레이션이 있다. 이때 정보관리요청 오퍼레이션을 어떻게 정의할지 즉 save("...") 형태로 할지 또는 saveX( ), saveY( )처럼 명시적으로 할지를 고민할 필요는 없다. 설계단계에서 정확하게 표현하면 된다. 분석 클래스 모델링에서는 품질관리자가 적당한 기준을 제시하고 모델링하는 사람은 그 기준

을 따르면 그것으로 충분하다.

엔티티 클래스는 신청, 사용자 클래스를 제외하고는 CRUD 오퍼레이션 밖에 없기 때문에 특별히 오퍼레이션을 추가할 필요는 없다. 신청 엔티티 클래스에는 채무자, 보증인, 약정, 담보 정보에 대한 처리 요청 오퍼레이션을, 사용자 엔티티 클래스에는 checkAuthority( ) 오퍼레이션을 추가하면 된다. 다음은 간결하게 표현된 오퍼레이션이 추가된 분석 클래스 다이어그램이다.

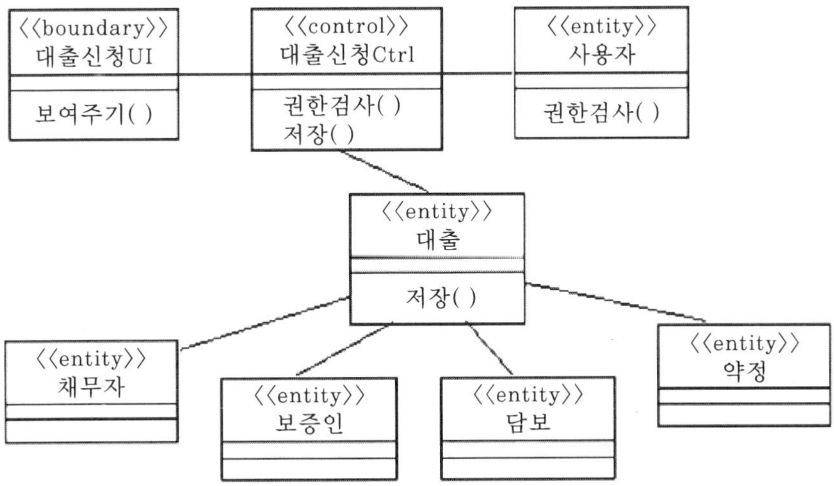

그림 4-15 대출 신청 클래스 다이어그램

⑦ 속성 파악

속성은 클래스가 가져야할 정보를 의미하는 것으로 상태를 유지할 필요가 있는 경우 속성값을 변화시켜 상태를 조정할 수 있다. 속성을 파악할 때 다양한 것들을 참조할 수 있다; 유즈케이스 기술서, 현업에서 사용되는 문서들(예를 들면 기안문서), 업무 매뉴얼, 테이블 정보, 화면 등 유즈케이스 기술서를 참조해서 속성을 파악해보자.

유즈케이스 기술서는 유즈케이스 행위에 따른 입출력 데이터가 표현되어있다. 유즈케이스 행위를 수행하는 주체를 클래스로 정의한다면 행위에 관계된 정보들은 클래스가 갖고 있어야할 속성으로 파악할 수 있다.

모델링 초기에는 바운더리 클래스나 컨트롤 클래스가 가져야 할 속성들을 잘 파악하기 어렵다. 이 부분은 주로 설계단계에서 세부적으로 표현되기 때문에, 초기에는 엔티티 클래스들이 갖는 속성에 초점을 맞추어보자.

다음 그림은 속성이 추가된 약정 엔티티 클래스이다.

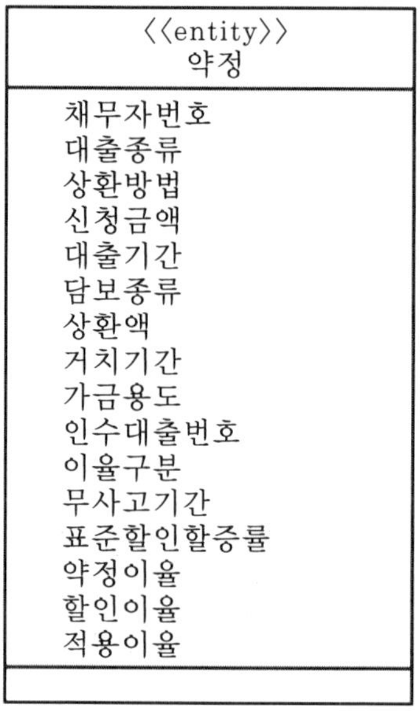

그림 4-16 속성이 추가된 약정 엔티티 클래스

단순한 파일럿(Pilot) 프로젝트가 아니라면 실제 엔티티 클래스들은 매우 많은 속성들을 갖고 있을 수 있다. 케이스 도구를 사용한다고 해도, 모든 속성들을 다 표현하면 클래스 몇 개만 표현해도 복잡하게 보일 수밖에 없다. 케이스 도구를 사용해서 속성 또는 오퍼레이션을 입력한 이후, 케이스 도구 옵션(Option)을 사용해서 화면에 속성과 오퍼레이션이 안보이도록 설정하면 클래스 다이어그램을 간결하게 유지할 수 있다.

⑧ 관계 설정

클래스들간 관계는 매우 다양하다. 실세계 객체들이 단순한 관계만을 맺고 있는 경우는 드물다. 예를 들어 '사람'이라는 클래스가 있다면 사람들간 관계는 수를 헤아

릴 수도 없이 많은 관계가 있을 것이다. 하지만 UML 표기법에는 클래스들간 관계에 대해 단순히 몇 가지만을 지원할 뿐이다. 따라서 클래스들간 관계는 대표적 관계를 추출해서 관계 이름을 간결하게 나타낼 필요가 있다. 구축할 시스템에 맞는 관계만을 표현한다는 것은 쉽지 않은 일이다. 분석 단계 클래스 모델링에서는 클래스들간 관계를 바운더리 클래스와 컨트롤 클래스, 컨트롤 클래스와 엔티티 클래스, 엔티티 클래스와 엔티티로 구분해서 설명하겠다. 이후 설계 단계에서는 더욱 다양한 관계들이 표현될 수 있다.

논리적으로 바운더리 클래스가 엔티티 클래스와 관계를 맺는 것이 틀리지는 않는다. 하지만 바운더리 클래스 역할이 액터 요청을 어떻게 수행할 것인 지까지 알고 있을 필요는 없다. 대체로 바운더리 클래스는 액터로 부터 받는 요청 또는 정보를 컨트롤 클래스에 넘기면서 일을 위임(Delegation)시킨다. 따라서 초기에 파악한 클래스 다이어그램에서 보는 것처럼 바운더리 클래스는 단순하게 컨트롤 클래스에 메시지를 보내는 것으로 충분하다. 더 상세히 추가할 사항이 있다면 화살표를 사용해서 방향성(navigation)을 추가하는 것뿐이다. 방향성을 추가하는 것은 메시지 흐름을 명시적으로 표현하는 것으로 상호작용 행위를 클래스 다이어그램에 간접적으로 나타내는 것이다. 화살표가 없다는 것은 모델링이 구체적으로 되지 않았거나 양방향 관계가 있다는 것을 의미한다.

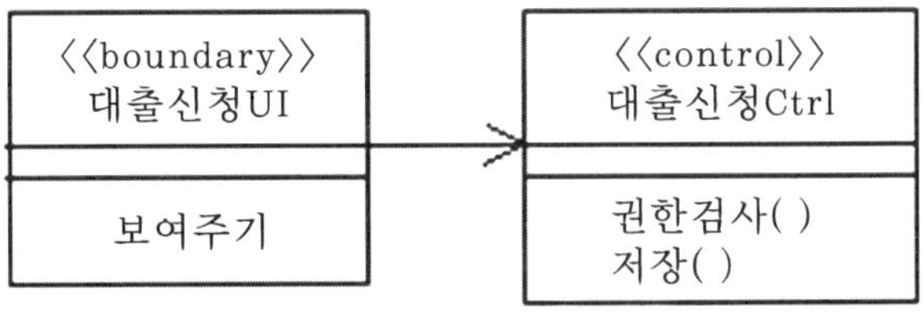

〔그림 4-17〕 바운더리 클래스와 컨트롤 클래스간 관계

컨트롤 클래스는 엔티티 클래스에 일방적으로 메시지를 전달한다. 따라서 이들 사이에 화살표를 추가할 필요가 있다. 컨트롤 클래스는 내부적으로 어떤 엔티티 클래스가 있고 어떻게 일을 처리해야하는지 알고 있어야한다. 만약 단순 업무가 아니라면 컨트롤 클래스들끼리 상호작용이 필요하기 때문에 컨트롤 클래스들간 방향성도 필요하다.

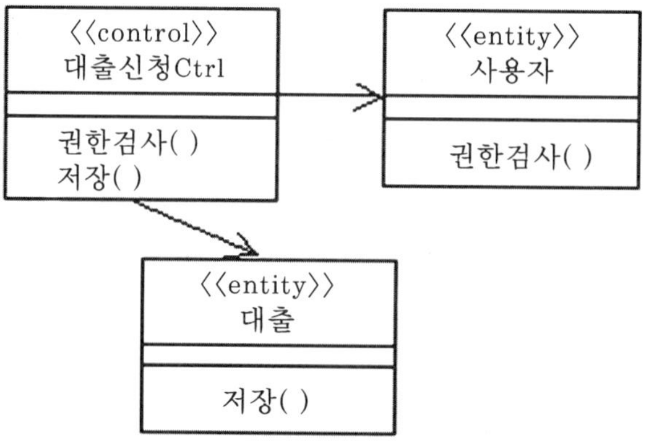

그림 4-18 컨트롤 클래스와 바운더리 클래스간 관계

엔티티 클래스들간 관계는 상속이나 연관관계를 가질 수 있다. 연관관계는 두 엔티티 클래스들이 의미적으로 관련 있거나, 객체들이 메지시를 전달할 경우이다. 메시지를 전달하는 것은 명확하게 관계를 인식할 수 있지만, 의미적으로 관련이 있다는 판별이 어려운 일로, 클래스를 찾는 것처럼, 도메인 또는 시스템 상황을 이해하면서 결정해야할 사항이다. 예를 들어 다음 그림을 보자.

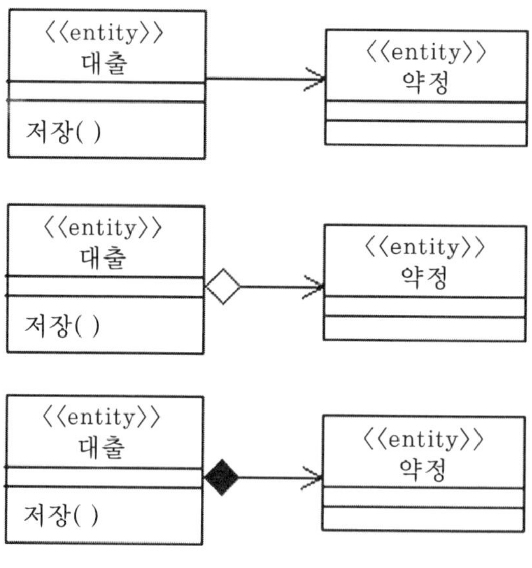

그림 4-19 연관 관계: 관련성 정도

대부분 모델링 관련 책들은 위와 같은 그림을 장황하게 설명한다. 하지만 그렇게 중요한 사항은 아니다. 맨 앞에 있는 다이어그램은 다른 두 관계(Aggregation, Composition)를 의미적으로 포함할 수 있기 때문이다. 이들 관계가 분석단계에서 명확하다면 구체적으로 표현해도 좋지만 명확하지 않다면 분석단계에서 완벽하게 관계를 설정하려고 노력할 필요는 없다. 설계단계에서 구현을 고려하면서 얼마든지 달라질 수 있기 때문이다.

상속 관계는 추상화와 밀접한 관계가 있다. 따라서 더 세부적으로 알려면 보다 정제부분에서 다루는 내용을 참조하기 바란다.

객체지향 모델링을 조금 해본 사람들은 상속을 쉽게 생각하는 경향이 있다. 하지만 요구사항에 맞는 시스템을 개발하려면 모델링을 더욱 신중하게 할 필요가 있다. 일반 모델로는 정상이라고 생각할 수도 있지만 도메인이나 요구사항에 관련된 상황을 고려하면 잘못된 상속이 될 수도 있다. 다음 다이어그램을 보자.

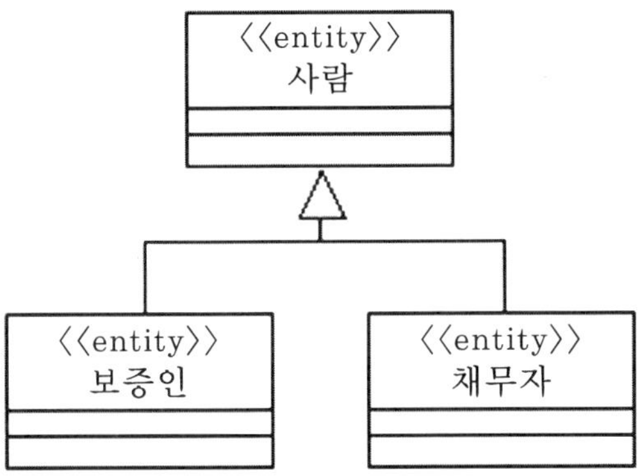

그림 4-20 잘못된 상속

전혀 문제가 없어 보이는데 왜 잘못되었다고 하는 것일까? 만약 채무자나 보증인이 사람이라면 잘못된 것은 아니다. 하지만 앞에서 이미 본 것처럼 현재 다루고 있는 대출 시스템에는 채무자가 개인, 기업, 임직원이라는 3부류로 나누어져 있다. 이처럼 개인 대출 외에 기업 대출도 함께 처리하는 시스템이라면 채무자가 기업이 될 수도 있다. 기업은 사람이 아니다. 따라서 잘못된 상속이라고 할 수 있다. 업무적 특성을 고려한 상속은 다음과 같다.

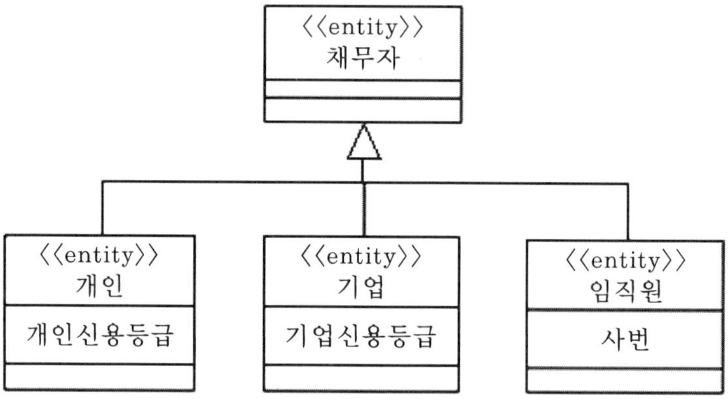

그림 4-21 채무자 관련 상속

⑨ 분석 클래스 다이어그램 정제

분석 모델링이 어느 정도 진행되면 클래스들을 정제하게 되는데 이때 분할, 통합, 추상화 작업을 수행한다. 따라서 엔티티 클래스들간 관계는 지속적으로 개선이 필요한 부분이다. 여기에서는 그동안 미루어왔던 고객을 등장시켜 기존에 파악된 채무자, 기업, 개인, 임직원 클래스와 함께 다루어보자.

고객에는 여러 종류가 있고, 그 중 한 분류가 채무자일 것이다. 이때 대출 시스템에서는 기업, 개인, 임직원이라는 3가지 채무자 분류가 존재한다. 이때 어떤 사람이 직원으로 있었을 때 대출을 받고, 퇴사한 이후 다시 대출을 받았다면 앞에서 보여준 채무자 관련 상속 모델에서는 두 고객을 전혀 다르게 다룰 수밖에 없다. 따라서 여러 번 대출을 받을 수도 있고, 채무자분류가 달라질 수도 있는 다양한 상황을 수용하는 모델이 필요하다. 모델을 범용으로 만들려면 개선할 필요가 있고 그 결과가 다음 그림에 있다.

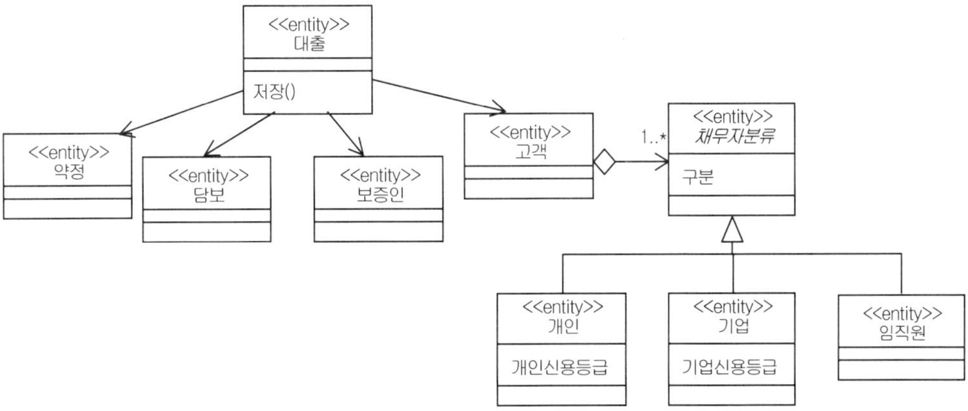

그림 4-22 엔티티 클래스와 엔티티 클래스간 관계

클래스 다이어그램을 개선시키면서 왜 고객이라는 클래스를 등장시켰을까? 이유는 다음과 같다. 모델링 초기에는 대출 업무 자체에 치중했기 때문에 채무자라는 이름이 보다 적절했다고 판단되었지만 여러 회의를 거치는 동안 대출 받고자 하는 개인, 기업, 임직원 모두를 고객으로 분류하는 것이 보다 적절하다는 의견이 나왔다. 즉 시스템에 대한 모델링 관점보다는 업무 관점에서 엔티티 클래스를 분류하는 것이 더 필요했기 때문이다.

그렇다면 왜 채무자 분류라는 추상 클래스를 추가했을까? 이유는 이미 확장성이나 향후를 고려한 모델링이 필요한 상황이 되었기 때문이다. 고객은 대출 업무 상황에 따라 적절한 역할을 수행하는 것으로 파악해 볼 수 있다. 고객 객체는 하나이지만, 그 객체가 상황에 따라 다양한 역할을 수행할 수 있다. 그런데 이는 고객이 달라지는 것이 아니라, 고객이 갖는 역할 특성이 달라지는 것이다. 이를 보다 잘 표현하는 방법이 고객을 직접 하위 클래스로 분류하는 것 보다는 고객 역할을 세분화 하는 것이다. 다시 말해서 고객 클래스가 채무자분류뿐만 아니라 채권자분류도 함께 갖고 있게 모델을 만든다면, 여수신 전 업무에 대한 고객 통합관리가 가능한 모델로 발전할 수 있다.

조금만 더 설명을 해보자. 고객을 등장시켜 개선한 모델도 향후 개선되거나 진화될 가능성이 많다. 예를 들면, 앞의 모델에는 상세히 표현하지 않았지만 보증인은 고객과 중요한 관계를 갖고 있다. 또한 보증인도 개인, 기업,

임직원의 형태를 가질 수 있다. 이들을 어떻게 통합 관리할 수 있을까? 더 나가서 고객이 웹을 통해 여수신 상황을 파악할 수 있다면 고객은 시스템 사용자가 된다. 그렇다면 또 다시 모델을 변경할 필요가 있다. 뒤에서 설명할 인터페이스 기반 모델링, 분석/설계 패턴 등에서 변화되는 모델을 효율적으로 만들어가기 위한 모델링 전략을 배울 수 있을 것이다. 이후 모델을 아키텍처 단계까지 높여나갈 수 있다면, 이 교재의 범위는 아니지만, 잘 만들어진 고객 컴포넌트 모델로 발전시켜 나갈 수 있다. 컴포넌트 기반 방법론에서 말하는 비즈니스 컴포넌트는 이처럼 많은 모델링 상황에서 발전된 개념을 바탕으로 하는 것이 바람직하다.

모델은 간결성도 유지해야하고 모델링에 관련된 요구사항을 적절히 수용하는 모델로 진화해가야 한다. 이런 사항은 교과서 수준의 지침으로 만들 수 있는 간단한 것이 아니며 상황을 파악하고 최적화시키려는 다양한 모델링 노력을 지속적으로 기울여야 가능한 것이다.

4.2.3 인터페이스 기반 클래스 모델링

인터페이스는 UML 모델링 요소 중 하나이다. C++에는 없지만 Java처럼 90년대 등장한 객체지향 언어들은 클래스뿐만 아니라 인터페이스를 언어 차원에서 지원하고 있다. 인터페이스가 갖는 프로그래밍 언어적인 사항들은 프로그래밍 언어 책 등을 통해 자세히 살펴보도록 하고 이 수험서에서는 인터페이스가 모델링에 대해 갖는 의미에 중점을 두어 설명하도록 하겠다.

인터페이스는 구문적으로 시그너처(Signature) 들 집합이라고 간단히 표현할 수 있다. 시그너처는 내부 로직이 정의되지 않은 함수로 반환값, 함수 이름, 매개변수들을 통칭하는 말이다. C 언어의 함수 포인트나 추상클래스를 알고 있는 사람이라면 비교적 쉽게 인터페이스의 의미도 이해할 수 있다.

서비스를 제공하는 프로그램과 서비스를 요청하는 프로그램 사이에 함수 포인터나 추상클래스가 존재한다면 두 프로그램이 직접 관계를 맺지 않아도 필요한 시점에 서비스를 받을 수 있는 유연성이 생긴다. 즉 함수 포인트나 추상 클래스들을 사용해서 프로그램을 만들면 서비스를 요청하는 프로그램을 바꾸지 않고도 실제 구현을 담은 함수나 클래스들을 실행시점(Run-time)에 바인딩 하여 상황에 맞는 서비스를 받을 수 있는 것이다. 인터페이스가 갖는 프로그래밍 언어적인 개념이 부족한 사람은 코딩을 통해서 반드시 인터페이스 기반 프로그래밍 개념을 이해하기 바란다. 또한 인터페이스에 대한 realization이나, 인터페이스에 대한 다중상속은 이미 코딩 레벨에서 알고 있다고 가정하겠다. 인터페이스 기반 프로그래밍을 이해할 수 없다면 이후의 내용은 의미가 잘 안 들어올 것이다.

앞에서 살펴본 분석 클래스 모델링에서도 간단하나마 상속이나 추상클래스를 사용해서 유연성(Flexibility), 확장성(Extendability) 등을 모델에 적용했었다. 인터페이스는 앞에서 본 상속이나 추상클래스를 사용하는 것 이상으로 모델을 개선시킬 수 있는 개념을 제공한다. 이처럼 모델링에 있어 인터페이스는 그 역할이 매우 중요하다. 패턴관련 모델링이나 컴포넌트 모델링에 왜 인터페이스를 사용할까? 이에 대해 깊게 생각해본 사람이 많지는 않겠지만 패턴이나 컴포넌트 모델링은 단순한 모델이 아니기 때문에 다양한 모델링 이슈 사항을 해결할 필요가 있고 이때 인터페이스가 적절한 해결책을 제시할 수 있기 때문에 인터페이스를 사용해서 패턴이나 컴포넌트 모델링을 하는 것이다.

인터페이스를 모델에 그릴 때는 "내가 정의한 인터페이스에 대해 실제 구현하는 클래스가 어떤 종류가 될지 구체적으로 알지 못해도 좋다."는 의미를 갖는다. 실제로 전혀 몰라서는 안 되겠지만, 인터페이스에 정의한 오퍼레이션을 구현하고 있는 사실만 알아도 인터페이스를 구현한 클래스를 사용할 수 있는 것이다. 인터페이스에 대한 의미는 그만하고 인터페이스를 어떻게 모델링에 활용하는지 살펴보자.

(1) 반복되는 특징(오퍼레이션) 추출

클래스 모델링에서 다룬 상속도 반복되는 특징을 추출하는 역할이 있다. 하지만 인터페이스는 속성을 제외한 오퍼레이션에만 중점을 두고 있다. 인터페이스가 오퍼레이션만을 다루는 이유는 객체지향 언어를 만드는 메커니즘과 다중상속이 갖는 문제점을 설명해야 하는 어려운 사항이므로 여기에서는 생략하도록 하겠다. 다만 상속을 충분히 이해한다면 그리 어렵지 않게 이 부분을 이해할 수 있을 것이다. 인터페이스에 대한 구현이나 인터페이스에 대한 다중상속은 이미 알고 있다고 가정하겠다.

예를 들어 다음 그림을 보자.

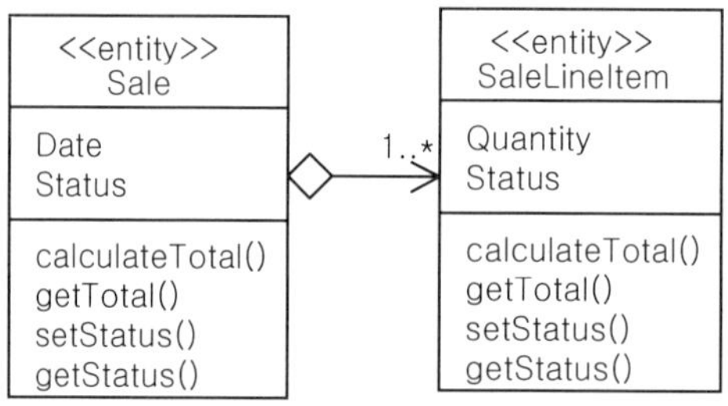

그림 4-23 반복되는 오퍼레이션 추출

두 클래스를 보면 총액과 상태에 관한 두 가지 형태의 오퍼레이션이 공통으로 있다. 만약 두 클래스가 공통 의미로 사용되는 공개 오퍼레이션(Public operation)을 갖고 있다면 향후 오퍼레이션이 바뀐다면 함께 두 가지를 중복으로 관리해야만 한다. 이런 사항이 단 두개라면 관리 문제가 등장하지 않겠지만, 유사한 것들이 많은 상황이라면 변화를 지역(Local)으로 축소시키는 것은 소프트웨어 품질에 큰 영향을 주는 요소이다. 그런데 공통 오퍼레이션을 뽑는 방법에는 확장성을 제한적으로 고려한 방법과 확장성을 최대한 고려한 두 가지 방법이 있다. 확장성을 제한적으로만 사용한 방법은 다음 그림처럼 현재 상황만을 고려한 것으로 공통부분만을 뽑아 인터페이스를 만드는 것이다.

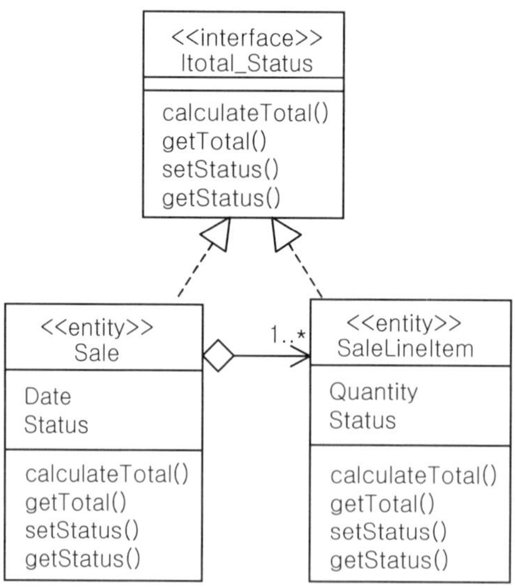

그림 4-24 공통 오퍼레이션에 대한 인터페이스 모델링

두 번째 방법은 다음과 같다. 각 클래스 당 하나의 인터페이스를 정의하고 각 인터페이스들이 세부 인터페이스를 다중 상속하는 방법이 있고 세부 인터페이스를 나열하고 클래스들이 필요한 부분만 구현하는 방식이 있다. 다음 그림은 각 방법을 한꺼번에 보여준다.

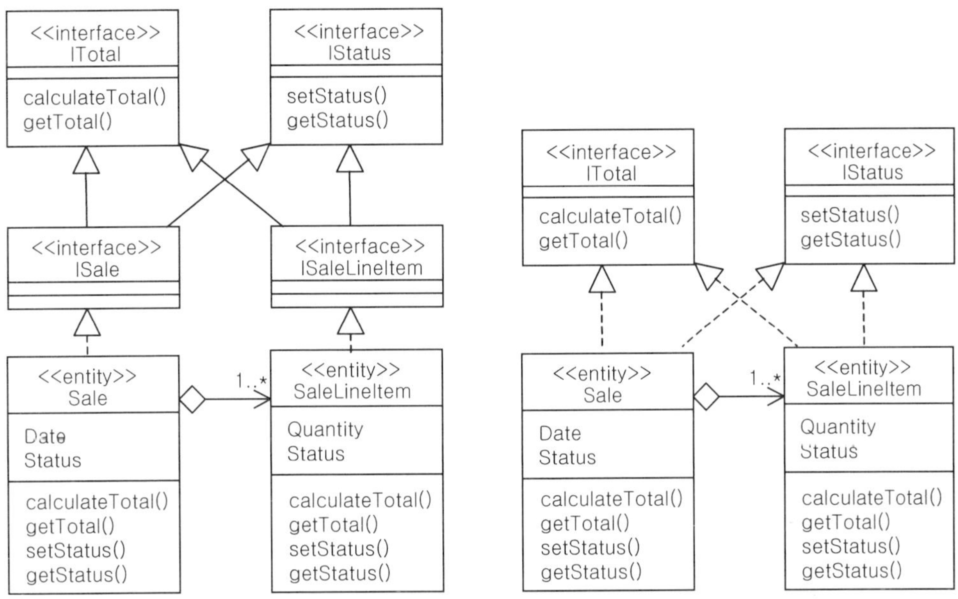

그림 4-25 공통 오퍼레이션에 대한 확장성 우수 인터페이스 모델링

이 두 복잡한 모델이 보여주는 내용은 보기보다 간결하다. 왼쪽 모델은 인터페이스 다중상속과 인터페이스 realization을 함께 사용해서 인터페이스 모델에 대한 복잡도를 클래스로부터 분리한 것이고, 오른쪽은 인터페이스 모델링을 간결하게 하면서 클래스에서 필요한 인터페이스를 realization 한 것이다. 이와 같은 모델링을 통해 두 유사한 클래스가 공통적으로 갖는 오퍼레이션에 대한 관리를 함께 할 수 있다.

클래스 모델링에서 모델의 간결성을 중시했는데 앞 그림에서 보는 모델은 전혀 간결하지 않다. 무엇이 차이점일까? 그 것은 애플리케이션을 모델링하는 것과 컴포넌트나 프레임워크를 모델링하는 것에 대한 차이점이다. 애플리케이션은 고객과 의사소통할 필요가 있는 기회가 많기 때문에 간결성이 상대적으로 중요하지만, 컴포넌트나 프레임워크는 한 고객을 대상으로 하는 것이 아니기 때문에 모델링이 갖는 이점을 최대한 살려야하는 것이다. 인터페이스 기반 모델링은 향후 컴포넌트나 프레임워크 설계에 반드시 필요한 기법을 제공하기 때문에 잘 이해해두면 일반 애플리케이션에 대한 모델링이 아닌 다양한 소프트웨어에 필요한 모델을 만들 수 있는 능력을 갖출 수 있을 것이다.

(2) 재사용 고려

앞에서 본 모델이 복잡해보일지는 몰라도 인터페이스 기반 모델링에서는 가장 단순한 것이다. 이제 재사용을 고려한 인터페이스 모델링에 대해 알아보자. 모델 수준에서 재사용성이란 현재 인터페이스 모델링을 한 결과를 다른 모델링을 할 때 변화 없이 그대로 적용할 수 있다는 것을 의미한다. 예를 들어 다음 그림을 보자.

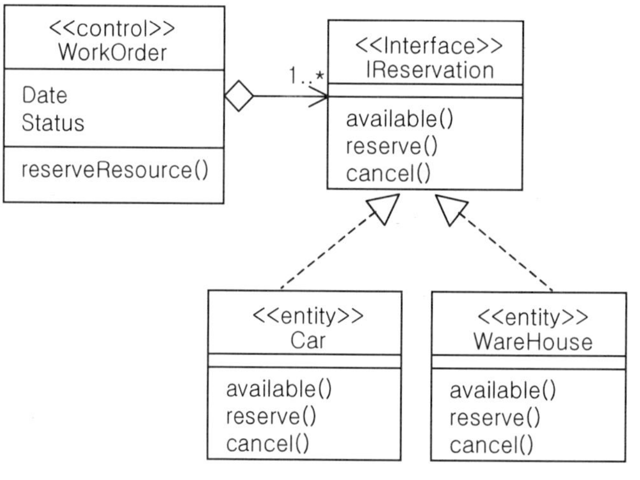

그림 4-26 차량 및 창고 예약 관련 모델

작업 지시에 의해 차량 및 창고에 대한 예약 가능 여부를 알아보고 가능하면 예약을 하고 필요할 때 취소를 하는 모델이다. 이때 'IReservation'이라는 인터페이스를 정의했다. 만약 영화 티켓 예매 시스템, 호텔 예약 시스템, 비행기 예약 시스템 등 예약과 관련된 시스템을 만든다면 현재 정의한 인터페이스는 그대로 재사용할 수 있다.

모델링 경험이 적다면 인터페이스 재사용에 대한 느낌을 갖기 어렵다. 하지만, 정교하게 잘 만든 인터페이스 모델들이 많다면 향후 유사 시스템을 새롭게 만들 때 빠르게 원하는 요구에 맞는 모델을 만들면서도 높은 품질을 유지할 수 있다. 큰 제품이 있고, 다양한 수정 요구가 많이 있다고 가정해보자. 인터페이스 모델링이 잘 되어 있다면, 클라이언트 프로그램은 수정사항이 많지 않을 것이고, 인터페이스에 대한 realization 부분만을 바꾸거나 서비스가 다른 인터페이스를 적용하고 적절한 realization을 활용하면 빠른 시간 내에 새로운 제품을 만드는 일이 가능할 것이다.

(3) 확장성 고려

확장성을 고려한 인터페이스 모델링에 대해 알아보자. 확장성을 고려한다는 것은 현재 인터페이스 모델링한 결과에 향후 추가 상황이 발생해도 현재 인터페이스를 사용하는 모델 또는 프로그램에 변화가 일어나지 않는다는 것을 말한다. 예를 들어 다음 그림을 보자.

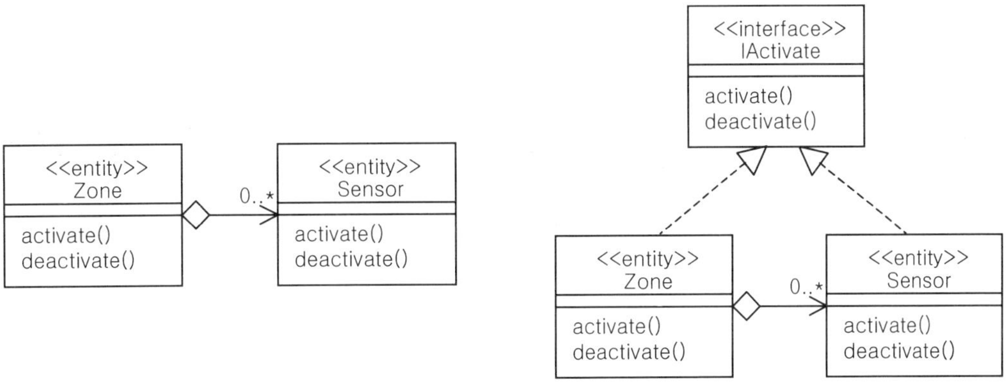

그림 4-27 인터페이스 추출

왼쪽 그림은 어떤 영역(Zone)에 여러 센서(Sensor)가 있는 상황이다. 공통 오퍼레이션을 인터페이스(IActivate)로 추출해서 오른쪽 모델을 만들었다. 하지만 오른쪽 모델은 확장성이 고려된 모델은 아니다. 확장성 요구사항이 영역에 센서 외에 다양한 것들이 추가될 수 있다는 것이라면 영역에서 향후 추가되는 어떤 것이라도 포함할 수 있는 모델 구조를 가져야한다. 확장성 있는 모델을 만든 예가 다음 그림이다.

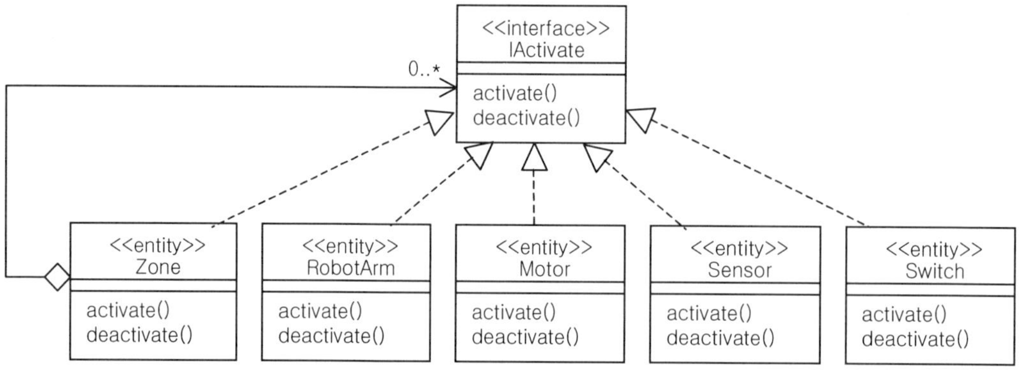

그림 4-28 확장성 있는 모델

설계 패턴에서도 등장하는 이 모델은 모든 요소들이 공통된 인터페이스를 구현하고 있으면서 주축이 되는 'Zone'클래스는 다른 요소들을 여러 개 포함할 수 있는 구조로 되어있다. 이 모듈을 사용하는 클라이언트는 'IActivate'라는 인터페이스를 사용해서 상호작용을 하기 때문에 새로운 것이 추가되어도 상호작용하는데 는 아무런 문제가 없다.

90년대 초/ 중반에 나온 설계 패턴들은 C++언어를 사용한 것이 많았고 추상클래스를 많이 사용했다. 이후 자바언어처럼 인터페이스가 언어 수준에서 지원되기 시작하면서 인터페이스가 추상클래스를 대치하게 되었다. 대체로 추상클래스보다 인터페이스를 사용하면 좋은 점이 많지만 그렇다고 해서 항상 추상클래스 대신 인터페이스를 사용해서 좋은 것은 아니다. 아직 C++ 언어처럼 인터페이스를 지원하지 않는 언어를 쓰는 경우라면 추상클래스를 사용해서 지금까지 언급한 사항들을 구현할 수도 있다. 특히 속성을 전혀 정의하지 않으면서 추상클래스 내의 모든 함수를 순수 가상함수(Pure virtual Function)으로 만들 경우 인터페이스와 매우 비슷한 효과를 볼 수 있다.

지금까지 본 것처럼 기본 클래스 모델링에서 논리 개념을 효과적으로 표현할 수 있었고 추상클래스 또는 인터페이스 등을 사용해서 재사용, 확장성을 확보할 수도 있었다. 객체지향 장점은 프로그래밍에서도 찾아볼 수 있지만 많은 프로젝트에서 객체지향 방법론을 선택하는 것은 객체지향 모델링이 갖는 강점 때문이다. 90년대 수많은 프로젝트들이 관계형 데이터베이스에 대한 매핑(Mapping) 때문에 고민하면서도 객체지향 방법론을 쓰는 이유가 바로 모델링인 것이다. 따라서 지금까지 보아온 기본 모델링 기법은 중요한 몇 가지를 희생 하면서 까지도 활용할 필요가 있는 중요한 것들이다. 이들에 대한 기초를 잘 다지면 향후 SW 고급모델링인증시험을 대비해서 좋은 기반이 될 것이다.

4.2.4 아키텍처 정의

이 부분은 제목에서 다소 오해가 있을 수 있다. 여기서 다루는 내용은 SW고급모델링인증시험에서 이야기하는 소프트웨어 아키텍처 전반에 걸친 내용이 아니라 UML 다이어그램을 사용해서 만드는 기본 아키텍처 관련 모델링만을 말하는 것이다. 즉 패키지를 이용한 상위 수준 클래스 다이어그램, 컴포넌트 다이어그램, 배치 다이어그램에 국한된 내용만을 다룬다. 아키텍처가 무엇인지 정의를 간단히 알아보고 UML과 직접 관련 있는 내용에 - 상위 수준 클래스 다이어그램, 컴포넌트 다이어그램, 배치 다이어그램 - 대해서만 알아보도록 하자. 하지만 아키텍처를 어떻게 만들고 어떻게 활용하는지에 대한 사항은 매우 중요한 이슈들이므로 여기서 언급하지 못하는 사항들에 대해서도 많은 관심을 갖기 바란다.

(1) 아키텍처 정의

아키텍처를 이해하는 것은 대단히 어려운 일이다. 모델링 관련 아키텍처는 시스템 전반이 아닌 소프트웨어 아키텍처에 초점이 맞추어져 있지만 그 것도 쉽지 않다. 우선 UML과 관련 전문가(캐즈만: Kasman, 갈란: Garlan)가 정의하는 아키텍처 정의를 먼저 간단히 살펴보고 IEEE에서 제시하는 아키텍처 정의를 살펴보도록 하자.

① UML에서 말하는 아키텍처

아키텍처는 조직적인 시스템 구조이다. 아키텍처는 반복적으로 작은 부분들로 분할될 수 있고 이들은 인터페이스와 서로 상호작용하며, 분할된 부분들을 조립하기 위한 제약사항들도 아키텍처에서 정의한다.

한편 캐즈만은 "소프트웨어 아키텍처는 소프트웨어 컴포넌트 및 외부로 나타나는 컴포넌트의 특성, 관계들로 구성되는 시스템의 구조이다."라고 정의하며 갈란은 "소프트웨어 아키텍처는 프로그램이나 시스템에 대한 컴포넌트, 컴포넌트들간 상호관계 구조이며 이들을 설계하고 전개하기 위한 지침과 원리이다."라고 정의한다.

앞에서 말하고 있는 사항들을 살펴보면 전체를 구성하는 것, 구성하는 것들 간의 상호작용은 공통으로 이야기기 하고 있다. 또한 개발에 대한 제약사항, 시스템 구성에 대한 지침과 원리 등을 말하고 있다. 하지만 이와 같은 아키텍처는 매우 간결하면서 단편적이기 때문에 아키텍처를 잘 알지 못하면 그 안에 있는 의미를 충분히 이해하기 어렵다. 아키텍처를 더 잘 이해하기 위해 IEEE에서 정의한 아키텍처 개념 모델을 살펴보자. 개념 클래스 모델에 대해서는 이미 앞에서 살펴보았으므로 개념 모델에 대한 설명 없이 중요한 내용만을 언급하도록 하겠다.

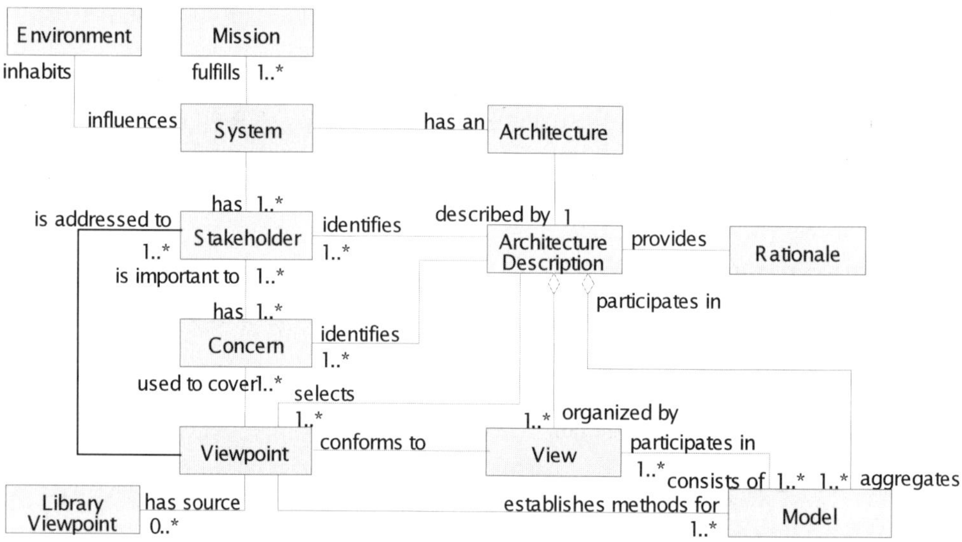

그림 4-29 아키텍처 개념 모델 (IEEE 1471-2000)

IEEE 1471에서 정의한 아키텍처 개념 모델을 쉽게 알려면 "24시 편의점 시스템'에 대해 만든 개념 클래스 모델링을 보는 기분으로 살펴보자. 아키텍처(오른쪽 상단)에는 아키텍처는 아키텍처 기술서(오른쪽 상단 두 번째)가 하나 대응 되고 아키텍처 기술서에는 왼쪽에 스테이크홀더(Stakeholder)가 있다. 이들 3개 개념을 이해하면 아키텍처를 더욱 명확하게 이해할 수 있다. 스테이크홀더가 무엇인지 이해하기 쉽도록 예를 들어보자.

아키텍처에 성능에 대한 이슈가 중요하게 제기되었고, 아키텍처 기술서에 성능 향상을 위한 방안을 적어야한다. 이때 예산을 2배로 증가해서 고성능 하드웨어(네트워크 환경과 프로세서)를 구입하기로 했다면(다운사이징 목적으로 많이 행해지고 있는 리호스팅이라는 것이 이와 유사한 점이 있다), 예산을 집행하는 부서(스테이크홀더)는 허락해 주지 않을 것이고, 운영(스테이크홀더)하는 부서는 소프트웨어를 건드리지 않기 때문에 리스크가 거의 없으므로 대 찬성할 것이다. 이처럼 아키텍처는 전문가 머리에서 나오는 것이 아니고 시스템을 둘러싼 많은 스테이크홀더들간 이견과 함께 종합되어 만들어지는 것이다. 이처럼 스테이크홀더는 각자 관심 영역(Concern)이 있고, 아키텍처 기술서는 다양한 관점(View)에 대한 여러 모델(Model)을 바탕으로 합리적인 근거(Rationale)를 제시해야하는 것이다.

따라서 아키텍처는 요구사항으로부터 품질 요소를 뽑아내고 해결 방안을 만들어내기까지 관련된 사람들(스테이크 홀더)간, 품질 요소간 의견들을 조율하느라 많은 시간이 소요되지만 올바른 시스템을 만드는데 결정적인 역할을 할 수 있다.

UML과 연계해서 말을 하면 개발자(스테이크홀더)가 만든 결과를 보여주는 것이 컴포넌트 다이어그램이고 운영자(스테이크홀더) 관점에서 컴포넌트들을 물리적 환경에 배치하는 것이 배치 다이어그램이다. 이때 관리자(스테이크홀더)나 프로젝트 리더(스테이크홀더)들은 전체 시스템을 분할하면서 구성 요소들과 그들간의 상호관계를 이해하면서 일을 배분하고 세부 모델들을 관리하기 위한 목적으로 작성하는 것이 상위 수준 클래스 다이어그램이다. 따라서 UML에서 제시하는 아키텍처 관련 산출물은 매우 제한적이며(일부 스테이크홀더들에 대한 일부 관심사항) 실제 프로젝트에서 필요한 아키텍처 정의를 하기에는 부족할 수밖에 없다.

(2) 상위 수준 클래스(패키지) 다이어그램

상위 수준 클래스 다이어그램을 이해하려면 상향식(Bottom-up) 또는 하향식(Top-down)

개발 방식을 이해할 필요가 있다. 리스트럭처링(Re-structuring)이나 개발 경험이 많은 시스템이라면 상향식 접근을 통해 빠르게 개발할 수 있지만 개발 경험이 적거나 기존 시스템이 없는 새로운 시스템 또는 대형 시스템인 경우 하향식 접근이 바람직하다. 비즈니스 프로세스가 잘 정리되어있다면 이를 토대로 하향식 접근을 하기 좋은데 조직과 업무 형태를 소프트웨어 모델링에 적용하면 초기부터 체계적인 아키텍처를 만들거나 관리에 많은 도움을 받을 수 있다.

객체지향 방법론은 이 두 가지를 적절히 조화하는 방식이라고 할 수 있다. 처음에는 비교적 하향식으로 접근하지만 반복을 해나가면서 객체 중심 상향식 방식을 활용하는 것이다. 이때 상향식이라면 하부 모델 요소들을 분류(Classification)하면서 상위 클래스 다이어그램을 만들어가고, 하향식이라면 상위 모듈을 세부적으로 표현하면서 구체적인 모델 요소들을 상위 모듈 내에 정의한다. 상위 수준 클래스 다이어그램에는 패키지를 주로 사용한다. 패키지는 모든 UML 모델링 요소들을 포함할 수 있는데 주로 패키지 자신 또는 클래스, 유즈케이스같은 모델링 요소들을 포함하면서 상위 표현을 만들어간다.

예를 들어 전체 업무가 기능별로 잘 분류되어있다면 이들 기능을 패키지로 모델링하고, 기능별로 표현된 패키지 단위로 세부 모델을 만들어갈 수 있고, 상위 모델이 없다면 유즈케이스 다이어그램을 파악하면서 유사한 유즈케이스들을 묶어 상위 관계를 파악하고 클래스 다이어그램을 그리면서 관련된 클래스들을 패키지로 묶어 상위 표현을 계속 만들어가는 것이다.

상향식이나 하향식 모두 기존에 다른 사람들이 만들어놓은 아키텍처 스타일/패턴을 적용할 수 있다. 이때 주의할 것은 시스템마다 비기능 요구사항이나 품질 요구사항에 대한 대응 방안이 다르기 때문에 현재 수행하는 프로젝트 상황에 맞는 아키텍처를 선택하는 것이 필요하다. 아무런 이유 없이 레이어 아키텍처(Layer Architecture)를 적용하거나 리파지토리(Repository) 스타일을 적용하면 안 되는 것이다. 방법론들이 제시하는 아키텍처를 따른다면 반드시 방법론에서 가정하고 있는 사항을 확인해야한다.

상향식 모델링에 대해서는 이 책에서 다른 곳에서 기술했으므로 해당 부분에 있는 내용으로 참조하기 바라고, 대신 난이도가 더 높은 하향식에 대해 예를 들어 설명하도록 하겠다. 다음 그림을 보자.

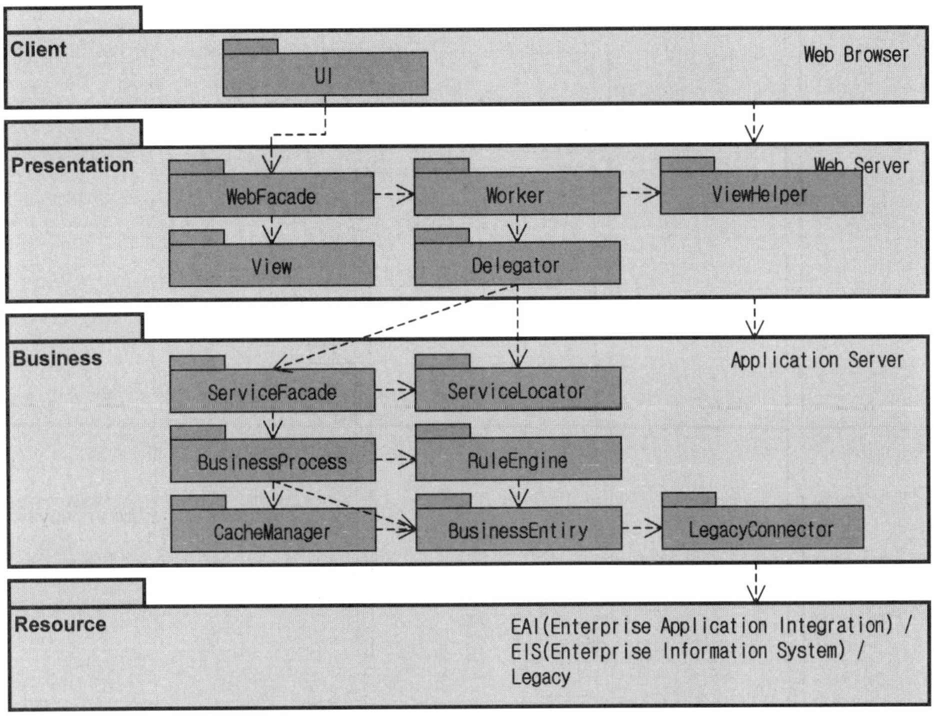

그림 4-30 전체 시스템에 대한 클래스(패키지) 다이어그램 - 비기능 중심

앞 그림은 작은 규모 회사의 웹 기반 전사시스템에 대한 상위 수준 클래스 다이어그램이다. 티어(Tier)나 레이어(Layer)를 등장시키지 않고 패키지라는 용어를 사용해서 설명하겠다. 최상위 패키지는 4개이며 각 패키지들은 하나 또는 그 이상의 패키지들을 포함하고 있다. 밑에 있는 리소스(Resource) 패키지는 내부 표현을 생략하였다. 아키텍처 기술서에는 최상위 4개 패키지에 대한 역할 및 특성을 정의하고 각 패키지들간 의존관계를 정의한다. 4개 패키지들은 그동안 다른 책이나 자료들로부터 많이 보아온 사항들이겠지만 그들간 관계에 대해서 잘 아는 사람들은 그렇게 많지 않을 것이다. 참고로 의존관계

를 UML 다이어그램을 통해 그려보면 다음과 같다. 각 패키지들을 클래스로 간주하고 시퀀스 다이어그램으로 각 패키지들간 관계를 나타낸 것이다.

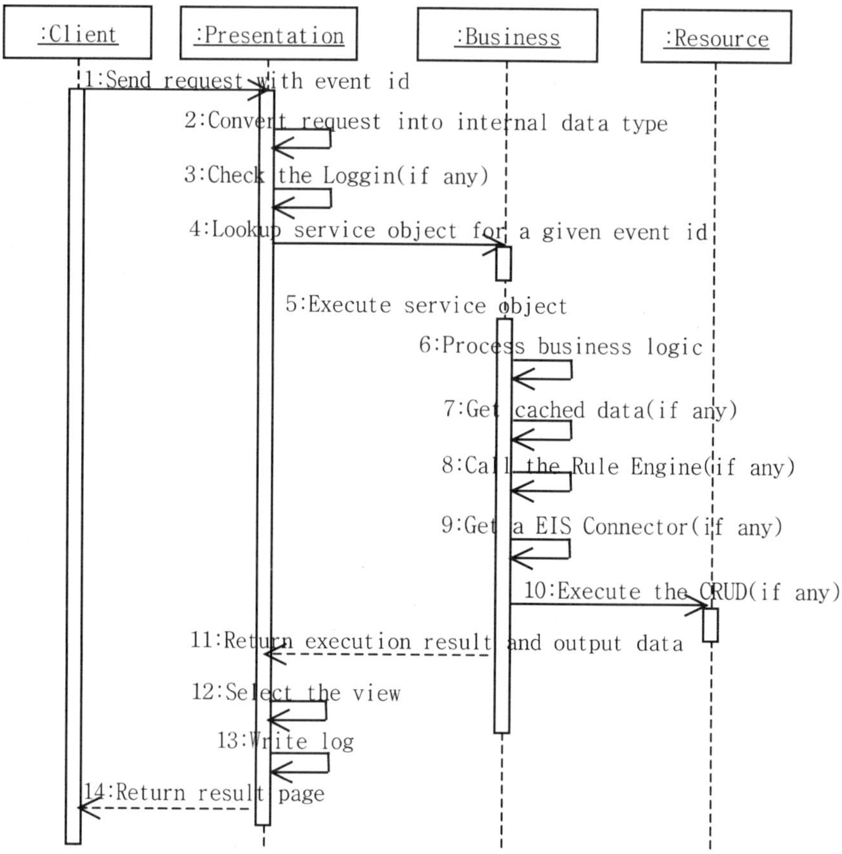

그림 4-31 최상위 패키지들간 관계

앞에서 본 두 그림들처럼 아키텍처를 정의하는 것은 전체를 부분 요소로 나누고 각 요소를 설명하고 요소들간 관계를 표현하는 것이 기본이다. 이때 프로젝트에 필요한 만큼 계속 상세한 레벨로 모델을 만들면서 아키텍처를 정의하면 된다.

예로 들었던 클래스 다이어그램은 업무를 배제한 비기능/품질속성 중심으로 작성한 것이다. 이 말이 의미하는 바는 내부 패키지들이 비기능 요구사항을 만족시킬 수 있는 패키지들로 정의된 것을 의미한다. 각 패키지에 대응하는 비기능 요구사항, 품질 속성들을 매핑해본 것이 다음 그림에 있다.

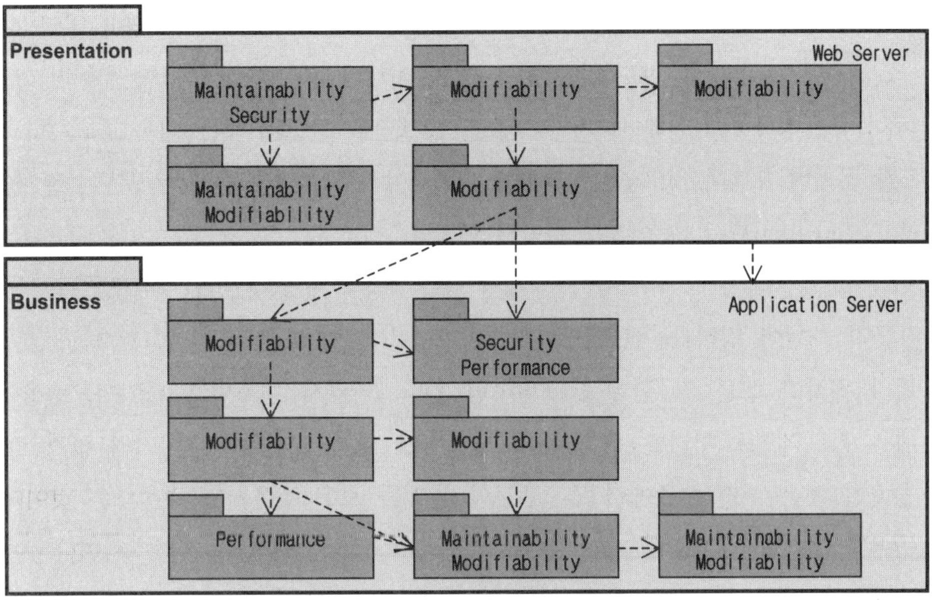

그림 4-32 비기능 요구사항과 패키지간 매핑

물론 패키지에 의미 없이 여러 비기능 요구사항을 매핑한 것이 아니다. 아키텍처 정의에서는 비기능 요구사항을 구현 메커니즘까지 연계시키기 위해 많은 작업을 한다.(아키텍처 관련 서적이 많은 이유가 여기에 있다.) 이와 같은 형태의 클래스 다이어그램은 프레임워크를 만들기 전이나 기존에 만들어진 프레임워크를 개선할 때 바로 적용할 수 있는 모델이다. 이 클래스 다이어그램에 업무 특성을 반영하면 전사시스템에 대한 소프트웨어 아키텍처 개요가 만들어지는 것이다.

(3) 컴포넌트 다이어그램

앞에서 아키텍처에 대한 내용을 다루었기 때문에 컴포넌트 다이어그램은 간단히 설명할 수 있다. 소프트웨어를 보는 관점이 많지만 특히 소스파일이나 바이너리파일 수준에서 구성요소들과 각 요소들간 관계를 보고 싶어 하는 스테이크홀더가 있을 수 있다. 모든 모델들이 그렇지만, 컴포넌트 다이어그램을 필요로 하는 사람이 아무도 없다면 컴포넌트 다이어그램은 만들 필요 없는 다이어그램이다. 대체로 컴포넌트 다이어그램이나, 배치 다이어그램 등을 그리면서 왜 그리는지 또는 왜 이런 것이 필요한지 의문을 갖는다. 프로젝트 초기에 필요한 산출물 리스트를 만들면서 방법론에 있으니까 의미 없이 선택한 것이라면 해당 프로젝트는 모델링을 하는 것이 아니라 돈 버는 일을 할 뿐이다. 모델이 간결해야하고 정확히 표현해야하지만 필요한 모델만을 만드는 것은 더욱 중요하다. 모델링을 잘 하려면 모델이 갖고 있는 가치를 이해해야하며 본인이 만드는 모델이 잘 활용되지 않고 있다면 반드시 그 이유를 파악해야한다.

컴포넌트는 클래스와 매우 유사한 개념으로 생각할 수도 있지만 컴포넌트는 논리보다는 물리 개념이 강하다. 컴포넌트 다이어그램을 그릴 때는 표현하고자하는 컴포넌트를 먼저 정하고 그들 간 관계를 표현하면 된다. 따라서 컴포넌트 다이어그램을 그릴 때 매우 직관적으로 처리할 수 있는데 모델링에 대해 고민할 것이 거의 없기 때문이다. 중요한 것은 어떤 수준에서 컴포넌트들 관계를 보고 싶은지를 결정하는 것이다. 예를 들어 다음 그림은 실행 파일 수준 컴포넌트들과 관계를 표현한 그림이다. 여기에 관심 있는 컴포넌트는 실행 파일이기 때문에 실행파일들의 버전(Version)과 의존관계를 나타낸 것이다.

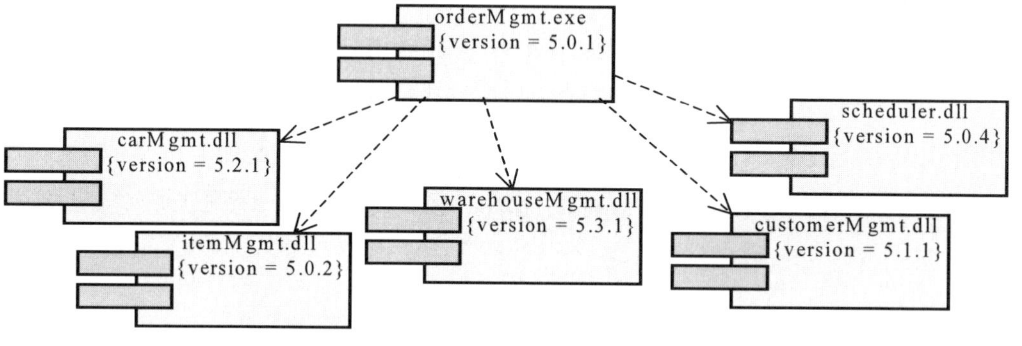

그림 4-33 실행 파일 수준 컴포넌트 다이어그램

표현하고자 하는 컴포넌트가 어떤 것인지 명확히 선정하는 것 외에 컴포넌트 다이어그램을 그릴 때 모델링 관점에서 어려운 사항은 없다. 이 컴포넌트 다이어그램이 만들어진 목적을 유추해 보자; 운영팀장이 전체 시스템에 실행파일이 몇 개나 있는지, 관계는 어떻게 되는지, 업무 처리에 대한 프로세스가 최적화되었는지, 데이터 또는 트랜잭션 양을 가정 했을 때 각 실행파일들에 어느 정도 부하(Load)가 걸릴 것인지 등을 알고 싶어 했다. 그리고 그것을 참고해서 향후 각 실행파일들을 어떻게 배치할 것인지를 알아보기를 원했기 때문에 개발팀장이 작성해서 운영팀장에게 전달했다.

(4) 배치 다이어그램

배치 다이어그램은 네트워크, 하드웨어(프로세서, 디바이스 등), 구매 또는 사용가능한 기존 소프트웨어들을 실행 파일 수준 컴포넌트들과 함께 표현한 것이다. 즉 노드라는 것과 노드들 간의 관계를 나타낸 것으로 노드에는 프로세서 또는 디바이스들에 대해 관심 있는 사항을 표현하고 관계에는 네트워크 특성이나 프로토콜 등을 표현한 것이다. 이때 노드에 표현하는 정도는 관심사에 따라 다르지만 대체로 세부적으로 표현하지는 않는다. 예를 들면 컴포넌트 다이어그램에는 파일 수준에서, 배치 다이어그램은 네트워크와 하드웨어에 대한 관계만을 표현할 수도 있다. 다음 그림은 세부적이지 않지만 전체 시스템 구성을 표현한 배치 다이어그램이다.

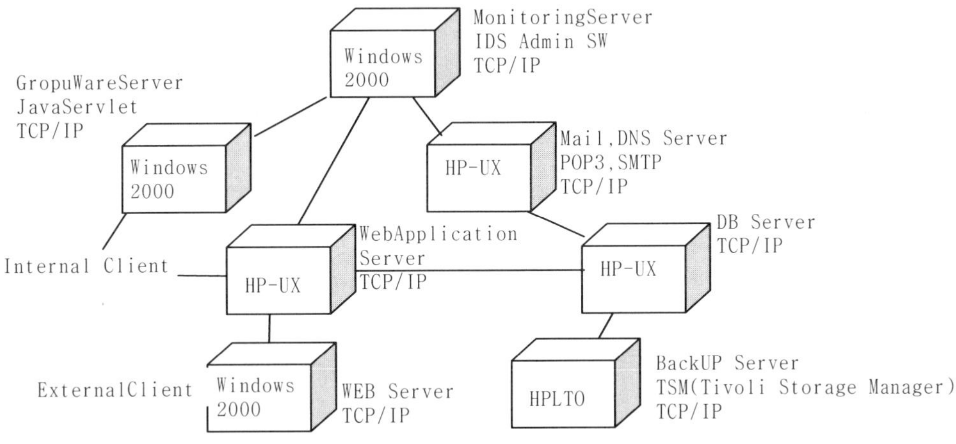

그림 4-34 배치 다이어그램

앞 그림을 보면 그룹웨어서버, 메일서버, DNS서버, DB서버, 웹서버, 백업서버 등 다양한 서버와 네트워크 환경 그리고 내부 외부 클라이언트가 표현되어있다. 자세하지는 않지만 기본 운영환경이 잘 나타나 있다.

배치 다이어그램도 컴포넌트 다이어그램과 마찬가지로 모델링하는데 많은 노력이 필요하지 않다. 이런 형태의 다이어그램은 일반 개발자에게 별다른 의미가 없을 수도 있지만 운영환경을 가장 중요하게 생각하는 스테이크홀더라면 많은 유즈케이스 기술서나 클래스 다이어그램들보다 더 중요한 문서가 될 수도 있다. 특히 비기능 요구사항 일부를 검증할 수 있는 중요한 문서가 될 수도 있다.

4.2.5 패턴 적용

만약 앞에서 언급한 내용을 충분히 이해하지 못했다면 패턴쪽에 대한 내용을 이해하는 것은 매우 어려운 일이다.

패턴에 대한 구체적인 내용은 별도 책을 통해서 하나씩 익혀 가야 하겠지만 패턴에 관한 기본 개념, 종류, 의미를 간단히 살펴보는 것은 모델링에 도움이 될 것이다. 또한 중급 시험에는 설계 패턴 사항까지 출제될 수 있기 때문에 이 수험서만으로는 부족하다.

패턴에 대한 내용을 이 수험서에 포함시킨 이유는 간단하다. 모델링을 최고로 잘하는 사람들이 가진 노하우(Know-How)를 간접으로나마 배울 수 있기 때문이다. 지금까지 모델링에 관한 내용들을 보면서 모델링이 쉬웠다는 생각이 든다면 이제는 전문가들이 하는 형태를 배우고, 패턴들도 만들어 가야 할 때가 온 것이다.

(1) 패턴 역사

패턴은 90년대 들어 프로그래밍 관련 이슈들 중에서 많은 관심을 끈 개념 중 하나다. 패턴은 그 개념이 소개된 이후 빠르게 퍼져 나갔고 많은 사람들이 패턴을 연구, 발전 시켰다. 좋은 모델에 관한 지침서들이 매우 부족했던 상황에서 실제 적용사례를 바탕으로 한 패턴 등장에 사람들이 관심을 갖기 시작한 것이다.

패턴 역사는 90년대 이전으로 거슬러 올라간다. 패턴이란 개념은 건축가이면서 도시계획가인 크리스토퍼 알렉산더(Christopher Alexander)가 처음으로 쓰기 시작했다. 이후 1987년 워드 커닝험(Ward Cunningham)과 켄트 벡(Kent Beck)은 크리스토퍼 알렉산더가 제안한 패턴을 도입해서 스몰토크(Smalltalk) 초보자를 위한 다섯 가지 패턴을 만든다. 1991년부터 패턴관련 이슈가 OOPSLA를 통해 널리 퍼지기 시작했고 이때부터 많은 사람들이 패턴 논의에 참여하기 시작한다. 켄트 백과 그래디 부치(Grady Booch) 등이 1994년에 PloP(Pattern Languages of Programs) 컨퍼런스를 구상했고 이듬해 1995년부터 컨퍼런스를 개최하였다. 얼마 후 에릭 감마(Erich Gamma) 외 3인이 지은 '설계패턴(Design Patterns: Elements of Reusable Object-oriented software)' 출간을 통해 대중에게 널리 알려지기 시작하였다.

(2) 패턴 개요

패턴을 간단히 설명하면 "어떤 분야에서 계속 반복해서 나타나는 문제들을 해결해 온 전문가들 경험을 모아서 정리한 것"이라고 할 수 있다. 패턴을 활용하면 전문가들이 이미 검증한 효과 있는 경험들로 문제를 풀 수 있다. 해결해야 하는 문제들은 항상 같지 않기 때문에 적용하는 해결책도 문제마다 조금 씩 달라지긴 하겠지만, 패턴이 제시하는 해결책을 계속 반복해서 재사용할 수 있다.

패턴은 소프트웨어 공학에서도 활발하게 연구하고 있는 주제이다. 유즈케이스, 아키텍처, 설계, 분석, 구현, 배포 같은 기술 분야뿐만 아니라 일정관리, 형상관리, 요구사항관리 같은 관리 분야에서 쌓인 경험도 패턴 개념으로 정리되고 있다. 디버깅 과정을 패턴화한 버그 패턴, 사용자 인터페이스 패턴도 있다. 이렇게 패턴은 소프트웨어 공학에 관련된 전 분야에서 전문가들의 최고 경험을 모아 문제를 해결하는 방법을 정립하는 전문 분야로 발전하고 있다.

패턴의 핵심은 기술이 아니라 문제와 해결책을 문서화하는 문화다. 이런 문화가 널리 퍼지면 두 가지 좋은 현상이 나타난다. 첫째, 어휘가 통일되어 함께 일할 때 효율이 좋아진다. 대화하면 의미가 왜곡되는 일이 줄어들기 때문에 필요 없는 논쟁을 피할 수 있다. 둘째, 경험이 빠르게 전수된다. 전문가가 바로 옆에 없더라도 전문가 경험들이 잘 정리된 문서로 전달된다면 경험이 많지 않은 사람이라도 어느 정도 수준 있는 해결책을 내 놓을 수 있다.

(3) 패턴 구성 요소

다양한 패턴들 문서화 방법도 다양하다. 그렇지만 패턴을 문서화할 때 대체로 다음 사항들은 공통 요소라고 할 수 있다. 이들을 잘 이해하면 모델을 어떻게 사용할 것인지, 내가 만든 모델을 어떻게 다른 사람에게 사용하게 할 것인지에 관한 지식을 얻을 수 있을 것이다.

① 이름(Name)

이름은 한 두 단어만으로 패턴이 다루는 문제와 해결책을 떠 올릴 수 있어야 한다. 이름은 문제 영역을 논의할 때 쓰는 어휘가 되어, 우리 의도를 한 단어로 간단 명료하게 표현할 수 있게 도와준다. 말이 많아질수록 오해가 생길 가능성도 커지기 때문에 한 마디로 간단하게 의도를 표현할 수 있다면 의사소통 비용을 크게 줄일 수 있다.

② 문제(Problem)

문제는 패턴이 갖고 있는 의도를 설명해야 한다. 문제는 패턴이 특정 상황(context)과 압박요인(force)을 극복하면서 이루어야 하는 목표를 설명한다. 여기서 상황이란 패턴을 적용할 수 있는 조건을 말하는데, 특정 상황에서는 같은 문제가 반복해서 나타날 수 있고 문제를 푸는 해결책도 비슷하게 반복될 수 있다. 또한 압박요인은 문제가 생기게 된 원인들을 설명하는 것으로, 패턴이 등장하게 된 동기인 시나리오로 표현된다. 압박요인들을 보면 풀어야 할 문제가 얼마나 복잡한지 알 수 있다.

③ 해결책(Solution)

해결책은 원하는 결과를 얻는 방법을 설명한 관계와 규칙이다. 해결책은 패턴 구조, 참가요소, 협력관계를 나타낼 수 있는 그림, 다이어그램, 문장으로 표현하며 패턴이 어떻게 문제를 해결하는지 설명한다. 해결책은 변하지 않는 구성요소들의 관계뿐만 아니라 구성요소들이 모여 상호작용하는 행위도 설명해야 한다.

④ 예제(Examples)

예제는 패턴을 적용해서 문제를 해결하는 모든 과정을 예제를 통해 설명한다. 패턴을 적용해야 할 문제, 이 문제가 나타나게 된 상황과 압박요인, 패턴이 제공한 해결책을 적용한 방법, 해결책을 적용한 결과를 실례를 들어 자세히 설명하기 때문에 패턴을 선택해서 적용할 때 많은 도움을 준다.

⑤ 결과(Resulting Context)

결과는 패턴을 적용했을 때 시스템에 생긴 모든 변화를 설명한다. 패턴을 적용해서 나타난 결과(consequence)와 부작용을 설명한다. 패턴을 적용하면 시스템은 새로운 상태를 가진다. 결과는 이 새로운 상태를 가진 시스템에 생길 수 있는 문제와 이 문제를 해결할 수 있는 또 다른 패턴은 무엇인지 기술한다.

⑥ 원리, 정당성 근거(Rationale)

원리는 문제의 원인인 압박요인을 해결한 방식과 근거가 패턴의 목적, 원칙, 철학에 부합한다는 것을 밝혀서 패턴을 정당화한다. 원리는 상충하는 여러 압력과 제약조건들이 어떻게 서로 조화를 이룰 수 있는지, 패턴이 실제로 동작하는 방식과 이유가 무엇인지, 왜 이 패턴이 좋은지 설명해야 한다.

⑦ 관련 패턴(Related Patterns)

관련 패턴은 이 패턴이 다른 패턴들과 어떤 관계를 맺고 있는지 설명한다. 서로 관계를 맺고 있는 관련 패턴들은 압박요인을 공유하기도 한다. 예를 들면, 한 패턴의 결과 상황이 다른 패턴의 초기 상황이 되어서 한 패턴이 다른 패턴을 이끌어 내는 선/후 관계가 있다. 또는 같은 문제에 다른 해결책을 제시하는 대안 관계와 동시에 적용해야 하는 상호종속 관계도 있다.

⑧ 알려진 사례(Known Uses)

알려진 사례는 누구나 잘 알고 있거나 현존하는 시스템에서 이 패턴을 적용한 사례를 설명한다. 알려진 사례는 패턴이 실제로 반복해서 나타나는 문제들을 해결하고 있다는 것을 증명해서 패턴의 정당성을 입증하는 데 도움을 준다.

(3) 분석 패턴(Analysis Patterns)

분석 패턴은 마틴 파울러(Martin Fowler)가 컨설팅 또는 프로젝트 멘터링(Mentoring)을 하면서 반복으로 발생하는 문제들에 관심을 가졌고 이를 패턴으로 정리해서 책으로 발간한 것이다. 이 책에서는 "패턴은 실제 특정 도메인에 유용하고 다른 곳에서도 유용할 것으로 생각되는 아이디어들이다."라고 정의하고 있다. 여기서 아이디어라고 한 것은 패턴은 어느 것이든 될 수 있기 때문이다. 실제 특정 도메인이라는 말은 패턴이 실제 프로젝트에서 발생한다는 것을 의미한다. 그래서 "패턴은 만들어 지는 것이 아니라 발견되는 것이다."라고 표현하기도 한다.

분석 패턴에서 다루는 분야는 관찰과 측정(Observations and Measurements), 조직 구조(Organization Structure), 역할 처리(Dealing with Roles), 시간에 따라 변화하는 것을 다루는 방법(Patterns for things that change with time), 일정 처리(Recurring events for calendars), 특정 이벤트에 발생하는 사건들 처리(Accounting) 등이 있다. 여기에서는 앞에서 다룬 모델링과 관련 있는 역할 처리 패턴에 대해서만 살펴본다.

기업은 대체로 다른 기업과 관계를 맺고 있다. 서비스나 제품을 다른 기업에 제공하는 공급자(Supplier)가 되거나 다른 기업 제품에 대한 고객(Customer)이 되기도 한다. 물건을 팔아주는 대리인(Agent)이나, 법을 지키는지 감시하는 정부기관(Agency)과 관계를 맺을 수도 있다. 기업 내에서 근무하는 사람들도 기술자, 영업사원, 임원, 회계사 등 여러 가지 역할을 수행한다.

이렇게 '역할'을 모델링 하는 것은 아주 일반화된 것이다. 보통 '역할'에 관련된 객체들은 공통 기능을 갖는 경향이 있기 때문에 객체들이 공통으로 갖는 기능들을 처리하는 방법이 모델링의 중요한 요소로 등장한다.

이러한 상황을 처리하는데 기본 클래스 모델링을 배웠다면 상속이 떠오를 것이다. 물론 상속으로 처리할 수도 있지만 불가능한 상황(한 객체가 여러 역할을 동시에 수행하거나, 객체 역할이 다른 역할로 바뀌는 상황)들이 발생할 수도 있기 때문에 단순히 상속만으로 모든 문제를 해결할 수는 없다. 그렇다면 역할에 관한 모델링 방법에는 어떤 것들이 있을까. 분석 패턴에서는 이를 다섯 가지로 분류하고 있다. 다만 분석 패턴 책에 있는 예를 좀 더 적절한 예로 바꾸어서 설명하겠다. 다음 그림처럼 한 사람(Person)이 여러 역할을 갖고 있다면 역할을 처리하는 모델을 어떻게 만들 수 있을지 하나씩 살펴보자.

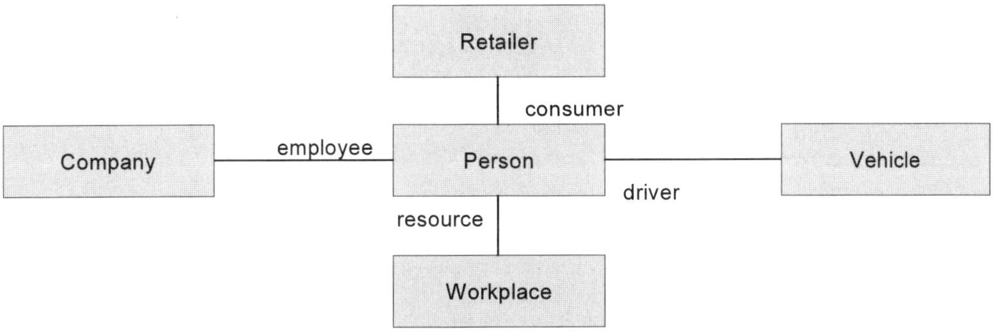

그림 4-35 사람이 갖는 다양한 역할들

① 단일 역할 타입(Single Role Type)

앞에서 보는 그림에는 사람이 회사에서는 직원, 소매상에 대해서는 소비자, 차량에 대해서는 운전수, 작업장에서는 자원이라는 다양한 역할을 갖고 있다. 만약 각 역할들을 처리하는 객체가 비슷한 기능들을 가진다면 한 객체로 모든 역할들을 처리하는 것이 좋을 수도 있다. 이처럼 다양한 역할을 처리하는 한 타입을 정의하는 것이 단일 역할 타입이다. 이를 표현한 것이 다음 그림이다.

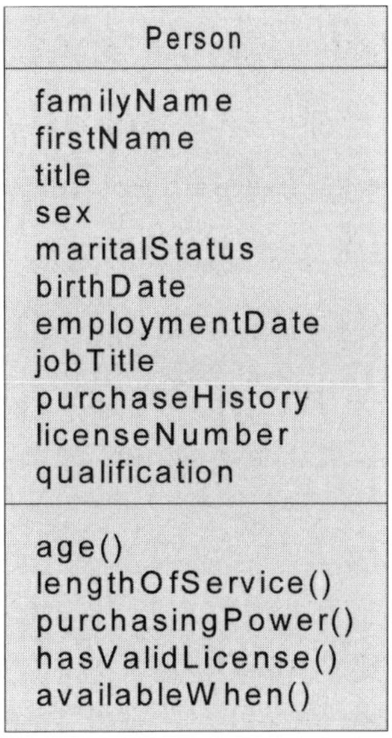

그림 4-36 단일 역할 타입으로 표현한 사람(Person) 클래스

단일 역할 타입은 여러 역할에 나타나는 모든 특성들을 한 타입으로 모아서 처리하므로 모델이 간단해지는 장점이 있다. 그러나 각 역할이 갖는 기능들이 다양해지는 경우 역할을 나타내는 타입 객체 자체가 복잡해지는 단점이 있다.

② 다중 역할 타입(Separate Role type)

한 사람이 갖는 역할 기능들이 서로 상이한 것이 많다면 이들 각각을 서로 다른 타입으로 정의해서 처리하는 패턴으로 다중 역할 타입이 있다. 이 방법은 기본 클래스 모델링에서도 많이 사용되어온 방법으로 각 역할을 나타내는 타입이 서로 섞여 혼란을 주는 단일 역할 타입의 단점을 없애준다. 다음 그림이 다중 역할 타입으로 사람의 역할들을 클래스들로 표현한 것이다.

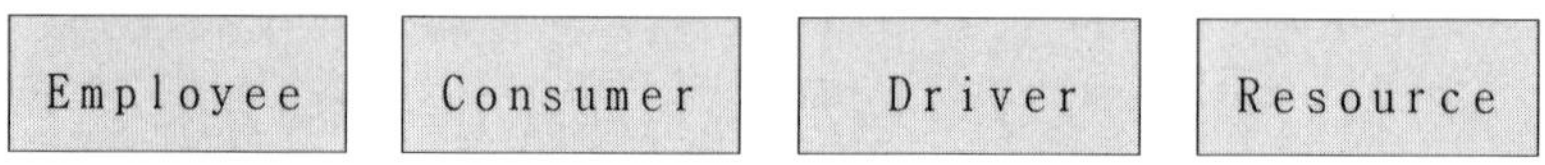

그림 4-37 각 역할들을 클래스로 표현한 다중 역할 타입

다중 역할 타입 객체가 여러 역할들을 표현하는 방법은 각 역할들마다 타입을 정의해서 한 타입은 한 역할만을 수행하도록 제한을 두는 것이다. 이렇게 할 경우 각 역할 수행이 명확해진다는 장점이 있다. 그러나 다중 역할 타입은 각 타입들이 갖는 특성들이 중복되어 결과적으로 무결성이 떨어진다는 문제점이 있다. 예를 들어 직원이면서 소비자 역할을 동시에 갖고 있다면 사람은 한 명이지만 두 객체가 생성되어야하고 사람이 공통으로 갖는 이름, 주소, 개인 정보 등 특성들이 두 객체에 중복되어 나타난다. 이렇게 각 타입들이 공통으로 갖고 있는 특성에 변화가 필요하다면 이를 수정하고 관리하는 것이 무척 복잡해진다. 결과적으로 데이터 무결성이 떨어지는 문제가 발생할 수 있다.

③ 역할 하위 타입(Using Subtyping)

사람이 갖는 여러 역할들이 공통기능과 개별기능을 갖고 있다면 다음 그림과 같이 상속개념을 도입하는 것이 가장 명확한 방법이다. 상속을 통해 각 역할이 갖는 공통 특성들은 상위 타입에 정의하고 하위 타입에는 각 역할별 고유 특성만을 갖게 하는 것이다.

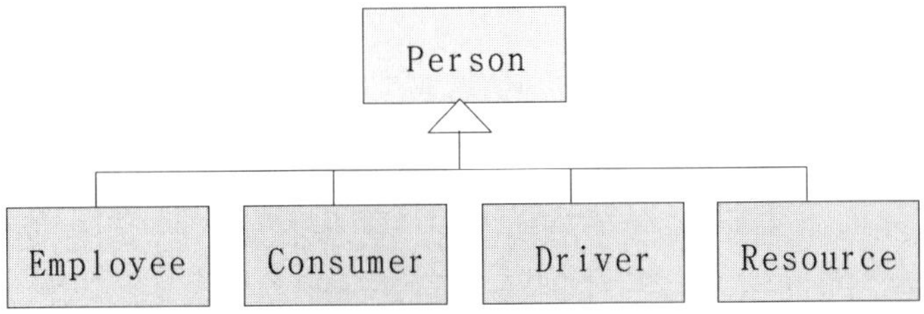

그림 4-38 역할 하위 타입

하지만 이 경우에도 모델 상에는 변화가 있었지만 사람이 여러 역할을 수행하거나 역할이 변경되는 경우에 여전히 문제가 있다. 직원이면서 소비자라면 두 객체가 생성되어야하고 다중 역할 타입에서 나타난 문제들이 근본적으로 해결되지 못했다.

역할 하위 타입 같은 모델은 그동안 클래스 모델링에 가장 흔히 활용된 모델이다. 단순한 시스템은 단일 역할 타입이나 다중 역할 타입으로 문제가 없고 역할 하위 타입도 적절한 모델로서 사용할 수 있다. 하지만 앞에서 본 세 가지 역할 모델링은 근본 문제점을 갖고 있으며 현실적으로 역할 중복 또는 역할 변화에 대응하지 못하는 즉 유연성이 떨어지는 모델들이다. 이것을 극복하려고 동적 타입 언어를 사용하거나 다중 상속을 사용하거나 포함관계를 사용하는 등 많은 시도가 있었지만 C++나 자바처럼 많이 사용하는 언어는 동적 타이핑(Dynamic Typing)을 지원하지 않기 때문에 대안으로 생각하기 어렵다.

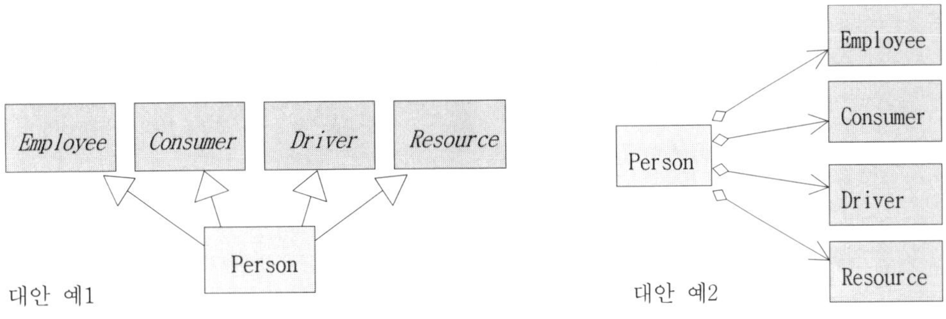

그림 4-39 역할 하위 타입에 대한 대안들

그렇다면 앞의 그림에서 보는 것처럼 다중 상속을 사용한다면? 또는 각 역할을 포함한다면? 역할 하위 타입이 안고 있었던 문제들이 해결될까? 구현하는 문제는 제외하고 모델링 관점에서만 이들 대안을 살펴보자.

다중 상속을 하는 경우, 한 사람이 항상 여러 역할을 하는 경우에는 가장 좋은 모델일 수도 있다. 각 역할이 별도 객체로 일 할 필요가 없는 경우이다. 하지만 모든 역할을 갖고 있지 않은 경우라면 단일 역할 타입이 갖고 있는 문제점이 나타난다.

역할을 포함하는 모델은 매우 좋은 유연성을 갖는다. 즉 사람이 역할을 하나 또는 여러 개를 가져도 역할을 수행하는 부분 객체를 생성하면 되고 역할이 변경되는 경우도 쉽게 처리할 수 있다. 단 이렇게 모델링 할 경우 사람 클래스가 역할 클래스를 처리하는 로직이 복잡해지고 모델도 조금은 복잡해진다. 하지만 역할 하위 타입 대안이 될 수 있는 것처럼 보인다.

④ 역할 객체(Role Object)

역할 하위 타입 대안으로 앞에서 본 두 가지 대안보다 더 좋은 모델이 역할 객체 모델이다. 역할 객체 패턴에서는 직원, 소비자, 운전수, 자원 등의 역할들을 사람이 포함하는 형태로 모델링한다. 즉 사람은 역할을 여러 개(*) 가질 수 있고, 역할에는 직원, 소비자, 운전수, 자원 등이 있다. 이를 클래스 다이어그램으로 표현한 것이 다음 그림이다.

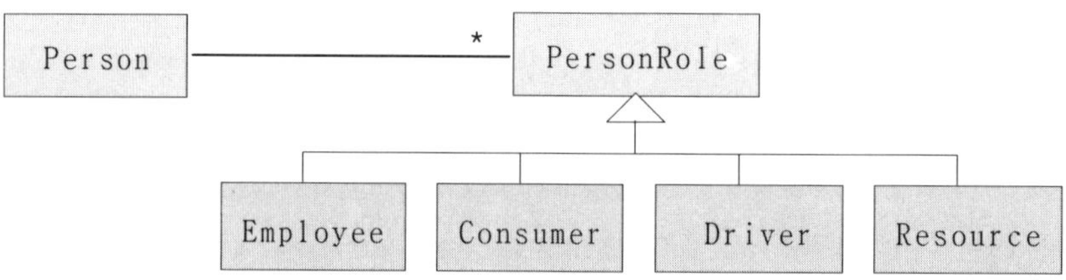

그림 4-40 역할 객체

앞에 제시한 모델은 데이터 중복 문제를 해결했고, 역할이 중복되거나 역할이 변경되어도 이를 수용할 수 있는 모델이다. 뿐만 아니라 향후 새로운 역할이 추가된다면 역할 객체를 상속받게 해서 일관된 모델을 유지해갈 수 있다. 역할 정의가 필요한 시스템에서 이 정도 역할 모델이라면 대체로 필요 기능을 수행할 수 있는 모델이 될 것이다. 앞에서 살펴본 대출 신청 모델에서 고객 클래스와 고객 역할간 모델링 예를 보았는데, 그 것도 역할 객체 패턴을 적용한 것이다.

그런데 동일한 역할이지만 상황에 따라 다른 일을 해야 한다면? 예를 들어 직원이라는 역할을 갖고 있는 사람이 여러 부서를 옮겨 다닐 수 있는데 부서마다 수행한 역할이 다를 경우가 있다. 다음에 소개하는 패턴은 이와 같은 경우를 해결할 수 있다.

⑤ 역할 관계

역할 관계는 앞에서 언급한 내용과 연관 클래스라는 개념을 이해하면 쉽게 알 수 있는 패턴이다. 다음 그림을 보자

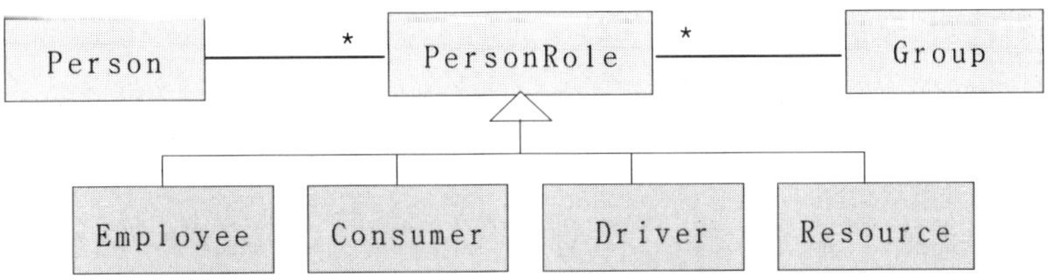

그림 4-41 역할 관계

사람과 그룹만을 생각해보면 사람은 그룹과 다대다 관계를 맺을 수 있다. 즉 사람은 여러 그룹에 속할 수 있고, 그룹에는 여러 사람이 대응될 수 있기 때문이다. 이와 같은 다대다의 복잡한 관계를 해결하는 좋은 방법으로 연관 클래스를 생각할 수 있다. 사람과 그룹간 복잡한 관계를 사람이 갖는 역할 객체로 관계를 맺어 놓으면 특정 사람과 특정 그룹간 관계가 맺어지는 것이다. 이는 데이터 모델링이나 클래스 모델링 할 때 매우 보편화 된 접근법이다. 다만 연관 클래스로 역할 객체 패턴이 적용된다는 것뿐이다.

⑥ 어떤 역할 모델을 사용할 것인가?

역할에 관련된 사항을 모델링 할 때에는 여러 가지 선택 사항을 항상 고려해야

한다. 역할들 간 다른 점이 없다면 단일 역할 타입으로 처리한다. 이때 유연성을 고려할 필요는 없다. 추후 유연성이 필요하다면 그때 리펙토링을 해도 늦지 않다.

단일 역할 타입과는 반대로 역할들 간 공통점이 없다면 다중 역할 타입으로 처리한다. 이때는 항상 무결성에 관한 사항을 유념해야 한다.

공통 특성과 별개 특성이 고루 나타나고 무결성도 고려해야 하는 경우 역할 하위 타입과 역할 객체를 생각할 수 있다. 역할 종류가 적으면서 새로운 역할이 생길 가능성도 적고, 역할의 조합이나 이동에 대한 규칙이 있는 경우 역할 하위 타입이 적당하다. 그렇지 않고 역할 종류가 많고, 새로운 역할이 생길 가능성이 높다라면 역할 객체가 적당하다.

만약 역할 자체 보다는 객체들간 연관관계가 주 고려 대상이라면 역할 관계를 사용한다.

(4) 아키텍처 패턴

아키텍처 패턴은 소프트웨어 시스템 기본 구조인 소프트웨어 아키텍처를 구축할 때 적용하는 패턴이다. 아키텍처 패턴은 전체 시스템의 상위 수준 구성 요소들을 정의하고 각 구성 요소들 책임과 구성 요소들 사이 관계를 결정하여 소프트웨어 아키텍처 기본 틀을 제공한다. 아키텍처 패턴은 시스템이 가져가야 할 전체 구조/원칙을 결정하기 때문에 모든 개발 과정은 아키텍처 패턴이 정한 구조와 규칙을 따라야 한다. 즉 특정 아키텍처 패턴을 사용하기로 결정하는 순간 시스템 개발 전체를 지배하는 설계 지침이 정해지는 것이다.

앞부분에서 다루었던 아키텍처 정의에서는 전체 시스템을 패키지를 이용해서 분할한 예를 보여주었다. 이때는 UML 모델링 요소인 패키지만을 사용했지만 실제 아키텍처 정의에서는 UML 모델링 요소가 아닌 서브시스템(Sub-system), 레이어(Layer), 티어(Tier), 프레임워크(Framework), 컴포넌트(Component), 모듈(Module), 라이브러리(Library), 파티션(Partition), 미들웨어(Middleware) 등 다양한 수준과 특징을 표현하는 용어들이 대거 등장한다. UML을 활용해서 모델링을 하려면 UML 모델링 요소들을 잘 이해해야하는 것처럼, 아키텍처 패턴을 잘 이해하려면 아키텍처 관련 요소 용어들부터 이해해야한다. 또한 UML 모델링 요소들을 이용해서 다이어그램을 그리는 것과 기존 아키텍처 패턴을 이해하고 사용해나가는 과정이 많이 다르다. 그런데 이 수험서가 초점을 맞추고 있는 사항은 UML을 활용한 모델링에 있기 때문에 아키텍처 패턴을 활용하는 것과는 다소 거리가 있다. 따라서 여기서는 단편적인 아키텍처 패턴 유형만을 소개하므로, 고급 과정에서는 별도 아키텍처 스타일/패턴 책을 참조하기 바란다.

아키텍처 패턴의 한 예로 POSA(Pattern-Oriented Software Architecture: A System of Patterns)에서 소개한 아키텍처 패턴들을 나열해본다.

① 해결 전략이 확실히 없는 문제를 해결해야 할 때 유용한 블랙보드(blackboard) 패턴
② 추상화 수준이 비슷한 것들끼리 모으는 방식으로 시스템을 나누는 레이어(layers) 패턴
③ 데이터의 흐름을 제어하는 시스템에 적합한 파이프와 필터(pipes & filters) 패턴
④ 시스템 구성이나 행위를 실행시점에 바꿀 수 있는 메커니즘을 제공하는 리플렉션(reflection) 패턴
⑤ 시스템을 책임에 따라 나눠 변화에 유연하게 대처할 수 있게 하는 MVC (Model-View-Controller) 패턴과 PAC (Presentation-Abstraction-Contorl) 패턴
⑥ 분산 환경에서 분산 투명성을 제공할 수 있는 브로커(Broker) 패턴
⑦ 자주 바뀌는 요구사항을 수용할 수 있게 시스템을 핵심부분과 변화부분으로 나누는 마이크로커널(microkernel) 패턴

실제 개발 프로젝트에는 애플리케이션, 업무 솔루션 패키지, 그룹웨어(Groupware), 트랜스레이터(Translator), 프레임워크 등 다양한 소프트웨어들이 있을 것이다. 만약 컴파일러, 트랜스레이터 등을 만든다면 위에 언급한 파이프와 필터 아키텍처 패턴을 따라 명확히 기능하는 필터들을 만들고 입력과 출력용 파이프를 만들 수 있다. 이때 심볼 테이블(Symbol Table)이나 다양한 상태 관리를 효율적으로 처리할 수 있게 부분적으로 리파지토리(Repository) 패턴을 사용할 수도 있다. 기업용 업무 시스템을 개발한다면 레이어 패턴을 적용해 추상화 수준을 애플리케이션 레이어와 프레임워크 레이어로 나누어 개발

할 수도 있다. 이처럼 프로젝트 초기에 전체 시스템이 어떤 구조를 갖고 어떻게 상호작용할 것인지를 파악하면서 적절한 아키텍처 패턴을 선택해서 적용할 수 있다면 이미 나와 있는 아키텍처 패턴들이 갖는 강점을 취하고 약점을 보완하면서 최선의 시스템을 만들 수 있을 것이다.

(5) 설계 패턴

설계 패턴은 아키텍처 정의에서 만든 상위 수준 패키지들을 설계할 때 또는 분석 단계에 만들어진 모델을 설계 단계 모델로 개선할 때 적용할 수 있는 패턴이다.

원래 설계 패턴은 특정 프로그래밍 언어나 프로그래밍 개념에 종속되지 않아야 하지만, 대부분 설계 패턴의 기본이 추상화와 인터페이스이기 때문에 패턴을 적용할 때 추상화와 인터페이스 개념을 잘 지원하는 객체지향 언어와 객체지향 개념을 쓰는 것이 훨씬 편리하다.

실제로 여러 설계패턴 책들이 객체지향 개념을 기반으로 설계패턴들을 설명하고, 아키텍처 패턴에서 소개했던 POSA가 제안한 패턴 시스템 구성요소로 참여하는 설계 패턴들도 객체지향을 기반으로 한다. 분석 패턴이나 아키텍처 패턴과는 달리 설계 패턴에는 매우 다양한 전문가들이 있다. 특히 자바와 관련된 설계 패턴에는 일반 설계 패턴 외에도 EJB관련 패턴, J2EE관련 패턴들도 있다.

설계 패턴 중 제일 유명한 GoF(Gang of Four) 설계 패턴 유형을 간단히 살펴보자. GoF는 설계 패턴을 두 가지 방법으로 나눈다.

첫 번째는 설계 패턴을 목적에 따라 객체 생성을 다루는 생성 패턴, 객체나 클래스 구성을 다루는 구조 패턴, 객체나 클래스가 상호작용하고 책임을 나누는 방법을 다루는 행위 패턴으로 나누는 방법이다.

두 번째는 패턴이 적용되는 범위에 따라 클래스 범위 패턴과 객체 범위 패턴으로 나누는 방법이다. 클래스 범위 패턴은 클래스와 하위 클래스 관계를 다루고 이 관계는 컴파일 시점에 상속으로 결정된다. 객체 범위 패턴은 객체들 사이의 관계를 다루고 이 관계는 실행 시점에 변할 수 있다.

표 4-5 GoF 설계 패턴에 따른 분류

목적 범위	생 성	구 조	행 위
클래스	Factory Method	Adapter	Interpreter Template Method
객 체	Abstract Factory Builder Prototype Singleton	Adapter Bridge Composite Decorator Fa ade Proxy	Chain of Responsibility Command Iterator Mediator Memento Flyweight Observer State Strategy Visitor

본 교재에서는 설계 패턴에 대해서 이상과 같이 간단한 분류를 소개하는 것으로 마치겠다. 설계 패턴은 모델링만의 이슈가 아니기 때문에 코드와 함께 설명하는 것이 효과적이다. 따라서 프로그램 코드 예를 쉽게 잘 풀어놓은 책 또는 자료를 통해 설계 패턴을 학습하면서, 단지 시험만을 대비하는 것이 아니라 실제 프로젝트에 적용해서 좋은 소프트웨어를 만들어보기 바란다. 또한 앞에서 소개한 여러 모델링 기초들을 잘 이해하면 설계 패턴을 이해하는데 많은 도움이 될 것이다

4.2.6 설계 클래스 모델링

설계 클래스 모델링은 여러 가지로 나눌 수 있다. 가장 기본적인 것은 아키텍처 정의에서 결정된 사항을 반영하면서 분석 모델을 설계 모델 형태로 바꾸는 것이다. 예를 들면 사용자 편이성(Usability)을 고려하면서 UI 부분을 개선하거나 지속성(Persistency)을

고려해서 데이터베이스 연동에 필요한 클래스를 추가하거나 라이브러리 또는 프레임웍을 사용할 수 있다. 또는 성능(Persistency) 개선하느라 클래스를 분할 또는 통합하거나 캐쉬(Cache) 역할 용 클래스를 새로 추가할 수도 있다. 이때 설계 패턴 등을 활용할 수도 있지만 모든 것을 설계 패턴을 활용해서 해결할 수 있는 것은 아니다. 또한 설계 단계에서는 로그(Log), 에러 핸들링(Error handling), 코드(Code)성 데이터 관리, 튜닝에 관련된 이슈, 다중 언어 지원, 풀링, 룰, 비동기(Async), 동시성(Concurrency) 제어, 기존 시스템(Legacy) 연계 등 아키텍처와 직접 또는 간접으로 관련된 여러 가지 사항들을 고려할 수 있다.

하지만 앞에서 언급한 많은 사항들은 비기능 요구사항을 바탕으로 품질 요소들을 뽑고, 품질 요소들에 관한 여러 대응 방안을 검토해서 아키텍처를 정의하고, 메커니즘을 설계하고, 설계 기준, 개발 표준, 제약 사항 등을 문서화하는 대부분 이슈가 이 수험서 범위를 넘어서는 부분이다. 즉 이들은 아키텍처와 관련된 고급 모델링과 관련 있는 내용들이다.

따라서 이 교재에서는 아키텍처 기술서 상에 표현될 수 있는 설계 이슈 모델링 기법을 소개하는 것이 아니라, 기존 분석 모델을 바탕으로 설계 단계에서 모델을 개선할 수 있는 내용 중심으로 진행하겠다. 또한 아키텍처 관련 이슈라해도 앞에서 이미 언급한 인터페이스 적용이나 패턴 적용 등에 관련된 부분은 추가로 살펴보겠다.

설계 부분에 대한 예제 모델은 기업에 근무하는 사람은 누구나 관심 있는 '급여' 관련 업무를 예를 들어 설명하겠다.

다음 그림은 급여 관련 기본 정보를 처리하는 클래스 다이어그램이다. 급여 기본 정보 컨트롤 클래스를 중심으로 두 컨트롤 클래스가 연관되어 있다. 하나는 직원 정보(Employee Information)를 가져오는 것이고 다른 하나는 수당(Allowance)관련 정보를 가져오는 것이다. 급여 기본 정보에는 호봉(PaymentStep)과 공제(Deduction) 관련 엔티티 클래스를 포함하고 있다.

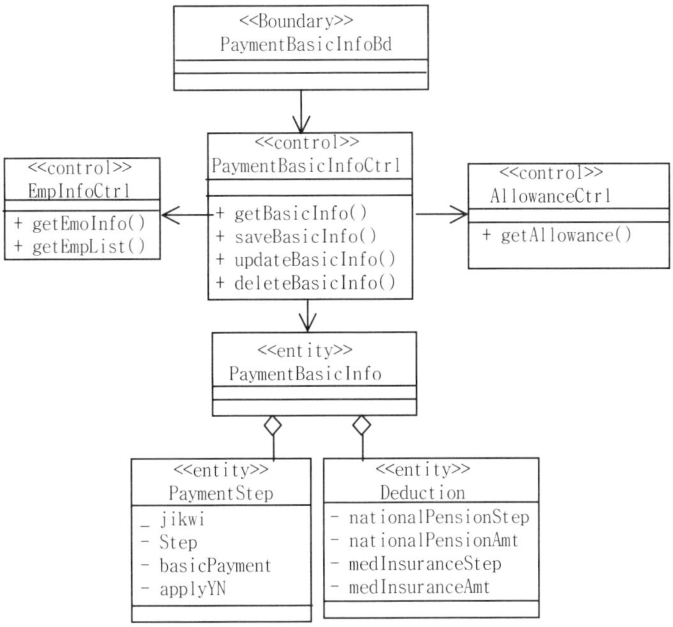

그림 4-42 개선 전 분석 모델

(1) 속성 및 오퍼레이션 개선

기존에 작성한 분석 모델들은 속성이나 오퍼레이션의 반환값과 매개변수 타입을 정하지 않았거나 구현환경과는 상관없는 논리 수준에서 정의했다. 하지만 설계 단계에서는 기존 분석 모델에 있는 속성 및 오퍼레이션들을 구현할 프로그래밍 언어 타입에 맞추어 개선해야한다. 또한 속성이나 오퍼레이션 가시성 즉 공개(Public: '+'), 하위 클래스에만 공개하는 반공개(Protected: '#'), 비공개(Private: '-') 또는 패키지 수준 공개(Package: '~')를 표현해야한다.

앞에서 보는 분석 모델을 개선해보자. 우선 바운더리 클래스가 컨트롤 클래스로부터 필요한 정보를 가져왔다면 액터에게 정보를 보여주어야 하고, 단순 서비스만 요청했다면 서비스가 정상적으로 완료되었는지 메시지를 보내주어야한다. 따라서 바운더리 클래스에는 액터에게 결과를 보여주는 오퍼레이션이 추가되어야한다. 하지만 이와 같은 상황은 단순히 클래스 다이어그램만을 보아서 찾을 수 있는 것은 아니다. 행위 모델은 그 자체로도 의미가 있지만 구조 모델에 대한 보조 역할 또는 구조 모델을 개선하기 위한 역할로 사용할 수 있다.

분석 단계 컨트롤 클래스에 여러 오퍼레이션이 있는데 반환 값이나 매개 변수가 있는 경우 타입을 표현하지 않았다. 설계 단계에서는 반환 값이나 매개변수를 명확히 표현할 필요가 있다. 이때 매개 변수를 정의 하는 방법으로 주고받는 모든 속성들을 매개변수로 전부 나열하는 방법이 있고, 주고받는 속성들을 별도 클래스로 정의하는 방법도 있다. 이때 클래스로 정의하는 방법 중에 VO(Value Object) 또는 DTO(Data Transfer Object)라는 것을 사용하기도 한다. 여기에서는 단순 타입이 아닌 경우에는 VO를 사용해서 필요한 정보를 전달하기로 한다.

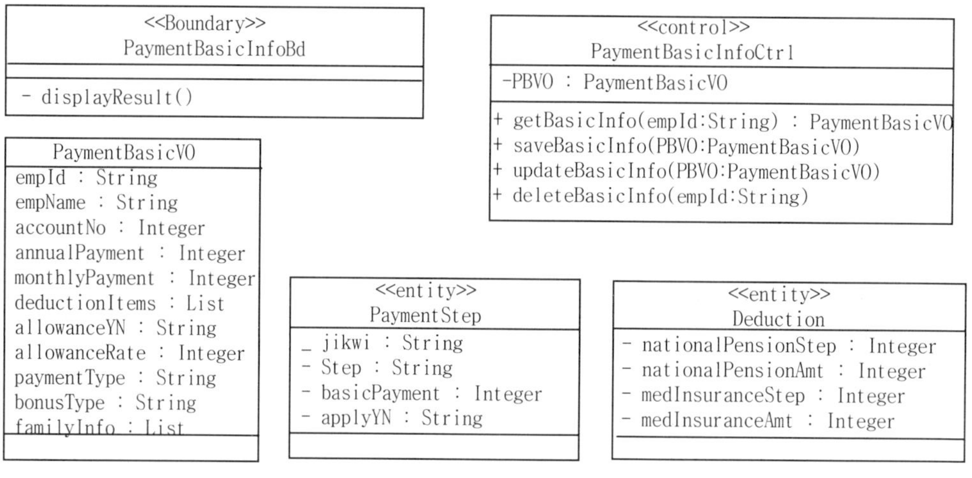

그림 4-43 개선된 속성과 오퍼레이션들

(2) 관계 개선

분석 단계에서는 논리 수준에서 필요한 경우 관계 표현을 했다. 설계 단계에서는 이들을 점검하고 개발/운영 환경이 고려된 물리적 수준에서 이들 관계를 다시 검토할 필요가 있다. 예를 들면 방향성, 다중성, 연관 이름, 역할 이름 등을 다시 검토하고 새로 추가 또는 개선된 클래스들과 일관성 있는 모델을 만들어가야 한다. 관계 개선을 하면서 클래스들이 추가되거나 통합 또는 분리될 수도 있다. 예를 들면 복잡한 관계를 개선하느라 연관 클래스를 도입할 수도 있고 단순 상속 관계를 역할 객체를 사용해서 더 유연한 모델로 개선할 수도 있기 때문이다.

앞에서 소개한 분석 모델은 아주 부분적인 업무에 대한 사항이기 때문에 설계 문서로 바꿀 때 관계 개선에 특별한 사항은 없다. 다만 급여 정보를 개선하면서 앞에서 배운 분석 패턴에서 역할 객체를 적용한 예를 보인 그림이 다음에 있다. 다음 모델을 보면 급여(Salary)는 기본(Basic)금, 상여금(Bonus), 성과금(Incentive), 수당(Allowance)으로 분류되며 입사일과 급여날과의 차이 때문에 필요한 소급금(RetroactivePayment)이라는 형태의 급여가 있음을 알 수 있다.

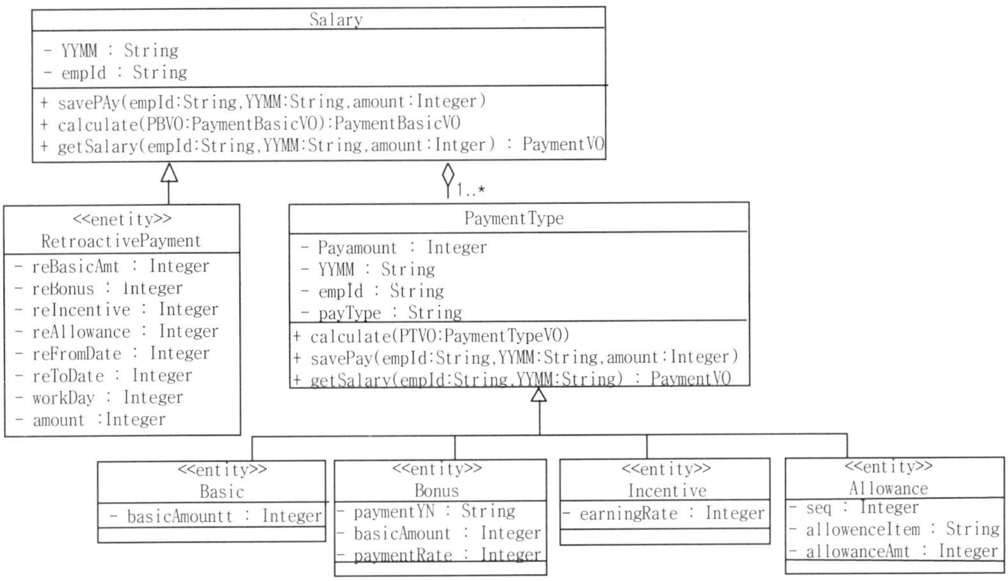

그림 4-44 급여 정보 관련 관계 개선과 분석 패턴 적용

(3) 클래스 추가

설계 단계 모델로 개선하면서 가장 흔하게 추가되는 클래스가 앞에서 보여준 VO, DB 연동에 필요한 클래스들이 있다. 급여 정보를 처리하려면 DB 연동클래스가 필요하다. 여기서는 DAO(Data Access Object)라는 클래스를 DB 연동클래스로 정의하겠다.

(4) 인터페이스 기반 모델링 개선

인터페이스를 모델에 추가하는 이유는 여러 가지다. 설계 패턴에서도 클라이언트 프로그램과 서버 프로그램 사이 관련성을 줄이기 위해 둘 사이에 인터페이스를 활용해서 관련성을 약화시키거나 제거한다. 또한 아키텍처에서 클라이언트 티어, 비즈니스 티어, 리소스 티어 등을 정의했다면 관련 모듈들 사이의 관련성을 약화 또는 제거할 필요가 있다. 이때 팩토리(Factory) 개념이 필요한데 얻어야 할 객체들이 다양하지 않다면 구태여 팩토리 패턴까지 쓸 필요는 없고 단순 팩토리 클래스를 추가하고 클래스들이 많다면 팩토리 패턴을 적용시키고 필요하다면 두 팩토리 패턴 즉 추상팩토리 패턴과 싱글톤 패턴을 함께 적용시키는 형태로 발전시킬 필요가 있다.

따라서 예제에는 인터페이스를 적용시키기 좋은 곳이 여러 군데 있는데 기본으로 바운더리 클래스와 컨트롤 클래스 사이, 컨트롤과 엔티티 클래스 사이이다. 컨트롤 클래스가 여러 관련 엔티티 클래스를 처리하지 않기 때문에 컨트롤 클래스과 엔티티 클래스 사이에도 인터페이스와 단순 팩토리를 적용시키는 정도면 충분하게 보인다. 특히 컨트롤 클래스가 모든 엔티티 클래스를 처리하는 것이 아니고 'PaymaneBasicInfo'라는 엔티티 클래스가 포함하고 있는 엔티티 클래스를 직접 처리하는 형태로 모델링했기 때문에 예제에서는 컨트롤 클래스와 엔티티 클래스 사이에 인터페이스와 단순 팩토리 클래스를 적용시켰다. 다음 그림은 언급한 사항을 적용시킨 부분에 대한 모델이다.

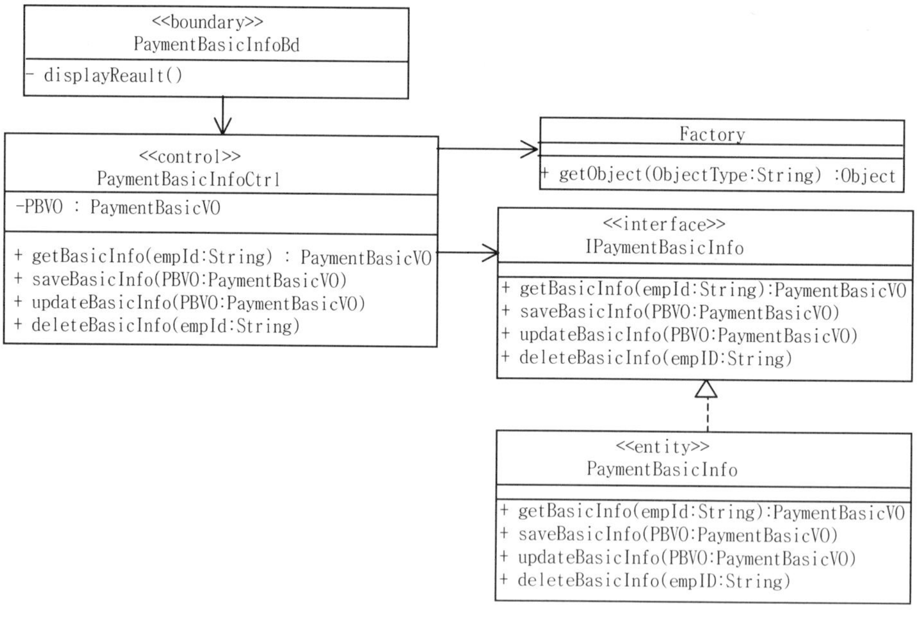

그림 4-45 인터페이스와 단순 팩토리 클래스 적용

4.2.7 클래스 모델 검토, 개선, 진화

모델링을 할 때 요구사항에 완벽하게 부합하는 모델을 만든다는 것은 거의 불가능한 일이다. 특히 모델 규모가 커질수록 여러 사람이 함께 작업을 해야 하고 모델을 잘 만드는 것보다 일관된 형태로 만들어 가는 것 자체가 어려운 일이 될 수도 있다. 따라서 지금까지 모델링 자체에 치중했다면, 지금부터는 지금까지 만든 모델을 검토하고, 필요하면 개선하고, 점차 좋은 모델로 만들어가는 과정을 살펴보자. 단 특정 방법론에 따른 내용이 아니기 때문에 방법론과는 상관없이 적용시킬 수 있는 형태로 내용을 소개하겠다.

(1) 모델 일관성 검토

유즈케이스 모델, 분석 모델, 설계 모델들이 만들어짐에 따라 점차 많은 수의 모델들이 만들어지고 그들간의 관계도 복잡해지기 시작한다. 모델에 대한 양과 수가 많아짐에 따라 모델을 일관된 형태로 유지하는 일은 전체 프로젝트 품질에 영향을 주는 중요한 작업이다. 시점을 데모 전이나 반복 후반부 또는 적절한 관리 시점에 맞추었다고 가정해보자.

우선 가장 중요한 것은 유즈케이스 모델 점검이다. 유즈케이스는 크게 유즈케이스 다이어그램, 유즈케이스 기술서로 분류한다. 상위 레벨의 클래스 다이어그램이나 액티비티 다이어그램은 중요한 것이지만 일단 고려 대상에서 제외하자. 유즈케이스 다이어그램에 있는 모든 액터와 유즈케이스에 대한 설명이 유즈케이스 기술서에 표현되고, 각 유즈케이스에 대한 내부 흐름, 입출력 데이터, 유즈케이스 관련 특정 업무 규칙, 비기능적 이슈, 화면 프로토타입 등이 잘 표현되었는지 점검한다.

이후 유즈케이스 다이어그램과 유즈케이스 기술서를 바탕으로 클래스 다이어그램을 점검한다. 이때 유즈케이스 다어그램에 표현된 액터와 유즈케이스 기술서 상에 나타나는 내용에 대응되는 클래스들이 어떤 것인지 파악하고, 클래스들에 정의된 속성, 오퍼레이션, 관계를 유즈케이스 기술서를 근간으로 검토한다. 이때 유즈케이스 기술서 내의 흐름에 대한 인터랙션 다이어그램이 있다면 함께 검토할 필요가 있다. 유즈케이스와 클래스간의 상관관계를 나타내는 매트릭스를 만드는 것도 한 가지 방법이다. 추출한 클래스가 어떤 유즈케이스로 부터 식별된 것인지 알 수 있고, 유즈케이스를 실현하는데 충분한 클래스가 식별되었는지 검증할 수 있다.

만약 분석과 설계에 대한 모델이 통합되어있으면 최종 모델을 근간으로 검토하고, 분리되어 있으면 우선 분석 단계 모델부터 점검한다. 이때 부분적으로 너무 세부 표현이 되었거나, 필요 정보가 없는 모델이 있다면 기록을 해놓고 개선사항으로 남겨둔다. 특히 클래스 다이어그램을 검토할 경우에는 찾아낸 클래스 역할이 명확한지를 확인해야한다.

설계 단계 모델들은 가급적 아키텍처 기술서와 같은 문서를 함께 참조할 필요가 있지만, 작은 프로젝트라면 유즈케이스 기술서 내에 표현된 비기능 사항 또는 별도의 비기능 요구사항을 함께 참조해야한다. 보안, 성능 등 여러 아키텍처 사항들이 모델 또는 전략에 빠짐없이 적용되었는지 확인하고 여러 업무들이 있다면 업무들간 모델링 세부 정도를 파악한다.

모델에 대한 균질화가 많은 사람이 모델링에 참여 했을 때 더욱 중요해지는 이유는 여러 가지이다. 유즈케이스 기술서의 경우 흐름을 표현하는 방식은 표준 가이드가 있어도 달라질 경우가 많다. 동일 개념에 대해서도 선택 단어가 다를 수 있고, 동일 단어라도 다른 의미로 사용할 수도 있다. 이처럼 일관성 없는 기술서를 근간으로 클래스 다이어그램이 작성된 경우라면 클래스에 대한 통합이나 분할이 심하게 일어날 수도 있다. 즉 동일한 역할이지만 서로 다른 단어를 사용해서 다른 클래스로 정의되었을 수도 있기 때문이다. 이처럼 유즈케이스 기술서의 일관성이 클래스 다이어그램의 일관성으로 연결될 수 있다.

모델 일관성 검토를 하면서 필요한 작업이 한 가지 있는데 그것은 용어집이다. 모델에는 액터, 유즈케이스, 클래스 등 중요한 역할을 갖는 UML 모델링 요소들이 있다. 이들에 대한 의미를 용어집에 정리하게 되면 향후에 일어나는 여러 작업에 많은 도움을 줄 수 있다.

지금까지 언급한 사항을 다시 정리하면 시간에 따라 여러 모델들이 다른 모델로 변환되면서(요구사항 모델 → 분석 모델 → 설계 모델) 일관된 형태를 유지하는지, 각 업무별 동일한 모델들(유즈케이스 기술서들, 분석 모델들, 설계 모델들)에 대한 표현이나 상세 정도가 유사하게 작성되었는지를 파악하고 미진한 부분은 기록해서 반드시 개선하도록 한다.

(2) 클래스 모델의 개선 - 통합, 분할, 제거

만약 각각 팀이 서로 다른 시나리오에 대해 작업을 한다면 하나의 클래스가 여러 가지 이름으로 불릴 수 있을 것이다. 큰 프로젝트는 이런 일들이 많이 일어난다. 만약 용어집이 잘 자성되었다면 용어집을 근간으로 파악을 해볼 수도 있다. 서로 다른 모델들이 서로 같은 이름을 사용하는 경우도 많은데 이런 경우가 많다면 명명규칙 등을 보완해서 모델에는 고유 이름을 사용할 수 있도록 유지하는 것이 중요하다.

여러 모델들을 한꺼번에 검토하다보면 컨트롤 클래스들이 통합되면 좋은 상황이 많이 생겨난다. 특히 유즈케이스를 너무 작게 잡았다면 컨트롤 클래스들 통합은 반드시 필요한 작업이다.

유사 클래스를 통합하거나 모델링이 잘 안된 경우 한 클래스가 너무 많은 일을 수행하는 경우가 있다. 물론 클래스는 클래스는 응집력이 있어야 하지만 너무 큰 클래스는 의미 없다. 리팩토링에서도 큰 클래스(Large class)는 리팩토링 대상이다. 예를 들면 고객이라는 클래스가 주문 내역에 대한 정보까지 갖는 모델이 있다면 고객 클래스는 지나치게 많은 역할 또는 정보를 갖고 있는 것이다. 고객 클래스는 고객 정보만을, 주문 내역은 별도의 클래스로 정의하는 것이 더 바람직할 것이다.

따로는 초기에 단 하나의 속성으로 정의한 것이 모델링을 하다보면 적절한 속성과 행위를 갖게 되고, 독립된 클래스로 정의되어야할 필요가 생긴다. 모델링에 경험이 없는 조직일수록 클래스 분할 작업이 많이 나타날 수 있다.

통합이나 분할도 필요하지만 어떤 경우에는 클래스를 모델에서 제거할 필요가 있는 경우도 있다. 예를 들면 바운더리 클래스, 컨트롤 클래스, 엔티티 클래스로 구분했지만, 성능 또는 다른 이유 때문에 컨트롤 클래스를 제거할 필요도 있을 수 있다. 또는 클래스가 구조나 행위를 갖고 있지 않거나, 클래스가 어떤 유즈케이스에도 관계하지 않는 경우가 있다. 특히 이전 프로젝트나 다른 사람의 유사 모델 등을 토대로 모델링을 하는 경우 상황이 같지 않기 때문에 다른 시스템에서는 필요한 클래스이지만 현재 프로젝트에는 필요 없는 경우도 많다. 심지어는 임시 만들어본 모델들을 그대로 결과물에 포함시키는 경우까지 있기 때문이다. 프로젝트 관리에서 이런 형태의 모델을 파악하지 못하면 개발에서 무의미하게 시간만 허비하거나 문제를 초래할 수도 있다.

(3) 클래스 모델 진화

클래스 모델링을 복습하는 의미로 클래스 모델을 진화시켜나가는 과정을 살펴보자. 모델은 처음부터 잘하는 것도 중요하겠지만 계속 개선시켜나가는 과정은 더 중요하다. 특히 모델링에 자신이 없거나 경험이 부족한 경우 두려움이 많을 것이다. 여기에 언급한 진화 과정을 보면서 각자 모델을 계속 진화시켜 나가다보면 모델링에 대한 능력을 향상시킬 수 있을 것이다.

여기에서는 급여계산 업무에 대한 예를 통해 모델을 진화해가는 과정을 소개하도록 하겠다. 몇 가지 상황에 대한 가정을 하면서 모델 진화 과정을 직접 경험하는 형태로 기술하였다.

① 급여계산 업무 개요

급여는 기본급, 상여급, 성과급, 수당으로 구분된다. 현재 급여 지급은 계약사항에 의해 매우 다양한 형태로 지급될 수 있다. 즉 기본급만을 가질 수도 있고, 성과급만을 가질 수도 있다. 구정이나 추석 또는 지정한 달에 계약에 의한 상여금이 지급될 수 있으며, 성과급은 기본적으로 개인 매출액에 계약 비율에 의해 지급된다. 수당은 연월차, 출산보육수당, 직책수당이 있으며 나머지는 기타수당으로 통합한다.

급여를 지급할 때는 소급금이 있는 경우 이를 합산해서 지급하고 공제사항이 있는 경우 이를 제하고 지급한다. 소급금은 급여 계산하는 시점에서 한 달 치 급여 이전에 미지급금이 있는 경우를 말하며 공제 사항은 세금, 압류, 기타사항으로 구분한다.

단 급여에 관련된 정보 중 호봉이나 공제사항 등에 대해서는 급여 기본 업무로 다른 패키지에서 모델링하기로 했다. 따라서 다른 패키지에서 호봉이나 공제사항 등 필요한 정보를 가져와서 급여 계산 업무를 처리해야한다.

② 개념 레벨 클래스 모델링

모델링 초기에 가장 중요한 것은 개념 가시화이다. 즉 모델을 만들 수 있는 초기 발판을 만드는 것이다. 이때는 관련 문서 또는 시스템을 찾아보면서 또는 유즈케이스 기술서를 바탕으로 개념 모델링을 해보는 것이다.

주어진 업무 개요를 보면 급여 관련 중요한 개념들을 찾아볼 수 있는데 여기에는 급여, 기본급, 상여급, 성과급, 수당, 급여 지급, 계약, 소급금, 공제 등이 있다. 모델링이 구체화되면서 위에 언급되지 않은 사항이 추가될 수도 있고 위에 언급된 사항이 없어질 수도 있다. 주어진 예가 간단하므로 특별히 개념 레벨의 클래스 모델링은 그리지 않았다.

③ 초기 클래스 모델링

앞에서 찾아진 개념들 중 계약, 공제는 타 패키지에서 관리되므로 필요할 때 정보를 얻어오면 되기 때문에 제외시키고, 급여 지급은 계산 업무와 직접적 관련이 없으므로 제외 시켰다. 반복을 기반으로 한 프로젝트이기 때문에 품질 관리자는 분석 초기부터 3분류 클래스를 바탕으로 모델링할 것을 요구했고, 이를 바탕으로 초기에 작성한 클래스 다이어그램은 다음과 같다.

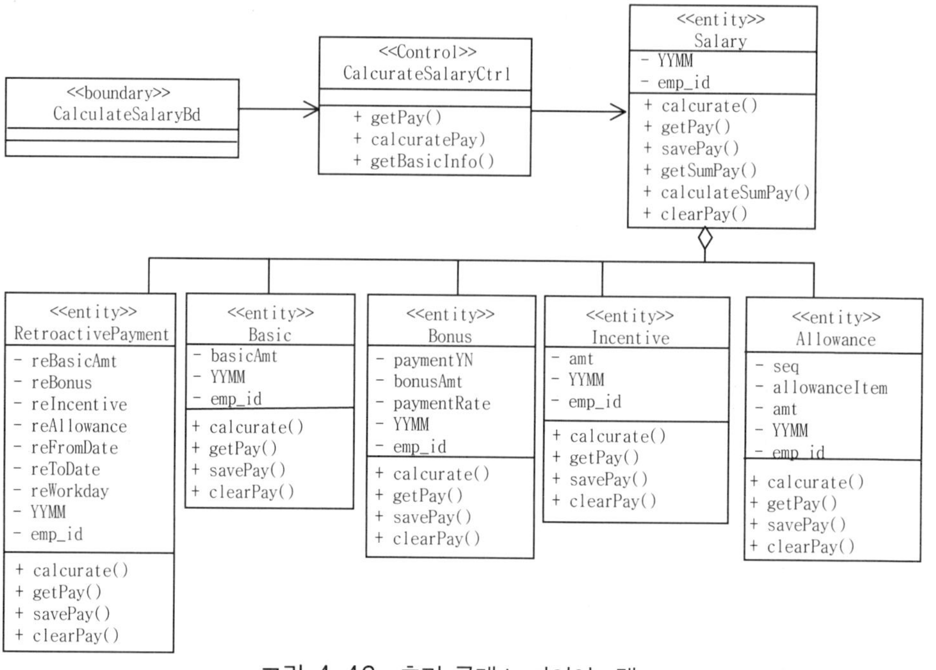

그림 4-46 초기 클래스 다이어그램

초기 클래스 다이어그램에는 세 가지 스테레오 타입 클래스들이 모두 표현되었고, 기본 속성과 오퍼레이션이 나타나있고, 급여 클래스와 다른 급여 관련 클래스들이 포함관계로 모델을 작성한 사람은 적절한 수준의 모델이라 판단되었다.

하지만 모델링을 했던 사람과는 달리 품질 관리자는 모델 개선 지시를 내렸다. 기본 사항은 관련 클래스들 사이에 공통 속성이 많다는 것이었고 급여와 소급금에 대한 관계가 적절하지 않다는 지적이었다. 또한 가장 잘못된 부분으로 컨트롤 클래스를 지적했는데, 잘못된 오퍼레이션이 들어가 있었고 필요 정보를 모두 얻으려면 서로 관련 있는 컨트롤 클래스들에 정보를 요청해야한다는 것이었다. 덜 중요한 세부사항은 아직 검토를 하지 않았다는 말과 함께.

④ 개선된 분석 클래스 다이어그램

품질관리자의 지적을 토대로 클래스 다이어그램을 다시 그렸다. 공통된 속성은 상속을 통해 해결했고, 급여와 소급금 사이의 관계는 포함이 아닌 상속 관계로 개선했다. 대신 컨트롤 클래스가 급여와 소급금 두 클래스에 메시지를 보내야했다. 또한 유즈케이스 기술서를 보고 인터랙션 다이어그램들을 그려보았고, 다른 팀원들과 회의를 통해 컨트롤 클래스가 어떤 클래스들과 상호작용해야하는지를 파악한 후 다시 클래스 다이어그램을 작성하였다. 다음은 개선된 분석 클래스 다이어그램이다.

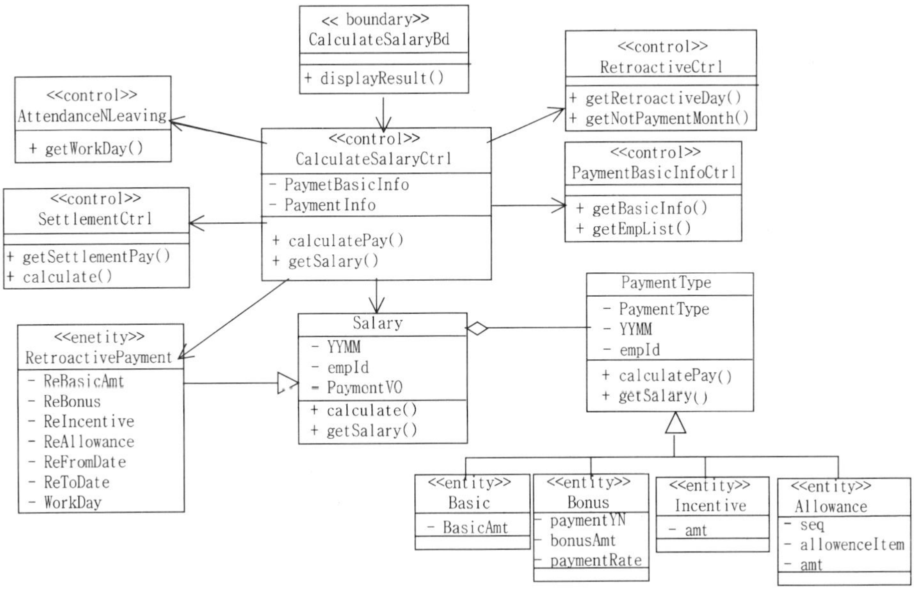

그림 4-47 개선된 분석 클래스 다이어그램

⑤ 분석 모델 검토

초기 모델부터 품질관리자와 모델을 리뷰 했고 주요 개선사항은 거의 보완한 상태라 전체 모델 검토에서 급여 계산 업무 모델은 별다른 지적사항을 받지 않았다.

검토가 끝나고 나서 몇 가지 아키텍처 기술서상의 이슈들을 토의했고 분석 모델에 아키텍처에서 결정된 몇 가지 사항을 적용하면서 설계 모델을 만드는 작업에 들어갔다. 가장 큰 이슈는 데이터베이스 연동부분과 클래스들간 데이터 교환 문제였다. 필요한 VO를 정의하고, 데이터 연동에 필요한 클래스를 추가하는 작업이 필요했다.

단 데이터 연동 부분은 프레임워크를 만드는 아키텍처 팀에서 만들 것이기 때문에 모델에 표현하지 않아도 된다는 말이 있었다. 또 다른 이슈는 컨트롤 클래스와 엔티티 클래스간 인터페이스를 통한 관계 개선을 할 것과 팩토리 클래스를 통해 필요한 엔티티 클래스를 얻어오는 것이었다. 그 외 사항으로 자바 언어를 토대로 속성과 오퍼레이션 타입 등을 개선하는 작업이 필요했다.

⑥ 설계 모델로의 개선

분석 모델을 토대로 설계 작업을 시작했고 작업은 세 가지로 나누어 검토하기로 하였다. 우선 메시지에 데이터를 전달하는 VO를 다음과 같이 세 가지로 정의하였다;

지급 급여에 대한 'PaymentVO', 급여 관련 기본 정보인 'PaymentBasicVO', 급여 타입에 대한 'PaymentTypeVO'

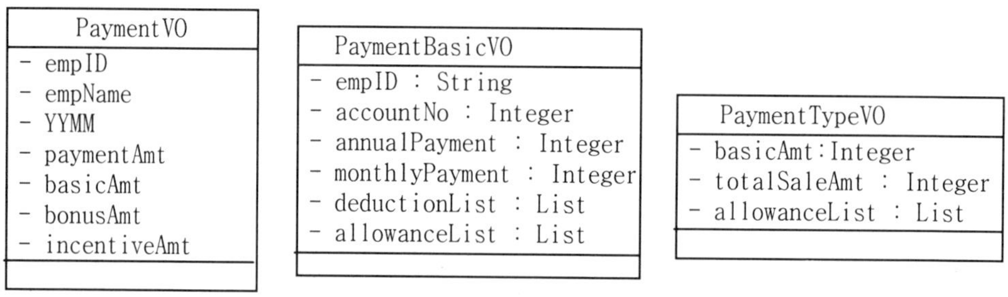

그림 4-48 설계 클래스 다이어그램 - VO 정의

컨트롤 클래스가 인터페이스와 상호작용하도록 개선했고, 필요한 객체를 팩토리로부터 얻어올 수 있도록 기본 팩토리를 정의하였다. 이때 팩토리는 공통 팀이 만든 모델을 그대로 채택하였다. 다음은 바운더리 클래스와 컨트롤 클래스 부분이다.

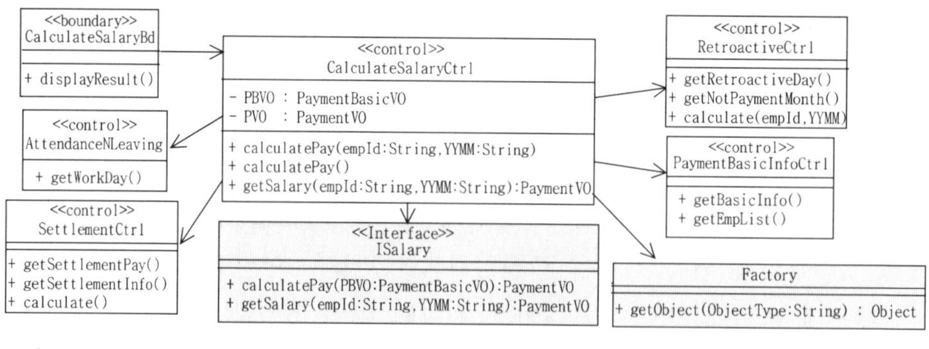

그림 4-49 설계 클래스 다이어그램 - 바운더리 클래스와 컨트롤 클래스

이후 엔티티 클래스는 DAO를 추가하였고 급여 클래스는 'ISalary' 인터페이스를 realization 하는 형태로 모델을 개선하였다. 다음은 엔티티 클래스 개선 부분이다.

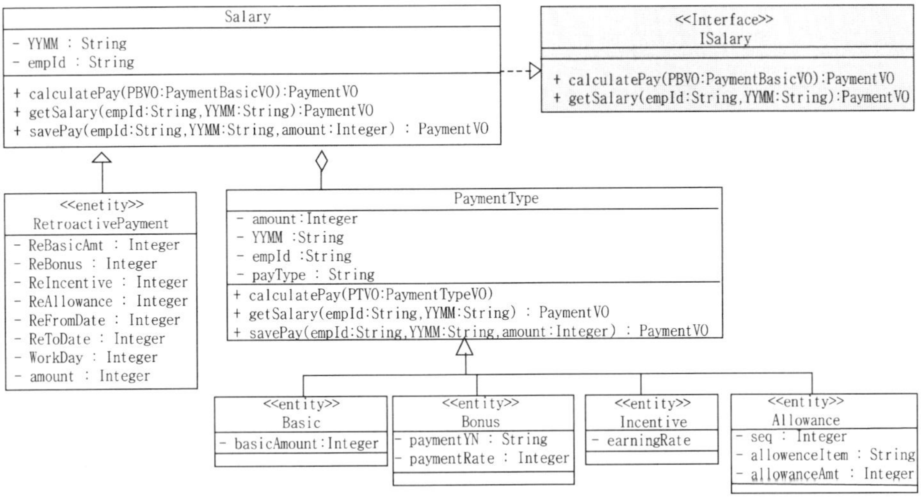

그림 4-50 설계 클래스 다이어그램 - 엔티티 클래스

앞에서 작업한 것을 통합해서 품질 관리자에게 검토를 요청했다. 다행히 아주 사소한 것 한 가지만 지적 받았다. 즉 'Salary'와 'PaymentType'간 오퍼레이션이 중복된다는 것이었다.

이때 한 가지 업무 문제가 발생했는데, 모델링을 하면서 미지급금을 매우 제한적으로 생각했었다. 즉 입사하고 나서 급여 계산시점에 한 달이 넘은 경우에는 정규급 한달과 소급금을 계산하면 되었지만, 미지급금이 한 달 이상 넘는 경우가 발생했기 때문이다. 이를 반영하려면 모델 확장이 불가피해졌다. 즉 미지급금이 여러 달 계속되어도 급여 계산이 원활하게 되도록 모델을 개선할 필요가 있었다. 확장성 있는 모델을 만들려고 급여 부분에 'TotalPayment'라는 클래스를 추가로 정의하면서 컴포짓(Composit) 설계 패턴을 사용하기로 했다. 앞에서 지적받은 사항과 함께 설계 패턴을 적용해서 만든 확장성 있는 급여 계산 모델이다.

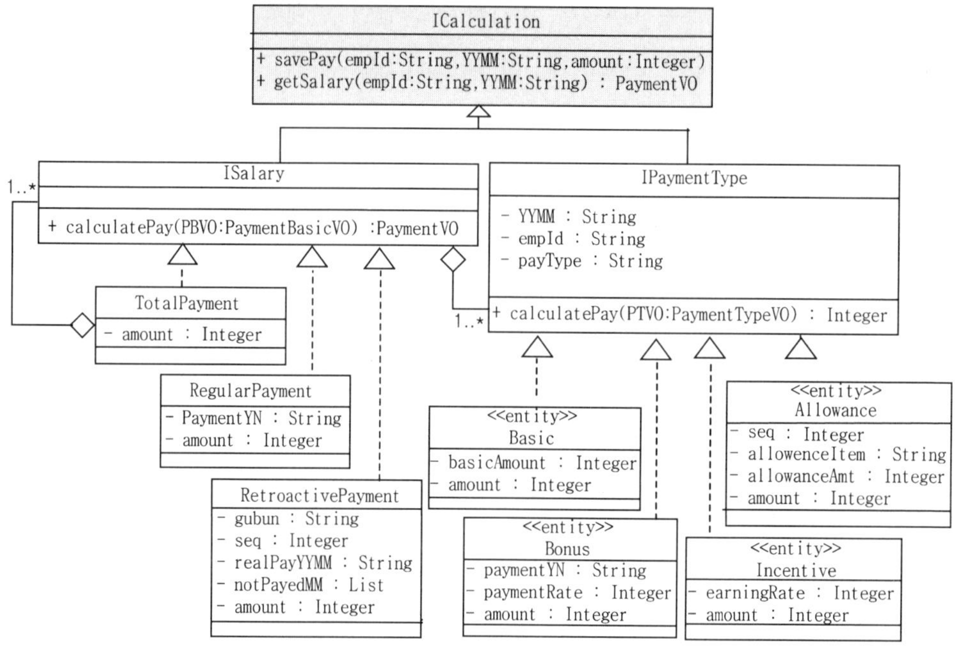

그림 4-51 확장성있는 급여 계산 클래스 다이어그램 - 엔티티 클래스

급여 계산 모델을 만들고 보니 기본 업무에 대한 모델링, 설계로의 전환 역할 객체에 관한 분석 패턴 적용, 확장성을 고려한 분석 패턴 적용 등 많은 개선 사항이 있었다. 한 가지 모델 개선을 하면서 얻은 것은 분석 패턴이나 설계 패턴이라는 말이 중요하지 않다는 것이었다. 즉 말은 설계 패턴이지만 복잡한 미지급금 처리를 모델에 적용하려고 개선한 것이기 때문에 업무 패턴으로 설계 패턴을 사용했기 때문이다. 결국 모델링 기술 보다는 언제 필요한 개념을 도입해서 좋은 모델을 만들 것인지에 대한 상황 판단이 더욱 중요했다.

이후 이 모델은 분산 환경에 맞도록 다시 몇 번 더 개선 요청이 있었지만 별다른 어려움 없이 모델을 진화해갈 수 있었다. 모델의 기본 사항이 잘 되어있으면 변화에 크게 어려움이 없다는 것을 배울 수 있었다.

4.3 행위 모델링(Requirement Modeling)

객체 지향 시스템에서 일을 수행하는 주체는 객체이며, 객체들은 메시지를 주거나 받음으로써 서로 상호작용을 한다. 시퀀스 다이어그램은 객체들간 상호작용을 시간적인 흐름으로 하나씩 나열한 것이며, 콜레보레이션 다이어그램은 객체들간 주고받는 메시지들을 함께 표현하면서 상호작용하는 형태를 일괄적으로 보여준다. 객체들이 서로 상호작용을 할 때 주고받는 메시지는 객체 내부 상황을 변화 시키는데, 메시지에 따른 객체 내부 상황 변화에 중점을 둔 다이어그램이 스테이트차트 다이어그램이다. 이 때 메시지에 대한 오퍼레이션이 복잡할 경우 이를 액티비티 다이어그램으로 복잡한 내부 로직을 자세히 표현한다.

따라서 행위 모델은 객체가 어떻게 서로 상호작용하면서 내부 상태를 유지 또는 변화시키는지를 구체적으로 표현하는 것이다.

(1) 시퀀스 다이어그램

시퀀스 다이어그램은 유즈케이스 다이어그램, 유즈케이스 기술서, 클래스 다이어그램, 아키텍처 기술서 등을 기반으로 액터와 여러 객체들간 이벤트 또는 메시지 흐름을 시간적인 순서로 나열한다. 이때 메시지 이름에는 얻고자하는 정보 또는 서비스에 대한 구체적인 사항을 잘 표현해야하며, 필요한 경우에는 매개변수나 반환값을 함께 표현한다.

분석 단계에는 각 객체들이 액터로부터 어떤 이벤트를 받고 어떤 메시지를 전달하는지에 대한 표현이 중요하지만, 설계 단계에서는 얼마나 효과적으로 상호작용하는지를 나타낼 필요가 있다. 즉 분석단계에서는 유즈케이스가 수행하는 기능에 대한 논리 수준 상호작용이 중요하다면 설계단계에서는 실행 환경을 바탕으로 때로는 가장 단순한, 때로는 가장 체계적인 행위 표현이 중요하다. 분석단계에는 액터로부터 관련된 모든 객체들을 나열하는 것이 일반적이며 설계 단계에서는 전체를 표현할 수도 있지만, 관심 영역에 대한 부분 모델링도 필요하다. 따라서 행위 모델을 만들기 전에 어떤 행위 표현이 필요한지를 명확히 이해하고 목적에 맞는 모델을 작성해야한다.

① 초기 시퀀스 다이어그램

분석 모델링 초기에 작성하는 시퀀스 다이어그램은 클래스 모델이 구체화 되기 전이기 때문에 클래스 모델로부터 객체를 파악할 수는 있지만, 구체적인 흐름은 유즈케이스 기술서 내부에 표현된 액터와 시스템간 상호작용을 근간으로 해야한다. 클래스 모델링을 하지 않은 시점이라면 액터와 시스템간 상호작용하는 형태만을 나타낼 수도 있다. 그렇지만 구조 모델에서 본 것처럼 액터와 유즈케이스로부터 바운더리 클래스와 컨트롤 클래스를 정의하고 유즈케이스 기술서 내부 데이터들을 후보 엔티티 클래스로 정의하는 것은 매우 단순한 작업일 수 있다. 따라서 초기라고 해도 가급적 액터, 액터와 상호작용하는 바운더리 클래스, 액터의 요청을 시스템 내부 요소들에 전달하는 컨트롤 클래스, 관련 엔티티 클래스들을 나열하면 시퀀스 다이어그램을 더욱 구체적으로 표현할 수 있다. 클래스 모델은 계속 개선되고 분할/삭제/통합되기 때문에 초기 시퀀스 다이어그램에 나타난 메시지가 어떤 객체에 대한 것인지는 그리 중요하지 않다. 초기 시퀀스 다이어그램에서 중요한 것은 유즈케이스 기술서에 있는 텍스트(Text) 중심 표현을 객체들간 주고받을 수 있는 메시지들로 파악해내는 것이다.

다음 그림은 구조 모델에서 살펴보았던 급여 업무관련 내용 중 급여 기본 정보 조회에 대한 시퀀스 다이어그램 예이다.

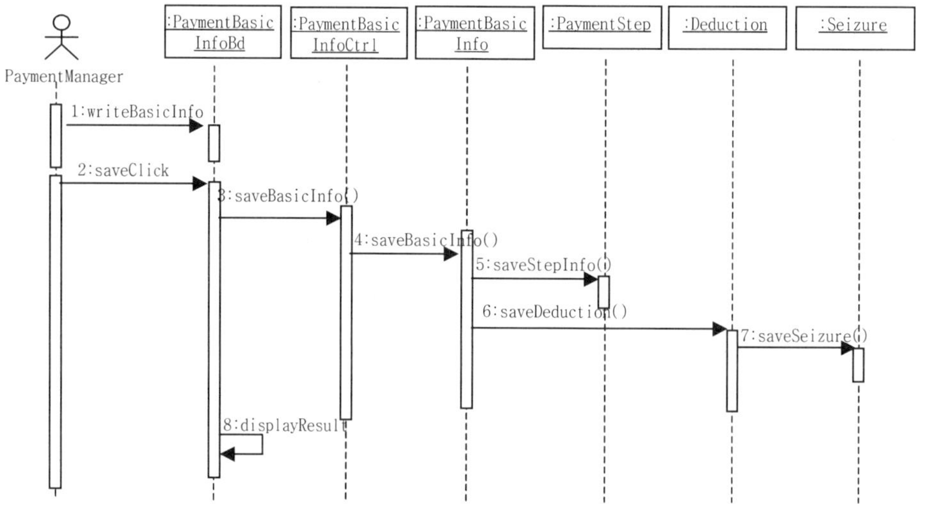

그림 4-52 급여 기본 정보 조회 시퀀스 다이어그램

많은 사람들이 액터와 바운더리 클래스와의 관계를 잘 이해하지 못한다. 이는 객체지향 시스템을 배울 때 처음부터 제대로 개념을 배우지 못해서 일수도 있지만, 명확한 의미에 대한 자료도 부족했던 탓일 듯싶다. 반드시 명심해야할 것은 액터는 시스템 내에 구현되는 객체가 아니라는 것이다. 이름도 객체를 나타내는 형식이 아니다. 객체들간 메시지는 시스템 내부에서 함수 콜(Function call) 형태로 구현되지만, 액터는 시스템 외부에 있기 때문에 객체에게 메시지를 보내는 것은 불가능 하고 단지 이벤트를 보낼 수 있을 뿐이다. 예를 들어 액터가 키보드를 쳐서 데이터를 입력하거나 마우스를 움직여서 클릭을 하는 행위는 시스템에 이벤트를 발생시키는 행위에 불과하다. 따라서 바운더리 클래스가 이벤트에 반응하면서 어떤 로직 또는 오퍼레이션을 수행한다고 해서 액터가 직접 그 로직을 수행하게끔 한 것이 아니라는 것이다. 중간에 운영체제(OS)가 개입한 것이다. 다만 논리적인 관점에서 액터가 바운더리 클래스에 메시지를 보내는 것처럼 표현할 뿐이다.

그렇다면 액터에서 바운더리 클래스에 보내는 이벤트들 어떻게 표현할 것인가? 여기에는 어느 정도 표현에 대한 자유가 있다. 데이터를 입력하는 것과 요청을 하는 것을 두개 메시지 형태로 나누어 표현해도 좋고, 입력 데이터를 메시지에 매개변수처럼 표현해서 한 메시지 형태로 표현해도 좋다.

액터에서 바운더리 클래스가 아닌 바운더리 클래스에서 액터로 표현하는 경우는 어떨까? 이 경우도 크게 다르지 않다. 하지만 논리적인 수준에서 생각한다 해도, 바운더리 클래스가 액터에게 정보나 메시지 등을 보여주는 행위가 명백한 내부 오퍼레이션 또는 로직이기 때문에 재귀 형태의 메시지로 표현하는 것이 더 바람직하다. 분석단계라면 바운더리 클래스가 액터에 메시지를 보내는 또는 리턴 하는 형태를 취해도 좋지만 설계단계 시퀀스 다이어그램이라면 바운더리 클래스의 재귀 메시지 형태로 표현하는 것이 더욱 올바른 시퀀스 다이어그램 작성 방법이다.

② 시퀀스 다이어그램 작성 요령

분석이나 설계 모델은 몇 가지 점에서 차이가 있지만, 일반적으로 시퀀스 다이어그램을 작성하는 요령은 몇 가지 단계를 거칠 필요가 있다. 먼저 상황을 이해하는 것이다. 주어진 상황에 유즈케이스 다이어그램이나 유즈케이스 기술서와 같은 요구사항 모델이 있는지 클래스 다이어그램과 같은 구조 모델이 있는지를 파악한다. 요구사항 모델만 있다면 이를 토대로 초기 분석 시퀀스 다이어그램을 그릴 수 있고, 분석 구조 모델이 있다면 시퀀스 다이어그램을 분석 단계에 필요한 수준까지 그릴 수 있고, 설계 구조 모델과 아키텍처 또는 품질 관련 이슈에 대한 정책이 있다면 구체적인 설계 수준의 시퀀스 다이어그램을 그릴 수 있다.

예를 들어 개발환경을 고려한 수준에서 특정 유즈케이스에 대한 내부 상호작용을 시간 흐름에 따라 파악하고 싶다고 가정해보자. 이경우에 모델링 작성을 위해 파악한 상황은 급여기본사항관리 유즈케이스 기술서와 함께 다음과 같은 모델들을 보면서 상황을 이해할 수 있다.

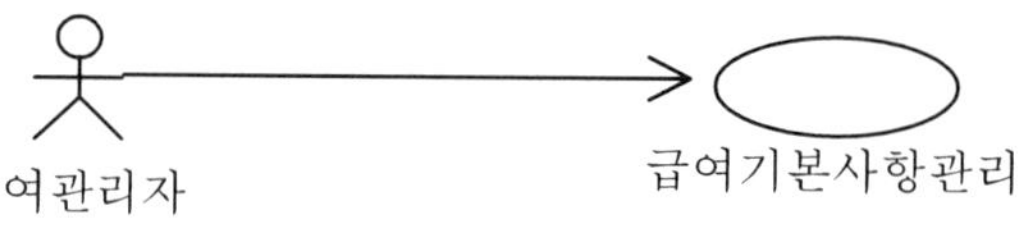

그림 4-53 주어진 상황 1 - 유즈케이스 다이어그램

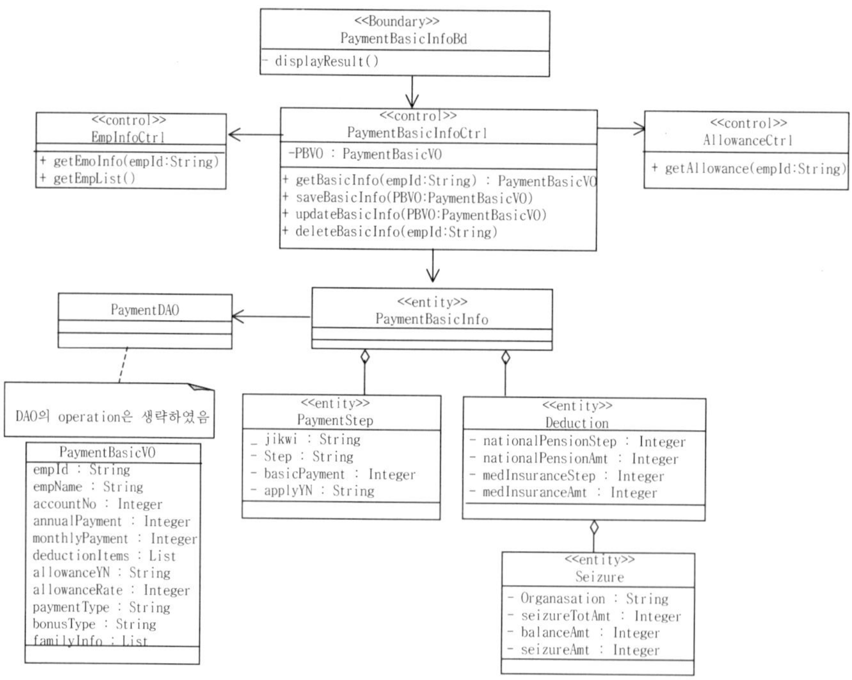

그림 4-54 주어진 상황 2 - 설계 클래스 다이어그램

둘째는 주어진 상황에서 UML 모델링 요소들을 파악하는 것이다. 액터, 유즈케이스, 클래스 등은 시퀀스 다이어그램을 그릴 때 가장 기본적인 요소이다. 만약 설계 단계 시퀀스 다이어그램을 그린다면 아키텍처 정의에 나타난 레이어나 티어 또는 컴포넌트 등 아키텍처에서 고려된 UML 모델링 요소에 속하지 않은 요소들도 파악해야한다.

예로 들었던 모델에서 파악한 상황은 요구사항에 대한 것과 설계 수준 구조 모델이다. 이 경우에는 설계 수준의 구조 모델에 이미 요구사항이 충분히 반영되어 있지만, 관련된 액터는 없다. 따라서 유즈케이스 다이어그램에서는 액터가 필요한 모델링 요소이고, 클래스 모델에서는 바운더리 클래스, 컨트롤 클래스들, 엔티티 클래스들 모두가 모델 작성에 필요한 모델링 요소들이다.

세 번째는 목적에 맞는 모델을 작성하는 것이다. 상황에 대한 이해와 파악된 모델링 요소를 근간으로 목적에 맞는 시퀀스 다이어그램에 꼭 필요한 모델링 요소를 나열하고, 그들간의 메시지 전달 과정을 시간 순으로 표현하는 것이다. 모델링 목적이 논리적인 수준에서 액터로부터 시스템 내부를 구현하는 여러 클래스들간 행위를 특정 시나리오에 대해 표현하는 것이라 가정해보자. 이 경우에는 유즈케이스 다이어그램과 클래스 다이어그램에 표현된 모델링 요소들 중 특정 시나리오와 관련 있는 액터와 클래스들을 배치하고 유즈케이스 기술서 또는 클래스 내부에 표현된 오퍼레이션을 기반으로 메시지를 표현한다. 주어진 모델에 없지만 특정 시나리오에 대한 흐름을 표현할 때 필요한 메시지가 있다면 시퀀스 다이어그램에 추가적인 메시지를 표현한다.

여러 다양한 업무에 대한 클라이언트들에 필요한 업무라면 모든 클라이언트들에 대한 행위를 표현할 필요까지는 없다. 이 경우에는 모델링 목적이 클라이언트 상황과는 상관없이 비즈니스 레이어 내부 흐름에 대한 특정 업무에 대한 구체적인 행위만을 표현하는 것이 될 것이고 레이어 내부에 있는 모델링 요소(인터페이스, 클래스 등)만을 선택해서 시퀀스 다이어그램을 그린다. 반대로 특정 업무를 구현한 여러 업무 로직이 있고 클라이언트는 내부 업무 로직 구현이 어떤 것이 되어도 상관없이 일을 해야 한다면 액터로부터 내부 로직 전까지만 표현 할 필요가 있다.

예로 들었던 업무를 생각해보자. 필요한 모델링 요소를 앞에서 이미 찾았고, 목적에 맞는 다이어그램을 그리려면 개발 환경을 고려한 메시지 표현이 필요하다. 이들을 근거로 시퀀스 다이어그램을 작성한다면 다음과 같을 것이다.

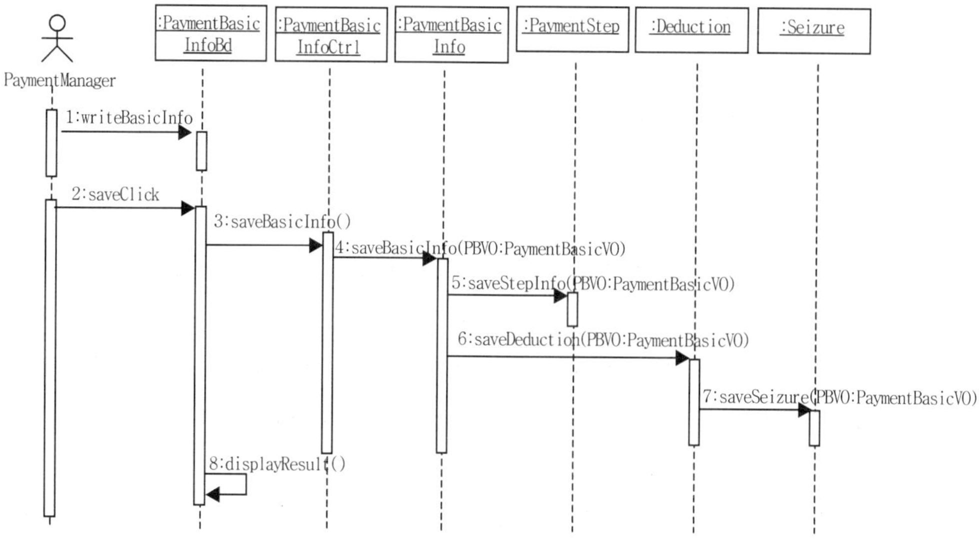

그림 4-55 개발 환경을 고려한 시퀀스 다이어그램

앞 그림을 보면 메시지에 매개변수 VO가 표현된 것을 알 수 있다. 이와 같은 시퀀스 다이어그램은 설계 수준에서 전체적인 상호작용을 파악하기 쉬운 모델이다.

예에서 목적만을 조금 바꾸어보자. 만약 상위수준 클래스 다이어그램에서 비즈니스 모듈을 별도로 분리했고 아키텍처 관련 이슈 중 클라이언트 로직과 서버 로직 개발 환경을 달리했다 가정하자.

이런 경우는 많은데, 예를 들면 클라이언트는 델파이(Delphi)로 서버는 C++(Visual C++)로 구현하는 경우를 말한다. 또한 개발 환경이 동일하다 해도 개발할 팀이 다르다면 시퀀스 다이어그램을 클라이언트 쪽과 서버 쪽을 분리해서 작성할 필요가 있다.

실제 프로젝트에서 애플리케이션 개발 팀과 아키텍처 팀, 컴포넌트 팀으로 구분해서 애플리케이션 팀은 주로 고객이 직접 활용하는 업무 기능을 구현하고, 아키텍처 팀은 기존 시스템에 대한 통합 모듈과 공통 기능 프레임워크를 개발하면서 표준을 설정하고, 컴포넌트 팀은 마케팅 조직과 상호작용하면서 외부 조직에 개발 판매까지도 가능한 서버 로직을 구현하는 역할을 맡을 수 있다. 이런 경우 모델을 별도로 분리해서 개발팀에 적합한 인터랙션 다이어그램을 설계 수준에서 모델링할 필요가 있다. 다음 그림은 애플리케이션 개발팀과 서버 쪽을 개발하는 팀에 필요한 설계 수준 시퀀스 다이어그램들이다.

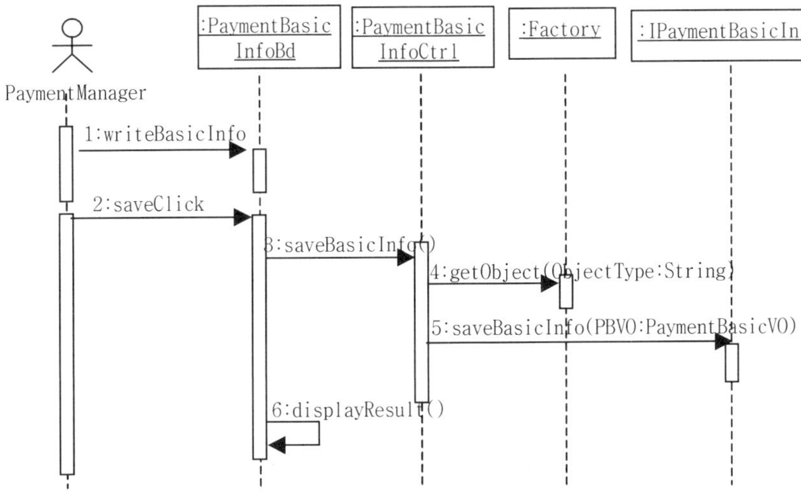

그림 4-56 개발 팀을 고려한 시퀀스 다이어그램 1

앞 그림은 클라이언트 관련 환경에 맞춘 시퀀스 다이어그램으로 애플리케이션 수준 시퀀스 다이어그램이라고도 말한다. 다음 그림은 서버 쪽 환경에 맞춘 시퀀스 다이어그램으로 컴포넌트 수준 시퀀스 다이어그램이라고도 말한다.

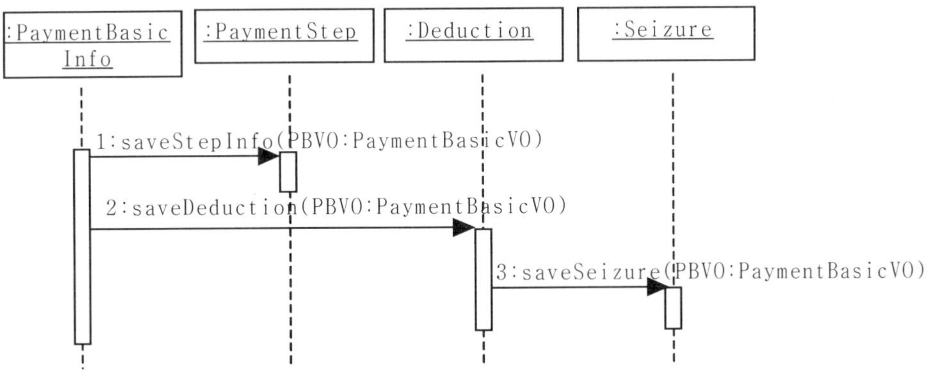

그림 4-57 개발 팀을 고려한 시퀀스 다이어그램 2

③ 시퀀스 다이어그램 모델링 예

앞에서 시퀀스 다이어그램에 대한 목적과 작성 단계를 보았다면 다음 예를 통해 시퀀스 다이어그램 모델링에 대해 이해를 충분히 했는지 확인해보기 바란다.

급여 계산이라는 업무에 관한 행위 모델을 논리적 수준으로 만들려고 한다. 특히 내부 구성 요소들이 시간에 따라 어떤 상호작용을 하는지 파악하고 싶다면 먼저 주어진 상황이 어떤 것인지, 활용할 수 있는 모델에는 어떤 것이 있는지 파악한다. 요구사항 모델과 관련된 상황은 다음 그림에 표현된 유즈케이스 다이어그램과 관련된 유즈케이스 기술서가 있다고 가정하자.

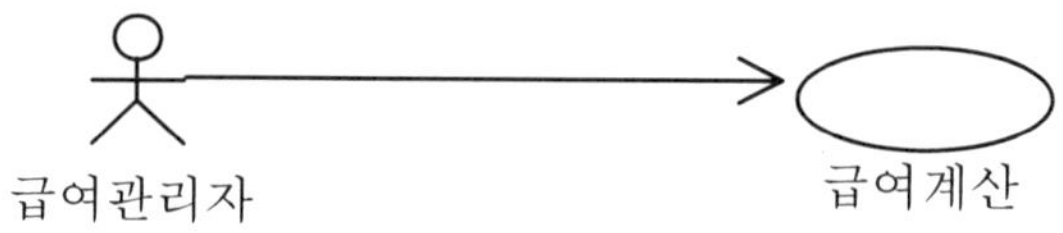

그림 4-58 행위 모델에 주어진 상황 1

또한 다음 그림과 같은 분석 수준 클래스 다이어그램이 주어졌다고 가정하자.

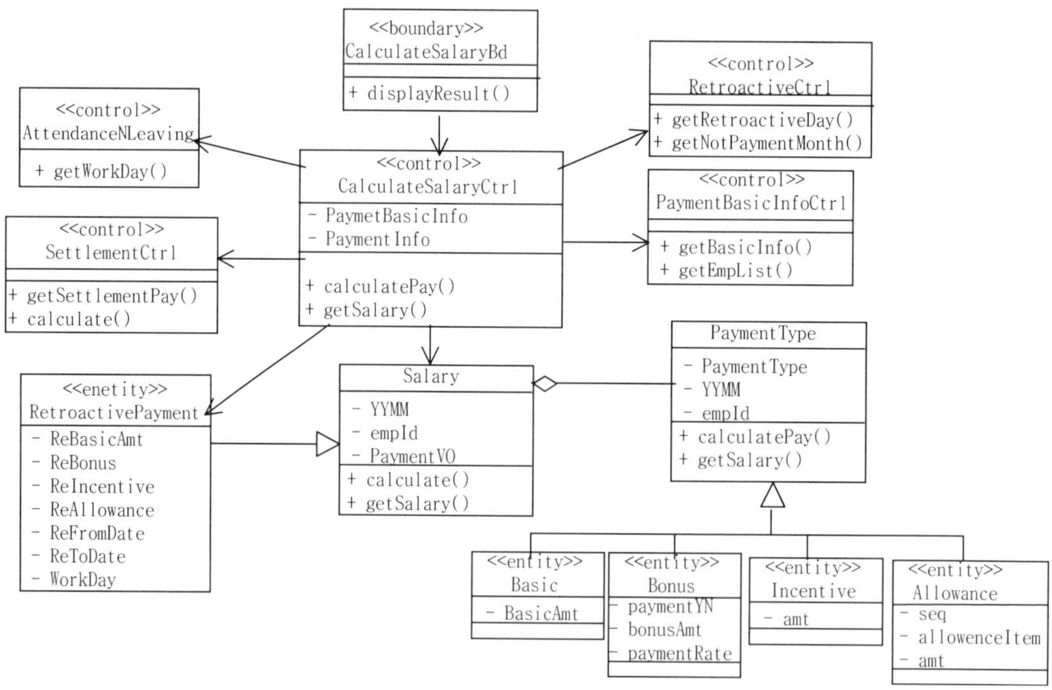

그림 4-59 행위 모델에 주어진 상황 2

이들 상황에 대해 필요한 모델링 요소를 파악해보면 유즈케이스 다이어그램과 클래스 다이어그램에 나타난, 액터, 바운더리 클래스, 컨트롤 클래스들, 엔티티 클래스들 모두가 필요한 UML 모델링 요소들이다. 이를 기반으로 목적(논리 수준)에 맞는 분석 시퀀스 클래스 다이어그램을 작성한 것이 다음 그림이다.

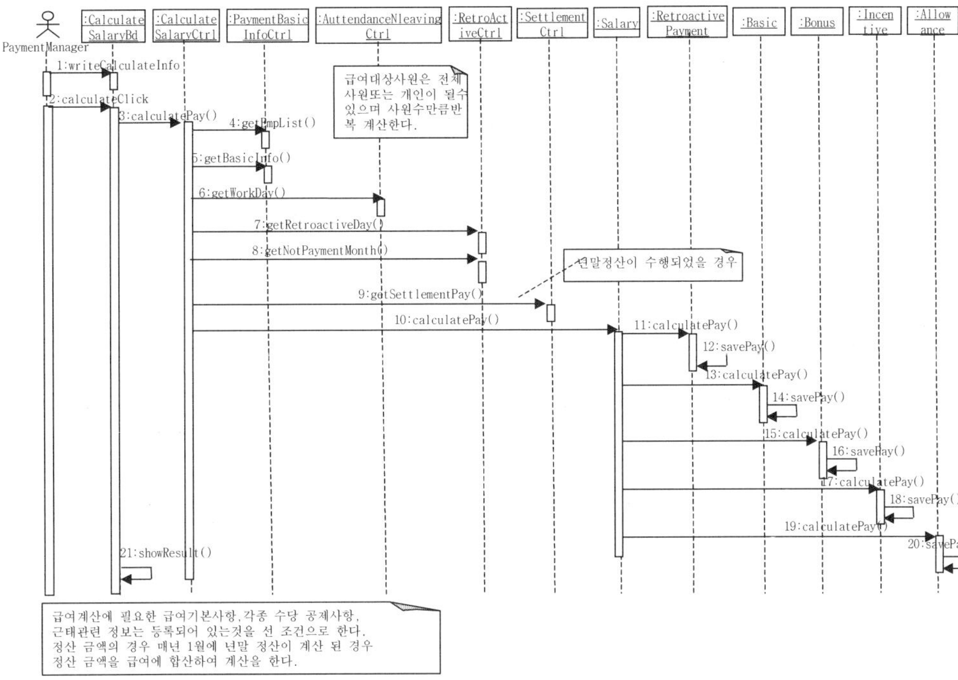

그림 4-60 논리 수준 시퀀스 다이어그램

이후 아키텍처가 정의되면서 클라이언트 팀과 서버 팀에 필요한 설계 수준 시퀀스 다이어그램이 필요하게 되었다 가정하자. 이때 주어진 상황은 기존에 제공된 모델과 설계 수준 클래스 다이어그램들이다.

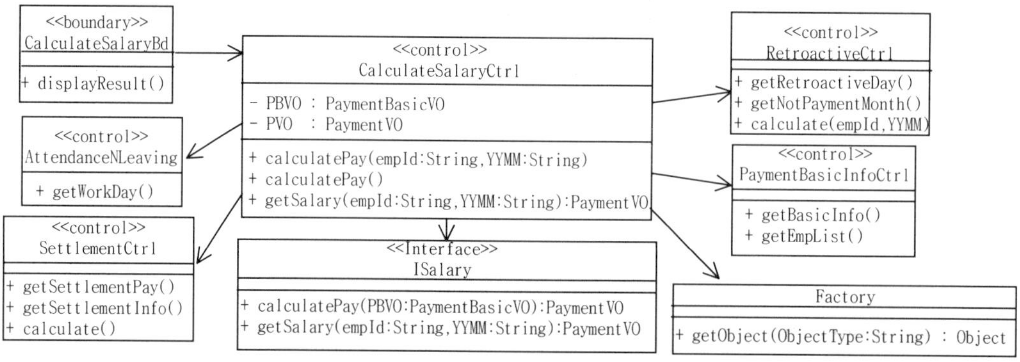

그림 4-61 추가로 제공된 클래스 다이어그램 1

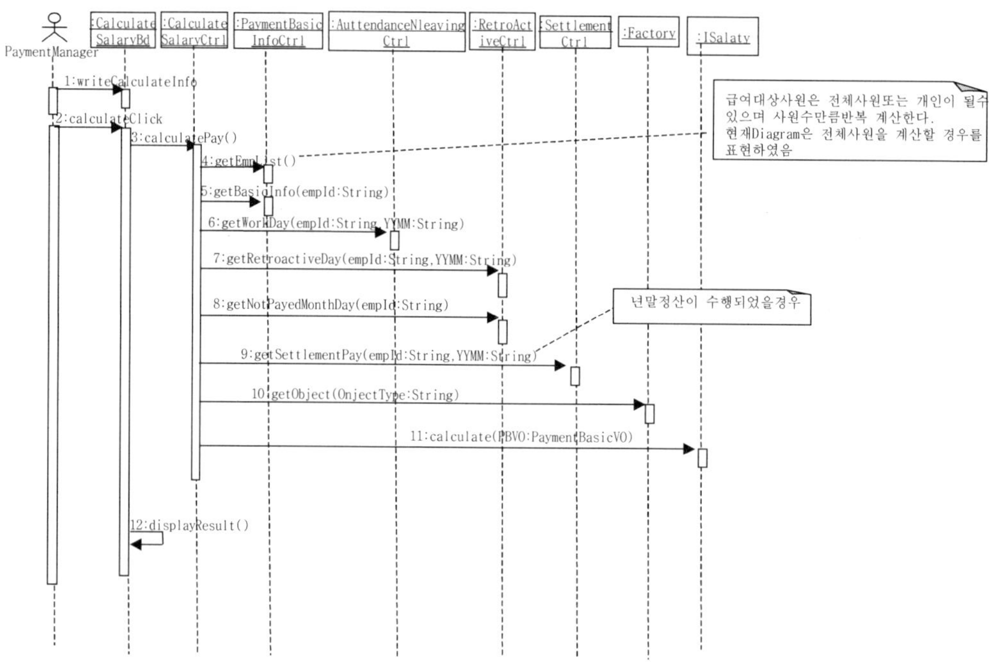

그림 4-62 개발 팀에 맞게 모델링 된 설계 수준 시퀀스 다이어그램 1

시퀀스 다이어그램이고 다음 그림은 개발 환경이 적용된 클래스 다이어그램과 컴포넌트 수준 시퀀스 다이어그램이다.

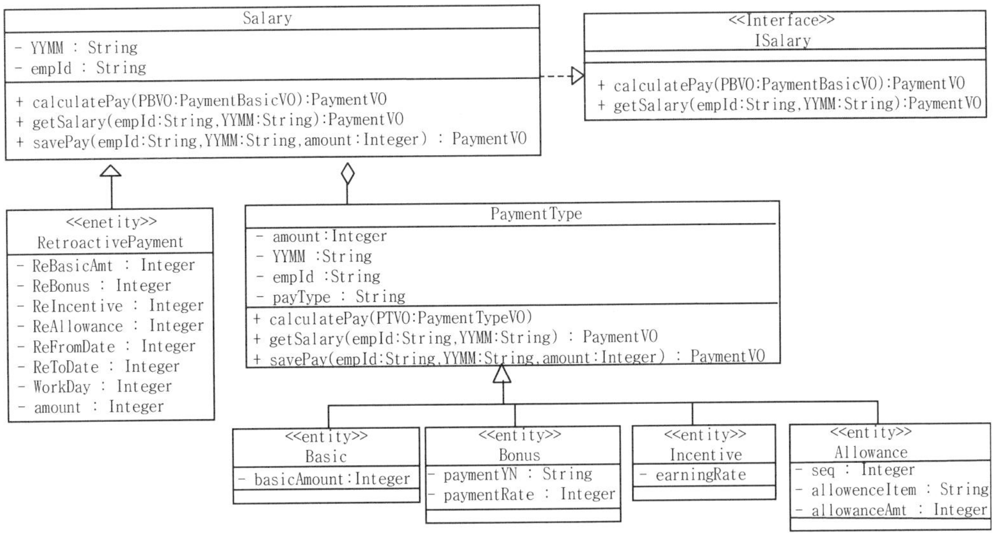

그림 4-63 추가로 제공된 클래스 다이어그램 1

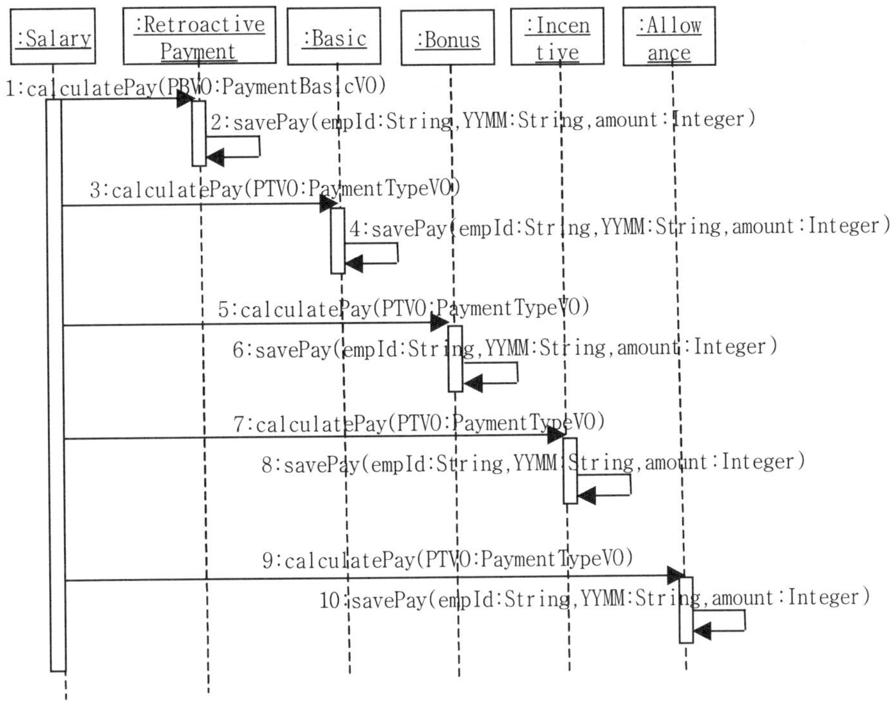

그림 4-64 개발 팀에 맞게 모델링 된 설계 수준 시퀀스 다이어그램 2

이상과 같이 시퀀스 다이어그램에 대한 모델링 목적, 과정 예를 살펴보았다. 행위 모델은 객체지향 시스템에 대한 이해를 근간으로 작성하는 것이며, 주어진 상황을 파악하면서 모델링에 필요한 UML 모델링 요소를 찾고, 모델을 작성하는 목표에 적합한 다이어그램을 만들어야한다. 이후에 설명할 콜레보레이션 다이어그램 작성은 시퀀스 다이어그램과 독립적으로 작성될 수도 있지만 매우 비슷한 목적으로 그릴 수 있는 다이어그램이다. 다음 콜레보레이션 다이어그램에 대해 알아보자.

(2) 콜레보레이션 다이어그램

시퀀스 다이어그램과 콜레보레이션 다이어그램을 함께 인터랙션 다이어그램이라 부르는 것은 이유가 있다. 모델링하는 근본 요소가 객체이면서 상호작용에 대한 표현 정도가 메시지 수준으로 공통적이다. 또한 시나리오를 표현하는 표현력도 매우 비슷하다. 하지만 UML 모델링에 별도 다이어그램으로 존재하는 이유는 분명히 있다. 앞에서 살펴본 시퀀스 다이어그램은 시간적 흐름을 중심으로 메시지를 나열하지만 콜레보레이션은 객체들간 메시지들을 함께 표현하면서 객체들간 상호작용하는 패턴 또는 관계를 한눈에 직관적으로 파악할 수 있게 해준다. 즉 시간 변화에 따른 상호작용 표현이 필요한 것이 아닌 '함께 일하는 상황'에 대한 표현이 필요한 것이다.

이 같은 이유가 있기 때문에 콜레보레이션은 독자적인 모델로서 존재하는 것이다.

따라서 콜레보레이션을 작성하는 이유는 단지 메시지 교환만을 보고 싶어서가 아닌 협업에 대한 유형 또는 상황을 파악하려는 데 있는 것이고, 구조 모델에 갖고 있는 관계에 대한 체계를 정제하려는 의도까지 함께 내포하고 있는 것이다.

① 초기 콜레보레이션 다이어그램

분석 모델링 초기에 작성하는 콜레보레이션 다이어그램은 클래스 모델이 구체화 되기 전이기 때문에 시퀀스 다이어그램과 마찬가지로 유즈케이스 다이어그램이나 유즈케이스 기술서 내부에 표현된 흐름을 기반으로 상호작용을 파악해야한다. 콜레보레이션은 내부 구조에 대한 협업 체계를 보는 것이 중요한 목적이기 때문에 초기라고 해도 액터, 액터와 상호작용하는 여러 클래스들이 함께 나타날 필요가 있다. 하지만 시퀀스 다이어그램처럼 어떤 객체가 메시지를 보내는지에 크게 중요성을 두지 않는 것과는 달리 콜레보레이션에서는 메시지 교환에 등장한 객체들 유형이 너무 세부적인지 또는 한 객체가 너무 많은 일을 하는지를 파악할 필요가 있다. 협업이란 각자 역할에 따른 일을 해야 하는 것이기 때문에 각 클래스들이 적절한 일을 하는지에 대한 파악은 중요하기 때문이다.

협업을 중시하면서 급여 기본 정보 조회에 대한 콜레보레이션 다이어그램을 그려본 것이 다음 그림이다.

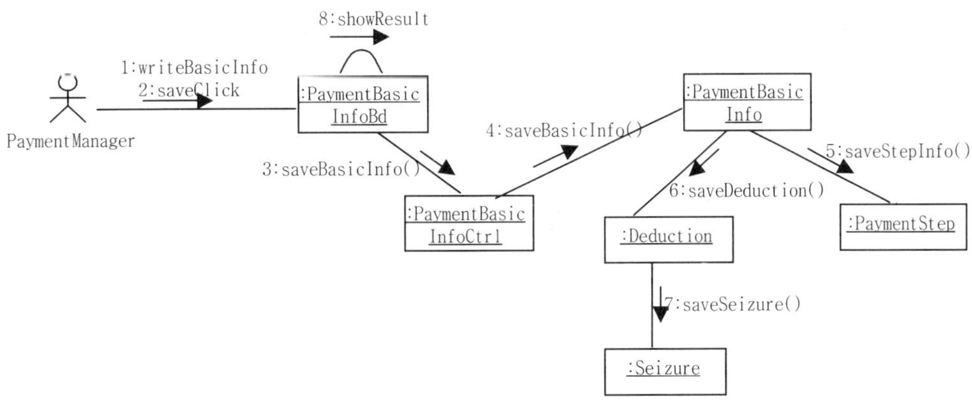

그림 4-65 급여 기본 정보 조회 콜레보레이션 다이어그램

앞에 표현된 사항들 중 액터와 바운더리 클래스에 대한 메시지 표기는 시퀀스 다이어그램에서 언급했던 사항과 동일하다. 액터가 보내는 이벤트에 대한 바운더리 클래스의 반응을 표현하는 방식에는 어느 정도 자유도가 있지만 가급적 분석 또는 설계 상황에 가장 맞는 표현이 어떤 것인지를 생각하면서 모델을 만들어가는 습관을 들일 필요가 있다.

② 콜레보레이션 다이어그램 작성 요령

콜레보레이션 다이어그램은 일반적으로 시퀀스 다이어그램을 작성하는 요령과 동일한 작성 단계를 밟으면 된다. 따라서 시퀀스 다이어그램과 마찬가지로 콜레보레이션 다이어그램을 그리려면 먼저 모델을 그리기 전에 주어진 상황을 이해해야한다.

콜레보레이션 다이어그램을 그리기 위해 유즈케이스 다이어그램이나 유즈케이스 기술서와 같은 요구사항 모델이 있는지 클래스 다이어그램과 같은 구조 모델이 있는지를 파악한다. 요구사항 모델만 있다면 이를 토대로 초기 클래스 다이어그램을 작성하는 작업을 선행하고, 분석 구조 모델이 있다면 시퀀스 다이어그램을 분석 단계에 필요한 수준까지 그릴 수 있고, 설계 구조 모델과 아키텍처 또는 품질 관련 이슈에 대한 정책이 있다면 구체적인 설계 수준의 콜레보레이션 다이어그램까지도 그릴 수 있다.

예를 들어 개발환경을 고려한 수준에서 특정 유즈케이스에 대해 객체들이 서로 상호작용하는 유형을 파악하고 싶다고 가정해보자. 이 경우에 모델링 작성을 위해 파악한 상황으로 급여기본사항관리 유즈케이스 다이어그램, 유즈케이스 기술서, 설계 단계 클래스 다이어그램을 확인했다고 가정하자.

다음 단계는 주어진 상황에서 콜레보레이션 다이어그램을 그릴 때 필요한 UML 모델링 요소를 파악하는 것이다. 여기에는 액터, 바운더리 클래스, 컨트롤 클래스들, 엔티티 클래스들이 있다.

마지막 단계는 목적에 맞는 모델을 작성하는 것이다. 필요한 모델은 액터와 설계 상황에 관여하는 모든 객체들이 나열되어야하고, 메시지에 대한 표현은 구체적인 매개 변수 타입이나 반환 값들이 개발환경에 맞춘 표현 이어야한다. 여기에 해당하는 콜레보레이션 다이어그램은 다음과 같다.

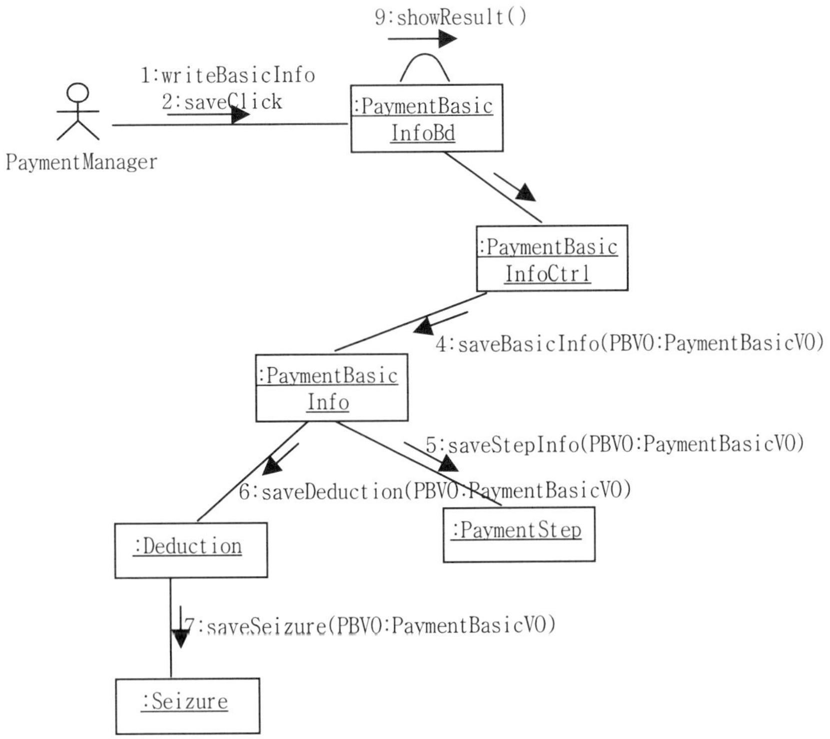

그림 4-66 개발 환경을 고려한 콜레보레이션 다이어그램

앞 그림을 보면 메시지에 매개변수 VO가 표현된 것을 알 수 있다. 이와 같은 콜레보레이션 다이어그램은 설계 수준에서 어떤 객체들이 서로 어떻게 상호작용하는지에 대한 전체적인 상황을 파악하기 좋은 모델이다.

설계 단계 모듈을 애플리케이션 개발 팀과 서버 개발 팀이 각각 개발한다면 서로 필요한 모델이 다를 것이다. 이런 경우 설계 수준 모델을 별도로 분리해서 개발팀에 적합한 콜레보레이션 다이어그램을 작성할 필요가 있다. 다음 그림은 애플리케이션 개발팀과 서버쪽을 개발하는 팀에 필요한 설계 수준 콜레보레이션 다이어그램들이다.

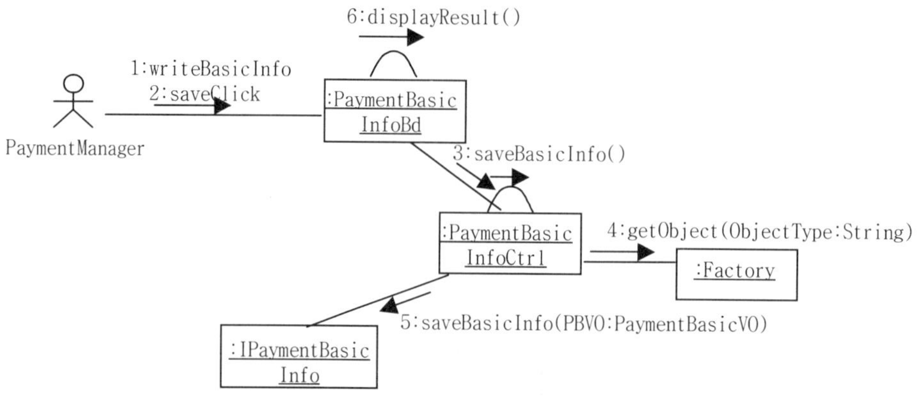

그림 4-67 개발 팀을 고려한 콜레보레이션 다이어그램 1

앞 그림은 클라이언트 관련 환경에 맞춘 콜레보레이션 다이어그램으로 애플리케이션 수준 콜레보레이션 다이어그램이라고도 말한다. 다음 그림은 서버 쪽 환경에 맞춘 콜레보레이션 다이어그램으로 컴포넌트 수준 콜레보레이션 다이어그램이라고도 말한다.

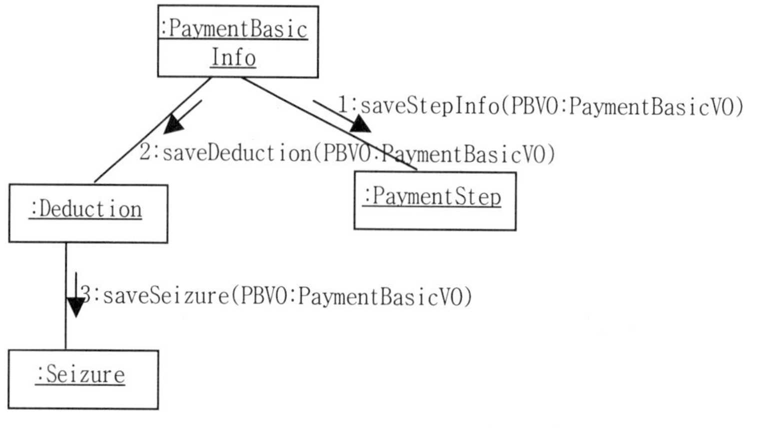

그림 4-68 개발 팀을 고려한 콜레보레이션 다이어그램 2

③ 콜레보레이션 다이어그램 모델링 예

앞에서 다루었던 동일한 예에 대해 콜레보레이션 다이어그램을 그리는 과정을 살펴보자. 즉 급여 계산이라는 업무에 대한 행위 모델을 논리적 수준으로 만들려고 한다. 특히 내부 구성 요소들에는 어떤 객체기 있고 이들이 다른 객체들과 어떻게 협업을 하고 있는지 상황을 논리적인 수준에서 파악하고 싶다고 가정하자. 이때 주어진 상황은 유즈케이스 모델과 분석 단계 구조 모델이라고 가정하자.

이들 상황에 대해 필요한 모델링 요소를 파악해보면 유즈케이스 다이어그램과 클래스 다이어그램에 나타난, 액터, 바운더리 클래스, 컨트롤 클래스들, 엔티티 클래스들 모두가 필요한 UML 모델링 요소들이다. 이를 기반으로 목적(논리 수준)에 맞는 분석 콜레보레이션 클래스 다이어그램을 작성한 것이 다음 그림이다.

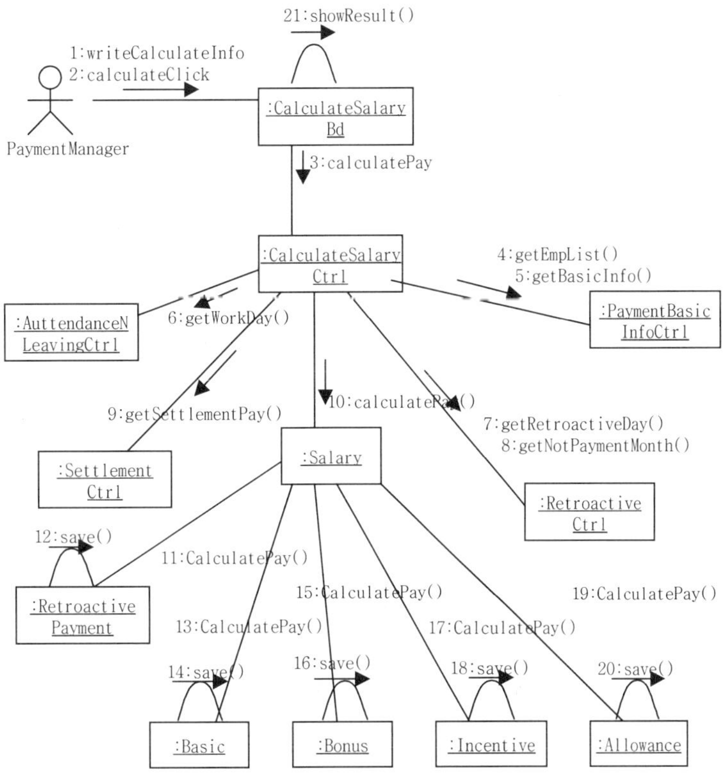

그림 4-69 논리 수준 콜레보레이션 다이어그램

이후 아키텍처가 정의되면서 클라이언트 팀과 서버 팀에 필요한 설계 수준 콜레보레이션 다이어그램이 각각 필요하게 되었다 가정하자. 이때 주어진 상황은 기존에 제공된 모델과 설계 수준 클래스 다이어그램들이다. 다음 그림은 각 개발 팀이 원하는 설계 수준 콜레보레이션 다이어그램이다.

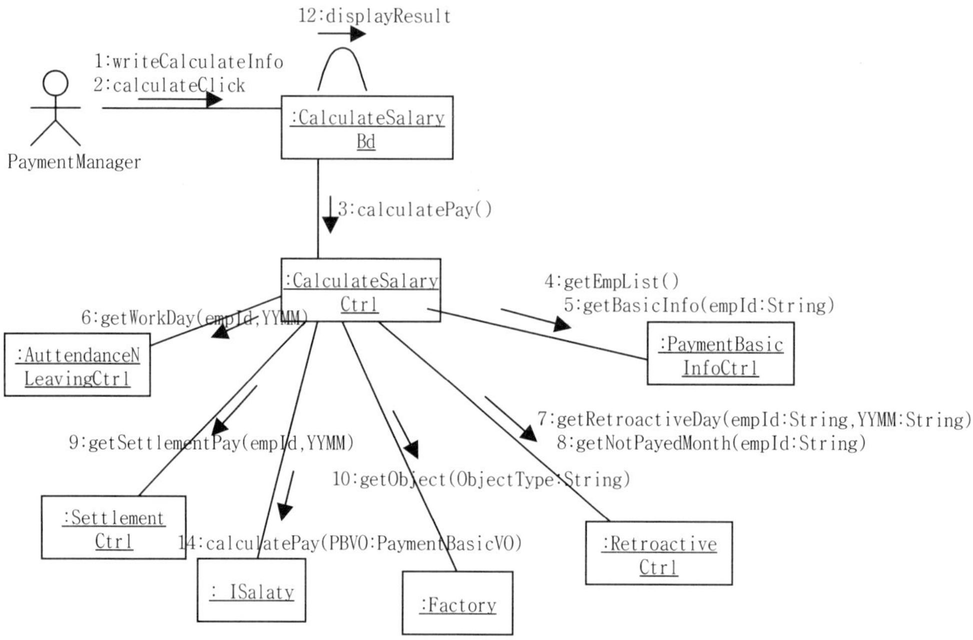

그림 4-70 개발 팀에 맞게 모델링 된 설계 수준 콜레보레이션 다이어그램 1

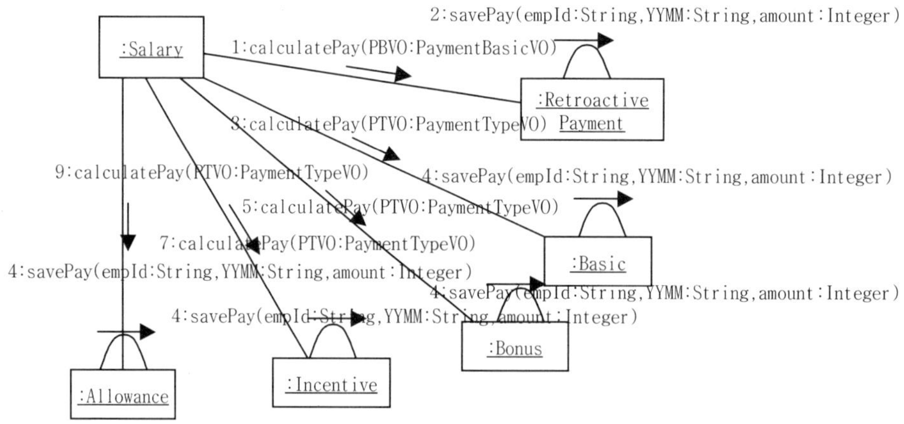

그림 4-71 개발 팀에 맞게 모델링 된 설계 수준 콜레보레이션 다이어그램 2

이상과 같이 콜레보레이션 다이어그램에 대한 모델링 목적, 과정 예를 살펴보았다. 앞에서 살펴본 두 다이어그램은 분석 또는 설계 수준 구조 모델이 있는 경우 매우 좋은 모델들이다. 만약 구조 모델이 없는 경우 행위 모델이 필요하거나 구조 모델 중 클래스 다이어그램에 표현된 오퍼레이션 내부를 표현하고 싶다면 이들 다이어그램을 적절히 표현하기가 어려울 것이다. 구조 모델이 없거나 아주 세부적인 표현이 필요한 경우에 액티비티 다이어그램은 가장 적합한 모델이 될 수 있다. 지금부터 액티비티 다이어그램 작성 방법을 알아보기로 하자.

(3) 액티비티 다이어그램

액티비티 다이어그램은 예전부터 사용해왔던 흐름도(Flow-chart)와 매우 유사한 모양을 띄고 있다. 흐름도는 어떤 행위에 대한 워크플로(Workflow)를 표현하는 대표적 수단이지만 특정 객체에 대한 행위를 나타낼 수 없기 때문에 객체지향 관련 모델링에는 적합하지 않다. 이를 객체지향 스타일로 개선시킨 형태가 액티비티 다이어그램인데, 객체지향 스타일 모델을 상위 수준뿐만 아니라 하위 수준으로도 표현하기 위해 객체나 조직 또는 역할에 대한 행위를 표현할 수 있도록 스윔레인(Swimlane)을 추가했다. 이때 액티비티 다이어그램에 표현된 행위를 액티비티라고 하는데 액티비티란 어느 정도 시간이 걸리는 행위를 말하는 것이다.

프로젝트 초기에는 주로 유즈케이스 수준 또는 그 상위 수준에서 비즈니스 프로세스를 표현하고, 분석 단계에서는 유즈케이스 내부에 대한 구체적인 흐름을 표현한다. 또한 설계 단계에서는 클래스 내부 오퍼레이션에 대한 알고리즘이나 구체적인 로직을 표현할 수도 있다. 따라서 액티비티 다이어그램을 잘 활용하면 다양한 목적에 대한 모델을 만들 수 있다.

이처럼 액티비티 다이어그램은 시퀀스 다이어그램이나 콜레보레이션에서 표현하기 어려운 상황을 묘사하거나 보완적인 사항을 묘사하는 다이어그램이다. 또한 액티비티 다이어그램은 이후에 설명할 스테이트차트 다이어그램과도 많은 관련을 갖고 있는 다이어그램이다.

① 액티비티 다이어그램 작성 요령

액티비티 다이어그램도 행위 모델에 속하기 때문에 앞에서 설명한 일반적인 행위 모델링 작성 요령과 매우 유사하다. 하지만 다양한 목적에 액티비티 다이어그램을 작성할 수 있기 때문에 앞에서 다룬 모델들과는 다른 특성들이 있다. 따라서 액티비티 다이어그램에 대한 작성 요령은 모델을 작성하는 목적 별로 나누어 언급하도록 하겠다.

② 유즈케이스 상위 수준 액티비티 다이어그램 작성

액티비티 다이어그램을 작성할 때 다른 행위 모델을 만드는 과정과 가장 다른 특징 중 하나는 요구사항을 정의하는 단계에 활용할 수 있다는 것이다. 즉 유즈케이스 다이어그램을 그리는 시점과 유사하게 비즈니스 프로세스를 파악하면서 액티비티 다이어그램으로 표현하는 것은 중요한 작업이 될 수 있다.

요구사항을 정의하는 시점은 UML 기반 모델이 만들어지기 전이거나 유즈케이스 모델이 만들어지고 있는 시점이다. 따라서 참조할 수 있는 근거/상황도 UML 관련 모델이 아니라 컨설팅 결과, 업무 매뉴얼, 현행 시스템 등 다양한 것들이 될 수 있고 인터뷰와 같은 보다 적극적인 활동도 필요할 수 있다. 이점이 여태까지 소개했던 행위 모델 작성 요령과 근본적으로 다른 부분이다.

유즈케이스 상위 수준 액티비티 다이어그램을 만들거나 모델링을 더욱 명확하게 하려면 현업에 종사하는 사람들 또는 시스템 사용자들과 지속적으로 대화하면서 UML로 만들어지지 않은 다른 관련 자료들을 보아야한다. 따라서 일반적인 모델링 기법보다는 업무에 대해 잘 알거나 커뮤니케이션(Communication) 기술이 뛰어난 사람이 유즈케이스 상위 수준 액티비티 다이어그램을 작성할 필요가 있다.

만약 컨설팅 결과나 업무 매뉴얼 등에 작성하고자 하는 모델과 유사한 것이 있다면, 이들을 토대로 액티비티 다이어그램을 그리고 현업 또는 사용자에게 확인하는 방법을 사용하면 쉽고 명확하게 유즈케이스 상위 수준 액티비티 다이어그램을 작성할 수 있다.

예를 들어보자. 급여 처리 업무를 담당하던 사람이 퇴사를 하게 되어 업무를 인계받을 새로운 사원이 입사했고, 새로운 사원은 급여 처리 관련 업무 매뉴얼을 보면서 기존 사원에게 업무를 인수인계 받았다고 가정하자. 이때 급여처리 시스템을 재구축하는 프로젝트가 진행되고 있었고, 급여 업무 관련 프로세스를 파악하기 위해 유즈케이스 상위 수준 액티비티 다이어그램을 그려야하는 상황이 되었다. 기존 사원은 곧 퇴사할 예정이라 비협조적이고 신입사원은 잘 모르기 때문에 별 도움이 안되는 상황에서 업무 매뉴얼은 아주 좋은 참고 자료가 될 것이다. 이처럼 유즈케이스 상위 수준 액티비티 다이어그램을 그릴 때 업무 관련 자료, 기존 시스템, 현업과의 협력 등이 필요한 사항들이다. 다음 그림은 업무 매뉴얼을 참조해서 그린 급여 업무 관련 유즈케이스 상위 수준 액티비티 다이어그램 예이다.

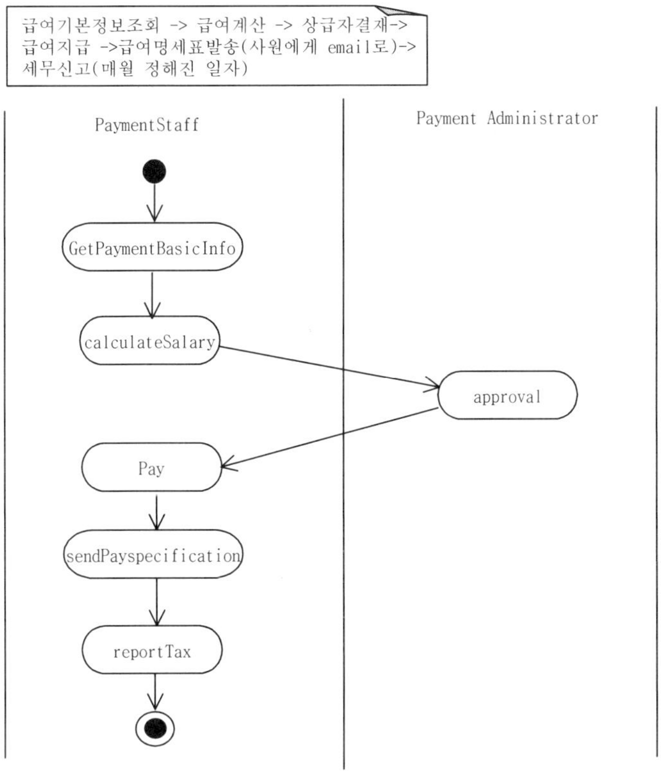

그림 4-72 유즈케이스 상위 수준 액티비티 다이어그램

③ 유즈케이스 수준 액티비티 다이어그램 작성

대체로 유즈케이스 수준 액티비티 다이어그램을 모든 유즈케이스에 대해 그릴 필요는 없다. 업무 흐름이 비교적 복잡하거나 중요한 유즈케이스에 한해 그리는 것이 바람직하다. 유즈케이스 모델링에는 유즈케이스를 파악한 이후 구조화를 하거나 중요도를 파악을 하는 절차가 있는데 이 결과를 바탕으로 모델 작성 여부를 결정하면 된다.

액티비티 다이어그램 작성을 결정하는 사항은 중요도뿐만 아니라 유즈케이스 크기와도 관련된 문제이다. 유즈케이스 모델링에 있어 액터에게 의미 있는 일의 단위라는 말은 매우 모호한 경우도 많고, 어떤 액터에게는 매우 간단한 일도 한 단위가 되지만 어떤 액터에게는 여러 업무가 하나로 묶여지지 않으면 의미있는 일의 단위가 안 되는 경우도 있기 때문이다. 이런 이유로 아주 사소한 정보 관리는 조회, 생성, 갱신 등 여러 업무를 통합해서 한 유즈케이스로 만들기도 하고 한 유즈케이스에 여러 유즈케이스를 포함(Incluce)시키기도 하는 것이다.

따라서 한 유즈케이스에 대해 여러 유즈케이스가 관계를 맺고 있거나 한 유즈케이스 기술서 내용이 아주 많아 이를 한눈에 파악하기 어려운 경우가 있다면 유즈케이스 수준 액티비티 다이어그램을 작성할 필요가 있다. 다음 그림은 급여정보관리 유즈케이스에서 하는 행위 일부를 표현한 것이다.

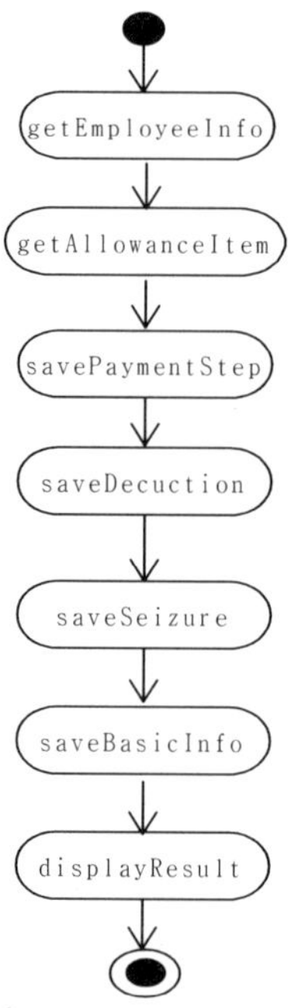

그림 4-73 유즈케이스 수준 액티비티 다이어그램

④ 클래스 수준 액티비티 다이어그램

클래스 수준 행위 모델은 상황에 따라 스테이트차트 다이어그램으로 표현하는 것이 더 좋을 수도 있고 액티비티 다이어그램을 사용하는 것이 더 좋을 수도 있다. 하지만 시퀀스 다이어그램과 콜레보레이션 다이어그램이 매우 유사한 행위 모델을 표현하지만 각 모델들이 갖는 의미가 있듯이 액티비티 다이어그램과 스테이트차트 다이어그램도 나름대로 의미를 갖고 있다. 그 차이는 하나는 액티비티 중심이고 하나는 스테이트 중심이라는 것이다. 하지만 많은 사람들이 액티비티 흐름과 상태의 변화에 대한 파악 자체를 이해하지 못하거나 둘 간의 차이에 대해 충분히 인식하지 못한다.

액티비티 다이어그램은 이벤트나 클래스가 갖는 속성에는 크게 관심을 두지 않는다. 하지만 객체들이 상태를 유지하거나 상태를 변경시킬 수 있는 것은 속성과 속성 값을 변화시킬 수 있는 오퍼레이션 때문이다. 또한 이벤트들이 결과적으로 속성과 관련 있는 오퍼레이션들을 실행시키는 역할을 한다. 따라서 상태 변화를 일으키는 주요인이 이벤트이기 때문에 스테이트차트 다이어그램에서는 속성과 이벤트에 대해 매우 큰 관심을 둔다. 이처럼 액티비티 다이어그램과 스테이트차트 다이어그램이 이론적으로 약간의 차이가 있다. 하지만 두 다이어그램들은 다양한 표현력을 갖고 있기 때문에 두 다이어그램 모두 자세한 행위 모델을 만들 수 있다.

클래스 수준에서 작성되는 액티비티 다이어그램은 클래스에 정의된 오퍼레이션 수준에서 액티비티들을 표현한다. 따라서 인터랙션 다이어그램처럼 여러 객체들의 행위 활동보다는 한 클래스가 행하는 일만을 구체적으로 알고 싶을 때 액티비티 다이어그램을 사용하면 좋다. 다음 그림은 급여정보관리 엔티티 클래스가 하는 행위를 표현한 것이다.

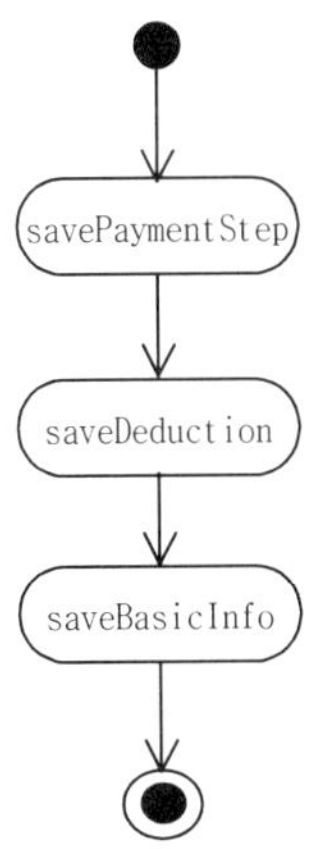

그림 4-74 클래스 수준 액티비티 다이어그램

⑤ 액티비티 다이어그램 모델링 예

인터랙션 다이어그램에서 예로 들었던 급여 계산을 생각해보자. 급여 계산 유즈케이스는 급여 업무의 일부이기 때문에 '유즈케이스 상위 수준 액티비티 다이어그램 작성' 부분에서 보았던 예와 동일하다. 여기서는 유즈케이스 수준 액티비티 다이어그램부터 살펴보자.

급여 계산 유즈케이스는 급여 관련 업무 중 가장 복잡한 유즈케이스에 해당한다. 따라서 유즈케이스에 대한 액티비티 다이어그램을 통해 더욱 구체적인 계산 처리 과정을 살펴볼 필요가 있다. 다음은 급여 계산 유즈케이스에 대한 액티비티 다이어그램이다.

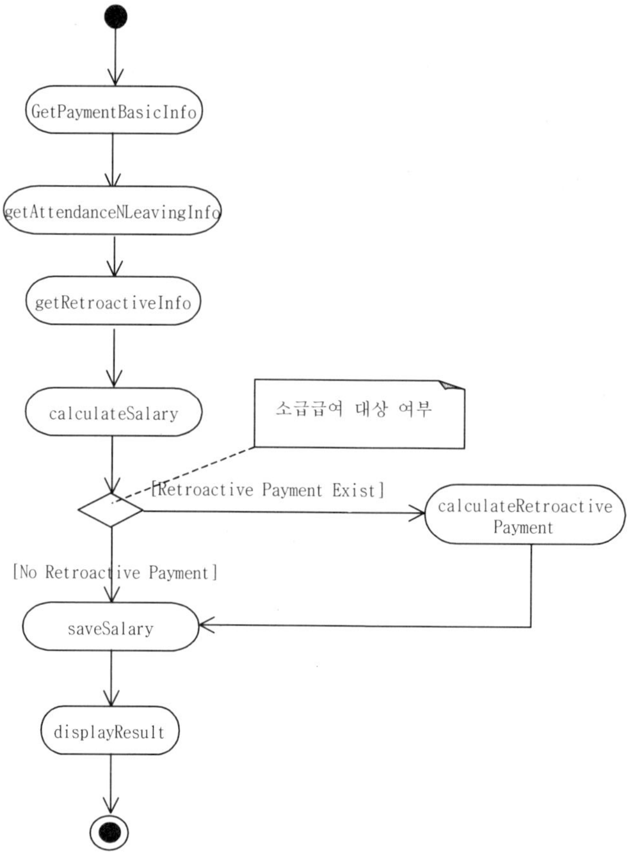

그림 4-75 유즈케이스에 대한 액티비티 다이어그램

그림에 있는 액티비티 다이어그램을 보면 급여계산을 위해 어떤 정보들이 필요하고 소급금에 대한 처리 과정이 필요하다는 것과 계산 후 결과를 저장한다는 것까지 알 수 있다. 따라서 여러 객체들간 상호작용에 대한 내용과는 상관없이 급여 계산 처리 흐름만을 살펴볼 수 있다. 즉, 일에 대한 실행 주체가 어떤 객체인지 알 필요가 없는 것이다. 이때 급여 계산 액티비티는 다른 액티비티에 비해 중요한 오퍼레이션이기 때문에 더욱 자세히 살펴볼 필요가 있다면 클래스 수준에서 액티비티 다이어그램을 그려볼 필요가 있다. 다음은 클래스 수준에서 살펴본 액티비티 다이어그램이다.

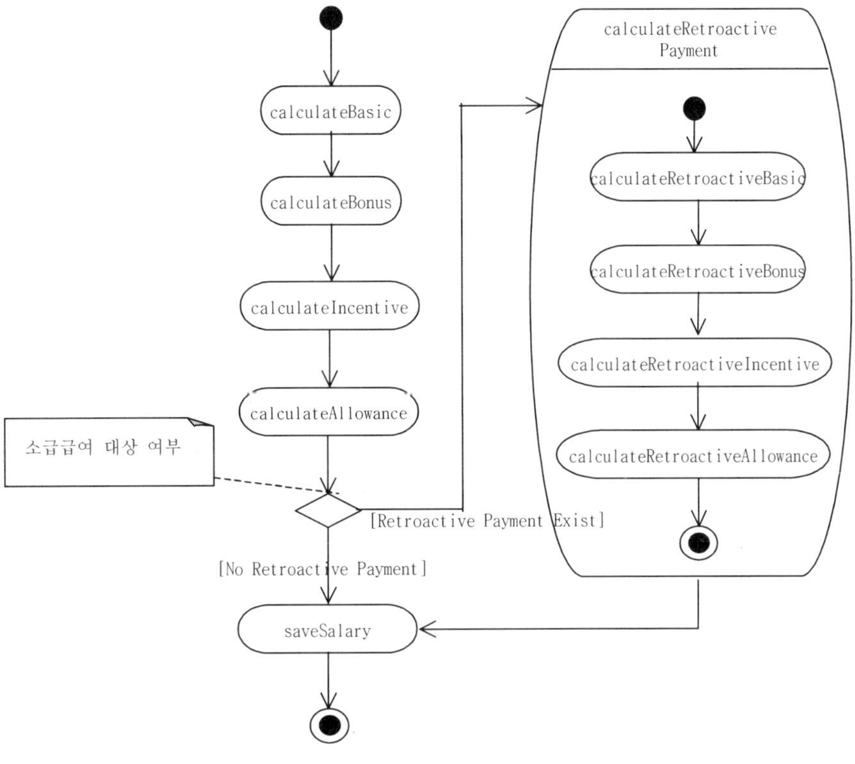

그림 4-76 클래스 수준 액티비티 다이어그램

이때 한 가지 주목할 것은 클래스 수준 액티비티 다이어그램의 내용이 유즈케이스 수준 액티비티 다이어그램에 표현된 액티비티 하나에 대한 내용과 꼭 들어맞는 것은 아니라는 것이다. 클래스 수준 액티비티 다이어그램 전체가 유즈케이스 수준 액티비티 하나보다 더 작을 수도 있고, 유즈케이스 수준 액티비티 몇 개를 포괄할 수도 있다. 이유는 유즈케이스 수준으로 작성된 액티비티 다이어그램이 객체들간 상호작용에 초점을 맞춘 그림이 아니기 때문이다. 즉 한 클래스에 유즈케이스 행위를 어느 정도까지 포함시킬지는 클래스 역할을 정의하는 사항인 것이다. 따라서 유즈케이스 수준 액티비티 다이어그램의 액티비티가 한 클래스가 갖는 전체 역할이라고 생각하면 안 된다.

(4) 스테이트차트 다이어그램

스테이트차트 다이어그램은 앞에서 소개한 여러 행위 모델들과 많은 관련이 있다. 특히 클래스 수준 액티비티 다이어그램과 표현 형식은 다르지만 표현 수준은 매우 비슷하다.

스테이트차트 다이어그램은 주로 클래스가 수행하는 행위 관점을 표현하지만, 유즈케이스 수준 또는 서브 시스템, 컴포넌트 등에 대한 상태 변화를 표현할 수도 있다. 이처럼 스테이트차트는 특정 요소가 외부 요소들로부터 다양한 이벤트를 받는 경우 복잡한 상태 변화를 일목요연하게 보여주는 역할을 한다.

대체로 스테이트차트 다이어그램은 가장 활용빈도가 낮은 모델이다. 또한 행위 모델이 갖는 특성이나 모델링에 대한 일반적인 접근은 앞에서 많이 다루었다. 따라서 스테이트차트 다이어그램에 대해서는 자세한 모델링 기법을 살펴보기보다는 기본적인 사항 중심으로 알아보도록 하겠다. 특히 클래스 수준에 대한 스테이트차트 다이어그램에 국한시켜서 알아보자.

① 스테이트차트 다이어그램 작성 요령

스테이트차트를 작성할 때 파악해야할 상황으로 가장 중요한 것은 클래스와 클래스가 갖는 속성들이다. 구조 모델이 적절하게 진행되었다면 대부분 클래스가 맡은 역할을 수행하기 위해 필요한 속성들을 이미 파악했을 것이다.

스테이트차트 다이어그램을 그릴 때 가장 먼저 해야 할 것은 상태를 표현이 필요한 클래스를 선정하는 것이다. 대체로 복잡한 처리 절차나 많은 속성을 갖는 클래스들이 선정되는데, 스테이트차트 다이어그램을 그리면서 상태 관리에 필요한 속성 또는 오퍼레이션을 추가로 찾기도 한다. 스테이트차트 다이어그램 작성에서 가장 어려운 점은 파악해야할 상태 수준이 어떤 정도인가 하는 것과 상태 변화를 일으키는 이벤트 파악이다. 특히 상태를 어느 정도로 자세히 표현할 것인지는 모델을 작성하는 목적에 따라 다르다.

만약 클래스가 갖는 속성 및 오퍼레이션을 검증하기 위한 목적이 강하다면 가급적 자세한 상태 표현이 필요하지만, 클래스가 취할 수 있는 주요 상태들을 참고하는 것이라면 상위 수준의 상태 표현만으로 충분할 수도 있다. 하지만 클래스 수준 스테이트차트 다이어그램을 그릴때는 대체로 세부적인 표현까지 필요한 경우가 많다. 따라서 클래스가 가질 수 있는 모든 하부 상태를 파악하고 상태 전이에 관련된 이벤트와 조건을 모두 파악하는 수준으로 스테이트차트 다이어그램을 표현하는 것이 필요하다.

기본급여정보에 대한 엔티티 클래스를 예를 들어보자. 정보를 처리하는 역할이 대부분인 엔티티 클래스라면 상태 관리는 할 필요도 없다고 생각하는 경우가 많다. 하지만 이 경우에도 충분히 자세한 스테이트차트 다이어그램을 그릴 필요도 있고, 이를 바탕으로 클래스 모델을 보다 개선시켜볼 수도 있다.

다음 그림은 엔티티 클래스에 대한 스테이트차트 다이어그램 예이다. 이를 그릴 때 가장 먼저 어떤 수준에서 상태를 표현할 것인지를 결정한다. 우선은 저장에 대한 상태관리만이 필요하고 정상적인 경우와 정상적으로 저장되지 않았을 때 롤백이 필요한 사항을 표현해야한다고 가정하자.

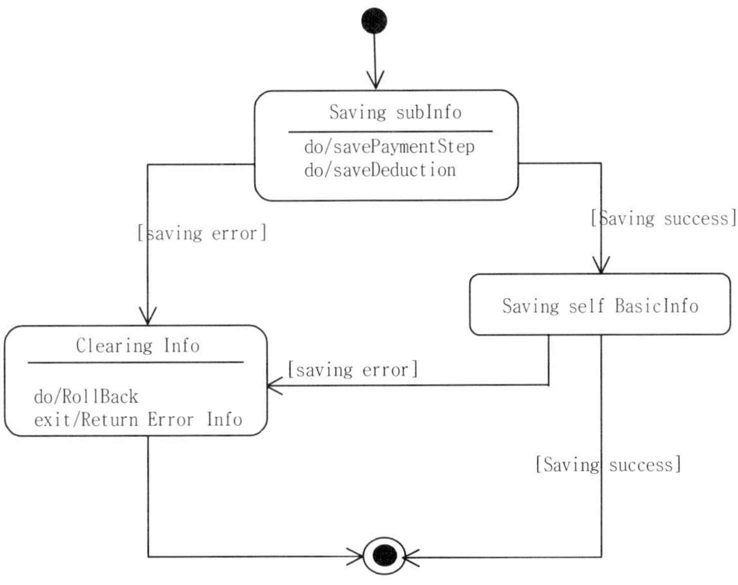

그림 4-77 급여 클래스에 대한 스테이트 차트 다이어그램

앞 그림을 보면 급여를 계산하는 상태에서 여러 관련 액티비티를 수행하는 것을 표현하였다. 그리고 조건(성공, 실패) 별로 해당 상태로 전이하는 것도 표현하였다.

4.4 행위 모델 검토, 개선

구조 모델은 주로 클래스 다이어그램이라는 한 다이어그램을 중심으로 대부분의 내용이 다루어졌다. 이와는 달리 행위 모델은 시퀀스 다이어그램, 콜레보레이션 다이어그램, 액티비티 다이어그램, 스테이트차트 다이어그램 등 여러 다이어그램을 다루었다. 따라서 행위 모델을 검토, 개선, 진화시키는 것은 훨씬 더 복잡하다. 요구사항 모델이나 구조 모델 내용을 기반으로 행위 모델을 만드는 것이 많기 때문에 각 모델들마다 갖는 고유 목적뿐만 아니라 모델들 간의 연관 관계도 충분히 이해해야하기 때문이다.

행위 모델 검토, 개선에서는 행위 모델이 갖는 특성에 맞추어 개괄적으로 알아보도록 하겠다.

(1) 행위 모델 검토

구조 모델도 검토가 필요했지만, 행위 모델에서도 적절한 메시지들이 전달되고 필요한 서비스, 기능이 이루어지는지 검토할 필요도 있다. 특히, 유즈케이스 기술서에 나타난 액터와 시스템간 상호작용과 유즈케이스 내부 흐름이 행위 모델에 제대로 표현되었는지 검토할 필요가 있다. 행위 모델을 보다 자세히 검토하려면 행위 모델의 특성을 충분히 이해해야 어떤 부분을 검토해야 할지 명확히 알 수 있다.

대부분의 행위 모델은 시간적 흐름에 따른 사항을 표현한다. 또한 이벤트나 메시지와 같은 오퍼레이션 관련 요소들이 주요 검토 대상이다. 이 때 이들 행위 모델을 크게 두 가지로 구분해볼 수 있는데, 하나는 객체를 중심으로 한 모델과 객체를 중심으로 하지 않은 모델로 나눌 수 있다. 객체를 중심으로 한 모델인 경우에는 구조 모델과 매우 밀접한 관계를 갖고 있기 때문에 구조 모델과 상호 보완적인 특성이 있고, 객체를 중심으로 하지 않은 모델은 유즈케이스 모델과 밀접한 관계를 갖고 있거나 클래스 내부에 국한된 사항일 수 있다.

먼저 가장 상위 수준에서 유즈케이스 상위 수준 액티비티 다이어그램이 있다면 업무관련 사항들(매뉴얼, 기존 시스템,...)과 유즈케이스 다이어그램을 보면서 비즈니스 프로세스를 확인하고 비즈니스 프로세스를 수행하기 위한 주체가 스윔레인에 적절히 표현되었는지 확인한다.

유즈케이스 수준 액티비티 다이어그램을 검토할 때는 유즈케이스 기술서를 바탕으로 액터와 시스템간 상호작용에 대한 주요 내용이 액티비티로 충분히 표현되었는지 확인한다.

인터랙션 다이어그램은 유즈케이스 다이어그램과 구조 모델을 기반으로 액터 및 객체가 찾아졌는지 확인하고, 유즈케이스 기술서에 있는 시나리오대로 표현되었는지 순서대로 메시지들을 따라가 본다. 인터랙션 다이어그램은 시나리오대로 따라가는 것 외에 또 필요한 사항이 있다. 행위 모델에 충분한 표현이 되었어도, 구조 모델에 반영이 안 된 사항이 있다면 이를 반영해야한다. 즉 필요한 시나리오가 인터랙션 다이어그램에 표현되었다면 인터랙션 다이어그램에 정의된 메시지가 클래스 다이어그램에 오퍼레이션으로 정의되었는지 메시지를 주고받을 수 있는 관계가 설정되었는지 확인해야한다.

스테이트차트 다이어그램이나 클래스 수준 액티비티 다이어그램은 한 클래스에 해당하는 사항이다. 하지만 스테이트차트 다이어그램에 표현된 상태 내부에 액티비티가 정의되어 있는 경우, 해당 액티비티가 정의된 다른 클래스를 확인해야한다. 대체로 상태 내부 액티비티는 해당 클래스로부터 생성한 객체가 다른 클래스로부터 생성된 객체에게 메시지를 보내기 때문이다. 또한 특정 이벤트에 의해 상태가 변경될 경우 이벤트가 별도의 오퍼레이션 형태로 구현되어야한다면 해당 클래스에 오퍼레이션이 정의되었는지도 확인해야한다.

클래스 수준 액티비티 다이어그램도 스테이트차트 다이어그램과 매우 유사한 확인 절차를 거칠 필요가 있다. 액티비티 다이어그램 내부에 표현된 액티비티들이 적절한 오퍼레이션으로 정의되어있는 확인해야한다.

(2) 행위 모델 개선

행위 모델을 개선한다는 것은 행위 모델 검토에서 나온 문제점이 있을 때 문제점에 대한 해결 방안을 마련하는 것이다. 하지만 문제점들이 요구사항 모델 또는 구조 모델과의 불일치에 있다면 단순한 행위 모델만 개선해서 해결되지 않는 사항도 있을 것이다. 따라서 행위 모델을 개선하기 위해서는 반드시 다른 관련 모델간 관계를 파악하고 필요하다면 함께 모델을 개선해 나가야한다.

대체로 행위 모델에 대한 검토가 완전히 끝나서 개선사항이 없다 해도 구조모델이 계속 개선되는 경우, 행위 모델을 개선하거나 새로 만들어야하는 경우가 생겨난다.

연 습 문 제

1. 다음 중 요구사항 관련 프로세스가 아닌 것은?
   ① 요구사항 추출 ② 요구사항 설계
   ③ 요구사항 명세 ④ 요구사항 검증

2. 다음은 효과적인 요구사항 수집을 위해 활용될 수 있는 수집기법이다. 이 중 요구사항 추출을 촉진하여, 범위를 확정할 목적으로 사용되는 기법은?
   ① Workshop ② Questionnaire
   ③ Role Playing ④ Brainstorming

3. 다음 중 요구사항 명세 속성이 아닌 것은?
   ① 정확성 ② 수정용이성
   ③ 다양성 ④ 연계성

4. 요구사항과 관련된 산출물 중 기존 시스템 문제점과 해결방안을 기록하고, 프로젝트 목적을 각 이해당사자들의 시각으로 기술한 문서는 무엇인가?
   ① 요구사항 명세서 ② 시스템 특성 명세서
   ③ 요구사항 기술서 ④ 비전기술서

5. 요구사항에 대한 설명 중 맞는 것은?
   ① 요구사항 명세서에 포함되는 항목 중 유즈케이스의 특정한 예를 나타내어시스템 개발시 테스트 케이스로도 활용될 수 있는 항목은 정상 흐름이다.
   ② 요구사항 프로세스 중 요구사항을 이해하고 평가, 개선하는 과정을 통해 요구사항 범위를 결정짓는 단계는 요구사항 추출 단계이다.
   ③ 모호하거나 난해한 요구사항을 명확히 하기 위해 프로토타이핑 기법을 활용한다.
   ④ 요구사항은, 공정의 연계성을 위해 설계를 전제하여 파악한다.

6. UML에서 모델 표기법은 크게 요구 모델링, 구조 모델링, 행위모델링으로 구분하는데, 이 중 요구 모델링에 해당하는 다이어그램으로 적합한 것은?
   ① 활동 다이어그램 ② 시퀀스 다이어그램
   ③ 유즈케이스 다이어그램 ④ 배치 다이어그램

7. 다음은 요구 모델링에 대한 설명이다. 틀린 것은?
① 유즈케이스는 시스템의 구조적 요구사항을 표현하는 장치이다.
② 유즈케이스 모델링을 통해 시스템의 기능 요구사항을 검증할 수 있다.
③ 액터는 최소한 하나 이상의 유즈케이스와 관련을 맺어야 한다.
④ 유즈케이스 다이어그램은 시스템의 행위에 대한 what을 표현한다.

8. 유즈케이스 다이어그램에 표현되는 정보로 적합하지 않은 것은?
① 액터 ② 유즈케이스
③ 《bind》 ④ 《include》

9. 유즈케이스들 간의 관계로 적합한 것은?
① include ② association
③ composition ④ aggregation

10. 한 유즈케이스의 특정 시점, 특정조건에서 파생되어 새롭게 생성된 유즈케이스가 있다. 이 때 어떤 관계를 맺어야 하는가?
① association ② include
③ extend ④ generalization

11. 유즈케이스 명세서에 기록될 수 있는 흐름의 종류가 아닌 것은?
① 정상 흐름 ② 반복 흐름
③ 대치 흐름 ④ 예외 흐름

12. 다음 유즈케이스 다이어그램은 오류가 존재한다. 오류로 적합한 것은?

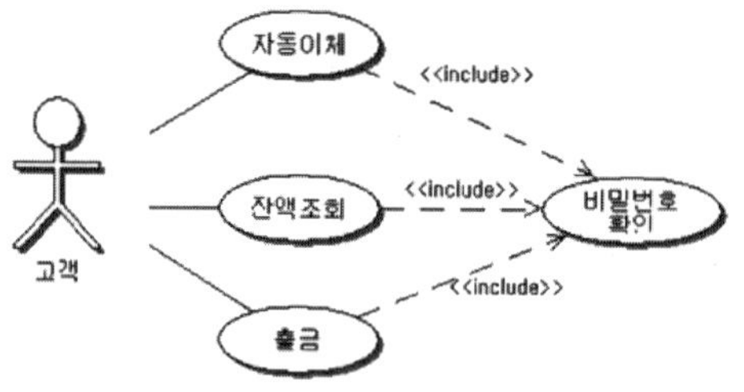

① 유즈케이스들 간의 《include》 관계 오류
② 액터와 유즈케이스들 간의 관계 오류
③ 유즈케이스들 간의 실행 순서 표시 오류
④ 유즈케이스 표기 오류

13. 유즈케이스 모델링에 대한 설명 중 틀린 것은?
① 유즈케이스는 요구사항 명세서의 기능들을 반영하여 추출해야 한다.
② 액터와 유즈케이스는 일대일 대응 관계를 가져야 한다.
③ 유즈케이스들 간에는 연관 관계를 설정할 수 없다.
④ 액터와 유즈케이스 간에는〈〈include〉〉를 표시할 수 없다.

14. 〈〈include〉〉와 〈〈extend〉〉 관계에 대한 설명으로 부적합 것은?
① 〈〈include〉〉 관계는 여러 유즈케이스들 간의 공통적인 기능을 유즈케이스로 추출하여 이들 간에 설정하는 것이다.
② 〈〈include〉〉 관계에 있는 유즈케이스는 이를 포함하는 다른 유즈케이스들이 실행될 때마다 반드시 실행되어야 한다.
③ 〈〈extend〉〉 관계는 한 유즈케이스의 특정 부분에서 다른 경로로 수행되어야 할 경우에 이를 새로운 유즈케이스로 추출하여 설정하는 것이다.
④ 〈〈extend〉〉 관계에 있는 유즈케이스는 이 유즈케이스가 파생된 해당 유즈케이스가 수행 될 때마다 반드시 실행되어야 한다.

15. 다음은 채점 시스템에 대한 유즈케이스 다이어그램이다. 여기서 의미하는 바가 아닌 것은?

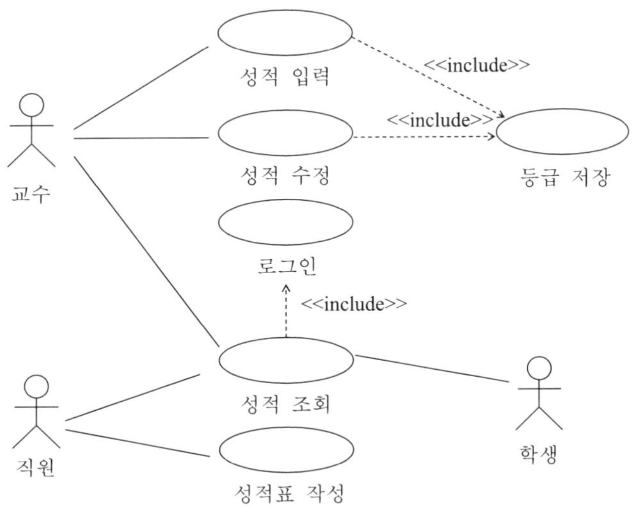

① 액터는 '교수', '직원', '학생' 이다.
② 학생은 '성적 조회' 기능만 접근할 수 있다.
③ 교수가 성적 수정이나 성적 입력을 할 때마다 등급 저장이 이루어진다.
④ 학생이 성적 조회할 경우에만 로그인이 필요하다.

16. 유즈케이스 명세서에 대한 설명이다. 틀린것은?
   ① 유즈케이스 각각에 대해서 유즈케이스의 흐름을 기술하는 장치이다.
   ② 유즈케이스들 간의 실행 순서를 기술하는 장치이다.
   ③ 유즈케이스가 어떻게 수행되는지를 표현한다.
   ④ 유즈케이스 명세서에는 정상, 대치, 예외 흐름이 기술된다.

17. 인터넷 항공 예약 시스템의 경우에 액터로 적합하지 않은 것은?
   ① 고객 ② 직원 ③ 관리자 ④ 항공기

18. 인터넷 항공 예약 시스템의 경우, '고객' 액터와 관련된 유즈케이스로 적합하지 않은 것은?
   ① 티켓 예매 ② 티켓 구매
   ③ 회원 검색 ④ 예약 취소

19. 유즈케이스 다이어그램에 대한 설명 중 틀린 것은?
   ① 일반화(Generalization) 관계는 액터간에 표시할 수 있다.
   ② 일반화 관계는 액터와 유즈케이스 간에 표시할 수 있다.
   ③ 일반화 관계는 유즈케이스 간에 표시할 수 있다.
   ④ 일반화 관계는 상속 개념과 동일하다.

20. 요구 모델링에 대한 설명 중 틀린 것은?
   ① 고객이 원하는 요구사항을 검증하기 위한 수단으로 이용되는 기법이다.
   ② 유즈케이스 모델링은 시스템의 기능 요구 모델링 수단으로 활용된다.
   ③ 유즈케이스 모델링은 시스템의 모든 요구를 반영하는 모델링 수단이다.
   ④ 유즈케이스 모델링을 통해 시스템 내부 기능과 외부 개체 간의 상호 작용도 표현할 수 있다.

21. 유즈케이스에 대한 상세 설명을 위해 작성하는 유즈케이스 명세서의 구성 요소가 아닌 것은?
   ① 사전 및 사후조건 ② 대치 흐름
   ③ 액터명 ④ 유즈케이스 수행에 필요한 비용산정

22. 유즈케이스 모델링에 대한 설명 중 틀린 것은?
   ① 하나의 유즈케이스는 어떤 하나의 목표를 이루기 위한 실행 순서들의 집합이다.
   ② 유즈케이스는 시스템 내부에서 실행되는 기능 군이다.
   ③ 유즈케이스는 액터에 의해서만 실행된다.
   ④ 유즈케이스는 트랜잭션 개념처럼 일단 실행되면 실행이 완료되어야 한다.

23. UML을 활용한 모델링을 구분할 때 요구 모델링, 구조 모델링, 행위 모델링으로 구분한다. 이 중 구조 모델링에 해당하는 다이어그램이 아닌것은?

① 클래스 다이어그램　② 패키지 다이어그램
③ 유즈케이스 다이어그램　④ 배치 다이어그램

24. 다음은 구조 모델링에 대한 설명이다. 틀린 것은?

① 클래스 다이어그램은 시스템 내부 구조를 표현한다.
② 구조 모델은 정적 측면을 중심으로 표현하는 모델이다.
③ 구조 모델링은 시스템 내 상태 변화를 표현하는 모델링이다.
④ 구조 모델링은 시스템을 구성하는 요소들 간 연결 관계를 표현한다.

25. 클래스 다이어그램에 표현하는 정보로 적합하지 않은 것은?

① 클래스　② 연관 관계
③ 의존 관계　④ 노드

26. 노드로 표현하기 적합하지 않은 것은?

① 라우터　② 스캐너
③ TCP/IP 프로토콜　④ 웹 서버

27. 어떤 한 클래스가 다른 클래스로부터 정보를 얻어오는 관계를 갖고 있다. 이들 간 관계를 표현하기에 적합한 것은?

① association　② include
③ dependency　④ generalization

28. 패키지 내 구성 요소로 적합하지 않은 것은?

① 클래스　② 유즈케이스
③ 컴포넌트　④ 통신 연관 관계

29. 컴포넌트 다이어그램에서 컴포넌트들 간 참조 관계는 무엇으로 표현하는가?

① association　② Aggregation
③ dependency　④ generalization

30. 배치 다이어그램에 대한 설명으로 틀린 것은?

① 배치 다이어그램은 소프트웨어 컴포넌트만을 모형화 한 것이다.

② 노드와 통신 연관 관계로 표현된다.
③ 노드에는 컴포넌트나 클래스 또는 객체가 배치될 수 있다.
④ 노드에 대한 인스턴스도 표현가능하다.

31. 패키지 다이어그램에 대한 설명으로 틀린 것은?
① 서로 같은 업무 영역에 들어가는 클래스들은 한 패키지로 그룹화한다.
② 패키지들 간 참조 관계는 연관 관계로 표현한다.
③ 패키지는 다른 패키지들을 포함할 수 있다.
④ 패키지는 유즈케이스들을 그룹화할 수 있다.

32. 컴포넌트 다이어그램에 대한 설명으로 틀린 것은?
① 한 컴포넌트는 한 개 클래스로 구성된다.
② 컴포넌트는 반드시 인터페이스를 갖는다.
③ 컴포넌트 간 상호작용은 인터페이스를 통해서만 이루어진다.
④ 컴포넌트의 인터페이스는 컴포넌트가 제공하는 기능에 대한 명세이다.

33. 인터넷 쇼핑몰에서 클래스로 부적합 한 것은?
① 고객 ② 상품
③ 주문 ④ 검색

34. 클래스 다이어그램 작성과 관련된 내용 중 틀린것은?
① 물리적인 사물 또는 추상적인 개념도 클래스가 될 수 있다.
② 연관 관계도 경우에 따라서는 클래스가 될 수 있다.
③ 한 클래스는 한 유즈케이스에만 가담(참가)한다.
④ 클래스는 서로 다른 연관 관계에서 서로 다른 역할 명을 가질 수 있다.

35. 인터페이스에 대한 내용 중 틀린것은?
① 함수 로직이 없는 시그너처(Signature)들의 집합이다.
② 추상 클래스와 동일한 의미를 갖는다.
③ 인터페이스는 서로 상속 관계를 가질 수 있다.
④ 인터페이스와 구현 클래스들을 컴포넌트로모델링할 수 있다.

36. 설계 단계 클래스 다이어그램에 대한 내용 중 틀린 것은?
① 분석 단계 클래스 다이어그램을 개선한 것이다.

② 논리적 표현이 아닌 물리적 표현만을 가질 수 있다.
③ 보안이나 성능 개선을 위한 클래스들이 나타날 수 있다.
④ 인터페이스를 구현한 클래스들도 함께 표현할 수 있다.

37. 클래스 다이어그램을 정제하는 과정 중 올바른 것은?
① 모든 모델들이 완성된 후 정제 과정을 거칠 수 있다..
② 요구사항 모델을 잘 표현하고 있는지 검토하면서 가급적 많은 클래스들을 추가할 필요가 있다.
③ 여러 유즈케이스들에 공통적으로 나타나는 클래스들을 통합한다.
④ 속성이 많은 클래스는 반드시 두개 이상의 클래스로 분할한다.

38. 다음 패키지 다이어그램에서 틀린 부분을 올바르게 지적한 것은?

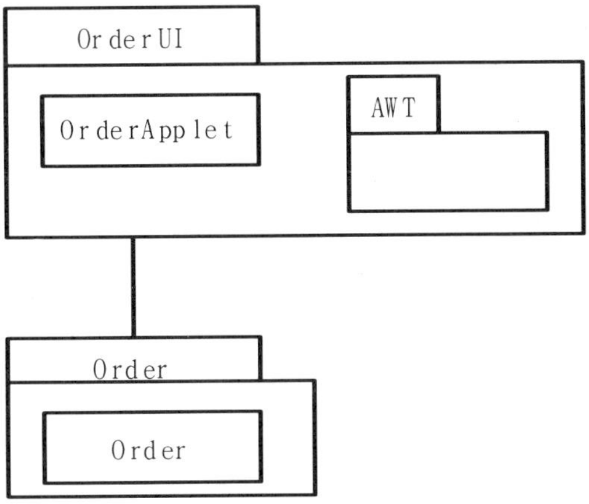

① 패키지 내에는 클래스가 올 수 없다.
② 패키지 간 관계가 잘못 표현되었다.
③ 패키지 명 표시가 잘못되었다.
④ 패키지는 다른 패키지를 포함할 수 없다.

39. UML 기반 모델링을 크게 요구 모델링, 구조 모델링, 행위모델링으로 구분할 수 있다. 이 중 행위 모델링에 해당하는 다이어그램이 아닌 것은?
① 액티비티 다이어그램
② 시퀀스 다이어그램
③ 콜레보레이션 다이어그램
④ 배치 다이어그램

40. 다음은 행위 모델링에 대한 설명이다. 틀린 것은?
① 논리적 관점에서만 고려되어야 한다.
② 시스템 내부 행위를 표현하는 모델 요소들이 포함된다.
③ 유즈케이스를 실행하는 역할로서 액터를 표현할 수 있다.
④ 인터랙션 다이어그램을 표현할 수 있다.

41. 행위 모델링에서 인터랙션 다이어그램은 다음 중 어떤 것을 의미하는가?
① 클래스 다이어그램, 객체 다이어그램
② 시퀀스 다이어그램, 콜레보레이션 다이어그램
③ 액티비티 다이어그램, 스테이트차트 다이어그램
④ 컴포넌트 다이어그램, 배치 다이어그램

42. 액티비티 다이어그램에 대한 올바른 사항이 아닌 것은?
① 액티비티 내부에 액티비티를 가질 수는 없다.
② 시작은 반드시 하나만 있어야한다.
③ 끝은 여러개 있어도 된다.
④ 스윔레인에는 역할 또는 조직을 할당할 수 있다.

43. 다음 '객체' 기호에 대한 설명이 틀린 것은?

① 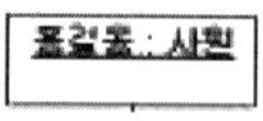

: 사원 클래스의 객체 '홍길동'

② 

: 객체 '홍길동'

③ 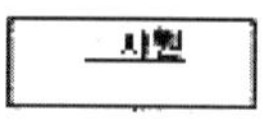

: 사원 클래스의 익명 객체

④ 

: 익명 클래스의 객체 '홍길동'

44. 다음 그림에서 표현되지 않은 기호는?

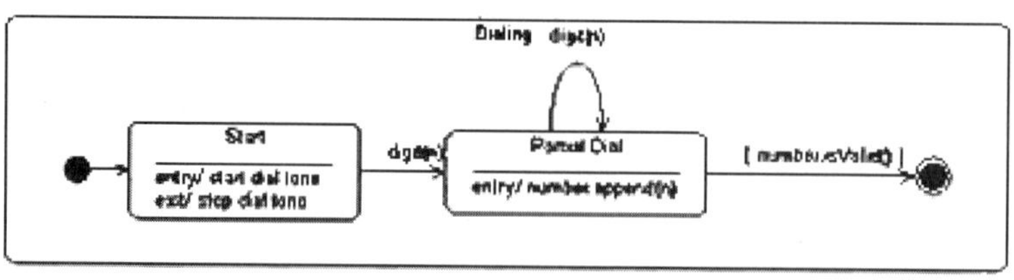

① 시작 ② 연관관계 ③ 상태 ④ 재귀전이

45. 동기화 메커니즘은 병행 스레드의 실행을 제어하기 위하여 사용하는 기법으로 충돌이나 비효율적인 자원의 사용을 방지한다. 이렇듯 동기화를 유도할 수 있는 다이어그램을 다음 그림에서 찾으세요?

①
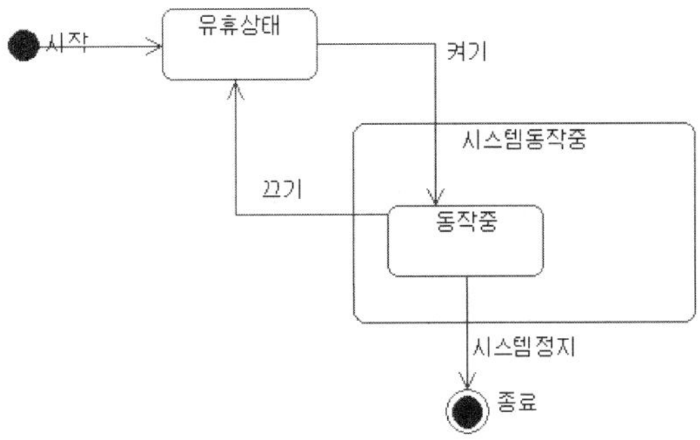

②
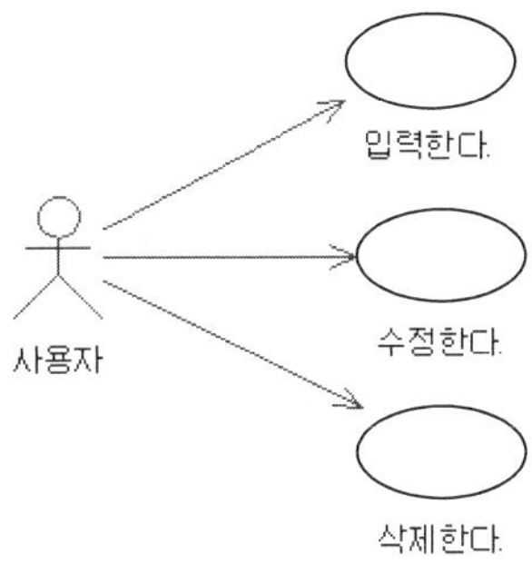

③
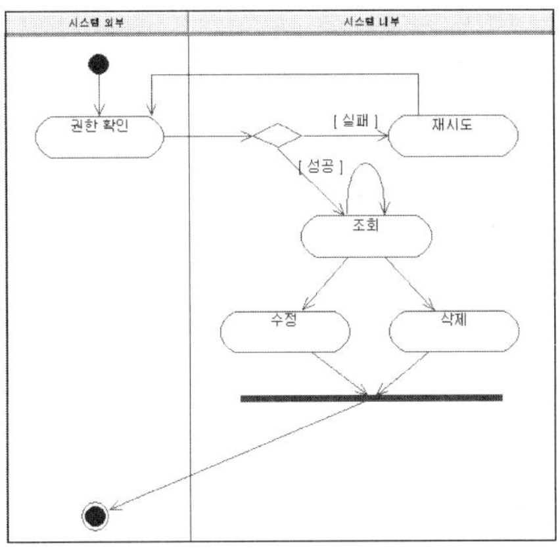

④
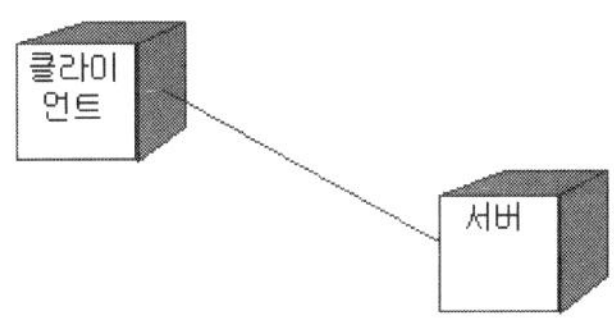

46. 객체 간 의미적인 연결로 연관에 대한 인스턴스를 나타내는 것이 있다. 콜레보레이션 다이어그램에서 객체와 객체 간 연결을 기호화한 것을 무엇이 라 하는가?

① 연관관계 ② 링크 ③ 상속관계 ④ 의존관계

47. 시퀀스 다이어그램에 대한 설명이다. 틀린 것은?

① 동적 모델링을 위한 다이어그램이다.
② 읽을 때는 위에서 아래로, 왼쪽에서 오른쪽으로 읽는다.
③ 객체를 클래스로, 메시지를 오퍼레이션으로 매핑이 가능하다.
④ 메시지를 오퍼레이션으로 매 핑할 때 반드시 일대일 매핑이여야 한다.

48. 다음 각 다이어그램에 대한 설명 중 적합하지 않는 것은?
   ① 시퀀스 다이어그램 : 메시지의 순차적 진행을 강조하는 다이어그램이다.
   ② 콜레보레이션 다이어그램 : 객체들 간 상호작용하는 형태를 강조하는 다이어그램이다.
   ③ 액티비티 다이어그램 : 시스템 전반에 걸친 상태 흐름을 강조하는 다이어그램이다.
   ④ 스테이트차트 다이어그램 : 객체의 특정 상태와 상태 변화, 이벤트, 그리고 행위들을 강조한 다이어그램이다.

49. 액티비티 다이어그램에서 '판단' 기호에 대한 설명이다. 틀린 것은?
   ① 분기가 일어나는 곳이다.
   ② 논리식의 결과 값에 따라 두 곳 이상의 흐름으로 분기가 일어난다.
   ③ 논리식의 결과에 따라 처리 흐름을 나누고 싶을 때 사용한다.
   ④ 행위가 포함된다.

50. 콜레보레이션 다이어그램 작성 시 주의할 점이 아닌 것은?
   ① 요구 모델링에서 제시된 유즈케이스별로 반드시 하나씩 작성되어야 한다.
   ② 가독성이 좋도록 노트를 사용할 수 있다.
   ③ 메시지의 흐름은 요구 모델링에서 액터로부터 시작해야 한다.
   ④ 클래스 다이어그램에 표기된 클래스 명과 매핑이 가능하도록 객체 이름을 표기하여야 한다.

51. 액티비티 다이어그램에서 동기화바에 대한 설명이다. 틀린 것은?
   ① 병렬 처리 절차가 시작되거나 모이는 곳이다.
   ② UML에서는 동기화바의 기호를 반드시 굵은 수평선으로 표시한다.
   ③ 포크는 하나의 제어 흐름이 두 개 이상의 병행적인 제어 흐름으로 분할되는 것을 의미한다.
   ④ 조인은 두 개 이상의 병행적인 제어 흐름의 동기화를 의미한다.

CHAPTER 05

요구사항 분석

●●● 객체지향 분석, 설계 및 구현방법을 적용한 S/W 개발 사례 구축을 목표로 하고 있다. 대상이 되는 업무영역은 "회사 내, 조직 내 업무 처리(지시, 보고, 품의, 결제)시스템"을 대상 업무 시스템 영역으로 설정하였다. 또한 여러 가지 모델 요소 및 다이어그램을 소개하게 되며, 모델링의 편이성을 위하여 케이스 툴을 사용 하고자 한다.

5.1 요구사항 파악

본 절에서는 객체지향 소프트웨어 설계를 위한 요구사항 파악에 대하여 살펴본다.

학습목표

- 요구사항 기술서 작성에 대하여 알아본다
- 유즈케이스 분석, 시나리오 작성 등 구축할 시스템의 기본 산출물 작성에 대하여 알아본다.

구축할 시스템을 개발하는 과정에서 시스템 개발을 의뢰한 고객 또는 업무 시스템을 실제로 사용하게 될 최종 사용자와의 만남은 매우 중요하다. 이러한 만남을 통해서 분석자는 구축할 시스템의 범위를 결정하게 되고, 구축할 시스템의 업무흐름을 정의할 수 있기 때문이다. 이는 전체 프로젝트의 일정 관리와도 매우 밀접한 관련을 가지며, 최종적으로 파악된 고객의 요구사항은 시스템 개발에서부터 테스트 과정까지 영향을 미치게 된다. 따라서 프로젝트의 성공을 위해서는 체계적이고 명확한 요구 분석이 이루어져야 하며, UML에서는 유즈케이스 모델링을 통해 사용자 혹은 고객의 요구사항을 파악(Requirement Capture)하고, 시스템의 범위를 결정하는 방법을 제공하고 있다.

5.1.1 요구사항 기술서

구축할 "업무처리 시스템(BMS)의 영역을 문서로써 기술한 것을 "요구사항 기술서(Requirement Specification)"라고 하며, 작성된 요구사항 기술서는 유즈케이스 모델링 과정에서 가장 중요한 기초 자료가 된다.

요구사항 기술서는 가급적이면 최종 사용자가 현 시스템의 문제점 및 구축되어야 할 업무 시스템에 대한 요구사항 등을 작성하도록 하는 것이 좋다. 사용자가 직접 작성하지 못 하게 되는 경우에는 개발자 혹은 분석/설계자가 사용자와의 면담, 설문, 기존 시스템 분석 등을 통하여 작성하고 이를 사용자에게 검증 받는다.

요구사항 기술서를 작성하기 위한 사용자의 면담이나 설문내용에 대하여 UML에서 특별히 규정하고 있는 것은 없다. 하지만 요구사항 기술서에는 무엇보다도 구축되어야 할 시스템의 영역이 명확히 정의되어야 하며, 그 내용 또한 사용자의 검증을 거친 것이 좋으며, 업무 영역의 구체적인 부분까지고 기록하고 사용자로부터 확인 받는 것이 바람직하다.

다음 [표 5-1]은 업무처리 시스템의 업무 영역에 대해 작성된 요구사항 기술서를 보여주고 있다.

표 5-1 요구사항 기술서 예

ID	유형	요구 사항명	관련요구사항	요구사항 설명	전제 조건	관련 부서	우선 순위
1	기능	로그인	ID와 PASSWORD를 이용하여 로그인	1) 시스템관리자의 등록을 통하여 입력된 사용자 ID/PASSWORD를 입력하여 시스템에 로그인 2) ID가 없는 경우는 사용불가		시스템 사용자	상
2	비기능	사용자 인증	ID와 PASSWORD를 통한 사용자 권한부여	1) ID 와 PASSWORD로 MAPPING을 통하여 사용자의 고유의 권한을 부여 (권한의 종류:SYSTEM ADMIN, PM, M)		시스템 사용자	상
3	기능	사용자 관리	사내조직내의 인적자원을 통한 수정, 삭제, 조회	1) 사내조직내의 인적자원 등록 ,삭제, 조회 2) ID –PASSWORD– 이름– 부서– 직책– 메일주소–		관리자	상
4	기능	업무 관리	사내조직내의 신규기초업무 생성 수정 ,삭제 , 조회	1) 사내조직내의 신규기초업무 생성, 수정 ,삭제 조회 2) 업무 ID– 업무 명– 기간(게시일–마감일)– 업무내용– 팀장–		의사결정권자	상

ID	유형	요구 사항명	관련요구사항	요구사항 설명	전제 조건	관련 부서	우선 순위
5	기능	업무 지시	업무들을 관리자나 담당자에게 지시	1) 등록된 업무 LIST표시 -업무ID- 업무명- 내용- 팀장- 기간- 지시건수- 공지건수- 보고건수- 건의건수- 2) 자기가 지시할 지시사항이 있는 업무선택 3) 업무지시 입력 P-ID- 지시 ID- 지시자 ID(수정가능)- 게시자 ID(수정불가)- 지시제목- 내용- 담당자(관리자, 담당자)- 지시마감일- 등록일-		의사결 정권자	상
5-1	기능	수정된 업무 지시	보고가 만족하지 않을 경우 수정된 업무지시	1) 보고현황 내용표시화면 2) 보고현황이 수정사항이 있을 경우 아래 코멘트를 달아서 다시보고자에게 보낸다		의사결 정권자 • 관리자	상
6	기능	보고 현황	업무지시자가 진행중인 업무의 보고상황 조회	1) 등록된 업무 LIST 표시 2) 자기가 조회하고픈 보고현황 선택 3) 보고현황 LIST 표시 지시사항 ID 보고 ID 보고자 ID 보고 날짜 보고내용 진척도 4) 보고가 맘에 않들 시 에 수정해서 다시 업무보고(5-1)		의사결 정권자 • 관리자	상

ID	유형	요구 사항명	관련요구사항	요구사항 설명	전제 조건	관련 부서	우선 순위
7	기능	건의 사항 결제	건의사항을 결제하여 품의를 결정	1) 건의 결제 LIST 표시 2) 건의사항 선택 3-1) 의사결정권자가 건의사항을 결제할 경우, 관리자가 결정권한이 있는 경우 - 수정하여 업무를 지시한다. 3-2) 관리자가 권한이 없는 경우 수신자 ID를 수정하여 의사결정권자에게 건의		의사결정권자 • 관리자	상
7-1	기능	건의 사항 결정	건의사항을 결제하여 업무지시	1) 건의사항 표시화면 2-1) 수정사항이 없을 경우 - 결제하여 업무지시 2-2) 수정사항이 있을 경우 - 코멘트를 달아서 수정 후 결제 2-3) 거절할 경우		의사결정권자 • 관리자	상
8	기능	업무 협조	업무협조 요청	1) 등록업무 LIST 2) 업무협조를 구할 요청할 업무선택 3) 협조사항을 등록 등록 ID- 수신자 ID- 날짜- 제목- 내용- 4) 협조사항 게시판에 등록		의사결정권자 • 관리자 • 담당자	상
9	기능	세부업무등록 및 담당자 배정	업무에 대한 세무 업무 등록 및 담당자 배정	1) 등록업무 LIST 출력 2) 세부업무를 등록할 업무선택 3) 세부 업무 및 담당자 입력 담장업무 ID- 담당 업무 명- 담당자(다수가 될 수 있다) 기간 업무내용 4) 프로젝트 게시판에 등록-쪽지 및 메일링 서비스		관리자	상

ID	유형	요구 사항명	관련요구사항	요구사항 설명	전제 조건	관련 부서	우선 순위
10	기능	상급자에게 업무보고	업무 지시에 내용에 따른 보고	1) 등록 된 업무 LIST 2) 보고를 할 업무선택 3) 세부업무선택 4) 보고입력 지시사항 ID– 보고 ID– 보고자 ID– 보고 날짜– 보고내용– 진척도– 5) 프로젝트 게시판에 등록		담당자 • 관리자	상
11	기능	건의	업무에 대한 수정 하고픈 사항들을 건의	1) 등록된 업무 LIST 표시 2) 건의를 할 업무를 선택 3) 건의사항 입력 건의 ID– 건의자 ID– 건의제목– 건의내용– 날짜– 수신자 ID– 결제여부–동의 진행 완료–거절,승락,완료		담당자 • 관리자	상
12	기능	공시 사 항 전달	업무에 대한 공지 사항전달	1) 공지사항 출력 업무구분 게시 제목 내용 날짜		의사결정권자 • 관리자 • 담당자	상
13	비기능	접근 지속성		1) 인터넷 접속이 가능한 곳이면 어디서든 BMS를 접속하여 제공되는 서비스를 받을 수 있어야 한다. 2) 시간에 구애받지 않고 BMS를 접속할 수 있어야 한다.		의사결정권자 • 관리자 • 담당자	상
14	비기능	개인 정보 보호		1) 사용자가 자신의 개인 정보의 유출을 우려하지 않고 BMS를 사용할 수 있도록 침입 탐지 등의 장치를 설치해야 한다.		의사결정권자 • 관리자 • 담당자	상

5.1.2 유즈케이스 분석

유즈케이스 분석(Use Case Analysis)은 구축할 항공회사의 보너스 점수 시스템의 요구사항으로부터 시스템의 영역과 시스템의 기능성을 정확히 파악하려는데 그 목적이 있다. 유즈케이스 분석을 통해 얻게 되는 산출물에는 유즈케이스 모델, 관련 용어집(Glossary), 부가사항 기술서(Supplementary Specification)가 있다.

유즈케이스 분석을 통해 나오는 유즈케이스 모델, 관련 용어집, 부가사항 기술서 등의 산출물들은 사용자와 개발자, 그리고 시스템 구축에 관련된 모든 구성원들이 이해하기 쉬운 용어를 사용해야 한다. 그 중에서도 특히 고객 또는 최종 사용자. 업무영역 전문가(Domain Expert)의 입장에서 친숙한 용어를 사용하여 작성해야 한다. 그 이유는 유즈케이스 분석을 통한 산출물을 이용해 사용자와 개발자, 그리고 시스템 구축에 관련된 모든 구성원들이 대화하고, 전체 프로젝트를 진행하는 기준이 되기 때문이다.

5.1.3 유즈케이스 모델

유즈케이스 모델은 유즈케이스 다이어그램(Use Case Diageam)과 유즈케이스 리포트(Use Case Report)로 구성된다. 유즈케이스 모델은 액터와 유즈케이스, 그리고 그들 간의 관계로 이루어져 구현될 시스템의 업무 영역을 나타내는 유즈케이스 다이어그램과 각각의 유즈케이스에 대한 이벤트 흐름의 기술로 이루어진다.

시스템 분석가는 유즈케이스 모델을 통해 시스템이 사용자에게 제공해야 할 기능(Functionality)과 행위(Behavior)를 정의할 수 있으며, 이때 시스템 영역뿐만 아니라. 비즈니스 영역도 고려해야 한다. 유즈케이스 모델은 시스템 최종 사용자 및 업무영역 전문가와 시스템 개발자간의 의사소통 수단으로서 요구사항에 대한 명확한 이해가 가능하도록 한다.

시스템 분석가는 시스템을 사용하는 사용자가 누구인지, 시스템이 제공해야할 서비스는 어떠한 것이 있는지, 시스템과 인터페이스 하는 외부 시스템이나 기계 등은 어떠한 것이 있는지 등을 파악하면서 유즈케이스 모델을 작성해 갈 수 있다.

업무 영역의 이벤트 흐름은 사용자와 개발자, 분석자가 모두 이해하기 쉽도록 기술되어야 한다. 이벤트 흐름을 기술하는 방법 중 여기서는 서술형으로 유즈케이스 리포트를 작성하는 방법과 UML에서 제공하는 액티비티 다이어그램(Activity Diagram)을 통해 이벤트 흐름을 표현하는 방법을 살펴보도록 한다. 유즈케이스 모델(Use Case Modal)은 구축할 시스템이 내포하고 있는 일련의 이벤트흐름(Flow of Events)과 시스템과 관련되어 상호 작용하는 모든 것들의 관계로써 나타낸다. 여기에서 일련의 이벤트 흐름을 유즈케이스(Use Case)라고 하며, 시스템과 관련되어 상호작용하는 사람, 시스템 외부에 존재하는 기계, 또는 외부 시스템 들을 액터(Actor)라고 한다.

(1) 액터

액터(Actor)는 시스템의 외부에 존재하면서 시스템과 직접 상호작용(Interact)하는 모든 것을 가리킨다. 액터는 업무 시스템을 직접 사용하는 사용자일 수도 있고, 업무적으로 연결된 또 다른 업무 시스템일 수도 있다. 또한, 눈으로 볼 수 있는 하드웨어 장치일 수도 있고, 눈으로 볼 수 없는 어떤 소프트웨어 프로그램이 될 수도 있다.

액터는 명사로 명명라며, 이름을 정할 때에는 사용자의 입장에서 이해하기 쉬운 용어를 사용한다. 액터는 실제 구성원의 물리적인 개념으로 파악하는 것이 아니라, 시스템과 대화하는 역할(Role)을 기준으로 판단하여 액터를 결정한다. 따라서 실제 업무에 적용시키면 하나의 액터가 여러 사용자에 해당하기도 하고, 여러 개의 액터가 한 사용자에 대응하기도 한다. 액터는 [그림 5-1]과 같이 표현한다.

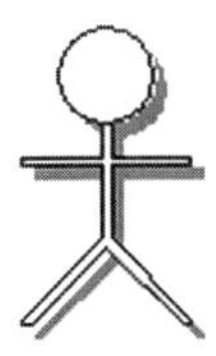

그림 5-1 액터 "고객"

요구사항 기술서로부터 액터를 추출하는 경우, 요구사항 기술서에 명서 또는 대명사를 중심으로 서술어와의 관계를 파악하고, 해당 명사 또는 대명사가 시스템과 직접적인 연관을 가지고 역할을 수행하는가를 확인한다. 이때 주의할 점은 요구사항 기술서에 표현되지 않은 액터들에 대한 주의가 필요하다. 예를 들면, 구축될 항공회사의 보너스 점수 시스템을 관리하는 업무는 최종 사용자로부터 받은 요구하아 기술서에는 명시되어 있지 않을 수도 있지만, 업무처리 시스템의 효율적인 운영을 위해서는 꼭 필요한 부분일 수 있다. 따라서 시스템과 직접적인 연관을 가지고 있는 시스템 관리자는 액터를 찾아낼 수 있다. 결국, 요구사항 기술서를 이용해 요구사항을 파악해 낼 경우, 요구사항 기술서에 기록된 내용뿐만 아니라, 전체적인 업무의 흐름을 파악하고, 업무흐름에 꼭 필요한 요소들에 대한 분석까지도 소화할 수 있어야 한다.

액터 중에서 업무 시스템의 주요 기능성을 사용하는 액터를 주(primary)액터 라고 하고, 업무 시스템의 주요 기능성을 보조하는 기능성 - 예를 들면, 코드관리, 시스템 유지/보수 등 - 을 사용하는 액터를 보조(secondary)액터 라고 한다. 이때 보조 액터는 요구사항 기술서에 표현되지 않는 경우가 많으며, 그렇다고 할지라도 유즈케이스 모델링을 진행하면서 빼놓아서는 안 될 부분이다. 액터를 명확하게 하는 일은 유즈케이스 모델링에서 매우 중요하다.

(2) 유즈케이스

유즈케이스는 특정 액터에 대하여 관측 가능한 결과를 산출하는 일련의 이벤트 흐름을 의미한다. 유즈케이스는 시작과 끝이 명확하고 독립된 이벤트 흐름으로서 하나 이상의 액터에 의해 초기화될 수 있다. 유즈케이스는 업무영역의 크기에 의해 나뉘는 것이 아니라, 해당 유즈케이스가 시스템의 다른 부분으로부터 구별되는 일련의 이벤트 흐름이 나는 것이 중요하다. 예를 들면, 하나의 케이크를 조각내는 경우 8조각으로 나눌 수도 있고, 혹은 16조각, 아니면 32조각 등 나누는 사람의 의지에 따라 몇 조각으로 나눌 수 있다. 하지만 몇 조각으로 나누었느냐에 상관없이 각각의 조각은 모두 한 조각일 뿐이다. 이와 같이 유즈케이스는 각각의 유즈케이스의 업무영역의 크기에 의해 결정되는 것이 아니라, 처음과 끝을 갖는 일련의 이벤트 흐름이라는 것이 중요하다. 유즈케이스는 또한 우리가 구축하고자 하는 업무 시스템의 모든 영역을 포함하여야 하며, 만일 누락 된 부분이 있다면 누락된 부분의 이벤트 흐름에 대한 유즈케이스의 수정 작업이 뒤따라야만 한다.

유즈케이스는 간략한 서술형으로 명명하며, 해당 유즈케이스를 초기화하는 액터의 입장에서 명명한다. 유즈케이스의 명명 역시 액터와 마찬가지로 모든 사람이 이해하기 쉬운 용어를 사용하여야 한다. 유즈케이스는 액터로부터 초기화되어지며 관계하는 액터의 숫자에는 제한이 없다. 유즈케이스는 [그림 5-2]와 같이 표현 된다.

그림 5-2 유즈케이스

요구사항 기술서(Requirement Specification)로부터 유즈케이스를 파악하기 위해서는 먼저 요구사항 기술서의 서술어를 중심으로 하여 유즈케이스를 추출하게 된다. 요구사항 기술서를 잘 검토하여 주어진 문장이 업무의 흐름을 설명한 것인지, 아니면 업무 내용의 일반적인 설명인지 파악한다. 만일 업무 내용에 대한 일반적인 설명일 경우라면, 유즈케이스와 액터를 추출하는 데 직접적인 연관을 갖지 않지만, 업무의 흐름을 설명하였다던가 아니면 시스템 외부의 어떤 것들과의 인터페이스가 설명된 부분이라면, 해당 문장에서 액터 및 유즈케이스를 도출 할 수 있어야 한다.

(3) 유즈케이스 다이어그램

유즈케이스 모델에서의 관계는 유즈케이스를 구성하는 액터와 유즈케이스들 간의 관계를 의미하는 것으로 액터와 유즈케이스의 관계, 액터와 액터의 관계, 유즈케이스와 유즈케이스의 관계로 나눠진다. 이러한 관계들은 시스템을 구성하는 기본 흐름이 되고, 시스템을 이루고 있는 요소들 간의 인터페이스를 분석하는 데 중요한 역할을 한다.

유즈케이스는 적어도 하나 이상의 액터와 관계를 가진다. 왜냐 하면, 유즈케이스는 시스템의 기능적 요구사항들을 모델링한 것이기 때문에 그러한 요구사항을 초기화하거나 사용하는 외부의 어떤 객체가 있어야 하기 때문이다. 또한, 모든 액터는 적어도 하나의 유즈케이스와 관계를 가지고 있다. 액터는 시스템과 직접 동작하는 그 무엇 - 사람, 사물, 혹은 외부 시스템에 관계없이 - 이며, 액터는 시스템의 기능을 초기화시키거나, 시스템에게 어떤 결과를 요구하는 역할을 갖는다. 이때 유즈케이스를 초기화시키는 액터를 능동적 액터(Active Actor)라 하고, 유즈케이스로부터 시스템 기능성의 결과를 넘겨받는 액터를 수동적 액터(Passive Actor)라고 한다.

업무영역 및 시스템 영역에서 유즈케이스와 액터를 도출하고, 그들 간의 관계를 정의하고 나면, 하나의 다이어그램으로 표현할 수 있으며, 이를 유즈케이스 다이어그램(Use Case Diagram)이라고 한다.

유즈케이스 다이어그램에는 비즈니스 영역의 모든 업무 흐름이 존재하고, 유즈케이스들이 나타내는 업무 범위가 시스템이 제공해야 할 기능들이기 때문에 시스템 영역이 된다. 또한 액터와 유즈케이스의 인터페이스는 시스템 내부와 외부를 연결하는 인터페이스가 된다.

업무처리 시스템에 대한 유즈케이스 다이어그램은 [그림 5-3]과 같다

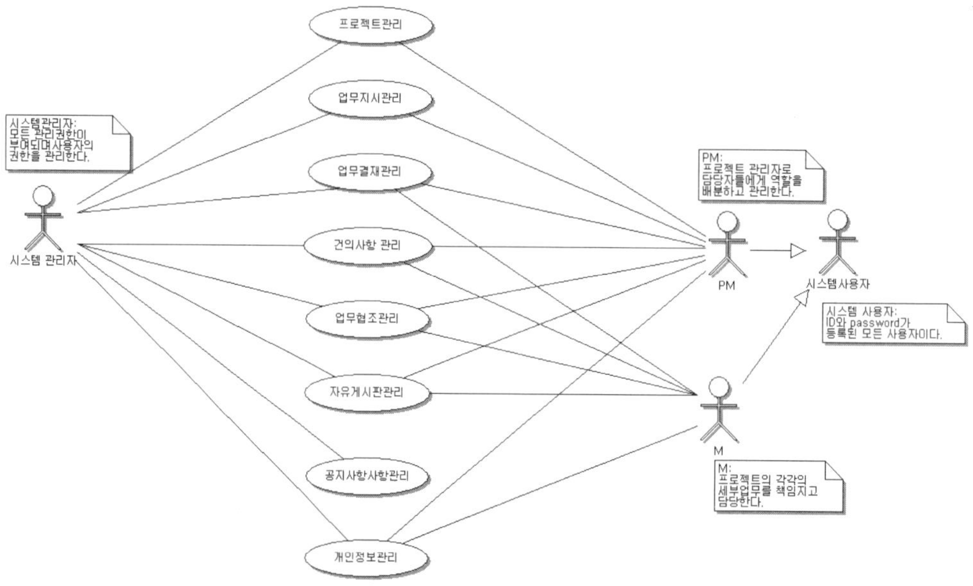

그림 5-3 업무처리 시스템의 메인 유즈케이스

유즈케이스 모델을 작성하면서 유즈케이스 다이어그램이 복잡하여 이해하기 힘들거나 여러 팀이 동시에 작업을 수행할 경우에는 팀별로 업무 및 자원을 할당하여 개발해야 한다. 따라서 이 경우에는 먼저 업무 영역을 나누어 패키지를 구성하고, 각각의 패키지 안에 유즈케이스 다이어그램을 작성함으로써 전체 시스템에 대한 유즈케이스 다이어그램을

완성하게 된다.

패키지를 나눌 경우에는 일관된 기준을 적용하여 업무 흐름을 분류하여야 하며 분류된 각 유즈케이스간의 연관 관계가 유지 되도록 해야 한다. 즉, 각각의 유즈케이스 패키지는 그 자신이 하나의 유즈케이스 다이어그램에서 완전하여야 하며, 그 자체만으로도 충분한 의미가 도출될 수 있어야 한다.

(4) 액티비티 다이어그램

각각의 유즈케이스의 이벤트 흐름을 표현하기 위하여 액티비티 다이어그램(activity diagram)을 사용할 수도 있다. 액티비티 다이어그램은 이벤트 흐름을 각각의 동작 상태(action state)로 구분하고 동작상태 간의 변화(transition)를 다이어그램ㅇ로 표현한다. 동작 상태는 이벤트의 흐름에서 발생되는 액티비티 혹은 단계(step)들을 표현하고, 이러한 동작 상태의 변화를 화살표를 사용하여 표현함으로써 다이어그램을 완성한다. 이때 각각의 상태 변화를 표현할 때 조건(guard condition)을 줄 수 있으며, 이러한 조건들에 대한 분기가 발생하는 경우 분기 표시도 가능하다. 이때 병렬처리 되는 이벤트 흐름에 대한 부분도 표현 가능하다.

액티비티 다이어그램은 형태가 클래스의 상태 변화 다이어그램(state transition diagram)과 비슷하다. 그러나 상태 변화 다이어그램이 하나의 클래스에 대한 클래스의 상태 변화를 표시하는 데 비해 액티비티 다이어그램은 하나의 유즈케이스에 대해 유즈케이스 이벤트 흐름에 따라 발생하는 동작 상태의 변화를 표현하다. 액티비티 다이어그램은 하나의 유즈케이스에 대하여 하나 이상이 존재할 수 있다.

액티비티 다이어그램을 사용하여 유즈케이스의 이벤트 흐름을 기술하고자 하는 경우에는 누락되는 이벤트 흐름이 존재하지 않는가 하는 문제와, 각 동작 상태에 대한 구체적인 서술을 통해 사용자와 사소한 부분까지도 충분히 협의할 수 있어야 한다.

유즈케이스의 이벤트 흐름을 표현하기 위하여 액티비티 다이어그램을 사용하는가, 아니면 유즈케이스 리포트를 사용하는가 하는 문제는 별로 중요하지 않다. 다만 이벤트의 흐름이 얼마나 정확하고 자세히 기술되었는가 하는 부분과, 사용자 및 개발자들이 얼마나 이해하기 쉽도록 작성되었는가 하는 부분이 이벤트 흐름을 기술하는 관건이 된다.

또한 유즈케이스의 이벤트 흐름은 여러 차례의 반복을 거쳐 더욱 구체화되고,

구현 환경에 적합한 이벤트 흐름으로 재 정의된다. 이벤트 흐름이 재정의 됨에 따라 그에 상응하는 인터랙션 다이어그램 역시 다시 재정의 되고, 그러한 과정을 거치면서 새로운 객체가 도출되기도 하고, 기존의 둘 이상의 객체가 합쳐지거나, 아니면 하나의 객체가 둘 이상의 객체로 세분화되기도 한다. 또는 기존의 객체가 그 역할을 상실하고 삭제되기도 하는데, 이러한 작업들을 분석가의 개인 판단에만 의존하는 것이 아니라, 항상 사용자 및 개발자와의 충분한 협의를 거쳐 진행하여야 한다. 만일 사용자 및 개발자와 충분히 협의되지 못한 채 이후 작업이 진행되는 경우 불완전한 시스템이 구성될 수 있으므로 유의하여야 한다.

(5) 연관 용어집

요구사항 기술서와 유즈케이스 리포트(use case report)를 작성하다 보면 업무를 정의하기 위한 많은 용어들이 사용된다. 이러한 용어들을 정리하여 하나의 문서로서 완성한 것을 연관 용어집(glossary)이라 하며, 이것은 프로그램 개발자를 비롯한 모든 프로젝트 팀원들이 요구사항 기술서나 유즈케이스 리포트를 명확하게 이해할 수 있게 해 주며 시스템 분석가가 액터와 클래스(class)를 파악하는 데에도 많은 도움을 준다.

실제로 용어집에 정의된 단어들 중에서 명사들은 액터 혹은 클래스(class)가 될 가능성이 상당히 많다. 따라서 유즈케이스 모델을 작성하면서 일단은 연관 용어집에 기록된 용어들에 대한 검토가 필요하며, 연관 용어집은 이후에 이루어지는 액티비티들에 의해 계속적으로 수정 및 보완 작업을 거쳐 완성 된다.

5.1.4 시나리오 작성

유즈케이스 리포트의 작성이 끝나고 나면, 시나리오(scenario)를 작성하게 된다. 시나리오는 하나의 유즈케이스의 이벤트 흐름에 대한 구체화된 형태이며, 유즈케이스의 여러 가지 이벤트 흐름 중에서 하나의 흐름을 선택하여, 실제 상황을 가정하여 서술한다. 시나리오를 작성하는 목적은 다음과 같다.

- 작성된 유즈케이스 리포트를 실례로써 검증하고, 수정/보완한다.

– 시나리오를 통해 객체(Object)를 추출한다.

시나리오는 유즈케이스를 구체화시켜 놓은 실체이기 때문에 하나의 유즈케이스는 무수히 많은 시나리오를 가질 수 있다. 이러한 시나리오를 크게 두 가지 종류로 분류하면 1차 시나리오(Primary Scenario)와 2차 시나리오(Second Scenario)로 구분할 수 있다. 1차 시나리오는 기본 이벤트 흐름을 기초로 하여 유즈케이스를 구체화시킨 것으로 유즈케이스의 시작과 끝이 정상적으로 진행되는 경우이다. 2차 시나리오는 유즈케이스에 제시된 이벤트의 흐름이 중간에서 끊어진 경우를 말한다.

1차 시나리오는 유즈케이스의 이벤트 흐름에 따라 시작부터 종료까지 흘러가는 하나의 유즈케이스의 인스턴스가 되는 반면, 2차 시나리오는 유즈케이스의 이벤트 흐름을 따라 흘러가다가 예외처리 등의 흐름을 통해 도중에 이벤트의 흐름이 종료되는 유즈케이스의 인스턴스가 된다. 유즈케이스를 분석할 때 1차 시나리오는 해당 유즈케이스 내의 업무흐름을 실제로 파악할 수 있으므로 매우 중요하다. 또한 2차 시나리오는 실지로 발생 가능한 예외상황들에 대한 분석으로서 구현 시 매우 중요한 흐름을 갖게 된다.

시나리오는 직접적으로 실세계를 대상으로 하고 있다. 직접 실세계에서 업무의 흐름이 어떠한 순서를 통하여 이루어지며, 어떠한 정보들이 오가는지 구체적인 실례를 들어 설명하게 된다. 따라서 하나의 유즈케이스에 대해 가능한 모든 이벤트 흐름에 대한 시나리오를 작성하는 것이 바람직하나, 그것이 현실적으로 불가능한 경우에는 1차 시나리오의 경우만이라도 빠짐없이 기술하여 업무 시스템을 명확히 파악할 수 있도록 한다. 시나리오를 정확하게 작성하는 일은 사용자로부터 입력받아 시스템이 가동되어서 수행된 결과가 출력될 때까지를 설명한 문서이므로, 사용자와 시스템과의 인터페이스로부터 시스템 내부의 업무 흐름, 그리고 업무 수행 결과의 사용까지 작성된 유즈케이스의 업무 흐름을 보다 손쉽게 파악하고, 검증하는 역할을 한다.

또한 시나리오는 실세계를 설명하는 문서이므로 직접 실세계에서 파악 가능한 객체를 추출하는 데 용이하다. 이렇게 추출된 객체는 다시 일반화 과정을 거쳐 클래스가 되게 되며, 이렇게 작성된 시나리오는 다음에 나오는 인터랙션 다이어그램(Interaction Diagram)을 작성하는 기초가 된다. 다음 [표 5-2]와 [표 5-3]은 업무처리 시스템의 Use Case 시나리오를 작성한 예이다.

표 5-2 개인정보 내용보기 Use Case 시나리오 1

Use Case Scenario					
기능명	개인정보 관리	작성일	2006.07.03	작성자	금 동 율
Use case 명	개인정보 내용보기	Actor명	시스템관리자, 시스템사용자		

■ Pre Condition

사용항목 리스트 화면에서 사용자 이름을 선택한다. (시스템관리자)

■ Post Condition

■ Description

1. 다음과 같은 내용을 보여준다.
   ① 아이디 ② 성 명 ③ 비밀번호 ④ 이메일 ⑤ 직책 ⑥ 소속부서
2. "수정 "버튼을 선택하면 수정화면으로 이동한다.
   2-1. 시스템관리자는 모든 시스템사용자의 개인정보 수정이 가능하다.
   2-2. 시스템사용자는 자신의 개인정보만 수정이 가능하다.
3. "삭제 "버튼을 선택하면 삭제여부를 다시 한 번 물어본 뒤, 삭제를 한다. (시스템관리자)
4. "목록 "버튼을 선택하면 목록화면으로 이동한다.

■ Exceptions

1. "삭제" / 삭제" 버튼 선택 시 "정말 삭제/수정 하시겠습니까?" 란 재확인을 한다.
2. 삭제 / 수정에 대한 결과는 사용자(시스템관리자, 시스템사용자)에게 보여준다.

표 5-3 개인정보 등록 Use Case 시나리오2

Use Case Scenario					
기능명	개인정보 관리	작성일	2006.07.03	작성자	금 동 율
Use case 명	개인정보 내용보기	Actor명	시스템관리자, 시스템사용자		

■ Pre Condition

사용항목 리스트 화면에서 사용자 신규등록을 선택한다. (시스템관리자)

로그인 화면에서 회원가입을 선택한다. (시스템사용자)

■ Post Condition

입력결과를 보여주는 화면으로 이동한다.

■ Description

1. 다음과 같은 입력항목이 존재한다.(모두 필수입력)

   ① 아이디 ② 성 명 ③ 비밀번호 ④ 이메일 ⑤ 직책 ⑥ 소속부서

   1-1. 동일한 아이디가 존재할 경우 경고창을 띄어 보여준다.

   1-2. 비밀번호 입력시 비밀번호 확인란을 만들어 비밀번호를 다시 확인한다.

   1-3. 직책과 소속부서는 미리 정해놓은 항목에서 선택한다. (셀렉트 박스이용)

   1-4. 권한은 직책에 따라서 PM, M으로 구분한다.

2. "등록" / "회원가입" 버튼을 선택하면 신규사용자가 등록된다.
3. 입력된 정보를 보여주고, "목록 " 버튼을 선택하면 목록화면으로 이동한다. (시스템관리자)
4. 입력된 정보를 보여주고, "확인 " 버튼을 선택하면 로그인화면으로 이동한다.(시스템사용자)

■ Exceptions

1. "등록" / "회원가입" 버튼 선택 시 모든 입력필드에 정보가 기재되었는지 체크하고, 빈 항목이 있으면 메시지를 띄어준다.
2. 입력이 성공하면 그 결과를 사용자에게 메시지를 준다.

5.1.5 유즈케이스 실체화

유즈케이스 모델과 부가사항 기술서, 관련 용어집을 작성하고, 각각의 유즈케이스의

이벤트 흐름에 대한 구체적인 사례들을 시나리오(Scenario)로써 표현하였다. 그리고 나서, 시나리오 안에서 객체(Objects)를 도출하고, 객체와 객체 사이의 관계, 즉 객체들 간의 메시지를 파악하게 된다. 다시 말해, 각각의 유즈케이스에 대해 객체들간의 연관성을 중심으로 유즈케이스 안에는 어떠한 객체들이 존재하며, 객체들 간에는 어떠한 관계를 맺고 있는지에 대해서 파악해야 하며, 이를 유즈케이스 실체화라고 한다.

5.1.6 시퀀스 다이어그램

시퀀스 다이어그램(Sequence Diagram)은 작성된 시나리오로부터 객체(Object)를 추출하고 객체와 객체가 주고받는 메시지(Message)를 파악하여 진행 순서에 따라 표현한 다이어그램이다. 콜레보레이션 다이어그램(Collaboration Diagram)이 객체와 객체간의 연결(Links)과 메시지(Message)자체에 초점을 두고 작성 된다면, 시퀀스 다이어그램은 각각의 이벤트 흐름에 따른 메시지의 순서와 각 객체의 생명주기에 초점을 가지고 작성 된다.

시퀀스 다이어그램에서의 객체의 표기는 다음과 같은 표기법을 사용한다. 그 안에 기술되는 내용으로는 객체의 이름과, 추상화된 클래스 이름, 그리고 객체의 생명주기가 표현되며, 이러한 객체들 간의 순차적인 메시지 전달을 통해 전체적인 시퀀스 다이어그램이 이루어지게 된다.

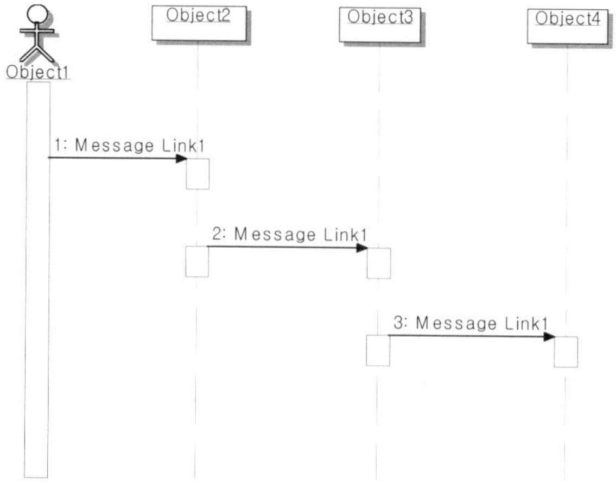

그림 5-4 시퀀스 다이어그램의 표현

[그림 5-4]에서는 왼쪽부터 차례로 액터, 클래스 "Class1"의 인스턴스인 객체 "Object", 클래스 "Class2"의 인스턴스의 익명 객체, 아직 클래스가 배정되지 않은 객체 "Object3"를 표현하고 있으며, 액터로부터 시작하여 이벤트의 흐름에 따라 각각 전달되는 메시지의 순서 및 방향과 각 객체의 생명 주기를 나타내는 생명선도 표현되고 있다.

시퀀스 다이어그램은 액터의 인스턴스와 각각의 식별자를 갖는 객체(Object) 그리고 그들 간의 주고받는 메시지로 이루어진다. 시퀀스 다이어그램은 한번 작성되고 끝나는 것이 아니며, 계속되어 진행되는 모든 액티비티로부터 참조되고, 다시 재정의 된다. 시퀀스 다이어그램을 작성할 때, 유즈케이스의 인스턴스인 시나리오로부터 명사 혹은 명사구를 중심으로 객체를 추출하고, 이벤트 흐름에 따른 객체들 사이의 메시지 전달이 어떠한 순서로 이루어지는가 하는 것을 파악하여 객체간의 연결을 순차적으로 정리한다. 이때 가장 처음으로 시퀀스 다이어그램을 작성하는 경우에는 모든 객체를 클래스가 아직 지정되지 않은 상태로 정의하고, 이 후 작업을 통해 클래스가 추출되면 해당 객체에 대하여 클래스를 지정한다. 이러한 작업을 반복하여, 업무영역에 존재하는 모든 객체와 다른 클래스를 파악하게 된다.

시스템의 흐름에 대한 유즈케이스 명세서는 매우 간단할 수 있으나, 이것을 시퀀스 다이어그램으로 작성할 때에는 실제 프로그램 상으로 옮기기 위해 필요한 클래스와 각 클래스들이 호출하고 노출하여야 하는 부분을 전부 명시해 주어야 한다. 특히, 이 단계에서 이루어지는 클래스 도출과 클래스들의 오퍼레이션 도출은 실제 프로그램을 구현하는데 기초가 된다.

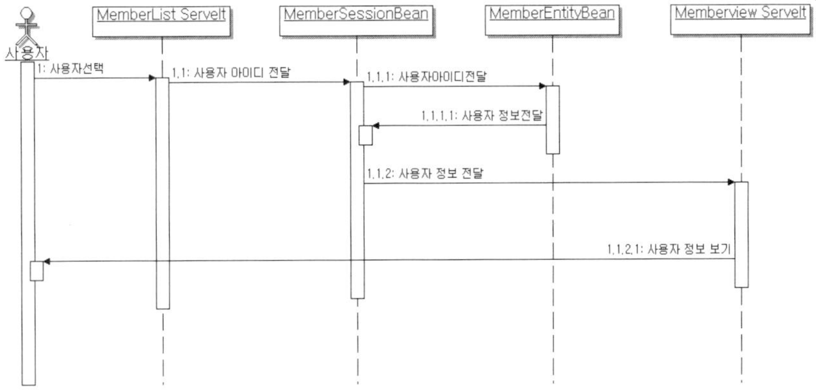

그림 5-5 "개인정보관리"에 대한 시퀀스 다이어그램 1

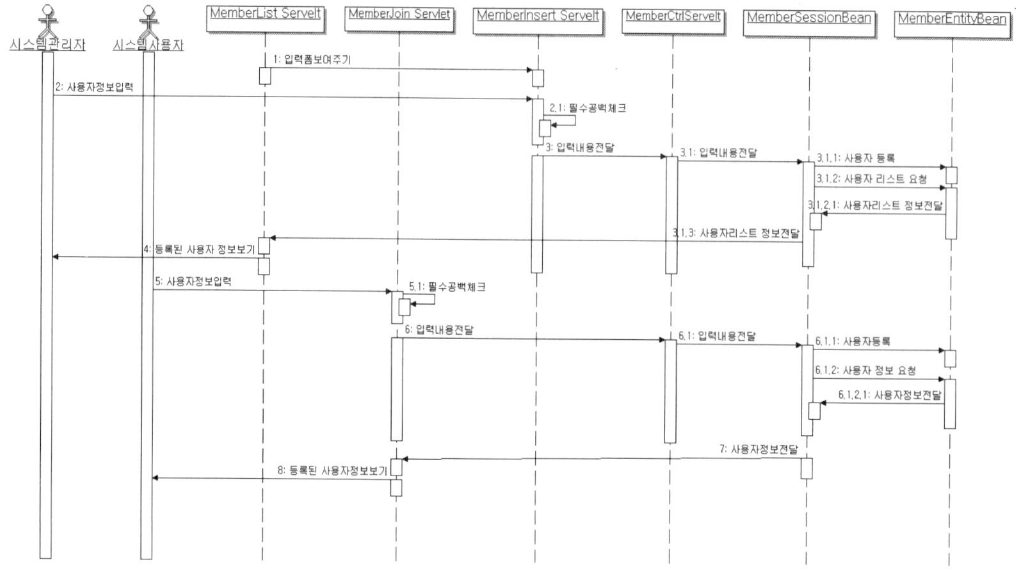

그림 5-6 "개인정보관리"에 대한 시퀀스 다이어그램 2

[표 5-2], [표 5-3]과 [그림 5-5], [그림 5-6]은 "업무처리 시스템" 중에서 "개인정보관리"가 어떻게 구현되는지 유즈케이스 명세서와 시퀀스 다이어그램을 서로 비교한 것을 보여 주고 있다.

연 습 문 제

1. 다음 중 요구사항 관련 프로세스가 아닌 것은?

① 요구사항 추출 ② 요구사항 설계

③ 요구사항 명세 ④ 요구사항 검증

2. 다음은 효과적인 요구사항 수집을 위해 활용될 수 있는 수집기법이다. 이 중 요구사항 추출을 촉진하여, 범위를 확정할 목적으로 사용되는 기법은?

① Workshop ② Questionnaire

③ Role Playing ④ Brainstorming

3. 다음 중 요구사항 명세 속성이 아닌 것은?

① 정확성 ② 수정용이성

③ 다양성 ④ 연계성

4. 요구사항과 관련된 산출물 중 기존 시스템 문제점과 해결방안을 기록하고, 프로젝트 목적을 각 이해당사자들의 시각으로 기술한 문서는 무엇인가?

① 요구사항 명세서 ② 시스템 특성 명세서

③ 요구사항 기술서 ④ 비전기술서

5. 요구사항에 대한 설명 중 맞는 것은?

① 요구사항 명세서에 포함되는 항목 중 유즈케이스의 특정한 예를 나타내어 시스템 개발 시 테스트 케이스로도 활용될 수 있는 항목은 정상 흐름이다.

② 요구사항 프로세스 중 요구사항을 이해하고 평가, 개선하는 과정을 통해 요구사항 범위를 결정짓는 단계는 요구사항 추출 단계이다.

③ 모호하거나 난해한 요구사항을 명확히 하기 위해 프로토타이핑 기법을 활용한다.

④ 요구사항은, 공정의 연계성을 위해 설계를 전제하여 파악한다.

6. UML에서 모델 표기법은 크게 요구 모델링, 구조 모델링, 행위모델링으로 구분하는데, 이 중 요구 모델링에 해당하는 다이어그램으로 적합한 것은?

① 활동 다이어그램　　② 시퀀스 다이어그램
③ 유즈케이스 다이어그램　　④ 배치 다이어그램

7. 다음은 요구 모델링에 대한 설명이다. 틀린 것은?

① 유즈케이스는 시스템의 구조적 요구사항을 표현하는 장치이다.
② 유즈케이스 모델링을 통해 시스템의 기능 요구사항을 검증할 수 있다.
③ 액터는 최소한 하나 이상의 유즈케이스와 관련을 맺어야 한다.
④ 유즈케이스 다이어그램은 시스템의 행위에 대한 what을 표현한다.

8. 유즈케이스 다이어그램에 표현되는 정보로 적합하지 않은 것은?

① 액터　　② 유즈케이스
③ 〈〈bind〉〉　　④ 〈〈include〉〉

9. 유즈케이스들 간의 관계로 적합한 것은?

①include　　② association
③ composition　　④ aggregation

10. 한 유즈케이스의 특정 시점, 특정조건에서 파생되어 새롭게 생성된 유즈케이스가 있다. 이 때 어떤 관계를 맺어야 하는가?

① association　　② include　　③ extend　　④ generalization

CHAPTER 06

객체 분석 모델

●●● 분석된 요구사항 및 모델을 기반으로 클래스를 추출하고, 각 클래스의 메커니즘에 따라 클래스 다이어그램을 작성하여 클래스의 분류를 표현한 패키지 다이어그램과 각 클래스에 대한 상태 다이어그램을 작성하는 과정을 설명하고자 한다.

6.1 클래스 분석

본 절에서는 분석된 요구사항 및 모델을 기반으로 클래스를 추출하고, 각 클래스의 메커니즘에 따라 클래스 다이어그램 및 패키지 다이어그램을 작성한다.

학습목표

- 클래스 분석 및 객체 추출에 대하여 알아본다.
- 패키지 다이어그램 작성에 대하여 알아본다.

요구분석단계에서 유즈케이스 모델과 유즈케이스 실체화를 통해 객체들과 객체들 간의 메시지를 파악한 것을 토대로 객체와 클래스를 추출하고 클래스들 간의 관계성을 정의하는 클래스 분석 단계를 진행하게 된다. 객체와 클래스를 추출하는 방법에는 현실 세계에 대한 검토를 통하여 현실 세계에서 객체를 파악하고, 파악된 객체의 상태와 기능을 추상화하여 클래스를 파악하는 방법과 또 다른 방법은 클래스를 먼저 정의하고 정의된 클래스의 인스턴스인 객체를 생성하여 현실세계를 모델링하는 방법이 존재한다.

6.1.1 객체 추출

객체를 추출하기 위해서는 먼저 이벤트 흐름으로부터 객체를 추출한다. 유즈케이스로 표현되는 각각의 이벤트 흐름은 현실세계에 대한 직접적인 모델링을 표현하고 있으므로 객체를 파악하기에 용이하다. 객체를 추출하기 위해서는 이벤트 흐름의 인스턴스인 시나리오를 가지고, 명사 혹은 명사구를 중심으로 객체를 파악하게 된다. 또한, 연관용어집에서 작성한 용어들도 객체 추출에 중요한 자료가 된다.

객체를 추출할 때에는 시나리오에 대한 면밀한 분석을 통하여 객체를 추출하고, 객체 간의 메시지를 파악하게 된다. 만일, 찾아진 두 객체가 서로 연관되어 이벤트 흐름을 생성시킬 때, 그 흐름이 매끄럽지 못하다면, 흐름을 원활히 할 수 있는 객체를 추가로 정의하고, 해당 객체의 역할을 도출할 수 있다. 이렇게 파악된 객체와 메시지를 사용하여 인터랙션 다이어그램을 작성하고, 객체를 추상화하여 클래스를 파악하는 데 사용하게 된다.

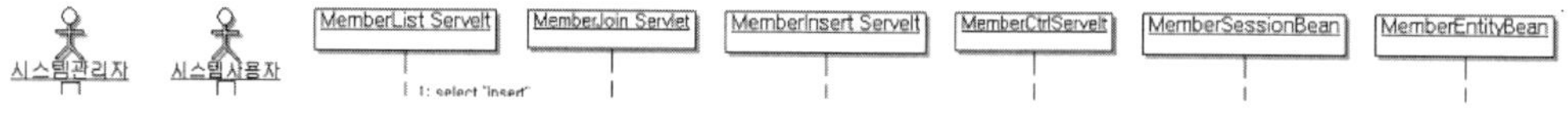

그림 6-1 "개인정보등록"으로부터 추출된 객체1

[그림 6-1]은 개인정보관리에 관한 업무영역 중에서 추출된 객체를 보여주고 있다. 그림에서 볼 수 있듯이 액터인 사용자와 관리자도 하나의 객체로서 도출이 가능하며, 실질적으로 데이터가 저장되는 객체들도 도출된다.

6.2 아키텍처 설계

분석 과정을 거쳐 나온 클래스들은 매우 중요한 의미를 갖는다. 각각의 클래스는 우리가 구현하고자 하는 업무 시스템의 최소 단위이며, 그 각자가 자신에 대한 책임을 지니고 자신의 인스턴스로서 객체를 만들어 내게 된다.

시스템에 대한 분석을 진행하면서, 추출된 클래스에 대해 소프트웨어 구조상의 메커니즘을 적용시키는 작업이 필요하다.

유즈케이스와 유즈케이스 명세를 작성한 후에는, 각 유즈케이스를 실제적으로 구현하기 위한 아키텍처 설계를 하여야 한다.

아키텍처에는 여러 가지 관점에서의 설계가 있을 수 있으며, 그러한 관점에서의 설계 구현 물에는 소프트웨어 아키텍처 정의서, 사용자 인터페이스 정의서, 비즈니스 컴포넌트 정의서, 품질 속성 정의서, 데이터베이스 설계서 등이 있다.

6.2.1 패키지 다이어그램

대규모 업무처리 시스템을 분석하고 설계를 진행하는 과정에서 잘 정의된 아키텍처를 가지고 복잡성을 효율적으로 관리하는 것이 중요한 문제로 대두된다.

이 장에서는 야콥슨의 계층 아키텍처(Layered Architecture)를 도입하여 적용하고자 한다. [그림 6-2]는 야콥슨의 계층 아키텍처를 보여주고 있는데, 분석단계의 모델에서는 어플리케이션 시스템과 비즈니스 중심 계층만을 고려하여 패키지 다이어그램을 작성하며, 설계 단계에서는 미들웨어와 시스템 계층까지도 적용해야 한다.

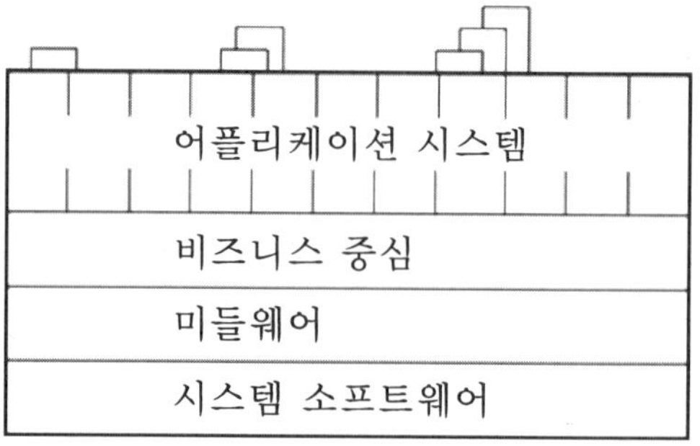

그림 6-2 계층 아키텍처 구조

계층 아키텍처의 개념을 도입함으로써 여러 클래스들을 한꺼번에 표현하기 보다는 계층별로 분류하여 패키지로 표현하고 각각의 패키지에 클래스들을 분류함으로써 구조적인 관리가 가능하게 된다. [그림 6-3]에서는 전체 시스템을 3-계층 구조에 따라 프레젠테이션 레이어, 비즈니스 레이어, 데이터 레이어의 세 계층으로 분리하고, 각각 레이어의 컨트롤 클래스들을 표시하여 준다.

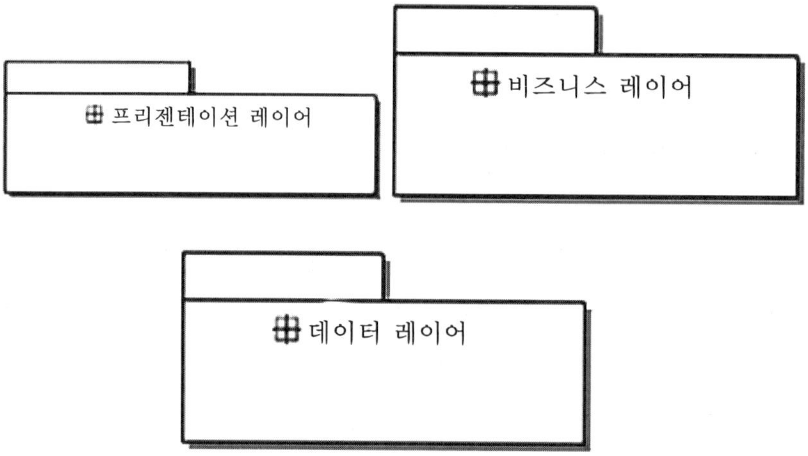

그림 6-3 3-계층 구조에 따른 계층 패키지 다이어그램

일단 계층 아키텍처를 적용해서 패키지를 나누고 나서 다시 업무영역이나 스테레오타입별로 패키지를 분류할 수 있는데, 이 때 분류되어 구성된 패키지는 다른 패키지에 대하여 최대한 독립적이어야 하며, 잘 구성된 패키지는 후에 업무 컴포넌트 혹은 서브

시스템으로 대응된다.

[그림 6-4]에서는 업무처리 시스템의 프레젠테이션 레이어에 존재하는 패키지 다이어그램들을 설명하고 있다.

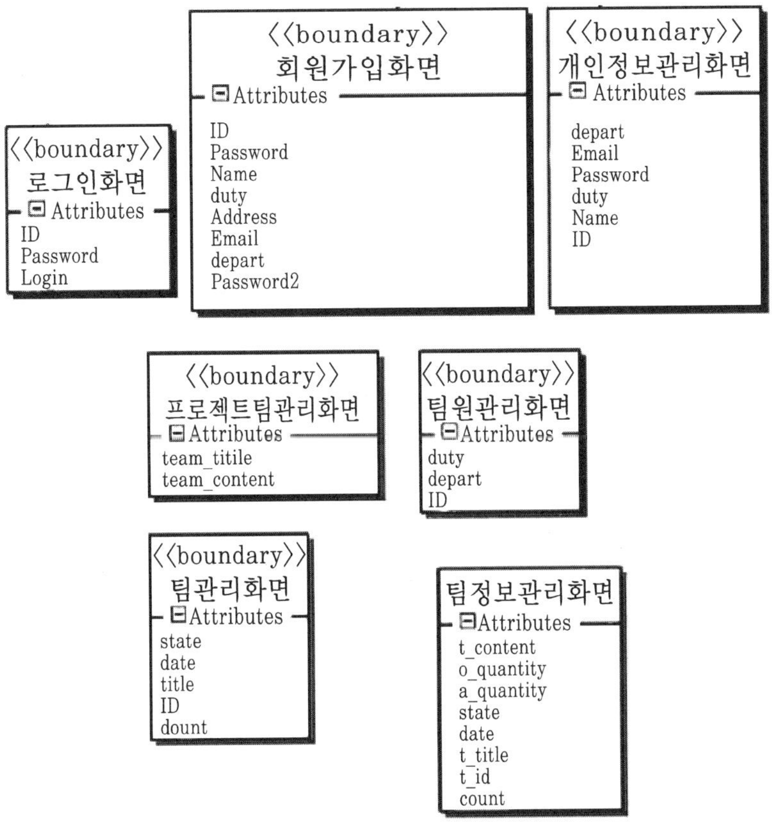

그림 6-4 프레젠테이션 레이어의 패키지 다이어그램

6.2.2 분석 클래스 다이어그램

각 레이어들에 위치하는 클래스들을 식별한 후에는, 클래스들의 상관관계를 분석하여 도식화 하는 작업이 필요하다. 이러한 결과 산출물을 "분석 클래스 다이어그램"이라고 하며, 이 안에는 각 레이어별로 분류된 클래스들의 상관관계가 표시되며 전체 시스템의 구조를 표현하게 된다.

UML에서 클래스 다이어그램은 클래스와 클래스들간의 관계로써 업무 시스템의 정적인 관점에서 표현한다. 따라서 앞에서 추출한 클래스들의 속성과 오퍼레이션을 정의하고 클래스들간에 존재하는 관계를 찾아내어 클래스 다이어그램을 작성한다. 각각 바운더리 클래스(Boundary Class), 콘트롤 클래스(Control Class), 엔티티 클래스(Entity Class)로 분류하였다. 따라서 레이어 아키텍처를 기반으로 작성한 패키지인 바운더리 패키지, 콘트롤 패키지, 엔티티 패키지에 추출된 각각의 클래스들을 스테레오 타입별로 할당한다.

그러고 나서, 각 패키지 내에 포함된 클래스들 간에 존재하는 관계를 찾아내어 클래스 다이어그램으로 표현한다.

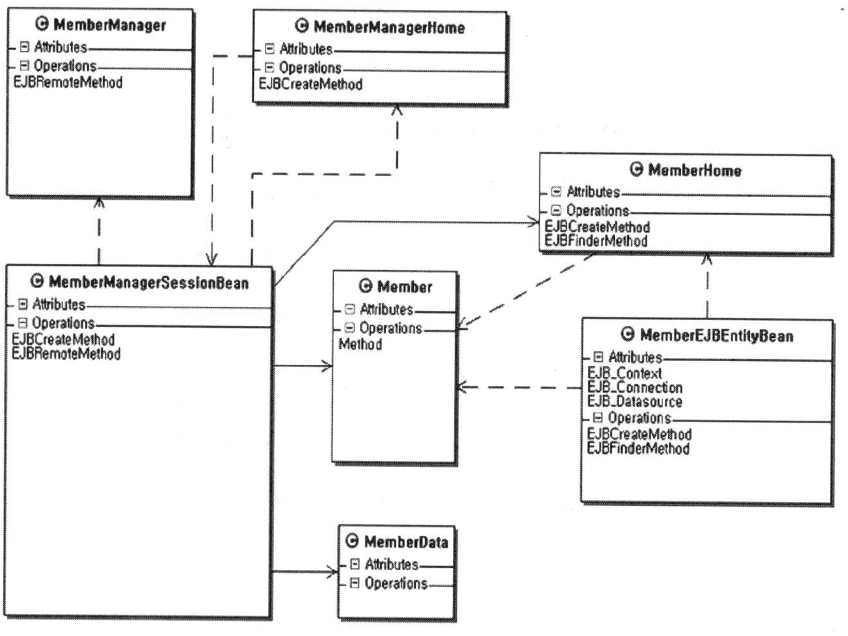

그림 6-5 회원정보 관리 분석 클래스 다이어그램

(1) 엔티티 패키지

업무처리 시스템에서 추출된 엔티티 클래스에 대한 클래스 다이어그램은 [그림 6-5]와 같다.

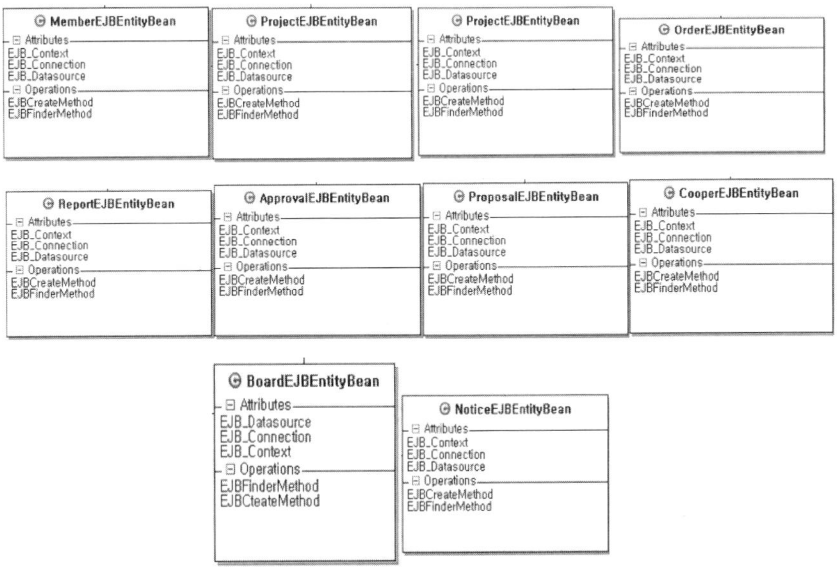

그림 6-6 업무처리 시스템 엔티티 패키지

(2) 세션 패키지

업무처리 시스템에서 추출된 세션 클래스 다이어그램은 [그림 6-6]과 같다.

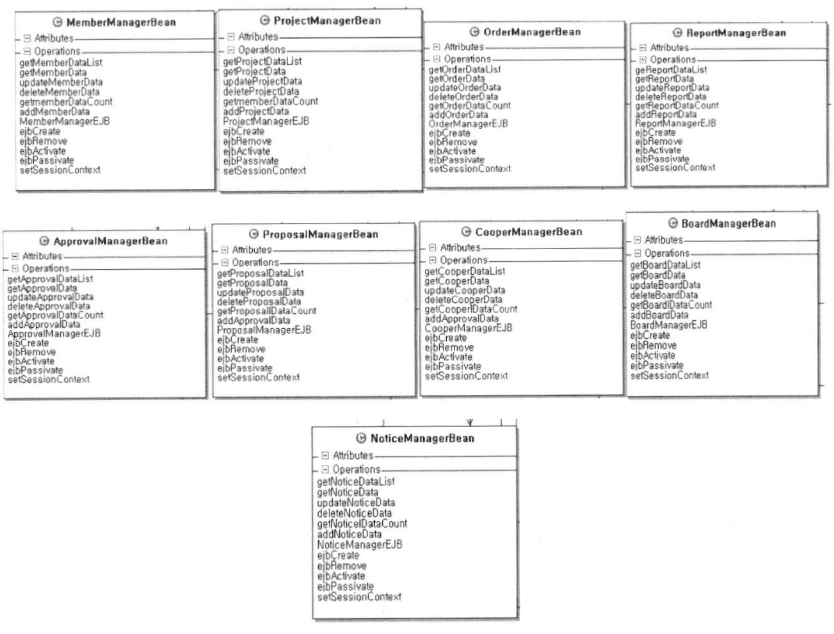

그림 6-7 업무처리 시스템의 세션 클래스

연 습 문 제

1. UML을 활용한 모델링을 구분할 때 요구 모델링, 구조 모델링, 행위 모델링으로 구분한다. 이 중 구조 모델링에 해당하는 다이어그램이 아닌 것은?
   ① 클래스 다이어그램 ② 패키지 다이어그램
   ③ 유즈케이스 다이어그램 ④ 배치 다이어그램

2. 다음은 구조 모델링에 대한 설명이다. 틀린 것은?
   ① 클래스 다이어그램은 시스템 내부 구조를 표현한다.
   ② 구조 모델은 정적 측면을 중심으로 표현하는 모델이다.
   ③ 구조 모델링은 시스템 내 상태 변화를 표현하는 모델링이다.
   ④ 구조 모델링은 시스템을 구성하는 요소들 간 연결 관계를 표현한다.

3. 클래스 다이어그램에 표현하는 정보로 적합하지 않은 것은?
   ① 클래스 ② 연관 관계
   ③ 의존 관계 ④ 노드

4. 노드로 표현하기 적합하지 않은 것은?
   ① 라우터 ② 스캐너
   ③ TCP/IP 프로토콜 ④ 웹 서버

5. 어떤 한 클래스가 다른 클래스로부터 정보를 얻어오는 관계를 갖고 있다. 이들 간 관계를 표현하기에 적합한 것은?
   ① association ② include
   ③ dependency ④ generalization

6. 패키지 내 구성 요소로 적합하지 않은 것은?
   ① 클래스 ② 유즈케이스
   ③ 컴포넌트 ④ 통신 연관 관계

7. 컴포넌트 다이어그램에서 컴포넌트들 간 참조 관계는 무엇으로 표현하는 가?

① association ② Aggregation

③ dependency ④ generalization

8. 배치 다이어그램에 대한 설명으로 틀린 것은?

① 배치 다이어그램은 소프트웨어 컴포넌트만을 모형화 한 것이다.

② 노드와 통신 연관 관계로 표현된다.

③ 노드에는 컴포넌트나 클래스 또는 객체가 배치될 수 있다.

④ 노드에 대한 인스턴스도 표현가능하다.

9. 패키지 다이어그램에 대한 설명으로 틀린 것은?

① 서로 같은 업무 영역에 들어가는 클래스들은 한 패키지로 그룹화한다.

② 패키지들 간 참조 관계는 연관 관계로 표현한다.

③ 패키지는 다른 패키지들을 포함할 수 있다.

④ 패키지는 유즈케이스들을 그룹화할 수 있다.

10. 컴포넌트 다이어그램에 대한 설명으로 틀린 것은?

① 한 컴포넌트는 한 개 클래스로 구성된다.

② 컴포넌트는 반드시 인터페이스를 갖는다.

③ 컴포넌트 간 상호작용은 인터페이스를 통해서만 이루어진다.

④ 컴포넌트의 인터페이스는 컴포넌트가 제공하는 기능에 대한 명세이다.

CHAPTER 07

J2EE 웹 애플리케이션 설계와 구현

분석된 클래스 다이어그램 및 분석 메커니즘을 사용하여 시스템의 상세 설계과정을 진행하는 과정을 설명한다. 상세 설계과정은 실제 구현환경을 감안하여 적용될 아키텍처 환경에서의 객체 및 클래스를 모델에 적용하여 기존 모델을 상세하게 재 정의하게 된다.

7.1 설계 클래스 다이어그램 작성

본 절에서는 설계를 위한 구체적인 설계 클래스 다이어그램 작성에 대하여 살펴본다.

학습목표

- 클래스 재 정의에 대하여 알아본다.

본 절에서는 실제 구현환경을 감안하여 적용될 아키텍처 환경에서의 객체 및 클래스를 모델에 적용하여 기존 모델을 상세하게 재정의 하게 된다. 이 과정에서 모델의 클래스 다이어그램이 재정의 되며, 실제 구현환경에 적합한 형태의 모델이 완성하게 된다.

분석 메커니즘이 개념적인데 반하여, 설계 메커니즘은 보다 구체적이며, 구현에 이르러는 직접 시스템에 적용되는 기술들로 표현 된다.

설계 클래스를 작성하여 봄으로써 최종 결과물인 시스템 실체를 코드로 구현하기 이전 단계까지 도달한다. 또한 분석 클래스들이 실제 시스템으로 만들어 지면서 어떻게 변화되어야 하는지 파악한다. 실제 시스템을 만들면서 컴포넌트로 만들어져야 할 것은 무엇인지도 구별한다.

7.1.1 클래스 재정의

분석 클래스 다이어그램을 작성하는 과정을 넘어서면 최종적으로 설계 클래스를 만드는 과정이 남았다. 설계 클래스를 작성하는 작업은 분석 클래스를 기초로 하여 실제 구현할 플랫폼에 맞게 분석 클래스들을 정제하고, 필요한 클래스나 메서드, 속성 등을 추가하는 작업들이 포함된다.

분석 클래스를 작성할 때는, 제작하고자 하는 프로그램이 구현되는 방식이나 플랫폼, 언어 등에 대한 고려는 일단 제외하는 것이 원칙이다. 따라서 분석 클래스 모델만으로 실제 프로그램을 개발한다는 것은 어렵다.

즉, 분석 클래스는 우리가 만들고자 하는 프로그램의 기능들을 어떻게 분할하고 어떻게 할당할 것인가에 대한 기초적인 설계를 제공하는 것에 초점을 두었기 때문에 이것을 다시 우리가 만들고자 하는 언어와 기술적인 플랫폼으로 옮기는 작업이 설계 클래스 작성이며 이 작업 내에서 이루어지는 설계의 변경이나 추가 혹은 삭제된 부분을 명시해야 하는 것이다.

.Net 기반으로 시스템을 만들 때 DB를 쓴다면, ADO.NET을 활용해야 한다. 우리가 설계 클래스에 작성한 엔티티 클래스들은 그대로 DB의 스키마가 되기도 하지만 시스템이 다뤄야 하는 데이터들에 대한 메서드들도 내포하고 있다. 그렇다면 엔티티는 설계 다이어그램으로 넘어올 때 무엇으로 변해야 할까?

ADO.NET은 DB와 연결하여 데이터를 저장하거나 불러오는 역할을 하면서, 비즈니스 로직과 DB 사이의 중간 단계를 형성한다는 것은 알고 있을 것이다. 또한 ADO.NET은 DB를 검색하고 데이터를 찾아 넘겨주며, 저장할 데이터를 DB에 저장한다. 그리고 데이터 구조를 내포할 수 있어서 DB를 검색한 결과들을 테이블의 형태로 임시적이나마 가질 수도 있다.

여기에 엔티티 클래스와 ADO.NET의 공통점이 보인다. 물론 엔티티 클래스에 명시된 속성들은 시스템이 다루어야 하는 데이터이므로 DB 스키마가 된다는 것에는 이론의 여지가 없다. 하지만 엔티티 클래스가 전부 DB화 된다면, 엔티티 클래스가 가진 오퍼레이션을 수행할 대상이 모호해진다. 그러한 자리를 메울 수 있는 것이 ADO.NET이며 우리가 작성하고자 하는 설계 클래스 다이어그램에 이러한 특성들을 적용하여 분석 클래스를 수정해야 할 필요가 있는 것이다.

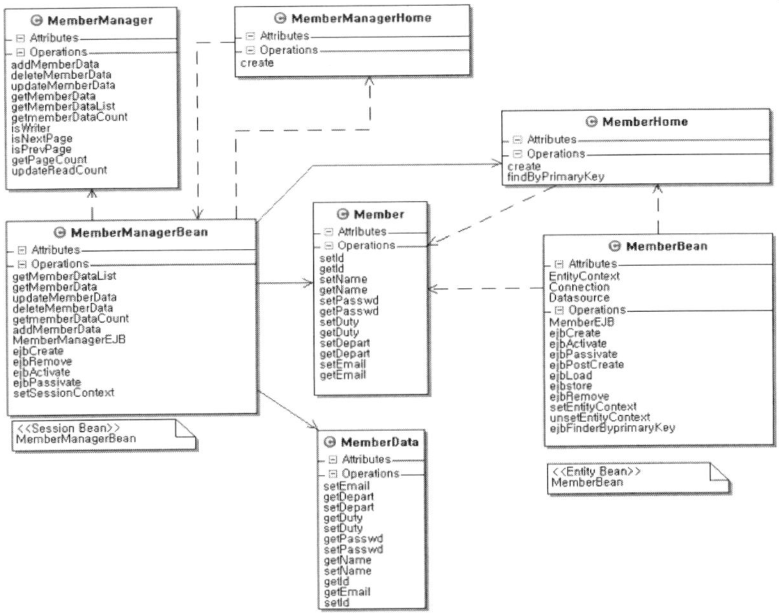

그림 7-1 회원정보관리 수성된 레이어 구소

[그림 7-1]은 설계 클래스 다이어그램에서 보여 지는 회원정보관리 패키지의 클래스 다이어그램을 재정의하여 수정된 레이어 구조를 보여준다.

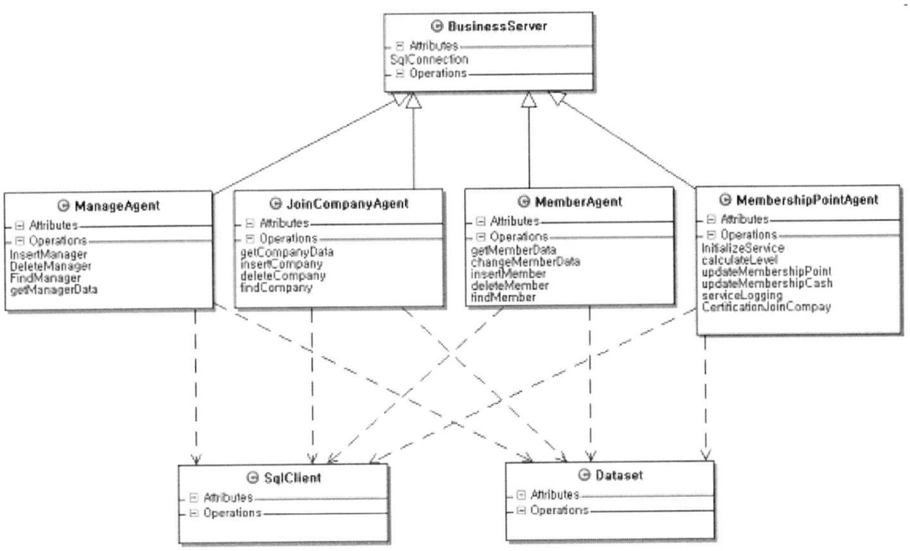

그림 7-2 비즈니스 레이어 이하 클래스 재구성

데이터 레이어가 ADO.NET에 의해 처리되는 부분과 DBMS로 분리가 되었으며, 비즈니스 로직을 담은 컴포넌트는 COM+ 컴포넌트라는 것이 설계 클래스에서 명시가 되었다.

그렇다면 컴포넌트관점에서 보지 않고 내부 클래스 규모의 구성은 어떻게 변화가 되었는지, 비즈니스 레이어 이하 부분이 재구성 되는 것을 [그림 7-2]로 확인할 수 있다.

7.2 시스템 구현

본 절에서는 시스템 구현과정에 대하여 살펴본다.

학습목표

- 컴포넌트 다이어그램 표현에 대하여 알아본다.
- 인터페이스 표현에 대하여 알아본다.

시스템의 객체설계모델을 실제 구현 환경에 적용하기 위한 객체구현 모델을 설계하는 과정을 살펴본다. 객체 구현 모델의 컴포넌트 다이어그램에서 표현되는 컴포넌트, 인터페이스의 개념을 살펴보고, 업무처리 시스템 구현 모델을 컴포넌트 다이어그램으로 설계한다.

7.2.1 컴포넌트

컴포넌트(component)를 정의하자면, 연관 있는 클래스들의 집합이라고 할 수 있으며, 잘 정의된 인터페이스를 가진 캡슐 화된 독립된 소프트웨어 단위이다. 즉, 설계모델에서 정의된 클래스들 간의 관계를 물리적으로 구현하는 것이며, 실행단계에서 사용되는 소프트웨어 컴포넌트로써, 잘 정의된 인터페이스를 통해 서로 접근하게 된다. 일반적으로 컴포넌트들에는 다음과 같은 종류가 있다.

· 실행파일(.exe 파일)
· 라이브러리 파일(.dll 파일)
· ActiveX 또는 자바 애플릿
· 웹 페이지 파일(.html, .htm 파일)

UML에서 컴포넌트는 [그림 7-3]과 같은 표기법을 이용해 표현한다.

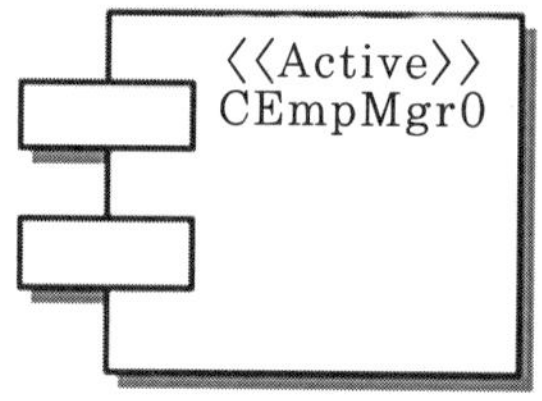

그림 7-3 컴포넌트 표기법

일반적으로 컴포넌트는 하나 이상의 인터페이스를 갖는다. 위에서 볼 수 있듯이 컴포넌트의 이름은 컴포넌트 안에 CEmpMgr01과 같이 표기해 주며, 인터페이스는 IEmpMgr01과 같이 이름을 부여할 수 있다. 또한 컴포넌트에도<<dll>>, <<EXE>> 등과 같이 스테레오 타입을 지정할 수 있는데, 위의 그림에서는 <<ActiveX>>로 표기하여 마이크로소프트사의 ActiveX 컴포넌트로 구현될 것임을 나타내 준다.

7.2.2 인터페이스

UML에서는 인터페이스를 클래스, 서브시스템, 컴포넌트에 의해 제공되는 행위의 집합(오퍼레이션의 집합)을 정의한 모델 요소라고 정의한다. 따라서 컴포넌트는 하나 이상의 인터페이스로 구현되며 각 인터페이스는 잘 정의된 오퍼레이션의 집합을 제공한다. 일반적으로 컴포넌트 기반의 시스템- 예를 들어, COM, CORBA, Enterprise JavaBeans -들은 인터페이스를 통해 서비스를 제공한다.

컴포넌트 인터페이스 설계가 잘못된다면 시스템 설계 전체가 불안해지기 때문에 서브시스템이나 컴포넌트의 정의보다 인터페이스의 정의가 더 중요하다고 할 수 있다. 따라서 설계가 잘 된 인터페이스의 구현은 시스템 구조의 안정성과 신뢰성을 보장할 수 있을 것이다.

UML에서 인터페이스는 다음 [그림 7-4]와 같은 표기법을 이용하여 표현한다.

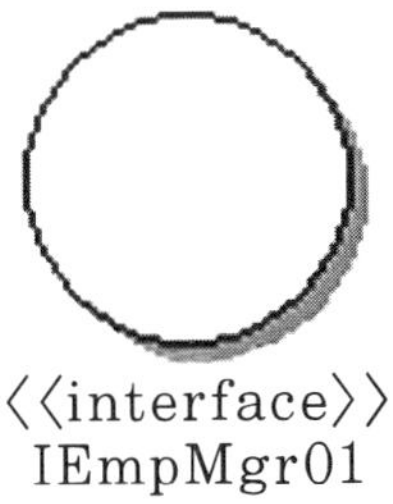

그림 7-4 인터페이스 표기법

객체지향 기술(Object-Oriented Technology)은 단지 개념, 프로그래밍 언어, 개발 방법론의 변화가 아닌 현재 전사적 환경(Enterprise Computing)에서 개발하고 사용하는 컴퓨터 소프트웨어 산업 전반에 걸쳐 동시에 진행되고 있는 '패러다임 변화(paradigm shift)'이며, 시스템 모델의 변화이다.

객체지향 기술은 새롭게 생겨난 것이 아니라 여러 분야에 걸쳐 기술적 요구에 의해 성숙된 기술이다. 객체지향은 보통 smalltalk 등 객체지향 프로그래밍 언어에 의해 제기되고 구체화되어진 사고라고 인식되어져 왔다. 하지만 프로그래밍 언어에서 모듈이나, 데이터의 추상화 등의 발상과 같은 기초연구 및 개념 자체가 아니라 여러 분야에서 동시다발적으로 제기 되어온 새로운 사고방식이라 볼 수 있다.

7.3 J2EE 컴포넌트 설계

본 절에서는 컴포넌트 설계과정에 대하여 살펴본다.

학습목표

- J2EE 제작에 대하여 알아본다.

7.3.1 J2EE 컴포넌트 제작

(1) J2EE란 무엇인가?

자바의 플랫폼(platform)은 3가지 버전으로 나눌 수 있다. J2SE(Standard Edition), J2ME(Micro Edition), J2EE(Enterprise Edition)이 그것이다. J2SE는 일반적인 자바 애플리케이션을 작성하는데 쓰이고 J2ME는 제한된 자원resource)을 갖는 하드웨어에서 실행되는 자바 애플리케이션을 작성하는데 쓰인다. 그리고 J2EE는 J2SE를 기반으로 작성된 기업용 애플리케이션을 작성하는데 최적화된 플랫폼이라고 할 수 있다. 즉, 엔터프라이즈 환경에서 필요한 여러 가지 트랜잭션 제어와 보안 관련사항 등을 제공한다.

(2) J2EE의 정의

오늘날의 기업 환경에서 대부분의 애플리케이션은 n-계층 시스템으로 설계되고 구축되고 있다. 물론, n-계층이라는 용어는 기능적으로 분류되는 것을 말한다. 이러한 n-계층 시스템은 모델-뷰-컨트롤러(MVC; Model-View-Controller)라는 일종의 애플리케이션의 구조화 방법을 사용한다. 즉, 데이터와 이 데이터를 표현하는 방법과 데이터를 제어하는 방법들을 분리하는 방법인 것이다. 이러한 구조를 가짐으로써 보다 견고하고 확장 가능한 애플리케이션을 구성할 수 있다. 이러한 n-계층 시스템을 쉽고 빠르게 구성할 수 있게 해주는 것이 J2EE라고 할 수 있다. J2EE는 서버측 컴포넌트 모델(Server-Side Component Model)을 기반으로 구성된다. 즉, 구축된 시스템은 일정 기능을 수행하는 객체 즉, 컴포넌트에 의해 구성된다. 이 컴포넌트들이 유기적인 관계를 맺고 동작하면서 하나의 큰 시스템을 이루게 되는 것이다. 그리고 이 컴포넌트들은 위치 투명성(location transparency)을 가질 수 있도록 동작이 된다. 즉, 서로 다른 서버에 컴포넌트가 존재하더라고 서로간의 연결 및 동작이 가능하다는 의미이다. 즉, J2EE는 이러한 컴포넌트들이 실행될 수 있는 환경을 제공하는 플랫폼에 대한 명세(specification)이다. 즉, 플랫폼에 대한 명세를 정하고 이 플랫폼을 구현하는 업체들이 이 명세에 맞추어 플랫폼을 정확히 구성하고 자기만의 특별한 기능을 추가하는 것이다. J2EE는 자바를 기반으로 구성되기 때문에 자바가 갖는 다음과 같은 장점들을 갖는다.

① 플랫폼 독립성

J2EE가 표준 명세를 나타내므로 표준 명세에 부합하는 J2EE 애플리케이션은 운영체제, J2EE 환경이 바뀌더라도 실행될 수 있다.

② 재사용성

코드의 재사용성을 높이는 것은 모든 사람들의 희망이다. 하지만, 재사용성을 높이는 것은 그리 쉽지만은 않다. 자바는 기본적으로 객체지향기법을 사용하는 언어이므로 코드의 재사용성은 높일 수 있다. J2EE도 자바를 기반으로 하고 있으므로 재사용성을 높일 수 있다. 특히, 컴포넌트를 기반으로 구성되어 있어서 이 컴포넌트의 구성과 관리를 위해 아주 강력한 구조(architecture)를 제공한다. 즉, 프로그래머가 J2EE의 구조를 따라 프로그래밍 하는 것만으로도 코드의 재사용성은 상당히 높아지는 것이다.

③ 모듈화

일반적인 서버측 애플리케이션은 규모가 커짐에 따라 상당히 복잡해진다. 이러한 복잡성을 줄이기 위해 여러 가지 모듈로 분리하는 작업은 꼭 필요한 일이다. J2EE는 이러한 모듈을 쉽게 분리할 수 있는 구조를 제공함으로 쉽게 모듈화를 이룰 수 있다. 즉, JSP, Servelt, 자바빈즈, EJB등이 모듈화를 보다 쉽게 가능하게 해 주는 것이다.

(3) J2EE 구조(architecture)

J2EE는 여러 가지 서비스들을 제공하기 위한 구성 요소들의 유기적인 관계에 의해 이루어진다. [그림 7-5]는 이러한 구성 요소들을 표현한 J2EE의 구조이다. 이 그림은 각 구성 요소들의 논리적인 표현이고 각 구성요소가 다른 하드웨어에 존재하는 물리적인 구분은 아니다.

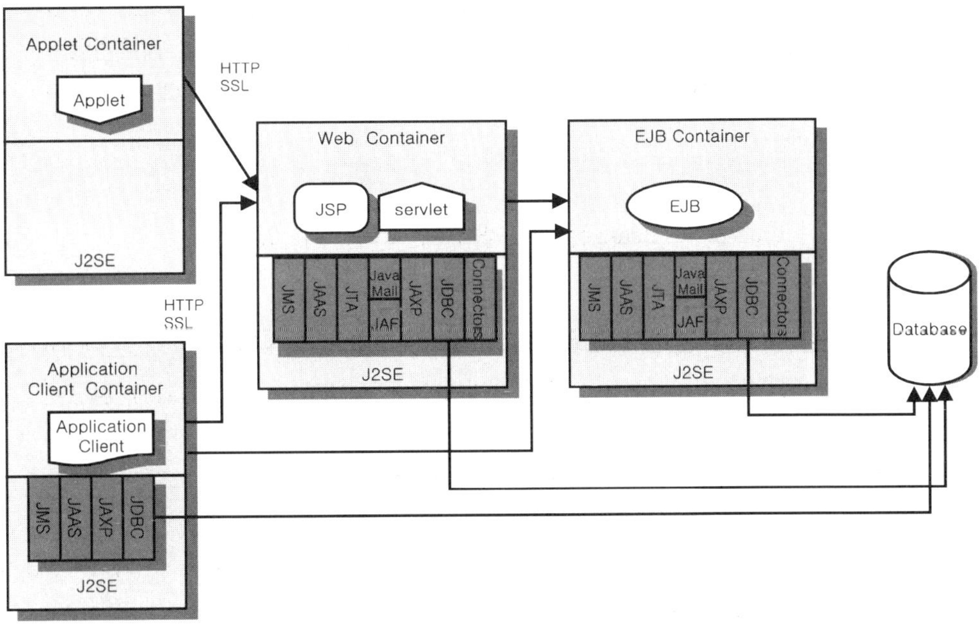

그림 7-5 J2EE 구조(architecture)

[그림 7-5]에서 각 컨테이너(container)들은 해당 컨테이너 상에 존재하는 응용 컴포넌트들에게 원하는 서비스를 제공하는 J2EE 실행 환경(runtime environment)이다. 제공되는 서비스는 컨테이너 하단의 사각형 내부에 있는 서비스들이다. 그리고 화살표는 해당 부분에의 접근 경로를 나타내고 있다.

(4) EJB(Enterprise JavaBeans)의 정의

J2EE 환경에서 컴포넌트와 관련된 여러 용어들이 많이 있다. 독자들이 이런 용어에 많

이 혼란스러울 것이다. 여기서 용어의 자세한 정의를 알아보자. 컴포넌트와 관련된 용어들 중 Enterprise JavaBeans와 Enterprise beans라는 2개가 있다. EJB(Enterprise JavaBeans)는 컴포넌트 기반의 분산 컴퓨팅 환경의 기본 구조(Architecture)라고 할 수 있다. 즉, 다음은 EJB에 대한 정의이다.

> "EJB는 분산 엔터프라이즈 애플리케이션의 개발 및 배치를 위한 컴포넌트 구조(architecture)이다. EJB를 이용하여 작성된 컴포넌트는 견고하고 신뢰성 있고 확장 가능한 구조를 갖는다. 이러한 EJB 컴포넌트는 EJB 명세(specification)을 지원하는 어떠한 J2EE Server에서도 실행 가능하다."

이와 비교하여 Enterprise Beans는 다음과 같이 정의할 수 있다.

> "EJB 명세를 따르고 애플리케이션의 목적을 수행하기 위한 코드인 비즈니스 로직(business logic)을 캡슐화하는 서버측(server-side) 컴포넌트이다."

즉, EJB는 컴포넌트가 가져야할 구조에 대한 명세(specification)이고 이러한 명세를 구현한 컴포넌트가 Enterprise Beans이다. 하지만, 2개의 의미의 대상은 다르지만 일반적으로 동일한 의미로 쓰인다.

(5) EJB API

기본적으로 EJB의 동작 원리는 Java RMI(Remote Method Invocation) 기술에 기본을 두어 출발하였다. 간단한 동작 원리를 설명하여 실제 EJB 컴포넌트가 어떻게 구성되는지를 설명할 것이다.

① Remote Interface

Remote Interface는 EJB 컴포넌트에서 구현될 비즈니스 로직을 처리하는 메서드들을 정의한다. 이 메서드들은 EJB 컨테이너 외부에 있는 클라이언트로부터 호출되어 실행된다. Remote Interface는 분산 객체 프로토콜에 적합한 java.rmi.Remote를 상속한 javax.ejb.EJBObject를 상속받아야 한다. 그리고 이 Remote Interface는 Session Bean과 Entity Bean에 사용된다.

② Remote Home Interface

Remote Home Interface는 EJB 컨테이너 외부에서 호출될 수 있는 EJB 컴포넌트의 생명 주기(life-cycle)와 관련된 메서드들을 정의하게 된다. EJB 컴포넌트의 생명 주기와 관련된 메서드는 EJB 컴포넌트를 생성하고, 제거하고, EJB 컴포넌트를 찾는 메서드들이다. Remote Home Interface는 분산객체 프로토콜에 적합한 java.rmi.Remote를 상속한 javax.ejb.EJBHome를 상속받아야 한다. 그리고 이 Remote Home Interface는 Session Bean과 Entity Bean에 사용된다.

③ Local Interfacc(EJB 2.0)

Local Interface는 동일한 EJB 컨테이너 내부에 존재하는 다른 EJB 컴포넌트에 의해 호출되는 비즈니스 로직 처리 메서드들을 정의한다. EJB2.0에서 이 Local Interface를 추가한 이유는 같은 EJB 컨테이너에 있는 EJB 컴포넌트 사이에 분산객체 프로토콜을 사용하는 것은 많은 오버헤드를 가져오므로 성능 향상을 위해 같은 EJB 컨테이너에 위치한 EJB 컴포넌트 사이의 호출은 분산객체 프로토콜을 사용하지 않기 위해서이다. 이러한 Local Interface는 javax.ejb.EJBLocalObject를 상속받아야한다.

④ Bean Class

Bean Class는 실제로 비즈니스 로직을 처리하는 코드와 EJB의 생명 주기(life-cycle)와 관련된 메서드들이 작성된다. Session Bean이나 Entity Bean의 Bean Class는 직접적으로 앞의 인터페이스들과 통신하지는 않지만 즉, 클라이언트와 직접적으로 통신하지는 않지만 앞의 인터페이스에 선언된 메서드들은 포함해야 된다. Session Bean은 javax.ejb .SessionBean 인터페이스를 구현해야 하고 Entity Bean은 javax.ejb.EntityBean 인터페이스를 구현해야 한다.

javax.ejb.SessionBean과 javax.ejb.EntityBean은 javax.ejb.Enterpr iseBean을 상속

하는 인터페이스들이다. Message-Driven Bean은 앞의 인터페이스들처럼 컴포넌트 형태를 규정하는 인터페이스는 없지만, javax.ejb.Message-DrivenBean과 javax.jms.Message Listener 인터페이스를 구현해야 하고 Message-Driven Bean은 다른 EJB 컴포넌트들에 의해 호출되는 것이 아니고 JMS Message 또는 다른 메시징 서비스의 메시지가 도착하였을 경우 onMessage( )라는 함수가 호출되는 것이다.

- 엔티티 빈

데이터베이스와 밀접한 관련을 맺고 있는 서버 컴포넌트. 영속성을 유지해야 할 데이터를 표현하기 위해서 사용 된다. 작성방법에 따라 CMP (Container-Managed Persistence)와 BMP(Bean-Managed Persistence)로 나눠진다.

CMP 경우 JDBC 코드를 작성하지 않고, 배치 디스크립터에서 테이블과의 관계 설정만으로 객체를 데이터메이스로부터 읽어 들이거나 저장하는 기능 사용할 수 있고 BMP는 프로그래머가 직접 JDBC 프로그래밍을 작성해서 구현해야 함.

- 세션 빈

비즈니스 메서드를 포함하는 서버 컴포넌트로 Stateless Session Bean, Stateful Session Bean으로 구분 된다. 무상태 세션빈의 경우 계산, 통계 작업등에 사용할 수 있으며, 상태유지 세션 빈은 쇼핑몰의 장바구니와 같이 상태가 유지될 필요가 있는 경우에 사용한다.

⑤ Primary Key Class

Primary Key Class는 Entity Bean 클래스에서만 사용되는 클래스이다. 이 클래스는 Entity Bean을 구별할 수 있는 클래스로서 데이터베이스 테이블의 기본키(primary key)와 동일한 역할을 한다고 이해하면 될 것이다. Primary Key Class를 작성하기 위해서는 java.io.Serializable을 구현하면 된다.

(6) 배치 지시자(Deployment Descriptor)

일단 EJB를 작성하고 패키징한 후에 J2EE Server에 배치(혹은 설치)하는 작업이 뒤따른다. 그래야만이 실제적으로 서비스를 할 수 있기 때문이다. 그런데, J2EE Sever는 한 업체에서 제작하는 것이 아니고 여러 업체에서 제작하게 된다. 즉, J2EE 명세에 따라 J2EE Server를 제작하는 것이다. 그러면, 이러한 여러 종류의 서버에 배치하려면 일종의 규칙이 필요할 것이다. 이러한 규칙이 배치 지시자에 설정되게 되는 것이다. 이 배치 지시자는 EJB가 J2EE Server에 배치(설치)될 때 J2EE Server가 EJB의 구성 요소를 판별하는데 이용되게 된다.

[그림 7-6]은 각 컴포넌트들이 속하는 모듈과 배치 지시자 그리고 이러한 여러 개의 모듈이 모여 하나의 J2EE 애플리케이션을 이루면서 전체적인 배치 지시자의 구성 등의 과정을 보여주는 그림이다. 즉, 각 모듈은 자신에 대한 배치 지시자(그림에서 모듈 내부의 Deployment Descriptor)를 갖게 되고 이러한 모듈이 여러 개 모이는 경우 여러 개의 모듈에 대한 배치 정보를 저장하고 있는 전체적인 배치 지시자(그림에서 J2EE Application Deployment Descriptor)가 있어야 되는 것이다.

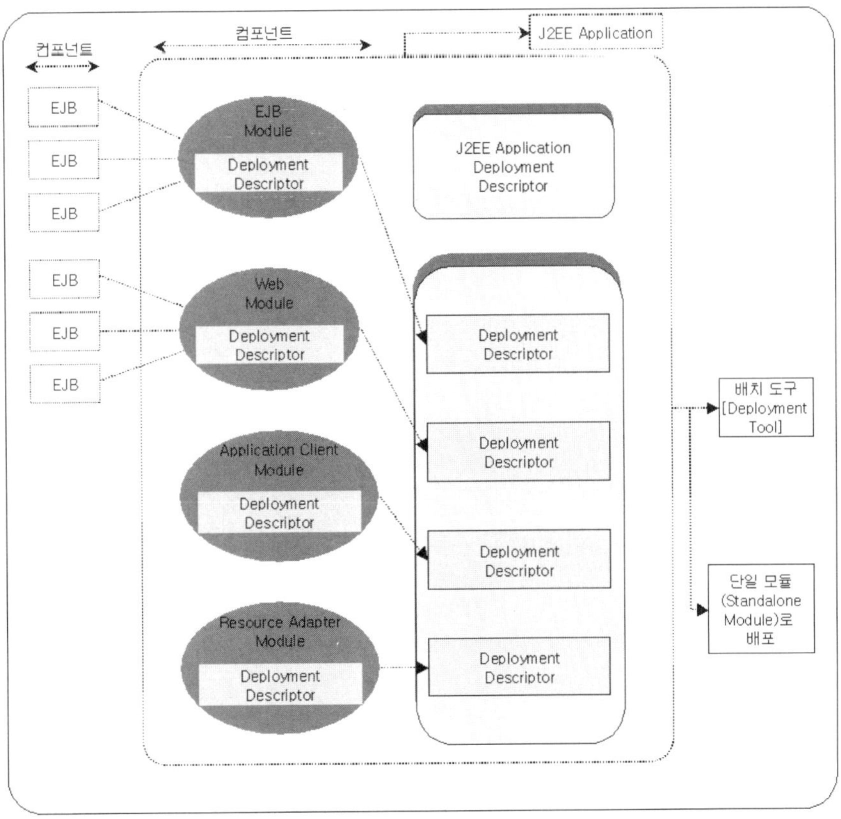

그림 7-6 배치 지시자(Deployment Descriptor)의 역할

7.4 EJB 컴포넌트 구현

본 절에서는 EJB 컴포넌트를 이용한 업무처리 시스템 구현 과정에 대하여 살펴본다.

학습목표

- EJB를 이용한 업무처리 시스템 구현에 대하여 알아본다.

앞의 절까지 기본적인 J2EE 컴포넌트 설계에 대해 알아보았다. 이러한 이해를 바탕으로 하여 실제로 EJB 컴포넌트를 이용한 웹 애플리케이션 시스템을 구현하여 보자.

7.4.1 시스템 CBD 구성도 및 시스템 구성도

구현하게 될 업무처리 시스템에서 작성된 컴포넌트 구성은 기능 컴포넌트와 데이터 관리 컴포넌트, 사용자 인터페이스 컴포넌트로 구성되어진다. 시스템 CBD 구성은 다음 [그림 7-7]과 같다.

그림 7-7 시스템 CBD 구성도

또한 전체 시스템은 3-Tier로 구성되어진다. Tier1은 Client 측, Tier2는 웹 로직 서버,

웹서버등 UI 를 나타내는 부분과 EJB Container가 존재한다. Tier3은 데이터베이스 서버로 이루어진다.

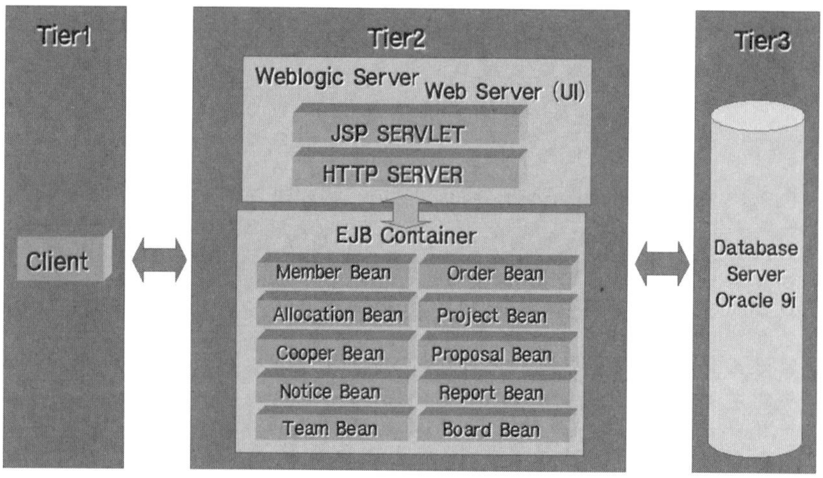

그림 7-8 시스템 구성도

7.4.2 개발 환경

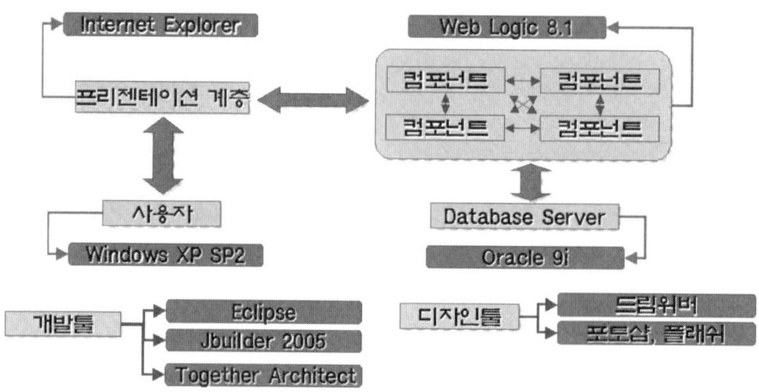

그림 7-9 개발 환경

[그림 7-9]는 본 업무처리 시스템의 개발 환경을 나타낸다. Jbuilder 2005, Eclipse, Together Architect 2006의 개발 툴을 이용하여 프리젠테이션 계층에서 보여 지는 모든

페이지들을 작성 한다. 또한 데이터베이스는 오라클 9i버전을 이용하였다.

웹 애플리케이션의 빠른 개발 및 운영환경을 제공해주는 웹 애플리케이션 서버로는 웹로직을 사용한다.

7.4.3 EJB

이번 절에서는 업무처리 시스템과 관련된 동작을 수행하는 EJB를 작성하여 보자. 엔티티 빈과 이 엔티티 빈을 조작하는 세션 빈을 작성할 것이다.

(1) 엔티티 빈

엔티티 빈을 작성하기에 앞서 Remote Interface, Home Interface를 먼저 작성해 볼 것이다. Home Interface는 엔티티 빈을 생성 및 소멸에 관련된 메서드를 선언할 것이고, Remote Interface는 실제 엔티티 빈과의 통신할 수 있는 통로를 제공하는 것으로써 여러 가지 비즈니스 메서드들을 선언할 것이다. Home Interface와 Remote Interface는 어떤 Interface를 상속받느냐에 따라서 다음 [표 7-1]과 같이 구분된다.

표 7-1 Interface 구분

상속 받는 인터페이스	명 명	사 용
javax.ejb.EJBHome	Home Interface	클라이언트와 서버가 다른 JVM을 이용할 경우 사용
javax.ejb.EJBObject	Remote Interface	
javax.ejb.EJBLocalHome	Local Home Interface	클라이언트와 서버가 같은 JVM을 이용할 경우 사용
javax.ejb.EJBLocalObject	Local Remote Home Interface	

1) 회원정보 관리 엔티티 빈

이 엔티티 빈은 회원정보 관리 기능을 나타내는 엔티티 빈이다.

① Remote Interface

[예제 코드 7-1]은 회원정보 관리 엔티티 빈의 메서드들을 정리하는 소스 코드이다. [예제 코드 7-2]는 Remote 메서드 호출 시 값을 전달하는 객체들이다.

[예제 코드 7-1] Member 클래스의 Operation 정의

```
class package bms.member;
import javax.ejb.EJBObject;
import java.rmi.RemoteException;
import java.util.Collection;
public interface Member extends EJBObject {
public MemberData MemberLogin(String id, String passwd) throws RemoteException;
public void addMember(MemberData memberData) throws RemoteException;
public void deleteMember(int ssn) throws RemoteException;
public void updateMember(MemberData memberData) throws RemoteException;
public void updatePasswd(MemberData memberData) throws RemoteException;
public MemberData MemberView(MemberData memberData) throws RemoteException;
public Collection MemberList(int page) throws RemoteException;
public Collection MemberDepartList(String depart) throws RemoteException;
public int getMemberDataCount( )        throws RemoteException;
public boolean isNextPage(int page) throws RemoteException;
public boolean isPrevPage(int page) throws RemoteException;
public int getPageCount( )       throws RemoteException;
}
```

[예제 코드 7-2] MemberData 클래스의 Attribute 정의

```
package bms.member;
public class MemberData implements java.io.Serializable {
private int ssn;
private String id;
private String name;
private String email;
private String passwd;
private String duty;
private String depart;
private java.sql.Timestamp signdate;
public MemberData( )          {...}
public int getSsn( )   {...}
public void setSsn(int ssn)  {...}
public String getId( )        {...}
public void setId(String id)  {...}
public String getName( )      {...}
public void setName(String name)  {...}
public String getEmail( )     {...}
public void setEmail(String email)  {...}
public String getPasswd( )    {...}
public void setPasswd(String passwd)  {...}
public void setDuty(String duty)  {...}
public String getDuty( )      {...}
public void setDepart(String depart)  {...}
public String getDepart( )    {...}
public java.sql.Timestamp getTimestamp( )        {...}
public String getSigndateString( )        {... }
public void setSigndate(java.sql.Timestamp signdate){ ...}
public java.sql.Timestamp getSigndate( )         {...}
}
```

② Home Interface

Home Interface는 엔티티 빈의 생성 또는 소멸 등 엔티티 빈의 생명 주기와 관련된 메서드들을 선언하는 것이다. 이 Home Interface를 통해서 앞의 Remote Interface형의 객체를 참조하게 되고 이 Remote Interface를 통해 엔티티 빈과 통신할 수 있는 것이다. [예제 코드 7-3]은 이러한 Home Interface의 소스 코드이다.

[예제 코드 7-3] MemberHome 클래스 Home Interface

```
package bms.member;

import javax.ejb.EJBHome;
import javax.ejb.CreateException;
import java.rmi.RemoteException;

public interface MemberHome extends EJBHome {
public Member create( )          throws CreateException, RemoteException;
public Member findByPrimaryKey( )        throws FindereException;
}
```

findByPrimaryKey( )는 인자로 전달된 주 키에 해당하는 Remote Interface를 리턴 한다. SQL문 중 주 키를 검색하는 SELECT문에 해당하는 기능을 수행한다.

③ **빈 클래스**

javax.ejb.EntityBean 인터페이스를 구현한다. 빈 클래스는 반드시 public abstract 클래스로 선언해야 한다.

2) 프로젝트 관리 엔티티 빈

이 엔티티 빈은 프로젝트 관리 기능을 나타내는 엔티티 빈이다. '프로젝트 등록', '프로젝트 삭제', '프로젝트 수정'과 관련된 기능을 다룰 것이다.

① Remote Interface

프로젝트의 등록, 삭제, 수정의 속성 설정 및 메서드들을 선언한다. [예제 코드 7-4], [예제 코드 7-5]는 이러한 Remote Interface 소스코드이다.

[예제 코드 7-4] Project 클래스의 Operation 정의

```
package bms.project;
import javax.ejb.EJBObject;
import java.rmi.RemoteException;
import java.util.Collection;
public interface Project extends EJBObject {
public void addProject(ProjectData gb) throws RemoteException;
public void updateProject(ProjectData gb) throws RemoteException;
public ProjectData ProjectView(int p_id) throws RemoteException;
public Collection ProjectList(int page) throws RemoteException;
public void deleteProject(int p_id) throws RemoteException;
public void stateProject(int p_id , int state) throws RemoteException;
public int getProjectDataCount( )        throws RemoteException;
public int getProjectPageCount( )        throws RemoteException;
public boolean isNextPage(int page) throws RemoteException;
public boolean isPrevPage(int page) throws RemoteException;
}
```

[예제 코드 7-5] ProjectData 클래스의 Attribute 정의

```
package bms.project;
public class ProjectData implements java.io.Serializable {
private int p_id;
private String p_title;
private String p_content;
private java.sql.Timestamp signdate;
private int t_quantity;
private int a_quantity;
private int state;
public int getP_id( ) {…}
public void setP_id(int p_id) {…}
public String getP_title( )      {…}
public void setP_title(String p_title) {…}
public String getP_content( )    {…}
public void setP_content(String p_content) {…}
public java.sql.Timestamp getTimestamp( )      {…}
public String getSigndateString( )       {…}
public void setSigndate(java.sql.Timestamp signdate){…}
public java.sql.Timestamp getSigndate( ) {…}
public int getT_quantity( )      {…}
public void setT_quantity(int t_quantity) {…}
public int getA_quantity( )      {…}
public void setA_quantity(int a_quantity) {…}
public int getState( ) {…}
public void setState(int state) {…}
}
```

② Home Interface

프로젝트 관리 엔티티 빈의 생성과 검색에 관한 메서드들을 정의한다. [예제 코드 7-6]은 이러한 프로젝트 관리 엔티티 빈의 Home Interface의 소스 코드이다.

[예제 코드 7-6] ProjectHome 클래스 Home Interface

```
package bms.project;

import javax.ejb.EJBHome;
import javax.ejb.CreateException;
import java.rmi.RemoteException;

public interface ProjectHome extends EJBHome {
public Project create( )          throws CreateException, RemoteException;
public Member findByPrimaryKey( )       throws FindereException;
}


```

③ 빈 클래스

javax.ejb.EntityBean 인터페이스를 구현한다. 빈 클래스는 반드시 public abstract 클래스로 선언해야 한다.

3) 업무지시 관리 엔티티 빈

이 엔티티 빈은 '업무 조회', '업무 등록','업무 삭제','업무 수정'과 관련된 기능을 다룰 것이다.

① Remote Interface

업무의 등록, 삭제, 수정, 조회의 속성 설정 및 메서드들을 선언한다.

[예제 코드 7-7] Order 클래스의 Operation 정의

```
package bms.order;
import javax.ejb.EJBObject;
import java.rmi.RemoteException;
import java.util.Collection;
public interface Order extends EJBObject {
public void addOrder(OrderData orderData) throws RemoteException;
public OrderData OrderView(int oid) throws RemoteException;
public Collection OrderList(int page, int t_id) throws RemoteException;
public void deleteOrder(int oid) throws RemoteException;
public bms.order.OrderData getOrderData(int oid) throws RemoteException;
public void updateOrder(OrderData orderData) throws RemoteException;
public void stateOrder(int oid , int state) throws RemoteException;
public int getOrderDataCount( )        throws RemoteException;
public int getOrderPageCount( )        throws RemoteException;
public boolean isNextPage(int page) throws RemoteException;
public boolean isPrevPage(int page) throws RemoteException;
}
```

[예제 코드 7-8] Order Data 클래스의 Attribute 정의

```
package bms.order;
public class OrderData implements java.io.Serializable {
private int p_id;
private int o_id;
private int t_id;
private String o_title;
```

```
private String o_order;
private int o_orderteam;
private String o_report;
private int o_reportteam;
private int state;
private String startdate;
private String enddate;
private String o_content;
private int r_quantity;
public OrderData( ) {}
public int getP_id( )        {}
public void setP_id(int p_id) {}
public int getO_id( )        {}
public void setO_id(int o_id) {}
public int getT_id( )        {}
public void setT_id(int t_id) {}
public String getO_title( )      {}
public void setO_title(String o_title) {}
public String getO_order( )      {}
public void setO_order(String o_order) {}
public int getO_orderteam( ) {}
public void setO_orderteam(int o_orderteam) {}
public String getO_report( )    {}
public void setO_report(String o_report) {}
public int getO_reportteam( )          {}
public void setO_reportteam(int o_reportteam) {}
public int getState( )          {}
public void setState(int state) {}
public String getStartdate( )    {}
public void setStartdate(String startdate) {}
public String getEnddate( )      {}
```

```
public void setEnddate(String enddate) {}
public String getO_content( ) {}
public void setO_content(String o_content) {}
public int getR_quantity( )      {}
public void setR_quantity(int r_quantity) {}

}
```

② Home Interface

업무지시 관리 엔티티 빈의 생성과 검색에 관한 메서드들을 정의한다. [예제 코드 7-9]는 이러한 업무지시 관리 엔티티 빈의 Home Interface의 소스 코드이다.

[예제 코드 7-9] OrderHome 클래스 Home Interface

```
package bms.order;

import javax.ejb.EJBHome;
import javax.ejb.CreateException;
import java.rmi.RemoteException;

public interface OrderHome extends EJBHome {
public Order create( )            throws CreateException, RemoteException;
public Member findByPrimaryKey( )       throws FindereException;
 }

```

③ 빈 클래스

javax.ejb.EntityBean 인터페이스를 구현한다. 빈 클래스는 반드시 public abstract 클래스로 선언해야 한다.

4) 업무보고 관리 엔티티 빈

이 엔티티 빈은 업무보고 관리 기능을 다루게 되는 엔티티 빈이다.

① Remote Interface

업무보고 조회, 추가, 삭제, 수정의 속성 설정 및 제공 메서드들을 선언한다.

[예제 코드 7-10] Report클래스의 Operation 정의

```
package bms.report;
import javax.ejb.EJBObject;
import java.rmi.RemoteException;
import java.util.Collection;
public interface Report extends EJBObject {
public void addReport(ReportData reportData) throws RemoteException;
public void stateReport(int r_id , int state) throws RemoteException;
public void updateReport(ReportData reportData) throws RemoteException;
public Collection ReportList(int page , int o_id) throws RemoteException;
 public ReportData ReportView(int r_id) throws RemoteException;
 public void deleteReport(int r_id) throws RemoteException;
 public int getReportDataCount(int o_id) throws RemoteException;
 public boolean isNextPage(int page,int o_id) throws RemoteException;
 public boolean isPrevPage(int page,int o_id) throws RemoteException;
 public int getReportPageCount(int o_id) throws RemoteException;
 }
```

[예제 코드 7-11] ReportData 클래스의 Attribute 정의

```
package bms.report;
public class ReportData implements java.io.Serializable {
private int r_id;
private int p_id;
private int t_id;
private int o_id;
private String r_title;
private String r_content;
private String r_order;
private int r_orderteam;
private String r_report;
private int r_reportteam;
private int state;
private java.sql.Timestamp nowdate;
private java.sql.Timestamp update;
public ReportData( ) {}
public String getR_order( )     {}
public void setR_order(String r_order) {}
public String getR_report( )     {}
public void setR_report(String r_report) {}
public int getR_orderteam( )    {}
public void setR_orderteam(int r_orderteam) {}
public int getR_reportteam( )   {}
public void setR_reportteam(int r_reportteam) {}
public int getR_id( ) {}
```

```
public void setR_id(int r_id) {}
public int getP_id( )  {}
public void setP_id(int p_id) {}
public int getT_id( )  {}
public void setT_id(int t_id) {}
public int getO_id( )  {}
public void setO_id(int o_id) {}
public String getR_title( )        {}
public void setR_title(String r_title) {}
public String getR_content( )   {}
public void setR_content(String r_content) {}
public int getState( )  {}
public void setState(int state) {}
public java.sql.Timestamp getTimestamp( )        {}
public String getNowdateString( )        {}
public String getUpdateString( )         {}
public void setNowdate(java.sql.Timestamp nowdate){}
public java.sql.Timestamp getNowdate( ){}
public void setUpdate(java.sql.Timestamp update){}
public java.sql.Timestamp getUpdate( ) {}
}
```

② Home Interface

업무보고 관리 엔티티 빈의 생성과 검색에 관한 메서드들을 정의한다. [예제 코드 7-12]는 이러한 업무보고 관리 엔티티 빈의 Home Interface의 소스 코드이다.

[예제 코드 7-12] ReportHome 클래스 Home Interface

```
package bms.report;

import javax.ejb.EJBHome;
import javax.ejb.CreateException;
import java.rmi.RemoteException;

public interface ReportHome extends EJBHome {
public Report create( )          throws CreateException, RemoteException;
public Member findByPrimaryKey( )       throws FindereException;
 }


```

③ 빈 클래스

javax.ejb.EntityBean 인터페이스를 구현한다. 빈 클래스는 반드시 public abstract 클래스로 선언해야 한다.

5) 건의사항 관리 엔티티 빈

이 엔티티 빈은 건의사항 관리 기능을 다루게 되는 엔티티 빈이다.

① Remote Interface

건의사항 조회, 추가, 삭제, 수정의 속성 설정 및 제공 메서드들을 선언한다.

[예제 코드 7-13] Proposal클래스의 Operation 정의

```
package bms.proposal;
import javax.ejb.EJBObject;
import java.rmi.RemoteException;
import java.util.Collection;
```

```
public interface Proposal extends EJBObject {
public void addProposal(ProposalData proposalData) throws RemoteException;
public ProposalData ProposalView(int pro_id) throws RemoteException;
public Collection ProposalList(int page, int p_id) throws RemoteException;
public void deleteProposal(int pro_id) throws RemoteException;
  public bms.proposal.ProposalData getProposalData(int pro_id) throws
  RemoteException;
  public void updateProposal(ProposalData proposalData) throws RemoteException;
  public void stateProposal(int pro_id , int state) throws RemoteException;
  public int getProposalDataCount( )     throws RemoteException;
  public int getProposalPageCount( )     throws RemoteException;
  public boolean isNextPage(int page) throws RemoteException;
  public boolean isPrevPage(int page) throws RemoteException;
  }
```

[예제 코드 7-14] ProposalData 클래스의 Attribute 정의

```
package bms.report;
public class ReportData implements java.io.Serializable {
private int r_id;
private int p_id;
private int t_id;
private int o_id;
private String r_title;
private String r_content;
private String r_order;
private int r_orderteam;
private String r_report;
private int r_reportteam;
private int state;
private java.sql.Timestamp nowdate;
```

```
private java.sql.Timestamp update;
public ReportData( )            {}
public String getR_order( )     {}
public void setR_order(String r_order) {}
public String getR_report( )    {}
public void setR_report(String r_report) {}
public int getR_orderteam( )  {}
public void setR_orderteam(int r_orderteam) {}
public int getR_reportteam( ) {}
public void setR_reportteam(int r_reportteam) {}
public int getR_id( )           {}
public void setR_id(int r_id) {}
public int getP_id( )           {}
public void setP_id(int p_id) {}
public int getT_id( )           {}
public void setT_id(int t_id) {}
public int getO_id( )           {}
public void setO_id(int o_id) {}
public String getR_title( )     {}
public void setR_title(String r_title) {}
public String getR_content( ) {}
public void setR_content(String r_content) {}
public int getState( )          {}
public void setState(int state) {}
public java.sql.Timestamp getTimestamp( )       {}
public String getNowdateString( )       {}
public String getUpdateString( )        {}
public void setNowdate(java.sql.Timestamp nowdate){}
public java.sql.Timestamp getNowdate( )         {}
public void setUpdate(java.sql.Timestamp update){}
public java.sql.Timestamp getUpdate( ) {}
}
```

② Home Interface

건의사항 관리 엔티티 빈의 생성과 검색에 관한 메서드들을 정의한다. [예제 코드 7-15]는 이러한 업무보고 관리 엔티티 빈의 Home Interface의 소스 코드이다.

[예제 코드 7-15] ProposalHome 클래스 Home Interface

```
package bms.proposal;

import javax.ejb.EJBHome;
import javax.ejb.CreateException;
import java.rmi.RemoteException;

public interface ProposalHome extends EJBHome {
public Proposal create( )          throws CreateException, RemoteException;
}

```

③ 빈 클래스

javax.ejb.EntityBean 인터페이스를 구현한다. 빈 클래스는 반드시 public abstract 클래스로 선언해야 한다.

6) 업무협조 관리 엔티티 빈

이 엔티티 빈은 업무협조 관리 기능을 다루게 되는 엔티티 빈이다.

① Remote Interface

업무협조 조회, 추가, 삭제, 수정의 속성 설정 및 제공 메서드들을 선언한다.

[예제 코드 7-16] Cooper클래스의 Operation 정의

```
package bms.cooper;
import javax.ejb.EJBObject;
import java.rmi.RemoteException;
import java.util.Collection;
public interface Cooper extends EJBObject {
public void addCooper(CooperData cooperData) throws RemoteException;
public CooperData CooperView(int cid) throws RemoteException;
public Collection CooperList(int page, int p_id) throws RemoteException;
public void deleteCooper(int cid) throws RemoteException;
 public bms.cooper.CooperData getCooperData(int cid) throws RemoteException;
 public void updateCooper(CooperData cooperData) throws RemoteException;
 public void stateCooper(int cid , int state) throws RemoteException;
 public int getCooperDataCount( )      throws RemoteException;
 public int getCooperPageCount( )      throws RemoteException;
 public boolean isNextPage(int page) throws RemoteException;
 public boolean isPrevPage(int page) throws RemoteException;
 }
```

[예제 코드 7-17] CooperData 클래스의 Attribute 정의

```
package bms.cooper;
public class CooperData implements java.io.Serializable {
private int c_id;
private int p_id;
private String c_content;
private String c_title;
private String c_order;
private String c_orderteam;
private String c_report;
```

```
private String c_reportteam;
private int state;
private java.sql.Timestamp signdate;
public CooperData( )          {}
public int getP_id( )          {public void setP_id(int p_id) {}
public int getC_id( )          {public void setC_id(int c_id) {}
public String getC_title( )     {}
public void setC_title(String c_title) {}
public String getC_order( )     {}
public String getC_orderteam( )        {}
public void setC_orderteam(String c_orderteam) {}
public String getC_report( )    {}
public void setC_report(String c_report) {}
public String getC_reportteam( )        {}
public void setC_reportteam(String c_reportteam) {}
public int getState( )          {}
public void setState(int state) {}
public String getC_content( ) {}
public void setC_content(String c_content) {}
public java.sql.Timestamp getTimestamp( )       {}
public String getSigndateString( )       {}
public void setSigndate(java.sql.Timestamp signdate){}
public java.sql.Timestamp getSigndate( )        {}
}
```

② Home Interface

업무협조 관리 엔티티 빈의 생성과 검색에 관한 메서드들을 정의한다. [예제 코드 7-18]은 이러한 업무협조 관리 엔티티 빈의 Home Interface의 소스 코드이다.

[예제 코드 7-18] CooperHome 클래스 Home Interface

```
package bms.cooper;

import javax.ejb.EJBHome;
import javax.ejb.CreateException;
import java.rmi.RemoteException;

public interface CooperHome extends EJBHome {
public Cooper create( )        throws CreateException, RemoteException;
}


```

③ 빈 클래스

javax.ejb.EntityBean 인터페이스를 구현한다. 빈 클래스는 반드시 public abstract 클래스로 선언해야 한다.

7) 게시판 관리 엔티티 빈

이 엔티티 빈은 게시판 관리 기능을 다루게 되는 엔티티 빈이다.

① Remote Interface

게시판 조회, 추가, 삭제, 수정의 속성 설정 및 제공 메서드들을 선언한다.

[예제 코드 7-19] Board 클래스의 Operation 정의

```
package bms.board;
import javax.ejb.*;
import java.util.*;
import java.rmi.*;
```

```
public interface BoardManager extends javax.ejb.EJBObject {
public void addBoardData(BoardData boardData) throws RemoteException;
public void deleteBoardData(int seq) throws RemoteException;
public void updateBoardData(BoardData boardData) throws RemoteException;
public bms.board.BoardData getBoardData(int seq) throws RemoteException;
public java.util.Collection getBoardDataList(int page) throws RemoteException;
public int getBoardDataCount( )          throws RemoteException;
public boolean isWriter(int seq, String passwd) throws RemoteException;
public boolean isNextPage(int page) throws RemoteException;
public boolean isPrevPage(int page) throws RemoteException;
public int getPageCount( )      throws RemoteException;
public void updateReadCount(int seq) throws RemoteException;
}
```

[예제 코드 7-20] BoardData 클래스의 Attribute 정의

```
package bms.board;
public class BoardData implements java.io.Serializable{
private int seq;
private String name;
private String passwd;
private String title;
private String content;
private java.sql.Timestamp regdate;
private int readcount;
public BoardData( ) {}
public BoardData(int seq, String name, String passwd, String title, String content,
java.sql.Timestamp regdate, int readcount){
setSeq(seq);
setName(name);
setPasswd(passwd);
```

```
setTitle(title);
setContent(content);
setRegdate(regdate);
setReadcount(readcount);
}
public void setSeq(int seq){
public void setName(String name){
public void setPasswd(String passwd){
public void setTitle(String title){
public void setContent(String content){
public void setRegdate(java.sql.Timestamp regdate){
public void setReadcount(int readcount){
public String getPasswd( )    {
public String getTitle( )     {
public String getContent( )   {
public java.sql.Timestamp getRegdate( )    {
public int getReadcount( )    {
public String getRegdateString( )    {
public java.sql.Timestamp getCurrentTimestamp( )      {
public String toString( )     {
StringBuffer sb = new StringBuffer( ) ;
sb.append("seq :" + seq + "\n");
sb.append("name :" + name + "\n");
sb.append("password :" + passwd + "\n");
sb.append("title :" + title + "\n");
sb.append("content :" + content + "\n");
sb.append("regdate :" + regdate + "\n");
sb.append("readcount :" + readcount + "\n");
return sb.toString( );
}
}
```

② Home Interface

게시판 관리 엔티티 빈의 생성과 검색에 관한 메서드들을 정의한다. [예제 코드 7-21]은 이러한 업무협조 관리 엔티티 빈의 Home Interface의 소스 코드이다.

[예제 코드 7-21] BoardHome 클래스 Home Interface

```
package bms.board;

import javax.ejb.EJBHome;
import javax.ejb.CreateException;
import java.rmi.RemoteException;

public interface BoardHome
extends EJBHome {
public Board create( )          throws CreateException, RemoteException;
public Member findByPrimaryKey( )       throws FindereException;
}
```

③ 빈 클래스

javax.ejb.EntityBean 인터페이스를 구현한다.

8) 공지사항 관리 엔티티 빈

이 엔티티 빈은 공지사항 관리 기능을 다루게 되는 엔티티 빈이다.

① Remote Interface

공지사항 조회, 추가, 삭제, 수정의 속성 설정 및 제공 메서드들을 선언한다.

[예제 코드 7-22] Notice클래스의 Operation 정의

```
package bms.notice;
import javax.ejb.*;
import java.util.*;
import java.rmi.*;
public interface NoticeManager extends javax.ejb.EJBObject {
public void addNoticeData(NoticeData noticeData) throws RemoteException;
public void deleteNoticeData(int seq) throws RemoteException;
public void updateNoticeData(NoticeData noticeData) throws RemoteException;
public bms.notice.NoticeData getNoticeData(int seq) throws RemoteException;
public java.util.Collection getNoticeDataList(int page) throws RemoteException;
public int getNoticeDataCount( )        throws RemoteException;
public boolean isWriter(int seq, String passwd) throws RemoteException;
public boolean isNextPage(int page) throws RemoteException;
public boolean isPrevPage(int page) throws RemoteException;
public int getPageCount( )     throws RemoteException;
public void updateReadCount(int seq) throws RemoteException;
}
```

[예제 코드 7-23] NoticeData 클래스의 Attribute 정의

```
package bms.notice;
public class NoticeData implements java.io.Serializable{
private int seq;
private String name;
private String passwd;
private String title;
private String content;
private java.sql.Timestamp regdate;
private int readcount;
```

```
public NoticeData( ){}
public NoticeData(int seq, String name, String passwd, String title, String content,
java.sql.Timestamp regdate, int readcount){
setSeq(seq);
setName(name);
setPasswd(passwd);
setTitle(title);
setContent(content);
setRegdate(regdate);
setReadcount(readcount);
}
public void setSeq(int seq){
public void setName(String name){
public void setPasswd(String passwd){
public void setTitle(String title){
public void setContent(String content){
public void setRegdate(java.sql.Timestamp regdate){
public void setReadcount(int readcount){
public String getPasswd( )    {
public String getTitle( )     {
public String getContent( )   {
public java.sql.Timestamp getRegdate( )       {
public int getReadcount( )    {
public String getRegdateString( )       {
public java.sql.Timestamp getCurrentTimestamp( )        {
public String toString( )     {
StringBuffer sb = new StringBuffer( ) ;
sb.append("seq :" + seq + "\n");
sb.append("name :" + name + "\n");
sb.append("password :" + passwd + "\n");
```

```
sb.append("title :" + title + "\n");
sb.append("content :" + content + "\n");
sb.append("regdate :" + regdate + "\n");
sb.append("readcount :" + readcount + "\n");
return sb.toString( );
}
}
```

② Home Interface

공지사항 관리 엔티티 빈의 생성과 검색에 관한 메서드들을 정의한다. [예제 코드 7-24]는 이러한 공지사항 관리 엔티티 빈의 Home Interface의 소스 코드이다.

[예제 코드 7-24] NoticeHome 클래스 Home Interface

```
package bms.notice;

import javax.ejb.EJBHome;
import javax.ejb.CreateException;
import java.rmi.RemoteException;

public interface NoticeManagerHome extends EJBHome {
public NoticeManager create( )        throws CreateException, RemoteException;
}
```

③ 빈 클래스

javax.ejb.EntityBean 인터페이스를 구현한다. 빈 클래스는 반드시 public abstract

클래스로 선언해야 한다.

9) 팀 관리 엔티티 빈

이 엔티티 빈은 팀 관리 기능을 다루게 되는 엔티티 빈이다.

① Remote Interface

팀 조회, 추가, 삭제, 수정의 속성 설정 및 제공 메서드들을 선언한다.

[예제 코드 7-25] Team클래스의 Operation 정의

```
package bms.team;
import javax.ejb.EJBObject;
import java.rmi.RemoteException;
import java.util.Collection;
public interface Team extends EJBObject {
public void addTeam(TeamData teamData) throws RemoteException;
public Collection TeamList(int p_id) throws RemoteException;
public void deleteTeam(int t_id, int p_id) throws RemoteException;
public void stateTeam(int t_id , int state) throws RemoteException;
public void updateTeam(TeamData teamData) throws RemoteException;
public TeamData TeamView(int t_id) throws RemoteException;
public int getTeamDataCount(int p_id) throws RemoteException;
}
```

[예제 코드 7-26] TeamData 클래스의 Attribute 정의

```
package bms.team;
public class TeamData implements java.io.Serializable {
private int t_id;
private int p_id;
```

```
private String t_title;
private String t_content;
private java.sql.Timestamp signdate;
private int o_quantity;
private int a_quantity;
private int state;
public int getT_id( ) {}
public void setT_id(int t_id) {}
public int getP_id( ) {}
public void setP_id(int p_id) {}
public String getT_title( )        {}
public void setT_title(String t_title) {}
public String getT_content( )    {}
public void setT_content(String t_content) {}
public int getO_quantity( )        {}
public void setO_quantity(int o_quantity) { }
public int getA_quantity( )        {}
public void setA_quantity(int a_quantity) {}
public java.sql.Timestamp getTimestamp( )        {}
public String getSigndateString( )        {}
public void setSigndate(java.sql.Timestamp signdate) {}
public java.sql.Timestamp getSigndate( ) {}
public int getState( ) {}
public void setState(int state) {}
}
```

② Home Interface

팀 관리 엔티티 빈의 생성과 검색에 관한 메서드들을 정의한다. [예제 코드 7-27]은 이러한 팀 관리 엔티티 빈의 Home Interface의 소스 코드이다.

[예제 코드 7-27] TeamHome 클래스 Home Interface

```
package bms.team;

import javax.ejb.EJBHome;
import javax.ejb.CreateException;
import java.rmi.RemoteException;

public interface TeamHome extends EJBHome {
public Team create( )            throws CreateException, RemoteException;
public Member findByPrimaryKey( )       throws FindereException;
}
```

③ 빈 클래스

javax.ejb.EntityBean 인터페이스를 구현한다. 빈 클래스는 반드시 public abstract 클래스로 선언해야 한다.

(2) 세션 빈

앞에서 작성한 엔티티 빈들을 이용하여 여러 가지 기능을 하는 세션 빈들을 작성하여 보자. 이 세션 빈들이 실제로 관리자 및 사용자들이 원하는 동작을 수행하는 비즈니스 로직을 포함하게 되는 것이다. 다음은 세션 빈을 작성하기 위해서 반드시 지켜야 할 명세를 설명하였다.

① Remote Interface 작성 시

- Remote Interface는 javax.ejb.EJBObject나 javax.ejb.EJBLoaclObject 중 한 가지를 상속받아야 한다.

- 비즈니스 메서드에서 사용하는 인자나 리턴 형식은 반드시 RMI/IIOP 형식에 맞아야 한다.
- Remote Interface에 정의된 메서드는 반드시 throws java.rmi.RMIException 부분을 포함해야한다.

② Home Interface 작성 시
- Home Interface의 create( ) 메서드의 인자 수와 형식은 빈 클래스가 포함하는 ejbCreate( ) 메서드의 인자수와 형식이 일치해야한다.
- create( ) 메서드의 인자와 리턴 형식은 RMI/IIOP 형식과 일치해야 한다.
- create( ) 메서드의 리턴형식은 원격 인터페이스 형식이어야 한다
- create( ) 메서드는 throws javax.ejb.CreateException, javax.rmi.RemoteException, 을 포함해야 한다.

③ 빈 클래스 작성 시
- javax.ejb.SessionBean 인터페이스를 구현해야 한다.
- 반드시 public으로 선언되어야 한다
- abstract나 final class가 될 수 없다
- 하나 이상의 ejbCreate( ) 메서드를 포함해야 한다. 홈 인터페이스에서 정의한 create( ) 메서드와 같은 수의 ejbCreate 메서드를 포함해야 하며, 인자의 개수와 형식도 일치해야 한다.

1) 회원정보 관리 세션 빈

이 세션 빈은 회원정보 관리에 대한 모든 정보를 다루는 세션 빈이다. 즉, 모든 회원 검색, 회원의 기본 정보 조회등의 기능을 수행하게 되는 것이다.

[예제 코드 7-28] MemberBean 클래스

```
package bms.member;
import javax.ejb.SessionBean;
```

```
import javax.ejb.SessionContext;
import javax.ejb.CreateException;
import java.sql.*;
import javax.sql.*;
import javax.naming.*;
import java.util.*;
public class MemberBean implements SessionBean {
SessionContext ctx;
Connection con = null;
PreparedStatement ps = null;
ResultSet rs = null;
DataSource ds;
public void ejbCreate( )        throws CreateException {}
public void ejbRemove( )        {}
public void ejbActivate( )      {}
public void ejbPassivate( )     {}
public void setSessionContext(SessionContext ctx) {
this.ctx = ctx;
try {
Context initial = new InitialContext( )         ;
Object obj = initial.lookup("SELAB");
ds = (DataSource)obj;
}
catch(Exception ex){
System.out.println(ex.toString( )         );
}
}

/** 회원 로그인 */
public MemberData MemberLogin(String id , String passwd) {
```

```
MemberData md = null;
try{
con = ds.getConnection( ) ;
ps = con.prepareStatement("select id, passwd, name from bms_member where
id = ? and passwd = ?");
ps.setString(1, id);
ps.setString(2, passwd);
rs = ps.executeQuery( ) ;
if(rs.next( ) ){
md = makeLoginData(rs);
return md;
}
}catch(Exception ex){
System.out.println("로그인 호출 오류 :" + ex.toString( ) );
}finally{
if(rs != null){
try{ rs.close( ) ; }catch(Exception ex2){}
}
if(ps != null){
try{ ps.close( ) ; }catch(Exception ex2){}
}
if(con != null){
try{ con.close( ) ; }catch(Exception ex2){}
}
} // finally
return md;
}
/** 로그인 데이터 생성 */
private MemberData makeLoginData(ResultSet rs) {
MemberData md = new MemberData( ) ;
```

```
try{
String id = rs.getString(1);
String passwd = rs.getString(2);
String name = rs.getString(3);
md = new MemberData( ) ;
md.setId(id);
md.setName(name);
md.setPasswd(passwd);
return md;
}catch(Exception ex){
System.out.println("로그인 데이터 생성 오류 :" + ex.toString( ) );
}
return null;
}

/** 회원 추가 */
public void addMember(bms.member.MemberData memberData) {
Connection con = null;
PreparedStatement ps = null;

try {
con = ds.getConnection( ) ;
ps = con.prepareStatement("insert into bms_member values (?, ? , ? , ? , ?, ?)");
ps.setString(1, memberData.getId( ) );
ps.setString(2, memberData.getPasswd( ) );
ps.setString(3, memberData.getName( ));
ps.setString(4, memberData.getEmail( ));
ps.setString(5, memberData.getDepart( ) );
ps.setString(6, memberData.getDuty( ) );
ps.executeUpdate( ) ;
```

```
}
catch(Exception ex) {
System.out.println("회원 추가 오류 : " + ex.toString( )          );
}finally{
if(rs != null){
try{ rs.close( )      ; }catch(Exception ex2){}
}
if(ps != null){
try{ ps.close( )     ; }catch(Exception ex2){}
}
if(con != null){
try{ con.close( )   ; }catch(Exception ex2){}
}
}
}
/** 회원 삭제 */
public void deleteMember(int ssn) {
Connection con = null;
PreparedStatement ps = null;
try{
con = ds.getConnection( ) ;
ps = con.prepareStatement("delete from bms_member where id = ?");
ps.setInt(1, ssn);
ps.executeUpdate( )          ;
}catch(Exception ex){
System.out.println("회원 삭제 오류 :" + ex.toString( )          );
}finally{
if(ps != null){
try{ ps.close( )     ; }catch(Exception ex2){}
}
```

```
if(con != null){
try{ con.close( )   ; }catch(Exception ex2){}
}
} // finally
}
/** 회원 정보 수정 */
public void updateMember(MemberData memberData) {
Connection con = null;
PreparedStatement ps = null;
try{
con = ds.getConnection( )  ;
ps = con.prepareStatement("update bms_member set name = ?, email = ? where id = ?");
ps.setString(1, memberData.getName( )          );
ps.setString(2, memberData.getEmail( )         );
ps.setInt(3, memberData.getSsn( )     );
ps.executeUpdate( )           ;
ps.close( )           ;
}catch(Exception ex){
System.out.println("회원 정보 수정 오류 :" + ex.toString( ) );
}finally{
if(ps != null){
try{ ps.close( )    ; }catch(Exception ex2){}
}
if(con != null){
try{ con.close( )   ; }catch(Exception ex2){}
}
} // finally
}
/** 부서별 회원 리스트 */
```

```
public Collection MemberDepartList(String depart) {
Connection con = null;
PreparedStatement ps = null;
ResultSet rs = null;
java.util.Collection list = new ArrayList( ) ;
String idepart= depart;
try{
con = ds.getConnection( ) ;
ps = con.prepareStatement("select *from bms_member where depart=? ");
ps.setString(1,idepart);
rs = ps.executeQuery( ) ;
while(rs.next( ) ){
MemberData bd = makeData(rs);
list.add(bd);
}
return list;
}catch(Exception ex){
System.out.println("부서별 회원 리스트 호출시 오류 :" + ex.toString( ) );
}finally{
if(rs != null){
try{ rs.close( ) ; }catch(Exception ex2){}
}
if(ps != null){
try{ ps.close( ) ; }catch(Exception ex2){}
}
if(con != null){
try{ con.close( ) ; }catch(Exception ex2){}
}
} // finally
return list;
```

```
}
/** 회원 정보 보기 */
public MemberData MemberView(MemberData memberData) {
Connection con = null;
PreparedStatement ps = null;
ResultSet rs = null;
MemberData md = null;
try{
con = ds.getConnection( ) ;
ps = con.prepareStatement("select id, passwd, name, email, depart, duty from bms_member where id = ?");
ps.setString(1, memberData.getId( ) );
rs = ps.executeQuery( ) ;
if(rs.next( ) ){
md = makeData(rs);
return md;
}
}catch(Exception ex){
System.out.println("회원 보기 오류 :" + ex.toString( ) );
}finally{
if(rs != null){
try{ rs.close( ) ; }catch(Exception ex2){}
}
if(ps != null){
try{ ps.close( ) ; }catch(Exception ex2){}
}
if(con != null){
try{ con.close( ) ; }catch(Exception ex2){}
}
} // finally
```

```
return md;
}
/** 회원 리스트 데이터 생성 */
private MemberData makeData(ResultSet rs) {
MemberData md = new MemberData( )     ;
try{
String id = rs.getString(1);
String passwd = rs.getString(2);
String name = rs.getString(3);
String email = rs.getString(4);
String depart = rs.getString(5);
String duty = rs.getString(6);

md = new MemberData( ) ;
md.setId(id);
md.setName(name);
md.setEmail(email);
md.setDepart(depart);
md.setDuty(duty);
md.setPasswd(passwd);
return md;
}catch(Exception ex){
System.out.println("회원 리스트 데이터 생성 오류 :" + ex.toString( ));
}
return null;
}

/** 회원 수 정보 */
public int getMemberDataCount( )     {
Connection con = null;
```

```
PreparedStatement ps = null;
ResultSet rs = null;
int count = 0;
try {
con = ds.getConnection( ) ;
ps = con.prepareStatement("select count(*) from bms_member");
rs = ps.executeQuery( )     ;
rs.next( ) ;
count = rs.getInt(1);
}catch(Exception ex){
System.out.println("회원 수 정보 오류 :" + ex.toString( )     );
}finally{
if(rs != null){
try{ rs.close( )     ; }catch(Exception ex2){}
}
if(ps != null){
try{ ps.close( )     ; }catch(Exception ex2){}
}
if(con != null){
try{ con.close( )    ; }catch(Exception ex2){}
}
} // finally
return count;
}
```

2) 프로젝트 관리 세션 빈

이 엔티티 빈은 프로젝트 관리 기능을 나타내는 엔티티 빈이다. '프로젝트 등록', '프로젝트 삭제', '프로젝트 수정'과 관련된 기능을 다룰 것이다.

[예제 코드 7-29] ProjectBean 클래스

```
public class ProjectBean implements SessionBean {
SessionContext ctx;

Connection con = null;
PreparedStatement ps = null;
ResultSet rs = null;
DataSource ds;

public void ejbCreate( )          throws CreateException {}

 public void ejbRemove( )        {}

 public void ejbActivate( )       {}

 public void ejbPassivate( )      {}

 public void setSessionContext(SessionContext ctx) {
 this.ctx = ctx;
 try {
 Context initial = new InitialContext( )          ;
 Object obj = initial.lookup("SELAB");
 ds = (DataSource) obj;
 }
 catch (Exception ex) {
 System.out.println(ex.toString( )          );
 }
 }

 public void addProject(ProjectData projectData) {
```

```
Connection con = null;
PreparedStatement ps = null;

try {
con = ds.getConnection( ) ;
ps = con.prepareStatement("insert into bms_project(p_id , p_title , p_content , signdate , t_quantity , a_quantity , state) values(project_pid.NEXTVAL, ? , ? , ? , 0 , 0 , 1)");
ps.setString(1, projectData.getP_title( ) );
ps.setString(2, projectData.getP_content( ) );
ps.setTimestamp(3, projectData.getTimestamp( ) );
ps.executeUpdate( ) ;
}
catch (Exception e) {
System.out.println("프로젝트 추가 오류:" + e.toString( ) );
}
finally {
if (rs != null) {
try {
rs.close( ) ;
}
catch (Exception ex2) {}
}
if (ps != null) {
try {
ps.close( ) ;
}
catch (Exception ex2) {}
}
if (con != null) {
```

```
try {
con.close( )          ;
}
catch (Exception ex2) {}
}
}
}

public void stateProject(int p_id , int state) {
Connection con = null;
PreparedStatement ps = null;
try {
con = ds.getConnection( )     ;
if(state == 0) {
ps = con.prepareStatement("update bms_project set state = 0 where p_id = ?");
ps.setInt(1, p_id);
ps.executeUpdate( ) ;

ps = con.prepareStatement("update bms_team set state = 0 where p_id = ?");
ps.setInt(1, p_id);
ps.executeUpdate( ) ;

ps = con.prepareStatement("update bms_order set state = 0 where p_id = ?");
ps.setInt(1, p_id);
ps.executeUpdate( ) ;

//ps = con.prepareStatement("update bms_report set state = 0 where p_id = ?");
// ps.setInt(1, p_id);
//ps.executeUpdate( )          ;
} else {
```

```
ps = con.prepareStatement("update bms_project set state = ? where p_id = ?");
ps.setInt(1, state);
ps.setInt(2, p_id);
ps.executeUpdate( ) ;
}
ps.close( ) ;

}
catch (Exception ex) {
System.out.println("프로젝트 상태 변경 오류 :" + ex.toString( )        );
}

finally {
if (ps != null) {
try {
ps.close( )          ;
}
catch (Exception ex2) {}
}
if (con != null) {
try {
con.close( )          ;
}
catch (Exception ex2) {}
}
} // finally
}

public void updateProject(ProjectData projectData) {
Connection con = null;
```

```
PreparedStatement ps = null;
ResultSet rs = null;
try {
con = ds.getConnection( ) ;
ps = con.prepareStatement("update bms_project set p_title = ?, p_content = ? where p_id = ?");
ps.setString(1, projectData.getP_title( ) );
ps.setString(2, projectData.getP_content( ) );
ps.setInt(3, projectData.getP_id( ) );
ps.executeUpdate( ) ;
ps.close( ) ;
}
catch (Exception ex) {
System.out.println("프로젝트 변경 오류 :" + ex.toString( ) );
}
finally {
if (rs != null) {
try {
rs.close( );
}
catch (Exception ex2) {}
}
if (ps != null) {
try {
ps.close( ) ;
}

catch (Exception ex2) {}
}
if (con != null) {
```

```
try {
con.close( )            ;
}
catch (Exception ex2) {}
}
} // finally
}

public ProjectData ProjectView(int p_id) {
Connection con = null;
PreparedStatement ps = null;
ResultSet rs = null;
ProjectData bd = null;
try {
con = ds.getConnection( ) ;
ps = con.prepareStatement("select p_id , p_title , p_content , signdate ,
t_quantity , a_quantity , state from bms_project where p_id = ?");
ps.setInt(1, p_id);
rs = ps.executeQuery( )     ;
if (rs.next( )          ) {
bd = makeProjectData(rs);
return bd;
}
}
catch (Exception ex) {
System.out.println("프로젝트 보기 오류 :" + ex.toString( )    );
}
finally {
if (rs != null) {
try {
```

```
rs.close( ) ;
}
catch (Exception ex2) {}
}
if (ps != null) {
try {
ps.close( ) ;
}
catch (Exception ex2) {}
}
if (con != null) {
try {
con.close( )           ;
}
catch (Exception ex2) {}
}
} // finally
return bd;
}

 private ProjectData makeProjectData(ResultSet rs) {
 ProjectData projectData = new ProjectData( ) ;
 try {
 int p_id = rs.getInt(1);
 String p_title = rs.getString(2);
 String p_content = rs.getString(3);
 java.sql.Timestamp signdate = rs.getTimestamp(4);
 int t_quantity = rs.getInt(5);
 int a_quantity = rs.getInt(6);
 int state = rs.getInt(7);
```

```

projectData = new ProjectData( ) ;
projectData.setP_id(p_id);
projectData.setP_title(p_title);
projectData.setP_content(p_content);
projectData.setSigndate(signdate);
projectData.setT_quantity(t_quantity);
projectData.setA_quantity(a_quantity);
projectData.setState(state);

return projectData;
}
catch (Exception ex) {
System.out.println("프로젝트 데이터 생성 오류 :" + ex.toString( ) );
}
return null;
}

public Collection ProjectList(int page) {
Connection con = null;
PreparedStatement ps = null;
ResultSet rs = null;
Collection list = new ArrayList( ) ;
int startnum = page * 10 - 9;
int endnum = page * 10;
try {
con = ds.getConnection( ) ;
ps = con.prepareStatement("select p_id , p_title , p_content , signdate ,
t_quantity , a_quantity , state from (select p_id, p_title , p_content ,
signdate , t_quantity , a_quantity , state , rownum r from bms_project order
```

```
by p_id desc) where r >= ? and r <= ?");
ps.setInt(1, startnum);
ps.setInt(2, endnum);
rs = ps.executeQuery( );
while (rs.next( )   ) {
ProjectData bd = makeProjectData(rs);
list.add(bd);
}

return list;
}
catch (Exception ex) {
System.out.println("프로젝트 리스트 호출 오류 :" + ex.toString( )    );
}
finally {
if (rs != null) {
try {
rs.close( );
}
catch (Exception ex2) {}
}
if (ps != null) {
try {
ps.close( )          ;
}
catch (Exception ex2) {}
}
if (con != null) {
try {
con.close( )          ;
```

```
}
catch (Exception ex2) {}
}
} // finally
return list;
}

public int getProjectDataCount( )       {
Connection con = null;
PreparedStatement ps = null;
ResultSet rs = null;
int count = 0;
try {
con = ds.getConnection( ) ;
ps = con.prepareStatement("select count(*) from bms_project");
rs = ps.executeQuery( )     ;
rs.next( ) ;
count = rs.getInt(1);
}
catch (Exception ex) {
System.out.println("프로젝트 카운터 호출 오류 :" + ex.toString( )    );
}
finally {
if (rs != null) {
try {
rs.close( );
}
catch (Exception ex2) {}
}
if (ps != null) {
```

```
try {
ps.close( )          ;
}
catch (Exception ex2) {}
}
if (con != null) {
try {
con.close( )         ;
}
catch (Exception ex2) {}
}
} // finally
return count;
}
public boolean isNextPage(int page) {
if (page < getProjectPageCount( )     )
return true;
eturn false;
}

public boolean isPrevPage(int page) {
if (page > getProjectPageCount( )     )
return false;
else if (page >= 2)
return true;
return false;
}

public int getProjectPageCount( )         {
int count = getProjectDataCount( )   ;
```

```
int ipage = count / 10;
int m = count % 10;
if (m > 0)
ipage++;
return ipage;
}

public void deleteProject(int p_id) {
Connection con = null;
PreparedStatement ps = null;
try {
con = ds.getConnection( ) ;

ps = con.prepareStatement("delete from bms_project where p_id = ?");
ps.setInt(1, p_id);
ps.executeUpdate( ) ;

ps = con.prepareStatement("delete from bms_team where p_id = ?");
ps.setInt(1, p_id);
ps.executeUpdate( ) ;

ps = con.prepareStatement("delete from bms_order where p_id = ?");
ps.setInt(1, p_id);
ps.executeUpdate( ) ;

ps = con.prepareStatement("delete from bms_report where p_id = ?");
ps.setInt(1, p_id);
ps.executeUpdate( ) ;

ps = con.prepareStatement("delete from bms_allocation where p_id = ?");
```

```
ps.setInt(1, p_id);
ps.executeUpdate( )          ;
}
}
catch (Exception ex) {
System.out.println("프로젝트 삭제 오류 :" + ex.toString( )   );
}
finally {
if (ps != null) {
try {
ps.close( )          ;
}
catch (Exception ex2) {}
}
if (con != null) {
try {
con.close( )          ;
}
catch (Exception ex2) {}
}
} // finally
}
}
```

3) 업무지시 관리 세션 빈

이 엔티티 빈은 '업무 조회', '업무 등록','업무 삭제','업무 수정'과 관련된 기능을 다룰 것이다.

[예제 코드 7-30] OrderBean 클래스

```
public class OrderBean implements SessionBean {
SessionContext ctx;
Connection con = null;
PreparedStatement ps = null;
ResultSet rs = null;
DataSource ds;
public void ejbCreate( )      throws CreateException {}
public void ejbRemove( )      {}
public void ejbActivate( )    {}
public void ejbPassivate( )   {}
public void setSessionContext(SessionContext ctx) {
this.ctx = ctx;
try {
Context initial = new InitialContext( );
Object obj = initial.lookup("SELAB");
ds = (DataSource)obj;
}
catch(Exception ex){
System.out.println(ex.toString( )      );
}
}
public void addOrder(bms.order.OrderData orderData){
Connection con =null;
PreparedStatement stmt =null;
String sql="insert into bms_order(o_id , p_id , t_id , o_title , o_content ,
o_startdate , o_enddate , o_order , o_orderteam, o_report , o_reportteam ,
r_quantity , state) values(order_oid.NEXTVAL, ? , ? , ? , ? , ? , ? , ? , ? , ? ,
? , 0 , 1)";
try{
con=ds.getConnection( )      ;
```

```
stmt=con.prepareStatement(sql);
stmt.setInt(1,orderData.getP_id( )        );
stmt.setInt(2,orderData.getT_id( )        );
stmt.setString(3,orderData.getO_title( ) );
stmt.setString(4,orderData.getO_content( )        );
stmt.setString(5,orderData.getStartdate( )        );
stmt.setString(6,orderData.getEnddate( ));
stmt.setString(7,orderData.getO_order( )        );
stmt.setInt(8,orderData.getO_orderteam( )        );
stmt.setString(9,orderData.getO_report( )        );
stmt.setInt(10,orderData.getO_reportteam( )       );
stmt.executeUpdate( )        ;
ps = con.prepareStatement("update bms_team set o_quantity = o_quantity + 1 where t_id = ?");
ps.setInt(1, orderData.getT_id( )        );
ps.executeUpdate( ) ;
}catch(Exception e){
System.out.println("업무 저장시 오류 :"+e.toString( ) );
}finally{
if(stmt !=null){
try{
stmt.close( )        ;
}catch(SQLException ex){}
}
if (con != null){
try{
con.close( )        ;
}catch(SQLException ex){}
}
}
}
```

```
public OrderData OrderView(int o_id) {
Connection con = null;
PreparedStatement ps = null;
ResultSet rs = null;
OrderData orderData = null;
try{
con = ds.getConnection( )    ;
ps = con.prepareStatement("select o_id , p_id , t_id , o_title , o_content , o_startdate , o_enddate , o_order , o_orderteam, o_report , o_reportteam , r_quantity , state , name from bms_order a , bms_member b where o_id = ? and a.o_report=b.id");
ps.setInt(1, o_id);
rs = ps.executeQuery( )      ;
if(rs.next( )          ){
orderData = makeOrderData(rs);
return orderData;
}
}catch(Exception ex){
System.out.println("업무 보기 오류 :" + ex.toString( )          );
}finally{
if(rs != null){
try{ rs.close( )      ; }catch(Exception ex2){}

}
if(ps != null){
try{ ps.close( )      ; }catch(Exception ex2){}
}
if(con != null){
try{ con.close( )    ; }catch(Exception ex2){}
}
} // finally
```

```
return orderData;
}

private OrderData makeOrderData(ResultSet rs){
OrderData orderData = new OrderData( )        ;
try{
int o_id = rs.getInt(1);
int p_id = rs.getInt(2);
int t_id = rs.getInt(3);
String o_title = rs.getString(4);
String o_content = rs.getString(5);
String startdate = rs.getString(6);
String enddate = rs.getString(7);
String o_order = rs.getString(8);
 int o_orderteam = rs.getInt(9);
String o_report = rs.getString(10);
int o_reportteam = rs.getInt(11);
int r_quantity = rs.getInt(12);
int state = rs.getInt(13);
String name = rs.getString(14);
orderData = new OrderData( )        ;
orderData.setO_id(o_id);
orderData.setP_id(p_id);
orderData.setT_id(t_id);
orderData.setO_title(o_title);
orderData.setO_content(o_content);
orderData.setStartdate(startdate);
orderData.setEnddate(enddate);
orderData.setO_order(o_order);
orderData.setO_orderteam(o_orderteam);
orderData.setO_report(o_report);
```

```
orderData.setO_reportteam(o_reportteam);
orderData.setR_quantity(r_quantity);
orderData.setState(state);
return orderData;
}catch(Exception ex){
System.out.println("업무 정보 호출 오류 :" + ex.toString( ) );
}
return null;
}

public Collection OrderList(int page,int p_id) {
Connection con = null;
PreparedStatement ps = null;
ResultSet rs = null;
java.util.Collection list = new java.util.ArrayList( ) ;
int startnum = page * 10 - 9;
int endnum = page * 10;
try{
con = ds.getConnection( ) ;
ps = con.prepareStatement("select o_id, p_id, t_id, o_title, o_content, o_startdate, o_enddate, o_order, o_orderteam, o_report, o_reportteam, 1r_quantity, state, name from (select o_id, p_id, t_id, o_title, o_content, o_startdate, o_enddate, o_order, o_orderteam, o_report, o_reportteam, r_quantity, state, name, rownum r from bms_order a, bms_member b where a.o_report=b.id order by o_id desc) where r >= ? and r <= ? and p_id=?");
ps.setInt(1, startnum);
ps.setInt(2, endnum);
ps.setInt(3, p_id);
rs = ps.executeQuery( ) ;
while(rs.next( ) ){
OrderData orderData = makeOrderData(rs);
```

```
list.add(orderData);
}
return list;
}catch(Exception ex){
System.out.println("업무 리스트 호출 오류 :" + ex.toString( ));
}finally{
if(rs != null){
try{ rs.close( )    ; }catch(Exception ex2){}
}
if(ps != null){
try{ ps.close( )    ; }catch(Exception ex2){}
}
if(con != null){
try{ con.close( )    ; }catch(Exception ex2){}
}
} // finally
return list;
}

public int getOrderDataCount( )        {
Connection con = null;
PreparedStatement ps = null;
ResultSet rs = null;
int count = 0;
try {
con = ds.getConnection( )    ;
ps = con.prepareStatement("select count(*) from bms_order");
rs = ps.executeQuery( )    ;
rs.next( ) ;
count = rs.getInt(1);
}catch(Exception ex){
```

```
System.out.println("업무 카운터 호출 오류 :" + ex.toString( ));
}finally{
if(rs != null){
try{ rs.close( )      ; }catch(Exception ex2){}
}
if(ps != null){
try{ ps.close( )      ; }catch(Exception ex2){}
}
if(con != null){
try{ con.close( )     ; }catch(Exception ex2){}
}
} // finally
return count;
}
public int getOrderPageCount( )          {
int count = getOrderDataCount( )       ;
int ipage = count / 10;
int m = count % 10;
if(m > 0)
ipage ++;
return ipage;
}

public boolean isNextPage(int page) {
if (page < getOrderPageCount( )        )
return true;
return false;
}

public boolean isPrevPage(int page) {
if (page > getOrderPageCount( )        )
```

```
return false;
else if (page >= 2)
return true;
return false;
}

public void deleteOrder(int o_id) {
Connection con =null;
PreparedStatement stmt =null;

try{
con=ds.getConnection( )          ;
stmt=con.prepareStatement("delete from bms_order where o_id= ?");
stmt.setInt(1, o_id);
stmt.executeUpdate( )          ;

stmt=con.prepareStatement("delete from bms_report where o_id= ?");
stmt.setInt(1, o_id);
stmt.executeUpdate( )          ;
}catch(Exception e){
System.out.println("업무삭제시오류:"+e.toString( )       );

}finally{
if(stmt !=null){
try{
stmt.close( )          ;
}catch(SQLException ex){}

}
if(con != null){
try{
```

```
con.close( )            ;
}catch(SQLException ex){}
}
}
}

public void updateOrder(OrderData orderData) {
Connection con = null;
PreparedStatement ps = null;
ResultSet rs = null;
try {
con = ds.getConnection( )    ;
ps = con.prepareStatement("update bms_order set o_title = ? , o_content = ?
 , o_startdate = ? , o_enddate = ? , o_report = ?, o_reportteam =? where
 o_id = ?");
ps.setString(1, orderData.getO_title( ) );
ps.setString(2, orderData.getO_content( )          );
ps.setString(3, orderData.getStartdate( ));
ps.setString(4, orderData.getEnddate( ) );
ps.setString(5, orderData.getO_report( )           );
ps.setInt(6, orderData.getO_reportteam( )          );
ps.setInt(7, orderData.getO_id( )         );
ps.executeUpdate( ) ;
ps.close( ) ;

}
catch (Exception ex) {
System.out.println("업무 정보 변경 오류 :" + ex.toString( )   );
}
finally {
if (rs != null) {
```

```
try {
rs.close( ) ;
}
catch (Exception ex2) {}
}
if (ps != null) {
try {
ps.close( ) ;
}
catch (Exception ex2) {}
}
if (con != null) {
try {
con.close( )        ;
}
catch (Exception ex2) {}
}
} // finally
}
public bms.order.OrderData getOrderData(int oid) {
Connection con = null;
PreparedStatement ps = null;
ResultSet rs = null;
OrderData bd = null;
try{
con = ds.getConnection( )     ;
ps = con.prepareStatement("select *from bms_order where o_id = ?");
ps.setInt(1, oid);
rs = ps.executeQuery( )      ;
if(rs.next( )          ){
bd = makeOrderData(rs);
```

```
return bd;
}
}catch(Exception ex){
System.out.println("getOrderData( ) 메서드 호출시 오류 :" + ex.toString( ) );
finally {
if (rs != null) {
try {
rs.close( ) ;
}
catch (Exception ex2) {}
}
if (ps != null) {
try {
ps.close( ) ;
}
catch (Exception ex2) {}
}
if (con != null) {
try {
con.close( )          ;
}
catch (Exception ex2) {}
}
} // finally
}
public bms.order.OrderData getOrderData(int oid) {
Connection con = null;
PreparedStatement ps = null;
ResultSet rs = null;
OrderData bd = null;
try{
```

```
con = ds.getConnection( )     ;
ps = con.prepareStatement("select *from bms_order where o_id = ?");
ps.setInt(1, oid);
rs = ps.executeQuery( )     ;
if(rs.next( )         ){
bd = makeOrderData(rs);
return bd;
}
}catch(Exception ex){
System.out.println("getOrderData( )     메서드 호출시 오류 :" + ex.toString( ) );
}finally{
if(rs != null){
try{ rs.close( )      ; }catch(Exception ex2){}
}
if(ps != null){
try{ ps.close( )      ; }catch(Exception ex2){}
}
if(con != null){
try{ con.close( )     ; }catch(Exception ex2){}
}
} // finally
return bd;
}
public void stateOrder(int o_id , int state) {
Connection con = null;
PreparedStatement ps = null;
try {
con = ds.getConnection( )     ;
if(state == 0) {
ps = con.prepareStatement("update bms_order set state = 0 where o_id = ?");
ps.setInt(1, o_id);
```

```
ps.executeUpdate( ) ;

//ps = con.prepareStatement("update bms_report set state = 0 where o_id = ?");
//ps.setInt(1, o_id);
//ps.executeUpdate( )          ;
} else {
ps = con.prepareStatement("update bms_order set state = ? where o_id = ?");
ps.setInt(1, state);
ps.setInt(2, o_id);
ps.executeUpdate( ) ;
}
ps.close( ) ;

}
catch (Exception ex) {
System.out.println("업무 상태 변경 오류 :" + ex.toString( )  );
}
finally {
if (ps != null) {
try {
ps.close( ) ;
}
catch (Exception ex2) {}
}
if (con != null) {
try {
con.close( )          ;
}
catch (Exception ex2) {}
}
} // finally
```

```
}

}

```

4) 업무보고 관리 세션 빈

이 엔티티 빈은 업무보고 관리 기능을 다루게 되는 엔티티 빈이다.

[예제 코드 7-31] ReportBean 클래스

```
public class ReportBean implements SessionBean {
SessionContext ctx;

Connection con = null;
PreparedStatement ps = null;
ResultSet rs = null;
DataSource ds;

public void ejbCreate( )        throws CreateException {}
public void ejbRemove( )        {}
public void ejbActivate( )      {}
public void ejbPassivate( )     {}

public void setSessionContext(SessionContext ctx) {
this.ctx = ctx;
try {
Context initial = new InitialContext( ) ;
Object obj = initial.lookup("SELAB");
ds = (DataSource) obj;
}
```

```
catch (Exception ex) {
System.out.println(ex.toString( ) );
}
}

public void addReport(ReportData reportData){
Connection con =null;
PreparedStatement stmt =null;
String sql="insert into bms_report(r_id, p_id, t_id, o_id, r_date, r_update, r_title, r_content, state, r_orderteam, r_order, r_reportteam, r_report) values(report_id.NEXTVAL, ?, ?, ?, ?, ?, ?, ?, 1, ?, ?, ?, ? )";
 try{
 con=ds.getConnection( ) ;
 stmt=con.prepareStatement(sql);
 stmt.setInt(1,reportData.getP_id( ) );
 stmt.setInt(2,reportData.getT_id( ) );
 stmt.setInt(3,reportData.getO_id( ) );
 stmt.setTimestamp(4,reportData.getTimestamp( ) );
 stmt.setTimestamp(5,reportData.getTimestamp( ) );
 stmt.setString(6,reportData.getR_title( ));
 stmt.setString(7,reportData.getR_content( ) );
 stmt.setInt(8,reportData.getR_orderteam( ) );
 stmt.setString(9,reportData.getR_order( ) );
 stmt.setInt(10,reportData.getR_reportteam( ) );
 stmt.setString(11,reportData.getR_report( ) );
 stmt.executeUpdate( ) ;
 ps = con.prepareStatement("update bms_order set r_quantity = r_quantity + 1 where o_id = ?");
 ps.setInt(1, reportData.getO_id( ) );
 ps.executeUpdate( ) ;
```

```
}catch(Exception e){
System.out.println("업무보고 저장시 오류 :"+e.toString( )       );
}finally{
if(stmt !=null){
try{
stmt.close( )           ;
}catch(SQLException ex){}
}
if (con != null){
try{
con.close( )            ;
}catch(SQLException ex){}
}
}
}

public void stateReport(int r_id , int state) {
Connection con = null;
PreparedStatement ps = null;
try {
con = ds.getConnection( )    ;
ps = con.prepareStatement("update bms_report set state = ? where r_id = ?");
ps.setInt(1, state);
ps.setInt(2, r_id);
ps.executeUpdate( ) ;
ps.close( ) ;
}
catch (Exception ex) {
System.out.println("업무보고 상태 변경 오류 :" + ex.toString( )        );
}
```

```
finally {
if (ps != null) {
try {
ps.close( ) ;
}
catch (Exception ex2) {}
}
if (con != null) {
try {
con.close( )            ;
}
catch (Exception ex2) {}
}
} // finally
}
public void updateReport(ReportData reportData) {
Connection con = null;
PreparedStatement ps = null;
ResultSet rs = null;
try {
con = ds.getConnection( )    ;
ps = con.prepareStatement("update bms_report set r_title = ? , r_update = ?
, r_content = ? where r_id = ?");
ps.setString(1, reportData.getR_title( ) );
ps.setTimestamp(2,reportData.getTimestamp( )    );
ps.setString(3, reportData.getR_content( )          );
ps.setInt(4, reportData.getR_id( )          );
ps.executeUpdate( ) ;
ps.close( ) ;
}
```

```
catch (Exception ex) {
System.out.println("업무 결재 변경 오류 :" + ex.toString( )    );
}
finally {
if (rs != null) {
try {
rs.close( ) ;
}
 catch (Exception ex2) {}
 }
 if (ps != null) {
 try {
 ps.close( )          ;
 }
 catch (Exception ex2) {}
 }
 if (con != null) {
 try {
    con.close( )      ;
 }
 catch (Exception ex2) {}
 }
 } // finally
 }

 private ReportData makeReportData(ResultSet rs) {
 ReportData reportData = new ReportData( ) ;
 try {
 int r_id = rs.getInt(1);
 int p_id = rs.getInt(2);
```

```
int t_id = rs.getInt(3);
int o_id = rs.getInt(4);
java.sql.Timestamp nowdate = rs.getTimestamp(5);
java.sql.Timestamp update = rs.getTimestamp(6);
String r_title = rs.getString(7);
String r_content = rs.getString(8);
int state = rs.getInt(9);
int r_orderteam = rs.getInt(10);
String r_order = rs.getString(11);
int r_reportteam = rs.getInt(12);
String r_report = rs.getString(13);

reportData = new ReportData( ) ;
reportData.setR_id(r_id);
reportData.setP_id(p_id);
reportData.setT_id(t_id);
reportData.setO_id(o_id);
reportData.setNowdate(nowdate);
reportData.setUpdate(update);
reportData.setR_title(r_title);
reportData.setR_content(r_content);
reportData.setState(state);
reportData.setR_orderteam(r_orderteam);
reportData.setR_order(r_order);
reportData.setR_reportteam(r_reportteam);
reportData.setR_report(r_report);
return reportData;
}
catch (Exception ex) {
System.out.println("업무보 데이터 생성 오류 :" + ex.toString( ) );
```

```
}
return null;
}
public Collection ReportList(int page , int p_id) {
Connection con = null;
PreparedStatement ps = null;
ResultSet rs = null;
Collection list = new ArrayList( ) ;
int startnum = page * 10 - 9;
int endnum = page * 10;
try {
con = ds.getConnection( ) ;
ps = con.prepareStatement("select r_id, p_id, t_id, o_id, r_date, r_update, r_title, r_content, state, r_orderteam, r_order, r_reportteam, r_report from (select r_id, p_id, t_id, o_id, r_date, r_update, r_title, r_content, state, r_orderteam, r_order, r_reportteam, r_report, rownum r from bms_report a order by o_id desc) where r >= ? and r <= ? and p_id=?");
ps.setInt(1, startnum);
ps.setInt(2, endnum);
ps.setInt(3, p_id);
rs = ps.executeQuery( ) ;
while (rs.next( ) ) {
ReportData reportData = makeReportData(rs);
list.add(reportData);
}
return list;
}
catch (Exception ex) {
System.out.println("업무보고 리스트 호출 오류 :" + ex.toString( ) );
}
```

```
finally {
if (rs != null) {
try {
rs.close( );
}
catch (Exception ex2) {}
}
if (ps != null) {
try {
ps.close( )          ;
}
catch (Exception ex2) {}
}
if (con != null) {
try {
con.close( )          ;
}
catch (Exception ex2) {}
}
} // finally
return list;
}
public ReportData ReportView(int r_id) {
Connection con = null;
PreparedStatement ps = null;
ResultSet rs = null;
ReportData reportData = null;
try {
con = ds.getConnection( ) ;
ps = con.prepareStatement("select r_id , p_id , t_id , o_id , r_date ,
```

```
r_update , r_title , r_content , state , r_orderteam , r_order , r_reportteam
, r_report from bms_report where r_id = ?");
ps.setInt(1, r_id);
rs = ps.executeQuery( )     ;
if (rs.next( )        ) {
reportData = makeReportData(rs);
return reportData;
}
}
catch (Exception ex) {
System.out.println("업무보고 보기 오류 :" + ex.toString( )    );
}
finally {
if (rs != null) {
try {
rs.close( );
}
catch (Exception ex2) {}
}
if (ps != null) {
try {
ps.close( )           ;
}
catch (Exception ex2) {}
}
if (con != null) {
try {
con.close( )          ;
}
catch (Exception ex2) {}
```

```
}
} // finally
return reportData;
}
public void deleteReport(int r_id) {
Connection con = null;
PreparedStatement ps = null;
try {
con = ds.getConnection( ) ;
ps = con.prepareStatement("delete from bms_report where r_id = ?");
ps.setInt(1, r_id);
ps.executeUpdate( )            ;
}
catch (Exception ex) {
System.out.println("업무보고 삭제 오류 :" + ex.toString( )   );
}
finally {
if (ps != null) {
try {
ps.close( )            ;
}
catch (Exception ex2) {}
}
if (con != null) {
try {
con.close( )          ;
}
catch (Exception ex2) {}
}
} // finally
```

```
}
public int getReportDataCount(int p_id) {
Connection con = null;
PreparedStatement ps = null;
ResultSet rs = null;
int count = 0;
try {
con = ds.getConnection( ) ;
ps = con.prepareStatement("select count(*) from bms_report where p_id = ?");
ps.setInt(1, p_id);
rs = ps.executeQuery( ) ;
rs.next( ) ;
count = rs.getInt(1);
}
catch (Exception ex) {
System.out.println("업무보고 카운터 호출 오류 :" + ex.toString( ) );
}
finally {
if (rs != null) {
try {
rs.close( );
}
catch (Exception ex2) {}
}
if (ps != null) {
try {
ps.close( ) ;
}
catch (Exception ex2) {}
}
```

```
if (con != null) {
try {
con.close( )          ;
}
catch (Exception ex2) {}
}
} // finally
return count;
}
public boolean isNextPage(int page, int o_id) {
if (page < getReportPageCount(o_id))
return true;
return false;
}

public boolean isPrevPage(int page, int o_id) {
if (page > getReportPageCount(o_id))
return false;
else if (page >= 2)
return true;
return false;
}
public int getReportPageCount(int o_id) {
int count = getReportDataCount(o_id);
int ipage = count / 10;
int m = count % 10;
if (m > 0)
ipage++;
return ipage;
}
```

```
}
```

5) 건의사항 관리 세션 빈

이 엔티티 빈은 건의사항 관리 기능을 다루게 되는 엔티티 빈이다.

[예제 코드 7-32] ProposalBean 클래스

```
public class ProposalBean implements SessionBean {
SessionContext ctx;
Connection con = null;
PreparedStatement ps = null;
ResultSet rs = null;
DataSource ds;
public void ejbCreate( )        throws CreateException {}
public void ejbRemove( )        {}
public void ejbActivate( )      {}
public void ejbPassivate( )     {}
public void setSessionContext(SessionContext ctx) {
this.ctx = ctx;
try {
Context initial = new InitialContext( ) ;
Object obj = initial.lookup("SELAB");
ds = (DataSource)obj;
}
catch(Exception ex){
System.out.println(ex.toString( )          );
}
}
```

```
public void addProposal(bms.proposal.ProposalData proposalData){
Connection con =null;
PreparedStatement stmt =null;
String sql="insert into bms_proposal(pro_id , pro_name, pro_team , pro_title ,
pro_content , state , p_id , signdate) values(proposal_proid.NEXTVAL , ? , ? ,
? , ?, 1 , ? , ? )";
try{
con=ds.getConnection( )          ;
 stmt=con.prepareStatement(sql);
 stmt.setString(1,proposalData.getPro_name( )      );
 stmt.setString(2,proposalData.getPro_team( )      );
 stmt.setString(3,proposalData.getPro_title( )       );
 stmt.setString(4,proposalData.getPro_content( )  );
 stmt.setInt(5,proposalData.getP_id( )     );
 stmt.setTimestamp(6, proposalData.getTimestamp( )          );
 stmt.executeUpdate( )          ;
 }catch(Exception e){
 System.out.println("건의사항 저장시 오류 :"+e.toString( )       );
 }finally{
 if(stmt !=null){
 try{
 stmt.close( )          ;
 }catch(SQLException ex){}
 }
 if (con != null){
 try{
 con.close( )          ;
 }catch(SQLException ex){}
 }
 }
```

```
}

public ProposalData ProposalView(int pro_id) {
Connection con = null;
PreparedStatement ps = null;
ResultSet rs = null;
ProposalData proposalData = null;
try{
con = ds.getConnection( ) ;
ps = con.prepareStatement("select c_id, p_id, c_title, c_content, c_order, c_orderteam, c_report, c_reportteam, regdate, state, name from bms_proposal a, bms_member b where c_id = ? and a.c_report=b.id");
ps.setInt(1, pro_id);
rs = ps.executeQuery( ) ;
if(rs.next( ) ){
proposalData = makeProposalData(rs);
return proposalData;
}
}catch(Exception ex){
System.out.println("건의사항 보기 오류 :" + ex.toString( ) );
}finally{
if(rs != null){
try{ rs.close( ) ; }catch(Exception ex2){}
}
if(ps != null){
try{ ps.close( ) ; }catch(Exception ex2){}
}
if(con != null){
try{ con.close( ) ; }catch(Exception ex2){}
}
```

```
} // finally
return proposalData;
}
private ProposalData makeProposalData(ResultSet rs){
ProposalData proposalData = new ProposalData( )          ;
try{
int pro_id = rs.getInt(1);
String pro_name = rs.getString(2);
String pro_team = rs.getString(3);
String pro_title = rs.getString(4);
String pro_content = rs.getString(5);
int state = rs.getInt(6);
int p_id = rs.getInt(7);
java.sql.Timestamp signdate = rs.getTimestamp(8);
proposalData = new ProposalData( )   ;
proposalData.setPro_id(pro_id);
proposalData.setP_id(p_id);
proposalData.setPro_title(pro_title);
proposalData.setPro_content(pro_content);
proposalData.setPro_name(pro_name);
proposalData.setPro_team(pro_team);
proposalData.setSigndate(signdate);
proposalData.setState(state);
 return proposalData;
 }catch(Exception ex){
 System.out.println("건의사항 정보 호출 오류 :" + ex.toString( )        );
 }
 return null;
 }
```

```
public Collection ProposalList(int page,int p_id) {
Connection con = null;
PreparedStatement ps = null;
ResultSet rs = null;
java.util.Collection list = new java.util.ArrayList( ) ;
int startnum = page * 10 - 9;
int endnum = page * 10;
try{
con = ds.getConnection( ) ;
ps = con.prepareStatement("select pro_id , pro_name, pro_team , pro_title , pro_content , state , p_id , signdate from (select pro_id , pro_name, pro_team , pro_title , pro_content , state , p_id , signdate , rownum r from bms_proposal a order by pro_id desc) where r >= ? and r <= ? and p_id=?");
ps.setInt(1, startnum);
ps.setInt(2, endnum);
ps.setInt(3, p_id);
rs = ps.executeQuery( ) ;
while(rs.next( ) ){
ProposalData proposalData = makeProposalData(rs);
list.add(proposalData);
}
return list;
}catch(Exception ex){
System.out.println("업무협조 리스트 호출 오류 :" + ex.toString( ) );
}finally{
if(rs != null){
try{ rs.close( ) ; }catch(Exception ex2){}
}
```

```
if(ps != null){
try{ ps.close( )   ; }catch(Exception ex2){}
}
if(con != null){
try{ con.close( )  ; }catch(Exception ex2){}
}
} // finally
return list;
}

public int getProposalDataCount( )     {
Connection con = null;
PreparedStatement ps = null;
ResultSet rs = null;
int count = 0;
try {
con = ds.getConnection( )  ;
ps = con.prepareStatement("select count(*) from bms_proposal");
rs = ps.executeQuery( )    ;
rs.next( ) ;
count = rs.getInt(1);
}catch(Exception ex){
System.out.println("업무협조 카운터 호출 오류 :" + ex.toString( )   );
}finally{
if(rs != null){
try{ rs.close( )   ; }catch(Exception ex2){}
}
if(ps != null){
try{ ps.close( )   ; }catch(Exception ex2){}
}
```

```
if(con != null){
try{ con.close( )  ; }catch(Exception ex2){}
}
} // finally
return count;
}


public int getProposalPageCount( )     {
int count = getProposalDataCount( ) ;
int ipage = count / 10;
int m = count % 10;
if(m > 0)
ipage ++;
return ipage;
}

public boolean isNextPage(int page) {
if (page < getProposalPageCount( )  )
return true;
return false;
}

public boolean isPrevPage(int page) {
if (page > getProposalPageCount( )  )
return false;
else if (page >= 2)
return true;
return false;
}
```

```

public void deleteProposal(int pro_id) {
Connection con =null;
PreparedStatement stmt =null;

try{
con=ds.getConnection( ) ;
stmt=con.prepareStatement("delete from bms_proposal where pro_id= ?");
stmt.setInt(1, pro_id);
stmt.executeUpdate( ) ;

}catch(Exception e){
System.out.println("건의사항 삭제시오류:"+e.toString( ) );

}finally{
if(stmt !=null){
try{
stmt.close( ) ;
}catch(SQLException ex){}

}
if(con != null){
try{
con.close( ) ;
}catch(SQLException ex){}
}
}
}
public void updateProposal(ProposalData proposalData) {
Connection con = null;
```

```
PreparedStatement ps = null;
ResultSet rs = null;
try {
con = ds.getConnection( ) ;
ps = con.prepareStatement("update bms_proposal set pro_title = ? ,
pro_content = ? where pro_id = ?");
ps.setString(1, proposalData.getPro_title( ) );
ps.setString(2, proposalData.getPro_content( ) );
ps.setInt(3, proposalData.getPro_id( ) );
ps.executeUpdate( ) ;
ps.close( ) ;
}
catch (Exception ex) {
System.out.println("건의사항 정보 변경 오류 :" + ex.toString( ) );
}
finally {
if (rs != null) {
try {
rs.close( );
}
catch (Exception ex2) {}
}
if (ps != null) {
try {
ps.close( ) ;
}
catch (Exception ex2) {}
}
if (con != null) {
```

```
try {
con.close( )        ;
}
catch (Exception ex2) {}
}
} // finally
}
public bms.proposal.ProposalData getProposalData(int pro_id) {
Connection con = null;
PreparedStatement ps = null;
ResultSet rs = null;
ProposalData bd = null;
try{
con = ds.getConnection( ) ;
ps = con.prepareStatement("select *from bms_proposal where pro_id = ?");
ps.setInt(1, pro_id);
rs = ps.executeQuery( )    ;
if(rs.next( )         ){
bd = makeProposalData(rs);
return bd;
}
}catch(Exception ex){
System.out.println("getProposalData( )   메서드 호출시 오류 :" + ex.toString( ) );
}finally{
if(rs != null){
try{ rs.close( )     ; }catch(Exception ex2){}
}
if(ps != null){
try{ ps.close( )     ; }catch(Exception ex2){}
}
```

```
if(con != null){
try{ con.close( ) ; }catch(Exception ex2){}
}
} // finally
return bd;


}
public void stateProposal(int pro_id , int state) {
Connection con = null;
PreparedStatement ps = null;
try {
con = ds.getConnection( ) ;

ps = con.prepareStatement("update bms_proposal set state = 0 where pro_id
= ?");
ps.setInt(1, pro_id);
ps.executeUpdate( ) ;
ps.close( ) ;
}
catch (Exception ex) {
System.out.println("건의사항 상태 변경 오류 :" + ex.toString( ) );
}
finally {
if (ps != null) {
try {
ps.close( ) ;
}
catch (Exception ex2) {}
}
```

```
if (con != null) {
try {
con.close( )          ;
}
catch (Exception ex2) {}
}
} // finally
}

}
```

6) 업무협조 관리 세션 빈

이 엔티티 빈은 업무협조 관리 기능을 다루게 되는 엔티티 빈이다.

[예제 코드 7-33] CooperBean 클래스

```
public class CooperBean implements SessionBean {
SessionContext ctx;
Connection con = null;
PreparedStatement ps = null;
ResultSet rs = null;
DataSource ds;
public void ejbCreate( )        throws CreateException {}
public void ejbRemove( )        {}
public void ejbActivate( )      {}
public void ejbPassivate( )     {}
public void setSessionContext(SessionContext ctx) {
this.ctx = ctx;
try {
Context initial = new InitialContext( )          ;
Object obj = initial.lookup("SELAB");
```

```
ds = (DataSource)obj;
}
catch(Exception ex){
System.out.println(ex.toString( )          );
}
}
public void addCooper(bms.cooper.CooperData cooperData){
Connection con =null;
PreparedStatement stmt =null;
String sql="insert into bms_cooper(c_id , p_id ,  c_title , c_content ,
c_order ,c_orderteam, c_report,c_reportteam , regdate , state)
values(cooper_cid.NEXTVAL, ? , ? , ? , ? , ? , ?, ?, ? ,1)";
try{
con=ds.getConnection( )         ;
stmt=con.prepareStatement(sql);
stmt.setInt(1,cooperData.getP_id( )     );
stmt.setString(2,cooperData.getC_title( )          );
stmt.setString(3,cooperData.getC_content( )        );
stmt.setString(4,cooperData.getC_order( )          );
stmt.setString(5,cooperData.getC_orderteam( )    );
stmt.setString(6,cooperData.getC_report( )         );
stmt.setString(7,cooperData.getC_reportteam( )  );
stmt.setTimestamp(8, cooperData.getTimestamp( )          );
stmt.executeUpdate( )          ;
}catch(Exception e){
System.out.println("저장시 오류 :"+e.toString( )          );
}finally{
if(stmt !=null){
try{
stmt.close( )          ;
}catch(SQLException ex){}
}
```

```
if (con != null){
try{
con.close( )             ;
}catch(SQLException ex){}
}
}
}

public CooperData CooperView(int c_id) {
Connection con = null;
PreparedStatement ps = null;
ResultSet rs = null;
CooperData cooperData = null;
try{
con = ds.getConnection( )    ;
ps = con.prepareStatement("select c_id, p_id, c_title, c_content, c_order, c_orderteam, c_report,c_reportteam, regdate, state, name from bms_cooper a, bms_member b where c_id = ? and a.c_report=b.id");
ps.setInt(1, c_id);
rs = ps.executeQuery( )       ;
if(rs.next( )            ){
cooperData = makeCooperData(rs);
return cooperData;
}
}catch(Exception ex){
System.out.println("업무협조 보기 오류 :" + ex.toString( )     );
}finally{
if(rs != null){
try{ rs.close( )        ; }catch(Exception ex2){}
}
if(ps != null){
try{ ps.close( )        ; }catch(Exception ex2){}
```

```
}
if(con != null){
try{ con.close( )    ; }catch(Exception ex2){}
}
} // finally
return cooperData;
}

private CooperData makeCooperData(ResultSet rs){
CooperData cooperData = new CooperData( ) ;
try{
int c_id = rs.getInt(1);
int p_id = rs.getInt(2);
String c_title = rs.getString(3);
String c_content = rs.getString(4);
String c_order = rs.getString(5);
String c_orderteam = rs.getString(6);
String c_report = rs.getString(7);
String c_reportteam = rs.getString(8);
java.sql.Timestamp signdate = rs.getTimestamp(9);
int state = rs.getInt(10);
cooperData = new CooperData( )    ;
cooperData.setC_id(c_id);
cooperData.setP_id(p_id);
cooperData.setC_title(c_title);
cooperData.setC_content(c_content);
cooperData.setC_order(c_order);
cooperData.setC_orderteam(c_orderteam);
cooperData.setC_report(c_report);
cooperData.setC_reportteam(c_reportteam);
cooperData.setSigndate(signdate);
cooperData.setState(state);
```

```
return cooperData;
}catch(Exception ex){
System.out.println("업무협조 정보 호출 오류 :" + ex.toString( )        );
}
return null;
}

public Collection CooperList(int page,int p_id) {
Connection con = null;
PreparedStatement ps = null;
ResultSet rs = null;
java.util.Collection list = new java.util.ArrayList( )        ;
int startnum = page * 10 - 9;
int endnum = page * 10;
try{
con = ds.getConnection( )    ;
ps = con.prepareStatement("select c_id, p_id,  c_title, c_content,  c_order,
c_orderteam, c_report, c_reportteam, regdate, state  from (select c_id, p_id,
c_title, c_content,  c_order, c_orderteam, c_report, c_reportteam, regdate,
state, rownum r from bms_cooper a  order by c_id desc) where r >= ? and
r <= ? and p_id=?");

ps.setInt(1, startnum);
ps.setInt(2, endnum);
ps.setInt(3, p_id);
rs = ps.executeQuery( )       ;
while(rs.next( )       ){
CooperData cooperData = makeCooperData(rs);
list.add(cooperData);
}
return list;
```

```
}catch(Exception ex){
System.out.println("업무협조 리스트 호출 오류 :" + ex.toString( )      );
}finally{
if(rs != null){
try{ rs.close( )      ; }catch(Exception ex2){}
}
if(ps != null){
try{ ps.close( )      ; }catch(Exception ex2){}
}
if(con != null){
try{ con.close( )     ; }catch(Exception ex2){}
}
} // finally
return list;
}

public int getCooperDataCount( )          {
Connection con = null;
PreparedStatement ps = null;
ResultSet rs = null;
int count = 0;
try {
con = ds.getConnection( )     ;
ps = con.prepareStatement("select count(*) from bms_cooper");
rs = ps.executeQuery( )       ;
rs.next( ) ;
count = rs.getInt(1);
}catch(Exception ex){
System.out.println("업무협조 카운터 호출 오류 :" + ex.toString( )      );
}finally{
if(rs != null){
try{ rs.close( )      ; }catch(Exception ex2){}
```

```
}
if(ps != null){
try{ ps.close( )       ; }catch(Exception ex2){}
}
if(con != null){
try{ con.close( )     ; }catch(Exception ex2){}
}
} // finally
return count;
}
public int getCooperPageCount( )          {
int count = getCooperDataCount( )     ;
int ipage = count / 10;
int m = count % 10;
if(m > 0)
ipage ++;
return ipage;
}

public boolean isNextPage(int page) {
if (page < getCooperPageCount( )       )
return true;
return false;
}

public boolean isPrevPage(int page) {
if (page > getCooperPageCount( )       )
return false;
else if (page >= 2)
return true;
return false;
}
```

```
public void deleteCooper(int c_id) {
Connection con =null;
PreparedStatement stmt =null;

try{
on=ds.getConnection( )        ;
tmt=con.prepareStatement("delete from bms_cooper where c_id= ?");
tmt.setInt(1, c_id);
tmt.executeUpdate( )        ;

}catch(Exception e){
System.out.println("업무협조 삭제시오류:"+e.toString( )        );

}finally{
if(stmt !=null){
try{
stmt.close( )        ;
}catch(SQLException ex){}
}
if(con != null){
try{
con.close( )        ;
}catch(SQLException ex){}
}
}
}

public void updateCooper(CooperData cooperData) {
Connection con = null;
PreparedStatement ps = null;
ResultSet rs = null;
```

```
try {
con = ds.getConnection( )    ;
ps = con.prepareStatement("update bms_cooper set c_title = ? , c_content = ? , c_report = ?,c_reportteam=? where c_id = ?");
ps.setString(1, cooperData.getC_title( ) );
ps.setString(2, cooperData.getC_content( )        );
ps.setString(3, cooperData.getC_report( )         );
ps.setString(4, cooperData.getC_reportteam( )     );
ps.setInt(5, cooperData.getC_id( )        );
ps.executeUpdate( ) ;
ps.close( ) ;

}
catch (Exception ex) {
System.out.println("업무협조 정보 변경 오류 :" + ex.toString( )        );
}
finally {
if (rs != null) {
try {
rs.close( ) ;
}
catch (Exception ex2) {}
}
if (ps != null) {
try {
ps.close( ) ;
}
catch (Exception ex2) {}
}
if (con != null) {
try {
con.close( )            ;
```

```
}
catch (Exception ex2) {}
}
} // finally
}
public bms.cooper.CooperData getCooperData(int cid) {
Connection con = null;
PreparedStatement ps = null;
ResultSet rs = null;
CooperData bd = null;
try{
con = ds.getConnection( ) ;
ps = con.prepareStatement("select *from bms_cooper where c_id = ?");
ps.setInt(1, cid);
rs = ps.executeQuery( ) ;
if(rs.next( ) ){
bd = makeCooperData(rs);
return bd;
}
}catch(Exception ex){
System.out.println("getCooperData( ) 메서드 호출시 오류 :" + ex.toString( ));
}finally{
if(rs != null){
try{ rs.close( ) ; }catch(Exception ex2){}
}
if(ps != null){
try{ ps.close( ) ; }catch(Exception ex2){}
}
if(con != null){
try{ con.close( ) ; }catch(Exception ex2){}
}
} // finally
```

```
return bd;
}
public void stateCooper(int c_id , int state) {
Connection con = null;
PreparedStatement ps = null;
try {
con = ds.getConnection( ) ;
ps = con.prepareStatement("update bms_cooper set state = 0 where c_id = ?");
ps.setInt(1, c_id);
ps.executeUpdate( ) ;
ps.close( ) ;
}
catch (Exception ex) {
System.out.println("업무협조 상태 변경 오류 :" + ex.toString( ) );
}
finally {
if (ps != null) {
try {
ps.close( ) ;
}
catch (Exception ex2) {}
}
if (con != null) {
try {
con.close( ) ;
}
catch (Exception ex2) {}
}
} // finally
```

```
}
}
```

7) 게시판 관리 세션 빈

이 엔티티 빈은 게시판 관리 기능을 다루게 되는 엔티티 빈이다.

[예제 코드 7-34] BoardManagerBean 클래스

```
public class BoardManagerBean implements SessionBean {
SessionContext sessionContext;
DataSource ds;
public void ejbCreate( )        throws CreateException {
}
public void ejbRemove( )        {
}
public void ejbActivate( )        {
}
public void ejbPassivate( )        {
}
public void setSessionContext(SessionContext sessionContext) {
this.sessionContext = sessionContext;
try{
Context initial = new InitialContext( )          ;
Object obj = initial.lookup("SELAB");
ds = (DataSource)obj;
}catch(Exception ex){
System.out.println(ex.toString( )          );
}
}

public void addBoardData(bms.board.BoardData boardData) {
Connection con = null;
```

```
PreparedStatement ps = null;
ResultSet rs = null;
try{
con = ds.getConnection( )   ;
ps = con.prepareStatement("insert into board values(board_seq.NEXTVAL, ?, ?, ? , ?, 0)");

ps.setString(1, boardData.getName( ) );
ps.setString(2, boardData.getTitle( ));
ps.setString(3, boardData.getContent( )      );
ps.setTimestamp(4, boardData.getCurrentTimestamp( )          );
ps.execute( )      ;
ps.close( )        ;

ps = con.prepareStatement("select board_seq.CURRVAL from dual");
rs = ps.executeQuery( )  ;
rs.next( );
int iseq = rs.getInt(1);
ps = con.prepareStatement("select content from board where seq = ? for update");
ps.setInt(1, iseq);
rs = ps.executeQuery( )  ;
rs.next( );
java.sql.Clob clob_content = rs.getClob(1);
Writer writer =((weblogic.jdbc.common.OracleClob)clob_content).getCharacterOutputStream( );
StringReader sr = new StringReader(boardData.getContent( )          );
char[] buffer = new char[512];
int readCount = 0;
while((readCount = sr.read(buffer)) != -1){
writer.write(buffer, 0, readCount);
}
sr.close( );
writer.close( )     ;
}catch(Exception ex){
```

```
System.out.println("addBoardData( ) 메서드 호출시 오류 :" + ex.toString( ));
}finally{
if(rs != null){
try{ rs.close( ) ; }catch(Exception ex2){}
}
if(ps != null){
try{ ps.close( ) ; }catch(Exception ex2){}
}
if(con != null){
try{ con.close( ) ; }catch(Exception ex2){}
}
} // finally
}
public void deleteBoardData(int seq) {
Connection con = null;
PreparedStatement ps = null;
try{
con = ds.getConnection( );
ps = con.prepareStatement("delete from board where seq = ?");
ps.setInt(1, seq);
ps.executeUpdate( ) ;
}catch(Exception ex){
System.out.println("deleteBoardData( ) 메서드 호출시 오류 :" +
ex.toString( ) );
}finally{
if(ps != null){
try{ ps.close( ) ; }catch(Exception ex2){ }
}
if(con != null){
try{ con.close( ) ; }catch(Exception ex2){ }
}
} // finally
}
```

```
public void updateBoardData(bms.board.BoardData boardData) {
Connection con = null;
PreparedStatement ps = null;
ResultSet rs = null;
try{
con = ds.getConnection( );
ps = con.prepareStatement("update board set name = ?, title = ?,
content = empty_clob( )  where seq = ?");
ps.setString(1, boardData.getName( )      );
ps.setString(2, boardData.getTitle( ));
ps.setInt(3, boardData.getSeq( )    );
ps.executeUpdate( )       ;
ps.close( )       ;
ps = con.prepareStatement("select content from bmd.board where seq =
? for update");
ps.setInt(1, boardData.getSeq( )    );
rs = ps.executeQuery( )  ;
rs.next( );
java.sql.Clob clob_content = rs.getClob(1);
Writer writer =
((weblogic.jdbc.common.OracleClob)clob_content).getCharacterOutputStream( );
StringReader sr = new StringReader(boardData.getContent( )       );
char[] buffer = new char[512];
int readCount = 0;
while((readCount = sr.read(buffer)) != -1){
writer.write(buffer, 0, readCount);
}
sr.close( );
writer.close( )    ;
}catch(Exception ex){
System.out.println("updateBoardData( ) 메서드 호출시 오류 :" +
ex.toString( )    );
}finally{
if(rs != null){
try{ rs.close( )   ; }catch(Exception ex2){}
}
if(ps != null){
```

```
try{ ps.close( )    ; }catch(Exception ex2){}
}
if(con != null){
try{ con.close( ) ; }catch(Exception ex2){}
}
public bms.board.BoardData getBoardData(int seq) {
Connection con = null;
PreparedStatement ps = null;
ResultSet rs = null;
BoardData bd = null;
try{
con = ds.getConnection( );
ps = con.prepareStatement("select seq, name, title, content, regdate,
readcount from board where seq = ?");
ps.setInt(1, seq);
rs = ps.executeQuery( )    ;
if(rs.next( )          ){
bd = makeBoardData(rs);
return bd;
}
}catch(Exception ex){
System.out.println("getBoardData( ) 메서드 호출시 오류 :" +
ex.toString( )       );
}finally{
if(rs != null){
try{ rs.close( )    ; }catch(Exception ex2){}
}
if(ps != null){
try{ ps.close( )    ; }catch(Exception ex2){}
}
if(con != null){
```

```
try{ con.close( ) ; }catch(Exception ex2){}
}
} // finally
return bd;
}
private BoardData makeBoardData(ResultSet rs){
BoardData bd = new BoardData( );
} // finally
try{
int seq = rs.getInt(1);
String name = rs.getString(2);
//String passwd = rs.getString(3);
String title = rs.getString(3);
java.sql.Clob clob_content = rs.getClob(4);
java.sql.Timestamp regdate = rs.getTimestamp(5);

int readcount = rs.getInt(6);
Reader reader = clob_content.getCharacterStream( );
StringWriter writer = new StringWriter( );
char[] buffer = new char[512];
int readCount = 0;
while ( (readCount = reader.read(buffer)) != -1) {
writer.write(buffer, 0, readCount);
}
String content = writer.toString( ) ;
bd = new BoardData( )   ;
bd.setSeq(seq);
bd.setName(name);
//bd.setPasswd(passwd);
bd.setTitle(title);
bd.setContent(content);
bd.setRegdate(regdate);
bd.setReadcount(readcount);
return bd;
}catch(Exception ex){
System.out.println("makeBoardData( )  error :" + ex.toString( ));
}
```

```
return null;
}

public java.util.Collection getBoardDataList(int page) {
Connection con = null;
PreparedStatement ps = null;
ResultSet rs = null;
java.util.Collection list = new java.util.ArrayList( ) ;
}
int startnum = page * 10 - 9;
int endnum = page * 10;
try{
con = ds.getConnection( );
ps = con.prepareStatement("select seq, name, title, content, regdate, readcount, r from (select seq, name, title, content, regdate, readcount, rownum r from board order by seq desc) where r >= ? and r <= ?");
ps.setInt(1, startnum);
ps.setInt(2, endnum);
rs = ps.executeQuery( ) ;
while(rs.next( ) ){
BoardData bd = makeBoardData(rs);
list.add(bd);
}
return list;
}catch(Exception ex){
System.out.println("getBoardDataList( )       메서드 호출시 오류 :" + ex.toString( )       );
}finally{
if(rs != null){
try{ rs.close( )    ; }catch(Exception ex2){}
}
if(ps != null){
try{ ps.close( )    ; }catch(Exception ex2){}
}
if(con != null){
try{ con.close( ) ; }catch(Exception ex2){}
}
} // finally
return list;
```

```
}
public int getBoardDataCount( )     {
Connection con = null;
PreparedStatement ps = null;
ResultSet rs = null;
int count = 0;
try {
con = ds.getConnection( );
ps = con.prepareStatement("select count(*) from board");
rs = ps.executeQuery( )  ;
rs.next( );
count = rs.getInt(1);
}catch(Exception ex){
System.out.println("getBoardDataCount( )  메서드 호출시 오류 :" + ex.toString( )     );
}finally{
if(rs != null){
try{ rs.close( )   ; }catch(Exception ex2){}
}
if(ps != null){
try{ ps.close( )   ; }catch(Exception ex2){}
}
if(con != null){
try{ con.close( ) ; }catch(Exception ex2){}
}
} // finally
return count;
}
public boolean isWriter(int seq, java.lang.String passwd) {
Connection con = null;
PreparedStatement ps = null;
ResultSet rs = null;
int count = 0;
try {
con = ds.getConnection( );
ps = con.prepareStatement("select count(*) from board where seq = ? and passwd = ?");
ps.setInt(1, seq);
ps.setString(2, passwd);
```

```
rs = ps.executeQuery( ) ;
rs.next( );
count = rs.getInt(1);
if(count == 0)
return false;
}catch(Exception ex){
System.out.println("isWriter( ) 메서드 호출시 오류 :" + ex.toString( ));
}finally{
if(rs != null){
try{ rs.close( ) ; }catch(Exception ex2){}
}
if(ps != null){
try{ ps.close( ) ; }catch(Exception ex2){}
}
if(con != null){
try{ con.close( ) ; }catch(Exception ex2){}
}
} // finally
return true;
}
public boolean isNextPage(int page) {
if(page < getPageCount( ))
return true;
return false;
}
public boolean isPrevPage(int page) {
if(page > getPageCount( ))
return false;
else if (page >= 2)
return true;
return false;
}
```

```
public int getPageCount( ) {
int count = getBoardDataCount( ) ;
int ipage = count / 10;
int m = count % 10;
if(m > 0)
ipage ++;
return ipage;
}
public void updateReadCount(int seq) {
Connection con = null;
PreparedStatement ps = null;
int count = 0;
try {
con = ds.getConnection( );
ps = con.prepareStatement("update board set readcount = readcount + 1
where seq = ?");
ps.setInt(1, seq);
ps.executeUpdate( ) ;
}catch(Exception ex){
System.out.println("updateReadCount( ) 메서드 호출시 오류 :" +
ex.toString( ) );
}finally{
if(ps != null){
try{ ps.close( ) ; }catch(Exception ex2){}
}
if(con != null){
```

```
try{ con.close( ) ; }catch(Exception ex2){}
}
} // finally
}
}

```

8) 공지사항 관리 세션 빈

이 엔티티 빈은 공지사항 관리 기능을 다루게 되는 엔티티 빈이다.

[예제 코드 7-35] NoticeManagerBean 클래스

```
public class NoticeManagerBean implements SessionBean {
SessionContext sessionContext;
DataSource ds;
public void ejbCreate( )       throws CreateException {
}
public void ejbRemove( )       {
}
public void ejbActivate( )       {
}
public void ejbPassivate( )       {
}
public void setSessionContext(SessionContext sessionContext) {
this.sessionContext = sessionContext;
try{
Context initial = new InitialContext( )       ;
Object obj = initial.lookup("SELAB");
ds = (DataSource)obj;
}catch(Exception ex){
```

```
System.out.println(ex.toString( )          );
}
}
public void addNoticeData(bms.notice.NoticeData noticeData) {
Connection con = null;
PreparedStatement ps = null;
ResultSet rs = null;
try{
con = ds.getConnection( )    ;
ps = con.prepareStatement("insert into notice values ( notice_seq.NEXTVAL, ?, ?, ? , ?, 0)");
ps.setString(1, noticeData.getName( )  );
ps.setString(2, noticeData.getTitle( )   );
ps.setString(3, noticeData.getContent( ));
ps.setTimestamp(4, noticeData.getCurrentTimestamp( )    );
ps.executeUpdate( ) ;
ps.close( ) ;
ps = con.prepareStatement("select notice_seq.CURRVAL from dual");
rs = ps.executeQuery( )       ;
rs.next( ) ;
int iseq = rs.getInt(1);
ps = con.prepareStatement("select content from notice where seq = ? for update");
ps.setInt(1, iseq);
rs = ps.executeQuery( )       ;
rs.next( ) ;
java.sql.Clob clob_content = rs.getClob(1);
Writer writer = ((weblogic.jdbc.common.OracleClob)clob_content).getCharacterOutputStream( );
```

```
StringReader sr = new StringReader(noticeData.getContent( )      );
char[] buffer = new char[512];
int readCount = 0;
while((readCount = sr.read(buffer)) != -1){
writer.write(buffer, 0, readCount);
}
sr.close( ) ;
writer.close( )       ;
}catch(Exception ex){
System.out.println("addNoticeData( ) 메서드 호출시 오류 :" + ex.toString( ));
}finally{
if(rs != null){
try{ rs.close( )      ; }catch(Exception ex2){}
}
if(ps != null){
try{ ps.close( )      ; }catch(Exception ex2){}
}
if(con != null){
try{ con.close( )    ; }catch(Exception ex2){}
}
} // finally
}
public void deleteNoticeData(int seq) {
Connection con = null;
PreparedStatement ps = null;
try{
con = ds.getConnection( )    ;
ps = con.prepareStatement("delete from notice where seq = ?");
ps.setInt(1, seq);
ps.executeUpdate( ) ;
}catch(Exception ex){
System.out.println("deleteNoticeData( ) 메서드 호출시 오류 :" + ex.toString( ));
```

```
}finally{
if(ps != null){
try{ ps.close( )      ; }catch(Exception ex2){}
}
if(con != null){
try{ con.close( )    ; }catch(Exception ex2){}
}
} // finally
}
public void updateNoticeData(bms.notice.NoticeData noticeData) {
Connection con = null;
PreparedStatement ps = null;
ResultSet rs = null;
try{
con = ds.getConnection( )    ;
ps = con.prepareStatement("update notice set name = ?, title = ?, content = empty_clob( )          where seq = ?");
ps.setString(1, noticeData.getName( )  );
ps.setString(2, noticeData.getTitle( )   );
ps.setInt(3, noticeData.getSeq( )          );
ps.executeUpdate( ) ;
ps.close( ) ;

ps = con.prepareStatement("select content from notice where seq = ? for update");
ps.setInt(1, noticeData.getSeq( )          );
rs = ps.executeQuery( )       ;
rs.next( ) ;
java.sql.Clob clob_content = rs.getClob(1);
Writer writer = ((weblogic.jdbc.common.OracleClob)clob_content).getCharacterOutputStream( )
   ;
```

```
StringReader sr = new StringReader(noticeData.getContent( )     );
char[] buffer = new char[512];
int readCount = 0;
while((readCount = sr.read(buffer)) != -1){
writer.write(buffer, 0, readCount);
}
sr.close( ) ;
writer.close( )      ;
}catch(Exception ex){
System.out.println("updateNoticeData( ) 메서드 호출시 오류 :" + ex.toString( ));
}finally{
if(rs != null){
try{ rs.close( )      ; }catch(Exception ex2){}
}
if(ps != null){
try{ ps.close( )      ; }catch(Exception ex2){}
}
if(con != null){
try{ con.close( )     ; }catch(Exception ex2){}
}
} // finally
}

public bms.notice.NoticeData getNoticeData(int seq) {
Connection con = null;
PreparedStatement ps = null;
ResultSet rs = null;
NoticeData bd = null;
try{
con = ds.getConnection( )    ;
ps = con.prepareStatement("select seq, name, title, content, regdate, readcount
from notice where seq = ?");
```

```
ps.setInt(1, seq);
rs = ps.executeQuery( )      ;
if(rs.next( )           ){
bd = makeNoticeData(rs);
return bd;
}
}catch(Exception ex){
System.out.println("getNoticeData( ) 메서드 호출시 오류 :" + ex.toString( ));
}finally{
if(rs != null){
try{ rs.close( )      ; }catch(Exception ex2){}
}
if(ps != null){
try{ ps.close( )      ; }catch(Exception ex2){}
}
if(con != null){
try{ con.close( )     ; }catch(Exception ex2){}
}
} // finally
return bd;
}
private NoticeData makeNoticeData(ResultSet rs){
NoticeData bd = new NoticeData( )   ;
try{
int seq = rs.getInt(1);
String name = rs.getString(2);
//String passwd = rs.getString(3);
String title = rs.getString(3);
java.sql.Clob clob_content = rs.getClob(4);
java.sql.Timestamp regdate = rs.getTimestamp(5);

int readcount = rs.getInt(6);
```

```
Reader reader = clob_content.getCharacterStream( )      ;
StringWriter writer = new StringWriter( )      ;
char[] buffer = new char[512];
int readCount = 0;
while ( (readCount = reader.read(buffer)) != -1) {
writer.write(buffer, 0, readCount);
}
String content = writer.toString( )     ;
bd = new NoticeData( )     ;
bd.setSeq(seq);
bd.setName(name);
//bd.setPasswd(passwd);
bd.setTitle(title);
bd.setContent(content);
bd.setRegdate(regdate);
bd.setReadcount(readcount);
return bd;
}catch(Exception ex){
System.out.println("makeNoticeData( )    error :" + ex.toString( ) );
}
return null;
}

public java.util.Collection getNoticeDataList(int page) {
Connection con = null;
PreparedStatement ps = null;
ResultSet rs = null;
java.util.Collection list = new java.util.ArrayList( )      ;
int startnum = page * 10 - 9;
int endnum = page * 10;
try{
con = ds.getConnection( )    ;
```

```
ps = con.prepareStatement("select seq, name, title, content, regdate, readcount, r from (select seq, name, title, content, regdate, readcount, rownum r from notice order by seq desc) where r >= ? and r <= ?");
ps.setInt(1, startnum);
ps.setInt(2, endnum);
rs = ps.executeQuery( )      ;
while(rs.next( )      ){
NoticeData bd = makeNoticeData(rs);
list.add(bd);
}
return list;
}catch(Exception ex){
System.out.println("getNoticeDataList( ) 메서드 호출시 오류 :" + ex.toString( ));
}finally{
if(rs != null){
try{ rs.close( )      ; }catch(Exception ex2){}
}
if(ps != null){
try{ ps.close( )      ; }catch(Exception ex2){}
}
if(con != null){
try{ con.close( )      ; }catch(Exception ex2){}
}
} // finally
return list;
}
public int getNoticeDataCount( )        {
Connection con = null;
PreparedStatement ps = null;
ResultSet rs = null;
int count = 0;
try {
```

```
con = ds.getConnection( )   ;
ps = con.prepareStatement("select count(*) from notice");
rs = ps.executeQuery( )   ;
rs.next( ) ;
count = rs.getInt(1);
}catch(Exception ex){
System.out.println("getNoticeDataCount( )   메서드 호출시 오류 :" + ex.toString( ) );
}finally{
if(rs != null){
try{ rs.close( )   ; }catch(Exception ex2){}
}
if(ps != null){
try{ ps.close( )   ; }catch(Exception ex2){}
}
if(con != null){
try{ con.close( )   ; }catch(Exception ex2){}
}
} // finally
return count;
}
public boolean isWriter(int seq, java.lang.String passwd) {
Connection con = null;
PreparedStatement ps = null;
ResultSet rs = null;
int count = 0;
try {
con = ds.getConnection( )   ;
ps = con.prepareStatement("select count(*) from Notice where seq = ? and passwd = ?");
ps.setInt(1, seq);
ps.setString(2, passwd);
```

```
rs = ps.executeQuery( )      ;
rs.next( )  ;
count = rs.getInt(1);
if(count == 0)
return false;
}catch(Exception ex){
System.out.println("isWriter( )  메서드 호출시 오류 :" + ex.toString( ));
}finally{
if(rs != null){
try{ rs.close( )      ; }catch(Exception ex2){}
}
if(ps != null){
try{ ps.close( )      ; }catch(Exception ex2){}
}
if(con != null){
try{ con.close( )    ; }catch(Exception ex2){}
}
} // finally
return true;
}
public boolean isNextPage(int page) {
if(page < getPageCount( )    )
return true;
return false;
}
public boolean isPrevPage(int page) {
if(page > getPageCount( )    )
return false;
else if (page >= 2)
return true;
return false;
}
```

```
public int getPageCount( )    {
int count = getNoticeDataCount( )    ;
int ipage = count / 10;
int m = count % 10;
if(m > 0)
ipage ++;
return ipage;
}
public void updateReadCount(int seq) {
Connection con = null;
PreparedStatement ps = null;
int count = 0;
try {
con = ds.getConnection( )    ;
ps = con.prepareStatement("update Notice set readcount = readcount + 1 where seq = ?");
ps.setInt(1, seq);
ps.executeUpdate( ) ;
}catch(Exception ex){
System.out.println("updateReadCount( ) 메서드 호출시 오류 :" + ex.toString( ));
}finally{
if(ps != null){
try{ ps.close( )     ; }catch(Exception ex2){}
}
if(con != null){
try{ con.close( )    ; }catch(Exception ex2){}
}
} // finally
}
}
```

9) 팀 관리 세션 빈

이 엔티티 빈은 팀 관리 기능을 다루게 되는 엔티티 빈이다.

[예제 코드 7-36] TeamBean 클래스

```
public class TeamBean implements SessionBean {
SessionContext ctx;

Connection con = null;
PreparedStatement ps = null;
ResultSet rs = null;
DataSource ds;

public void ejbCreate( )       throws CreateException {}
public void ejbRemove( )       {}
public void ejbActivate( )     {}
public void ejbPassivate( )    {}

public void setSessionContext(SessionContext ctx) {
this.ctx = ctx;
try {
Context initial = new InitialContext( )          ;
Object obj = initial.lookup("SELAB");
ds = (DataSource)obj;
}
catch(Exception ex){
System.out.println(ex.toString( )          );
}
}
public void addTeam(TeamData teamData) {
Connection con = null;
PreparedStatement ps = null;

```

```
try {
con = ds.getConnection( ) ;
ps = con.prepareStatement("insert into bms_team(t_id , p_id , t_title , 
t_content , signdate , o_quantity , a_quantity , state) 
values(team_t_id.NEXTVAL, ? , ? , ? , ? , 0 , 0 , 1)");
ps.setInt(1, teamData.getP_id( ) );
ps.setString(2, teamData.getT_title( ) );
ps.setString(3, teamData.getT_content( ) );
ps.setTimestamp(4, teamData.getTimestamp( ) );
ps.executeUpdate( ) ;

ps = con.prepareStatement("update bms_project set t_quantity = t_quantity + 1 
where p_id = ?");
ps.setInt(1, teamData.getP_id( ) );
ps.executeUpdate( ) ;

}
catch (Exception e) {
System.out.println("팀 추가 오류:" + e.toString( ) );
}
finally {
if (rs != null) {
try {
rs.close( ) ;
}
catch (Exception ex2) {}
}
if (ps != null) {
try {
ps.close( ) ;
}
catch (Exception ex2) {}
```

```
}
if (con != null) {
try {
con.close( )            ;
}
catch (Exception ex2) {}
}
}
}

public Collection TeamList(int p_id) {
Connection con = null;
PreparedStatement ps = null;
ResultSet rs = null;
Collection list = new ArrayList( )      ;
try {
con = ds.getConnection( )    ;
ps = con.prepareStatement("select t_id , t_title , t_content , signdate ,
o_quantity , a_quantity , state from bms_team where p_id = ?");
ps.setInt(1, p_id);
rs = ps.executeQuery( )        ;
while (rs.next( )     ) {
TeamData bd = makeTeamData(rs);
list.add(bd);
}
return list;
}
catch (Exception ex) {
System.out.println("팀 리스트 호출 오류 :" + ex.toString( )   );
}
finally {
If (rs != null) {
```

```
try {
rs.close( ) ;
}
catch (Exception ex2) {}
}
if (ps != null) {
try {
ps.close( ) ;
}
catch (Exception ex2) {}
}
if (con != null) {
try {
con.close( )          ;
}
catch (Exception ex2) {}
}
} // finally
return list;
}

private TeamData makeTeamData(ResultSet rs) {
TeamData teamData = new TeamData( )          ;
try {
int t_id = rs.getInt(1);
String t_title = rs.getString(2);
String t_content = rs.getString(3);
java.sql.Timestamp signdate = rs.getTimestamp(4);
int o_quantity = rs.getInt(5);
int a_quantity = rs.getInt(6);
int state = rs.getInt(7);
teamData = new TeamData( )          ;
```

```
teamData.setT_id(t_id);
teamData.setT_title(t_title);
teamData.setT_content(t_content);
teamData.setSigndate(signdate);
teamData.setO_quantity(o_quantity);
teamData.setA_quantity(a_quantity);
teamData.setState(state);

return teamData;
}
catch (Exception ex) {
System.out.println("팀 데이터 생성 오류 :" + ex.toString( ) );
}
return null;
}

public void deleteTeam(int t_id, int p_id) {
Connection con = null;
ResultSet rs = null;
int team_num=0;
PreparedStatement ps = null;
try {
con = ds.getConnection( ) ;
ps = con.prepareStatement("delete from bms_team where t_id = ?");
ps.setInt(1, t_id);
ps.executeUpdate( ) ;

ps = con.prepareStatement("delete from bms_order where t_id = ?");
ps.setInt(1, t_id);
ps.executeUpdate( ) ;

ps=con.prepareStatement("select t_quantity from bms_project where p_id =?");
```

```
ps.setInt(1, p_id);
rs = ps.executeQuery( )       ;
rs.next( )  ;
team_num = rs.getInt(1);
team_num = team_num-1;
ps = con.prepareStatement("update bms_project set t_quantity = ?  where p_id = ?");
ps.setInt(1, team_num);
ps.setInt(2, p_id);
ps.executeUpdate( ) ;
//ps = con.prepareStatement("delete from bms_report where t_id = ?");
//ps.setInt(1, t_id);
//ps.executeUpdate( )          ;
//ps = con.prepareStatement("delete from bms_allocation where t_id = ?");
//ps.setInt(1, t_id);
// ps.executeUpdate( )          ;
}
catch (Exception ex) {
System.out.println("프로젝트 삭제 오류 :" + ex.toString( )     );
}
finally {
if (ps != null) {
try {
ps.close( ) ;
}
catch (Exception ex2) {}
}
if (con != null) {
try {
```

```
con.close( )          ;
}
catch (Exception ex2) {}
}
} // finally
}
public void stateTeam(int t_id , int state) {
Connection con = null;
PreparedStatement ps = null;
try {
con = ds.getConnection( )    ;
if(state == 0) {
ps = con.prepareStatement("update bms_team set state = 0 where t_id = ?");
ps.setInt(1, t_id);
ps.executeUpdate( ) ;

ps = con.prepareStatement("update bms_order set state = 0 where t_id = ?");
ps.setInt(1, t_id);
ps.executeUpdate( ) ;

//ps = con.prepareStatement("update bms_report set state = 0 where t_id = ?");
//ps.setInt(1, t_id);
//ps.executeUpdate( )          ;
} else {
ps = con.prepareStatement("update bms_team set state = ? where t_id = ?");
ps.setInt(1, state);
ps.setInt(2, t_id);
ps.executeUpdate( ) ;
}
ps.close( ) ;

}
```

```
catch (Exception ex) {
System.out.println("팀 상태 변경 오류 :" + ex.toString( )        );
}
finally {
if (ps != null) {
try {
ps.close( ) ;
}
catch (Exception ex2) {}
}
if (con != null) {
try {
con.close( )           ;
}
catch (Exception ex2) {}
}
} // finally
}

public void updateTeam(TeamData teamData) {
Connection con = null;
PreparedStatement ps = null;
ResultSet rs = null;
try {
con = ds.getConnection( )    ;
ps = con.prepareStatement("update bms_team set t_title = ?, t_content = ?
where t_id = ?");
ps.setString(1, teamData.getT_title( )   );
ps.setString(2, teamData.getT_content( )           );
ps.setInt(3, teamData.getT_id( )          );
ps.executeUpdate( ) ;
ps.close( ) ;
```

```
}
catch (Exception ex) {
System.out.println("팀 정보 변경 오류 :" + ex.toString( )      );
}
finally {
if (rs != null) {
try {
rs.close( ) ;
}
catch (Exception ex2) {}
}
if (ps != null) {
try {
ps.close( ) ;
}
catch (Exception ex2) {}
}
if (con != null) {
try {
con.close( )          ;
}
catch (Exception ex2) {}
}
} // finally
}

public TeamData TeamView(int t_id) {
Connection con = null;
PreparedStatement ps = null;
ResultSet rs = null;
TeamData bd = null;
try {
```

```
con = ds.getConnection( )     ;
ps = con.prepareStatement("select t_id , t_title , t_content , signdate , o_quantity , a_quantity , state from bms_team where t_id = ?");
ps.setInt(1, t_id);
rs = ps.executeQuery( )       ;
if (rs.next( )        ) {
bd = makeTeamData(rs);
return bd;
}
}
catch (Exception ex) {
System.out.println("팀 정보 보기 오류 :" + ex.toString( )       );
}
finally {
if (rs != null) {
try {
rs.close( ) ;
}
catch (Exception ex2) {}
}
if (ps != null) {
try {
ps.close( ) ;
}
catch (Exception ex2) {}
}
if (con != null) {
try {
con.close( )          ;
}
catch (Exception ex2) {}
}
```

```
} // finally
return bd;
}

public int getTeamDataCount(int p_id) {
Connection con = null;
PreparedStatement ps = null;
ResultSet rs = null;
int count = 0;
try {
con = ds.getConnection( )   ;
ps = con.prepareStatement("select count(*) from bms_team where p_id=?");
ps.setInt(1, p_id);
rs = ps.executeQuery( )     ;
rs.next( )  ;
count = rs.getInt(1);
}
catch (Exception ex) {
System.out.println("팀 카운터 호출 오류 :" + ex.toString( )   );
}
finally {
if (rs != null) {
try {
rs.close( ) ;
}
catch (Exception ex2) {}
}
if (ps != null) {
try {
ps.close( ) ;
}
catch (Exception ex2) {}
```

```
}
if (con != null) {
try {
con.close( );
}
catch (Exception ex2) {}
}
} // finally
return count;
}

}
```

7.5 모델 2 개발 방식(MVC Model)

본 절에서는 EJB를 이용하여 실제 업무처리 시스템의 동작 과정에 대하여 살펴본다.

학습목표

- 업무처리 시스템의 웹 클라이언트 구현에 대하여 알아본다.

본 절은 EJB를 이용하는 클라이언트 측 프로그램 개발을 위한 과정을 설명하고자 한다. 원격서버에 위치한 EJB 컴포넌트를 호출해서 클라이언트 측 프로그램을 개발할 수 있다. 모델2에 기반 한 웹 프로그램을 개발해 보고자한다.

7.5.1 모델 2 개발 방식(MVC Model)

모델 2 개발 방식은 Model-View-Controller 디자인 패턴에 따른 방식을 말한다.

- · Model : Database 및 레거시 시스템 핸들링에 관여, DB를 연결하거나 풀링, 사용자의 Request를 Controller에 전달하는 등 비즈니스 로직 이외의 부분을 처리
- · Controller : 비즈니스 로직을 처리, Request를 받아 특정한 작업을 처리하고 그 결과를 View에 전달한다.
- · View : 사용자에게 최종적으로 보여 지는 부분, Request를 받거나 Controller로부터 전달된 결과를 Response한다.

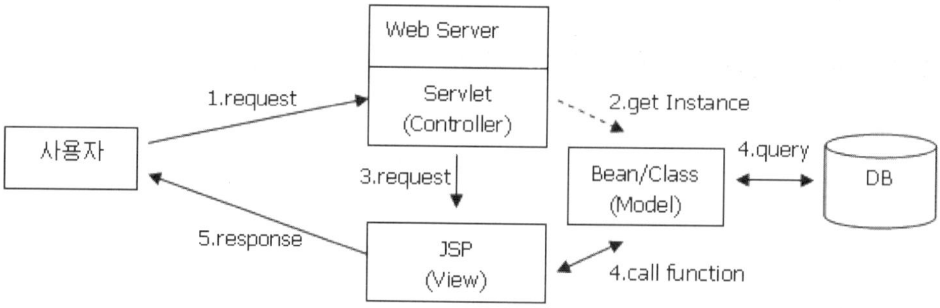

그림 7-18 MVC 구조

7.5.2 업무처리 시스템의 웹 클라이언트 설계

본 절에서는 앞에서 얻은 컴포넌트를 이용해서 웹 클라이언트 설계 부분을 다루고자 한다.

전체 업무처리 시스템 UI(User Interface) 설계는 [그림 7-19]와 같다.

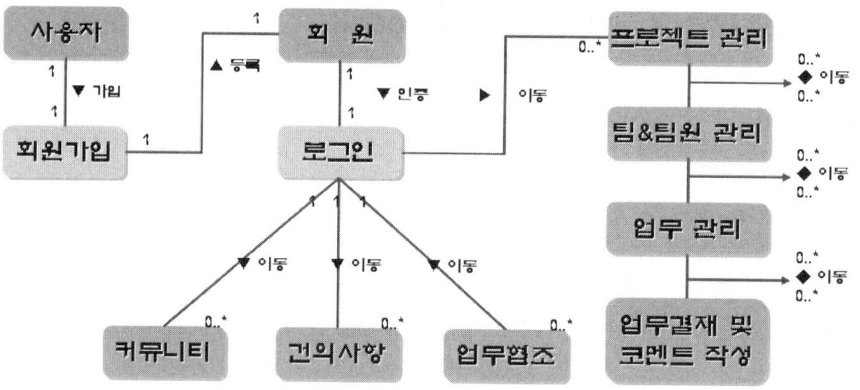

그림 7-19 업무처리 시스템 UI 설계

(1) 회원 등록

회원 가입 후 모든 서비스를 사용 가능하게 만들었으며 로그인으로서 사용자 인증이 가능 하도록 하였다. 회원의 기본 정보를 입력하는 입력 페이지[그림 7-20]로부터 얻어온 데이터를 처리하는 소스 코드가 [예제 코드 7-37], [예제 코드 7-38]이다.

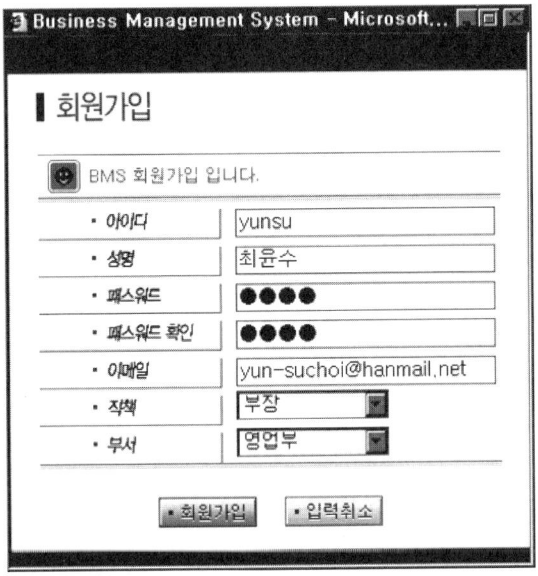

그림 7-20 회원 가입 입력 폼

[예제 코드 7-37] member_handling.jsp

```
<%@ page contentType="text/html;charset=EUC-KR"%>
<%@ page import="java.sql.*"%>
<%@ page import="javax.sql.*"%>
<%@ page import="javax.rmi.*"%>
<%@ page import="javax.naming.*"%>
<%@ page import="javax.transaction.*"%>
<%@ page import="bms.member.*"%>
<%!
public String toKor(String str){
String returns = "";
try{
```

```
returns = new String(str.getBytes("8859_1"),"KSC5601");
}catch(Exception e){
e.printStackTrace( ) ;
}
return returns;
}
%>
<%

MemberData md = new MemberData( )          ;
md.setName(toKor(request.getParameter("name")));
md.setPasswd(toKor(request.getParameter("pw")));
md.setEmail(toKor(request.getParameter("email")));
Context ctx = null;
try{
ctx = new InitialContext( ) ;
Object h = ctx.lookup("Member");
MemberHome home = (MemberHome)PortableRemoteObject.narrow(h,
MemberHome.class);
Member member = home.create( )      ;
member.addMember(md);
}catch(Exception e){
out.println(e);
}
%>
<meta http-equiv='Refresh' content='0; URL=login.jsp'>
```

[예제 코드 7-38] member_list.jsp

```
<%@ include file="header.jsp"%>
<%@ page import="java.util.* %>
<%@ page import="java.sql.*"%>
<%@ page import="javax.sql.*"%>
<%@ page import="javax.rmi.*"%>
<%@ page import="javax.naming.*"%>
<%@ page import="javax.transaction.*"%>
<%@ page import="bms.member.*"%>
<%
String spage = request.getParameter("page");
int ipage = 1;
if(spage != null){
try{
ipage = Integer.parseInt(spage);
}catch(Exception ex){
ipage = 1;
}
}
%>
<table width='689' cellpadding='0' cellspacing='0' border='0' align="center">
<tr>
<td height="30" valign='bottom' align='right'><font color="#777777">Home / Member / /font><font color="#FC8721">List</font></td>
</tr>
<tr>
<td height="10"></td>
</tr>
<tr>
<td><img src="./images/member_title.jpg"></td>
</tr>
<tr>
```

```
<td align='center'>
<table width='660' cellpadding='0' cellspacing='0' border='0' align="center">
<tr>
<td colspan="11" height='40' align='right' valign='bottom'></td>
</tr>
<tr>
<td width="10%" align="center"
background="./images/list_image/bg.jpg"><img
src="./images/list_image/no.jpg"></td>
<td width="1"><img src="./images/list_image/bar.jpg"></td>
<td width="10%" align="center"
background="./images/list_image/bg.jpg"><img
src="./images/list_image/ssn.jpg"></td>
<td width="1"><img src="./images/list_image/bar.jpg"></td>
<td width="20%" align="center"
background="./images/list_image/bg.jpg"><img
src="./images/list_image/name.jpg"></td>
<td width="1"><img src="./images/list_image/bar.jpg"></td>
<td width="20%" align="center"
background="./images/list_image/bg.jpg"><img
src="./images/list_image/email.jpg"></td>
<td width="1"><img src="./images/list_image/bar.jpg"></td>
<td width="20%" align="center"
background="./images/list_image/bg.jpg"><img
src="./images/list_image/date.jpg"></td>
<td width="1"><img src="./images/list_image/bar.jpg"></td>
<td width="20%" align="center"
background="./images/list_image/bg.jpg"><img
src="./images/list_image/transaction.jpg"></td>
</tr>
<% Context ctx =null;
Member member=null;
```

```
try{
ctx=new InitialContext( )      ;
Object h =ctx.lookup("Member");
MemberHome home=(MemberHome)PortableRemoteObject.narrow(h,MemberHome.class);
member=home.create( )        ;
Collection list=member.MemberList(ipage);
int count = member.getMemberDataCount( )    ;
Iterator iter = list.iterator( ) ;
while(iter.hasNext( )){
MemberData md=(MemberData)iter.next( )       ;
%>          <tr>
<td height='30' align='center'><%=count%></td>
<td></td>
<td align='center'><%=md.getSsn( )  %></td>
<td></td>
<td align='center'><a href=project_view.jsp?ssn=<%=md.getSsn( ) %>&page=<%=ipage%>><%=md.getName( )  %></a></td>
<td></td>
<td align='center'><%=md.getEmail( )   %></td>
<td></td>
<td align='center'><%=md.getSigndateString( ) %></td>
<td></td>
<td align='center'><a href=newallocation.jsp?ssn=<%=md.getSsn( ) %>><img src="./images/list_image/add_allocation.jpg" border="0"></a></td>
</tr>
<tr>
<td colspan="11"><img src="./images/list_image/line.jpg"></td>
</tr>
<%
count--;
```

```
    }
}catch(Exception e){
  out.println(e.toString( ) );
}
%> </table> </td> </tr> </table>
```

(2) 프로젝트 등록

로그인 후 새로운 프로젝트의 내용과 비용을 등록한다. [그림 7-21]은 프로젝트 추가하기 시퀀스 다이어그램을 보여 준다.

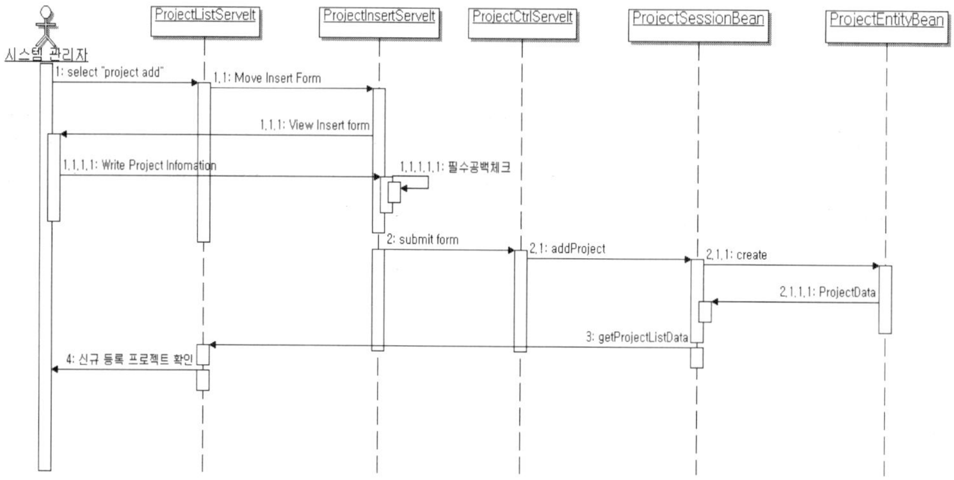

그림 7-21 프로젝트 추가하기 시퀀스 다이어그램

[예제 코드 7-39]는 입력된 프로젝트 리스트에서 원하는 프로젝트를 선택한 후 상세 정보를 알아 볼 수 있는 소스 코드이다.

[예제 코드 7-39] project_handling.jsp

```
<%@ page contentType="text/html;charset=EUC-KR"%>
<%@ page import="java.sql.*"%>
<%@ page import="javax.sql.*"%>
<%@ page import="javax.rmi.*"%>
<%@ page import="javax.naming.*"%>
<%@ page import="javax.transaction.*"%>
<%@ page import="bms.project.*"%>
<%@ include file="session.jsp"%>
<%!
public String toKor(String str){
String returns = "";
try{
returns = new String(str.getBytes("8859_1"),"KSC5601");
}catch(Exception e){
e.printStackTrace( ) ;
}
return returns;
}
%>
<%
String icost = request.getParameter("cost");
int cost = Integer.parseInt(icost);
String icost1 = request.getParameter("cost1");
int cost1 = Integer.parseInt(icost1);
String icost2 = request.getParameter("cost2");
int cost2 = Integer.parseInt(icost2);
String icost3 = request.getParameter("cost3");
int cost3 = Integer.parseInt(icost3);
String icost4 = request.getParameter("cost4");
int cost4 = Integer.parseInt(icost4);
String icost5 = request.getParameter("cost5");
```

```
int cost5 = Integer.parseInt(icost5);
%>
<%
ProjectData pd = new ProjectData( ) ;
pd.setP_title(toKor(request.getParameter("title")));
pd.setP_content(toKor(request.getParameter("content")));
Context ctx = null;
try{
ctx = new InitialContext( ) ;
Object h = ctx.lookup("Project");
ProjectHome home = (ProjectHome)PortableRemoteObject.narrow(h,
ProjectHome.class);
Project project = home.create( )          ;
project.addProject(pd);
}catch(Exception e){
out.println(e);
}
%>
<%
Context initial = new InitialContext( )          ;
Object obj = initial.lookup("SELAB");


Connection con = null;
PreparedStatement ps = null;
ResultSet rs = null;
DataSource ds;
ds = (DataSource) obj;
try {
con = ds.getConnection( )     ;
ps = con.prepareStatement("insert into bms_projectcost values
(project_pid.NEXTVAL-1 , ? , ? , ? , ? , ? , ? , ? , ? , ? , ? , ?)");
```

```
ps.setInt(1,cost);
ps.setInt(2,cost1);
ps.setInt(3,cost1);
ps.setInt(4,cost2);
ps.setInt(5,cost2);
ps.setInt(6,cost3);
ps.setInt(7,cost3);
ps.setInt(8,cost4);
ps.setInt(9,cost4);
ps.setInt(10,cost5);
ps.setInt(11,cost5);
ps.executeUpdate( ) ;
}
catch (Exception e) {
System.out.println("프로젝트 비용추가 오류:" + e.toString( ) );
}
finally {
if (rs != null) {
try {
rs.close( ) ;
}
catch (Exception ex2) {}
}
if (ps != null) {
try {
ps.close( ) ;
}
catch (Exception ex2) {}
}
if (con != null) {
try {
con.close( )          ;
```

```
}
catch (Exception ex2) {}
}
}


%>
<meta http-equiv='Refresh' content='0; URL=project_list.jsp'>
```

(3) 팀 등록

현재의 프로젝트 리스트에서 해당 프로젝트에 팀을 추가하는 기능을 구현한 예제 소스이다. [예제 코드 7-40]은 프로젝트에 팀을 추가하는 페이지 작성 소스이고, [예제 코드 7-41]은 팀 추가 후 처리된 결과를 알려주는 소스 코드이다.

[예제 코드 7-40] p_team_add.jsp

```
<%@ page contentType="text/html; charset=EUC_KR" %>
<%@ page import="java.util.* %>
<%@ page import="java.sql.*"%>
<%@ page import="javax.sql.*"%>
<%@ page import="javax.rmi.*"%>
<%@ page import="javax.naming.*"%>
<%@ page import="javax.transaction.*"%>
<%@ page import="bms.project.*"%>
<!DOCTYPE HTML PUBLIC "-//W3C//DTD HTML 4.01 Transitional//EN">
 <html>
 <head>
 <title>Business Management System</title>
 <meta http-equiv="Content-Type" content="text/html; charset=euc-kr">
 <script language="JavaScript" type="text/JavaScript">
```

```
<!--
function check( ) {
if(document.team.title.length==0) {
alert("팀명을 입력하세요!");
team.title.focus( );
return false;
 }
 if(document.team.content.value.length==0){
 alert("팀 설명을 입력하세요");
 team.content.focus( );
 return false;
 }
 document.team.submit( );
}
function reset( ) {
document.team.reset( );
}

function sumit( ) {


}

function MM_preloadImages( ) { //v3.0
var d=document; if(d.images){ if(!d.MM_p) d.MM_p=new Array( );
var i,j=d.MM_p.length,a=MM_preloadImages.arguments; for(i=0; i<a.length; i++)
if (a[i].indexOf("#")!=0){ d.MM_p[j]=new Image; d.MM_p[j++].src=a[i];}}
}
//-->
</script>
```

[예제 코드 7-41] project_team_detail.jsp

```
<%@ page contentType="text/html; charset=euc-kr" %>
<%@ page import="java.util.* %>
<%@ page import="java.sql.*"%>
<%@ page import="javax.sql.*"%>
<%@ page import="javax.rmi.*"%>
<%@ page import="javax.naming.*"%>
<%@ page import="javax.transaction.*"%>
<%@ page import="bms.proposal.*"%>
<%@ include file="../manage/session.jsp"%>
<%
request.setCharacterEncoding("euc-kr");
Context ctx1 = new InitialContext( ) ;
DataSource ds1 = (javax.sql.DataSource)ctx1.lookup("SELAB");
Connection con1 = ds1.getConnection( )          ;
ResultSet rs1 = null;
ResultSet rsTeam = null;
ResultSet rsName = null;
ResultSet rsOrder = null;
Statement stmtTeam = null;
Statement stmtName = null;
Statement stmtOrder = null;
Statement stmt1 = null;
String sql1 = null;
con1.setAutoCommit(false);
stmt1 = con1.createStatement( )          ;
stmtTeam = con1.createStatement( )  ;
stmtName = con1.createStatement( )  ;
stmtOrder = con1.createStatement( )  ;
%>
```

```
<%
int t_id=0;
String spage = request.getParameter("page");
int ipage = 1;
if(spage != null)
{
ipage = Integer.parseInt(spage);
}

String iprojectselect = request.getParameter("projectselect");
String so_pid = request.getParameter("p_id");
int p_id=0;
if(iprojectselect!=null)
{
p_id = Integer.parseInt(iprojectselect);
}
if(so_pid != null)
{
p_id = Integer.parseInt(so_pid);
}


%>
<!DOCTYPE HTML PUBLIC "-//W3C//DTD HTML 4.01 Transitional//EN">
<html>
<head>
<title>Business Management System</title>
<meta http-equiv="Content-Type" content="text/html; charset=euc-kr">
<script language="JavaScript" type="text/JavaScript">
```

```
<!--
function MM_swapImgRestore( )          { //v3.0
var i,x,a=document.MM_sr; for(i=0;a&&i<a.length&&(x=a[i])&&x.oSrc;i++)
x.src=x.oSrc; }
function MM_preloadImages( )           { //v3.0
var d=document; if(d.images){ if(!d.MM_p) d.MM_p=new Array( )          ;
var i,j=d.MM_p.length,a=MM_preloadImages.arguments; for(i=0; i<a.length;
  i++)
if (a[i].indexOf("#")!=0){ d.MM_p[j]=new Image; d.MM_p[j++].src=a[i];}}
}
function MM_findObj(n, d) { //v4.01
var p,i,x;  if(!d) d=document;
if((p=n.indexOf("?"))>0&&parent.frames.length) {
d=parent.frames[n.substring(p+1)].document; n=n.substring(0,p);}
if(!(x=d[n])&&d.all) x=d.all[n]; for (i=0;!x&&i<d.forms.length;i++)
  x=d.forms[i][n];
for(i=0;!x&&d.layers&&i<d.layers.length;i++)
x=MM_findObj(n,d.layers[i].document);
if(!x && d.getElementById) x=d.getElementById(n); return x; }
function MM_swapImage( )    { //v3.0
var i,j=0,x,a=MM_swapImage.arguments; document.MM_sr=new Array;
for(i=0;i<(a.length-2);i+=3)
if ((x=MM_findObj(a[i]))!=null){document.MM_sr[j++]=x; if(!x.oSrc)
x.oSrc=x.src; x.src=a[i+2];}
}
</script>
<link href="../images/css/title.css" rel="stylesheet" type="text/css">
```

```
<script language="JavaScript"><!--
function submit( )    {
document.project_team.submit( );
} / -->
</script>
</head>
```

(4) 팀원 등록

[예제 코드 7-42]는 해당 팀에 팀원을 추가하는 소스 코드이다.

[예제 코드 7-42] team_member.jsp

```
<%@ page contentType="text/html; charset-EUC_KR" %>
<%@ page import="java.util.* %>
<%@ page import="java.sql.*"%>
<%@ page import="javax.sql.*"%>
<%@ page import="javax.rmi.*"%>
<%@ page import="javax.naming.*"%>
<%@ page import="javax.transaction.*"%>
<%@ page import="bms.project.*"%>
<%@ page import="bms.team.*"%>
<%@ page import="bms.member.*"%>
<%@ page import="bms.allocation.*"%>
<%
String sp_id = request.getParameter("p_id");
int p_id = Integer.parseInt(sp_id);
String st_id = request.getParameter("t_id");
int t_id = Integer.parseInt(st_id);
request.setCharacterEncoding("EUC-KR");
```

```
%>
<%
Context ctx1 = new InitialContext( ) ;
DataSource ds = (javax.sql.DataSource)ctx1.lookup("SELAB");
Connection con = ds.getConnection( );
ResultSet rs1 = null;
ResultSet rs2 = null;
Statement stmt = null;
Statement stmt1 = null;
String sql = null;
con.setAutoCommit(false);
stmt = con.createStatement( )           ;
%>
<%
String idepart = request.getParameter("teamselect");
String imode = request.getParameter("mode");

if(imode==null)
{
imode="--부서선택--";
}
else
{
imode=idepart;
}

%>
```

(5) 업무지시 등록

[예제 코드 7-43]은 해당 프로젝트에 업무를 추가할 경우 호출되는 페이지 작성 소스

코드이다. 업무 추가 버튼을 클릭 후엔 선택된 업무의 세부 내용을 확인할 수 있다. [예제 코드 7-44]는 업무 선택 후 처리 내용을 보여주는 소스 코드이다.

[예제 코드 7-43] order_add.jsp

```
<%@ page contentType="text/html; charset=euc-kr" %>
<%@ page import="java.util.*"%>
<%@ page import="java.sql.*"%>
<%@ page import="javax.sql.*"%>
<%@ page import="javax.rmi.*"%>
<%@ page import="javax.naming.*"%>
<%@ page import="javax.transaction.*"%>
<%@ page import="bms.project.*"%>
 <%@ page import="bms.team.*"%>
 <%@ page import="bms.allocation.*"%>
 <%@ include file="../manage/session.jsp"%>

 <%
 String sp_id = request.getParameter("p_id");
 int p_id = Integer.parseInt(sp_id);

 request.setCharacterEncoding("euc-kr");
 Context ctx1 = new InitialContext( ) ;
 DataSource ds = (javax.sql.DataSource)ctx1.lookup("SELAB");
 Connection con = ds.getConnection( );
 ResultSet rs1 = null;
 ResultSet rs2 = null;
 Statement stmt = null;
 String sql = null;
 con.setAutoCommit(false);
 stmt = con.createStatement( );
 int t_id=0;
 %>
```

[예제 코드 7-44] order_handling.jsp

```
<%@ page contentType="text/html;charset=EUC-KR"%>
<%@ page import="java.sql.*"%>
<%@ page import="javax.sql.*"%>
<%@ page import="javax.rmi.*"%>
<%@ page import="javax.naming.*"%>
<%@ page import="javax.transaction.*"%>
<%@ page import="bms.order.*"%>
<%@ include file="../manage/session.jsp"%>
<%
String flag = request.getParameter("flag");
request.setCharacterEncoding("EUC-KR");
Int p_id=0;
int t_id=0;
%>
<%
If(flag.equals("INSERT"))
{
String sp_id = request.getParameter("p_id");
String st_id = request.getParameter("teamselect");
String rssn = request.getParameter("report_ssn");
String ossn = request.getParameter("order_ssn");
String startdate = request.getParameter("s_year")+"/"+request.getParameter("s_month")+"/"+request.getParameter("s_day");
String enddate = request.getParameter("e_year")+"/"+request.getParameter("e_month")+"/"+request.getParameter("e_day");
p_id = Integer.parseInt(sp_id);
t_id = Integer.parseInt(st_id);
Context ctx2 = new InitialContext( ) ;
```

```
DataSource ds2 = (javax.sql.DataSource)ctx2.lookup("SELAB");
Connection con2 = ds2.getConnection( )        ;
ResultSet rs2 = null;
Statement stmt2 = null;
String sql2 = null;
con2.setAutoCommit(false);
stmt2 = con2.createStatement( )        ;
sql2 = null;
sql2 = "select t_id from bms_allocation where p_id = '"+p_id+"' and id ='"+ossn+"'";
rs2 = stmt2.executeQuery(sql2);
rs2.next( ) ;
int orderteam=rs2.getInt(1);
rs2.close( );
OrderData od = new OrderData( )  ;
od.setP_id(p_id);
od.setT_id(t_id);
od.setO_title(request.getParameter("title"));
od.setStartdate(startdate);
od.setEnddate(enddate);
od.setO_content(request.getParameter("content"));
od.setO_order(ossn);
od.setO_orderteam(orderteam);
od.setO_report(rssn);
od.setO_reportteam(t_id);
Context ctx = null;
try{
ctx = new InitialContext( )  ;
Object h = ctx.lookup("Order");
OrderHome home = (OrderHome)PortableRemoteObject.narrow(h, OrderHome.class);
Order order = home.create( )          ;
order.addOrder(od);
```

```
}
catch(Exception e)
{
out.println(e);
}
}

else if(flag.equals("MODIFY"))
{
String sp_id = request.getParameter("p_id");
String st_id = request.getParameter("teamselect");
String so_id = request.getParameter("o_id");
String rssn = request.getParameter("report_ssn");
String startdate = request.getParameter("s_year")+"/"+request.getParameter("s_month")+"/"+request.getParameter("s_day");
String enddate = request.getParameter("e_year")+"/"+request.getParameter("e_month")+"/"+request.getParameter("e_day");
p_id = Integer.parseInt(sp_id);
t_id = Integer.parseInt(st_id);
int o_id = Integer.parseInt(so_id);
OrderData od = new OrderData( )    ;
od.setO_title(request.getParameter("title"));
od.setStartdate(startdate);
od.setEnddate(enddate);
od.setO_content(request.getParameter("content"));
od.setO_report(rssn);
od.setO_reportteam(t_id);
od.setO_id(o_id);
Context ctx = null;
try{
```

```
ctx = new InitialContext( ) ;
Object h = ctx.lookup("Order");
OrderHome home = (OrderHome)PortableRemoteObject.narrow(h,
rderHome.class);
Order order = home.create( )          ;
order.updateOrder(od);
}
catch(Exception e)
{
out.println(e);
}
}

%>
<meta http-equiv='Refresh' content='0;
URL=order_list.jsp?p_id=<%=p_id%>&t_id=<%=t_id%>'>
```

[예제 코드 7-45]는 확인된 업무 내용을 확인 후 업무 보고서를 제출하고 자 할 때 호출되는 페이지 작성 소스 코드이다.

[예제 코드 7-45] report_handling.jsp

```
<%@ page contentType="text/html;charset=EUC-KR"%>
<%@ page import="java.sql.*"%>
<%@ page import="javax.sql.*"%>
<%@ page import="javax.rmi.*"%>
<%@ page import="javax.naming.*"%>
<%@ page import="javax.transaction.*"%>
<%@ page import="bms.report.*"%>
<%@ include file = "../manage/session.jsp"%>
```

```
<%
 request.setCharacterEncoding("EUC-KR");
 int p_id=0;
 int t_id=0;
 int o_id=0;
 %>
 <%
 String sp_id = request.getParameter("p_id");
 p_id = Integer.parseInt(sp_id);
 String st_id = request.getParameter("t_id");
 t_id = Integer.parseInt(st_id);
 String so_id = request.getParameter("o_id");
 o_id = Integer.parseInt(so_id);
 String order = request.getParameter("order");
 String report = request.getParameter("report");
 String iorderteam = request.getParameter("orderteam");
 String ireportteam = request.getParameter("reportteam");
 int orderteam = Integer.parseInt(iorderteam);
 int reportteam = Integer.parseInt(ireportteam);
 ReportData rd = new ReportData( ) ;
 rd.setP_id(p_id);
 rd.setT_id(t_id);
 rd.setO_id(o_id);
 rd.setR_title(request.getParameter("title"));
 rd.setR_content(request.getParameter("content"));
 rd.setR_order(order);
 rd.setR_report(report);
 rd.setR_reportteam(reportteam);
 rd.setR_orderteam(orderteam);
 Context ctx = null;
 try{
 ctx = new InitialContext( ) ;
```

```
Object h =ctx.lookup("Report");
ReportHome
home=(ReportHome)PortableRemoteObject.narrow(h,ReportHome.class);
Report report1=home.create( )          ;
report1.addReport(rd);
}catch(Exception e){
out.println(e);
}
int r_id=rd.getR_id( )          ;
%>
<meta http-equiv='Refresh' content='0;
URL=order_readok.jsp?p_id=<%=p_id%>&t_id=<%=t_id%>&o_id=<%=o_id%
>&r_id=<%=r_id%>'>
```

(6) 업무결재 등록

[예제 코드 7-46]은 업무 보고서 내용을 확인하고 결재를 하는 페이지 작성 소스 코드이다.

[예제 코드 7-46] approval_handling.jsp

```
<%@ page contentType="text/html;charset=EUC-KR"%>
<%@ page import="java.sql.*"%>
<%@ page import="javax.sql.*"%>
<%@ page import="javax.rmi.*"%>
<%@ page import="javax.naming.*"%>
<%@ page import="javax.transaction.*"%>
<%@ page import="java.util.* %>
<%@ page import=" java.text.*%>

<%

request.setCharacterEncoding("EUC-KR");
```

```
String sp_id = request.getParameter("p_id");
int p_id = Integer.parseInt(sp_id);
String sr_id = request.getParameter("r_id");
int r_id = Integer.parseInt(sr_id);
String so_id = request.getParameter("o_id");
int o_id = Integer.parseInt(so_id);
String content = request.getParameter("content");
String ipage = request.getParameter("page");
String order = request.getParameter("order");
String report = request.getParameter("report");
String sreportteam = request.getParameter("reportteam");
int reportteam = Integer.parseInt(sreportteam);
String sorderteam = request.getParameter("orderteam");
int orderteam = Integer.parseInt(sorderteam); %>
<%
Context initial = new InitialContext( )          ;
Object obj = initial.lookup("SELAB");
Connection con = null;
PreparedStatement ps = null;
ResultSet rs = null;
DataSource ds;
ds = (DataSource) obj;
```

```
try {
con = ds.getConnection( )    ;
ps = con.prepareStatement("insert into bms_approval values
(approval_a_id.NEXTVAL , ? , ? , ? , ? , ? , ? , ? , ? , ? )");
ps.setInt(1,o_id);
ps.setInt(2,p_id);
long time = new java.util.Date( )      .getTime( );
java.sql.Timestamp timeStamp = new java.sql.Timestamp(time);
ps.setTimestamp(3,timeStamp);
ps.setString(4,content);
ps.setString(5,order);
ps.setInt(6,orderteam);
ps.setString(7,report);
ps.setInt(8,reportteam);
ps.setInt(9,r_id);
ps.executeUpdate( ) ;
}
catch (Exception e) {
System.out.println("업무결재 추가 오류:" + e.toString( )       );
}
finally {
if (rs != null) {
try {
rs.close( ) ;
}
catch (Exception ex2) {}
}
if (ps != null) {
try {
ps.close( ) ;
}
catch (Exception ex2) {}
```

```
}
if (con != null) {
try {
con.close( );
}
catch (Exception ex2) {}
}
}
%>
<%
Connection con1 = null;
PreparedStatement ps1 = null;
ResultSet rs1 = null;
DataSource ds1;
ds1 = (DataSource) obj;
try {
con1 = ds1.getConnection( ) ;
ps1 = con1.prepareStatement("update bms_report set state = ? where r_id = ? ");
ps1.setInt(1,3);
ps1.setInt(2,r_id);
ps1.executeUpdate( )          ;
}
catch (Exception e) {
System.out.println("업무결재 상태 오류:" + e.toString( )        );
}
finally {
if (rs != null) {
try {
rs1.close( );
}
catch (Exception ex2) {}
}
```

```
if (ps1 != null) {
try {
ps1.close( )            ;
}
catch (Exception ex2) {}
}
if (con1 != null) {
try {
con1.close( )            ;
}
catch (Exception ex2) {}
}
}

%>
<meta http-equiv='Refresh' content='0;
URL=approval_list.jsp?p_id=<%=p_id%>&page=<%=ipage%>'>

```

(7) 건의사항 등록

각 프로젝트에 해당하는 건의사항을 추가하는 소스 코드이다.

[예제 코드 7-47] porposal_handling.jsp

```
<%@ page contentType="text/html;charset=EUC-KR"%>
<%@ page import="java.sql.*"%>
<%@ page import="javax.sql.*"%>
<%@ page import="javax.rmi.*"%>
<%@ page import="javax.naming.*"%>
<%@ page import="javax.transaction.*"%>
<%@ page import="bms.proposal.*"%>
<%@ include file="../manage/session.jsp"%>
```

```
<%
request.setCharacterEncoding("EUC-KR");
String flag = request.getParameter("flag");
%>
<%
String sp_id = request.getParameter("p_id");   // 프로젝트 아이디
int p_id = Integer.parseInt(sp_id);
String spage = request.getParameter("page");
int ipage = 1;
if(spage != null)
{
ipage = Integer.parseInt(spage);
}
if(flag.equals("INSERT"))
{
String title = request.getParameter("title");
String content = request.getParameter("content");
String name = session_name;
Context ctx1 = new InitialContext( ) ;
DataSource ds1 = (javax.sql.DataSource)ctx1.lookup("SELAB");
Connection con1 = ds1.getConnection( )          ;
ResultSet rs1 = null;
Statement stmt1 = null;
String sql1 = null;
con1.setAutoCommit(false);
stmt1 = con1.createStatement( )          ;
sql1 = "select t_id from bms_allocation where id='"+session_id+"' and p_id='"+p_id+"'";
rs1 = stmt1.executeQuery(sql1);
rs1.next( ) ;
```

```
int t_id=rs1.getInt(1);
rs1.close( );
Context ctx2 = new InitialContext( ) ;
DataSource ds2 = (javax.sql.DataSource)ctx2.lookup("SELAB");
Connection con2 = ds2.getConnection( )        ;
ResultSet rs2 = null;
Statement stmt2 = null;
String sql2 = null;
con2.setAutoCommit(false);
stmt2 = con2.createStatement( )        ;
sql2 = "select  t_title from bms_team  where t_id='"+t_id+"'";
rs2 = stmt2.executeQuery(sql2);
rs2.next( ) ;
String team=rs2.getString(1);
rs2.close( );
ProposalData od = new ProposalData( );
od.setP_id(p_id);
od.setPro_title(title);
od.setPro_content(content);
od.setPro_name(name);
od.setPro_team(team);
Context ctx = null;
try{
ctx = new InitialContext( );
Object h = ctx.lookup("Proposal");
ProposalHome home = (ProposalHome)PortableRemoteObject.narrow(h,
ProposalHome.class);
Proposal proposal = home.create( );
proposal.addProposal(od);
}
catch(Exception e)
{
```

```
out.println(e);
}
}
else if(flag.equals("DELETE"))
{
String spro_id = request.getParameter("pro_id");
int pro_id = Integer.parseInt(spro_id);
ProposalData bd = new ProposalData( );
Context ctx = null;
try{
ctx = new InitialContext( );
Object h = ctx.lookup("Proposal");
ProposalHome home = (ProposalHome)PortableRemoteObject.narrow(h,
ProposalHome.class);
Proposal proposal = home.create( );
proposal.deleteProposal(pro_id);
}
catch(Exception e)
{
out.println(e.toString( ) );
}
}

else if(flag.equals("MODIFY"))
{
String title = request.getParameter("title");
String content = request.getParameter("content");
String spro_id = request.getParameter("pro_id");
int pro_id = Integer.parseInt(spro_id);
ProposalData od = new ProposalData( );
od.setPro_title(title);
od.setPro_content(content);
```

```
od.setPro_id(pro_id);
Context ctx = null;
try{
ctx = new InitialContext( );
Object h = ctx.lookup("Proposal");
ProposalHome home = (ProposalHome)PortableRemoteObject.narrow(h,
ProposalHome.class);
Proposal proposal = home.create( );
proposal.updateProposal(od);
}
catch(Exception e)
{
out.println(e);
}
}
%>
<meta http-equiv='Refresh' content='0;
URL=proposal_list.jsp?p_id=<%=p_id%>&page=<%=ipage%>'>
```

(8) 업무협조 등록

[예제 코드 7-48]은 각 프로젝트에 해당되는 업무협조 내용을 작성하는 소스 코드이다.

[예제 코드 7-48] cooper_handling.jsp

```
<%@ page contentType="text/html;charset=EUC-KR"%>
<%@ page import="java.sql.*"%>
```

```
<%@ page import="javax.sql.*"%>
<%@ page import="javax.rmi.*"%>
<%@ page import="javax.naming.*"%>
<%@ page import="javax.transaction.*"%>
<%@ page import="bms.cooper.*"%>
<%@ include file="../manage/session.jsp"%>
<%
request.setCharacterEncoding("EUC-KR");
String flag = request.getParameter("flag");
%>
<%
String sp_id = request.getParameter("p_id");  // 프로젝트 아이디
int p_id = Integer.parseInt(sp_id);
String spage = request.getParameter("page");
int ipage = 1;
if(spage != null)
{
ipage = Integer.parseInt(spage);
}
if(flag.equals("INSERT"))
{
String st_id = request.getParameter("teamselect"); // 팀아이디
String rssn = request.getParameter("report_ssn"); // 수행자성명
String ossn = session_name; // 지시자 성명
int t_id = Integer.parseInt(st_id);
Context ctx1 = new InitialContext( ) ;
DataSource ds1 = (javax.sql.DataSource)ctx1.lookup("SELAB");
```

```
Connection con1 = ds1.getConnection( )          ;
ResultSet rs1 = null;
Statement stmt1 = null;
String sql1 = null;
con1.setAutoCommit(false);
stmt1 = con1.createStatement( )          ;
sql1 = "select t_title from bms_team where t_id='"+t_id+"'";
rs1 = stmt1.executeQuery(sql1);
rs1.next( ) ;
String report_team=rs1.getString(1);
rs1.close( );
Context ctx2 = new InitialContext( ) ;
DataSource ds2 = (javax.sql.DataSource)ctx2.lookup("SELAB");
Connection con2 = ds2.getConnection( )          ;
ResultSet rs2 = null;
Statement stmt2 = null;
String sql2 = null;
con2.setAutoCommit(false);
stmt2 = con2.createStatement( )          ;
sql2 = "select  t_id from bms_allocation  where p_id='"+p_id+"' and id='"+session_id+"'" ;
rs2 = stmt2.executeQuery(sql2);
rs2.next( ) ;
int order_tid=rs2.getInt(1);
rs2.close( );
Context ctx3 = new InitialContext( ) ;
DataSource ds3 = (javax.sql.DataSource)ctx3.lookup("SELAB");
Connection con3 = ds3.getConnection( )          ;
ResultSet rs3 = null;
Statement stmt3 = null;
String sql3 = null;
con3.setAutoCommit(false);
stmt3 = con3.createStatement( )          ;
```

```
sql3 = "select  t_title from bms_team where t_id='"+order_tid+"'";
rs3 = stmt3.executeQuery(sql3);
rs3.next( ) ;

String order_team=rs3.getString(1);
rs3.close( );
CooperData od = new CooperData( ) ;
od.setP_id(p_id);
od.setC_title(request.getParameter("title"));
od.setC_content(request.getParameter("content"));
od.setC_order(ossn);
od.setC_orderteam(order_team);
od.setC_report(rssn);
od.setC_reportteam(report_team);

Context ctx = null;
try{
ctx = new InitialContext( )  ;
Object h = ctx.lookup("Cooper");
CooperHome home = (CooperHome)PortableRemoteObject.narrow(h,
CooperHome.class);
Cooper cooper = home.create( )        ;
cooper.addCooper(od);
}
catch(Exception e)
{
out.println(e);
}
}
else if(flag.equals("DELETE"))
{

```

```
String sc_id = request.getParameter("c_id");
int ic_id = Integer.parseInt(sc_id);
CooperData bd = new CooperData( ) ;
Context ctx = null;
try{
ctx = new InitialContext( )  ;
Object h = ctx.lookup("Cooper");
CooperHome home = (CooperHome)PortableRemoteObject.narrow(h,
CooperHome.class);
Cooper cooper = home.create( )        ;
cooper.deleteCooper(ic_id);
}catch(Exception e){
out.println(e.toString( )         );
}

}
else if(flag.equals("MODIFY"))
{
String reportteam = request.getParameter("teamselect"); // 수행자팀명
String report = request.getParameter("report_ssn"); // 수행자성명
String order = request.getParameter("order");; // 지시자 성명
String title = request.getParameter("title"); // 제목
String content = request.getParameter("content"); //내용
String sc_id = request.getParameter("c_id");
int c_id = Integer.parseInt(sc_id);
CooperData od = new CooperData( ) ;
od.setC_title(title);
```

```
od.setC_content(content);
od.setC_report(report);
od.setC_reportteam(reportteam);
od.setC_id(c_id);

Context ctx = null;
try{
ctx = new InitialContext( ) ;
Object h = ctx.lookup("Cooper");
CooperHome home = (CooperHome)PortableRemoteObject.narrow(h,
CooperHome.class);
Cooper cooper = home.create( );
cooper.updateCooper(od);
}
catch(Exception e)
{
out.println(e);
}
}

%>
<meta http-equiv='Refresh' content='0;
URL=cooper_list.jsp?p_id=<%=p_id%>&page=<%=ipage%>'>
```

(9) 공지사항 등록

[예제 코드 7-49], [예제 코드 7-50]은 공지사항 읽기와 처리 후의 공지사항 내용 확인

을 나타내는 소스 코드이다.

[예제 코드 7-49] com_notice_read.jsp

```
<%@ page contentType="text/html;charset=euc-kr"%>
<%@ page import="java.util.*"%>
<%@ page import="java.sql.*"%>
<%@ page import="javax.sql.*"%>
<%@ page import="javax.rmi.*"%>
<%@ page import="javax.naming.*"%>
<%@ page import="javax.transaction.*"%>
<%@ page import="bms.notice.*"%>
<%@ include file="../manage/session.jsp"%>
<% String iprojectselect = request.getParameter("projectselect");
String so_pid = request.getParameter("p_id");
int p_id=0;
if(iprojectselect!=null)
{
p_id = Integer.parseInt(iprojectselect);
}
if(so_pid != null)
{
p_id = Integer.parseInt(so_pid);
}
String spage = request.getParameter("page");
int ipage = 1;
if(spage != null){
try{
ipage = Integer.parseInt(spage);
}catch(Exception ex){
ipage = 1;
}
}
```

```
String sseq = request.getParameter("seq");
int iseq = 0;
if(sseq == null){
%>
<script language="JavaScript">
window.alert("seq값이 전달되지 않았습니다.");
history.go(-1);
</script>
<%
return;
}
try{
iseq = Integer.parseInt(sseq);
}catch(Exception ex){
%>
<script language="JavaScript">
window.alert("잘못된 seq값이 전달되었습니다.");
history.go(-1);
</script>
<%
return;
}
%>
<%
Context ctx = null;
NoticeManager noticeManager = null;

try{
ctx = new InitialContext( ) ;
Object h = ctx.lookup("NoticeManager");
NoticeManagerHome home =
(NoticeManagerHome)PortableRemoteObject.narrow(h, NoticeManagerHome.class);
```

```
noticeManager = home.create( )          ;
noticeManager.updateReadCount(iseq);
NoticeData bd = noticeManager.getNoticeData(iseq);
%>
```

[예제 코드 7-50] com_notice_list.jsp

```
<%@ page contentType="text/html; charset=euc-kr" %>
<%@ page import="java.util.*"%>
<%@ page import="java.sql.*"%>
<%@ page import="javax.sql.*"%>
<%@ page import="javax.rmi.*"%>
<%@ page import="javax.naming.*"%>
<%@ page import="javax.transaction.*"%>
<%@ page import="bms.notice.*"%>


<%@ include file="../manage/session.jsp"%>

<%
String iprojectselect = request.getParameter("projectselect");
String so_pid = request.getParameter("p_id");
int p_id=0;
if(iprojectselect!=null)
{
p_id = Integer.parseInt(iprojectselect);
}
if(so_pid != null)
{
p_id = Integer.parseInt(so_pid);
}
String spage = request.getParameter("page");
```

```
int ipage = 1;
if(spage != null)
{
ipage = Integer.parseInt(spage);
}
%>
```

(10) 게시판 등록

[예제 코드 7-51], [예제 코드 7-52]은 게시물 등록과 등록 후 처리 결과를 나타내는 소스 코드 이다.

[예제 코드 7-51] com_board_add.jsp

```
<%@ page contentType="text/html; charset=euc-kr" %>
<%@ include file = "../manage/session.jsp"%>
<%
nt t_id=0;
String spage = request.getParameter("page");
int ipage = 1;
If(spage != null)
{
ipage = Integer.parseInt(spage);
}

String iprojectselect = request.getParameter("projectselect");
String so_pid = request.getParameter("p_id");
int p_id=0;
if(iprojectselect!=null)
{
p_id = Integer.parseInt(iprojectselect);
}
```

```
if(so_pid != null)
{
p_id = Integer.parseInt(so_pid);
}


%>
```

[예제 코드 7-52] com_board_handling.jsp

```
<%@ page contentType="text/html;charset=EUC-KR"%>

<%@ page import="java.sql.*"%>
<%@ page import="javax.sql.*"%>
<%@ page import="javax.rmi.*"%>
<%@ page import="javax.naming.*"%>
<%@ page import="javax.transaction.*"%>
<%@ page import="bms.board.*"%>
<%@ include file="../manage/session.jsp"%>

 <%
String spage = request.getParameter("page");
int ipage = 1;
if(spage != null)
{
try{
ipage = Integer.parseInt(spage);
}catch(Exception ex){
ipage = 1;
}
}
```

```
%>
<%
request.setCharacterEncoding("EUC-KR");
%>
<%
String flag = request.getParameter("flag");
if(flag.equals("MODIFY"))
{
String sseq = request.getParameter("seq");
int iseq = 0;
try{
iseq = Integer.parseInt(sseq);
}catch(Exception ex){}
BoardData bd = new BoardData( )      ;
bd.setSeq(iseq);
bd.setName("name");
bd.setTitle(request.getParameter("title"));
bd.setContent(request.getParameter("content"));
Context ctx = null;
try{
ctx = new InitialContext( );
Object h = ctx.lookup("BoardManager");
BoardManagerHome home = (BoardManagerHome)PortableRemoteObject.narrow(h, BoardManagerHome.class);
BoardManager boardManager = home.create( );
```

```
boardManager.updateBoardData(bd);
}catch(Exception e){
out.println(e.toString( )          );
}
}
else if(flag.equals("INSERT"))
{
BoardData bd = new BoardData( )    ;
bd.setName(session_name);
// bd.setPasswd("50xxqm");
bd.setTitle(request.getParameter("title"));
bd.setContent(request.getParameter("content"));
```

7.5.3 JSP 웹 클라이언트 페이지 테스트

Index 페이지이며, 로그인을 하기위한 화면 소스를 간략히 살펴보면 [예제 코드 7-53] 과 같다.

[예제 코드 7-53] index.jsp

```
<%@ page contentType="text/html; charset=EUC-KR" %>
<%@ page import = "java.sql.*" %>
<%@ page import = "javax.sql.*" %>
<%@ page import = "javax.naming.*" %>
<%
Context ctx = new InitialContext( ) ;
DataSource ds = (javax.sql.DataSource)ctx.lookup("SELAB");
Connection con = ds.getConnection( );
ResultSet rs = null;
Statement stmt = null;
```

```
String sql = null;
con.setAutoCommit(false);
stmt = con.createStatement( )          ;
%>

<!DOCTYPE HTML PUBLIC "-//W3C//DTD HTML 4.01 Transitional//EN">
<html>
<head>
<title>Business Management System에 오신것을 환영합니다.!</title>
<meta http-equiv="Content-Type" content="text/html; charset=euc-kr">
<style type="text/css">
<!--
.singlbox {
font-family: "돋움";
font-size: 12px;
color: #999999;
border: 1px solid #CCCCCC;
padding-top: 4px;
padding-bottom: 4px;
padding-left: 4px;
}
-->
</style>

<Script language = javascript>
function check( )   {
if(document.login.id.value.length==0){
alert("아이디를 입력하세요");
join.id.focus( )          ;
return false;
}
if(document.login.passwd.value.length==0){
```

```
alert("비밀번호를 입력하세요");
join.passwd.focus( ) ;
return false;
}
document.login.submit( )        ;
}

</script>

</head>

<body leftmargin="0" topmargin="200">

<form name = "login" method="post" action="login_handling.jsp">
<table width="850" border="0" align="left" cellpadding="0" cellspacing="0">
<tr>
<td width="200" rowspan="3"><img src="images/index/left.gif" width="200" height="274" border="0"></td>
<td height="200" colspan="7"><object classid="clsid:D27CDB6E-AE6D-11cf-96B8-444553540000" codebase="http://download.macromedia.com/pub/shockwave/cabs/flash/swflash.cab#version=6,0,29,0" width="650" height="200">
<param name="movie" value="images/index/index.swf">
<param name="quality" value="high">
<embed src="images/index/index.swf" quality="high" pluginspage="http://www.macromedia.com/go/getflashplayer" type="application/x-shockwave-flash" width="650" height="200"></embed>
</object>
</td>
</tr>
<tr>
<td height="30" colspan="7"><img src="images/index/under.gif" width="650"
```

```
    height="30"></td>
</tr>
</table>
</form>

</body>
</html>
```

웹 로직 서버를 실행하여 지금까지 작성한 모든 소스들에 대한 테스트를 갖는다. 오류 없이 작성된 경우에는 [그림 7-23]과 같이 웹 페이지가 실행된다.

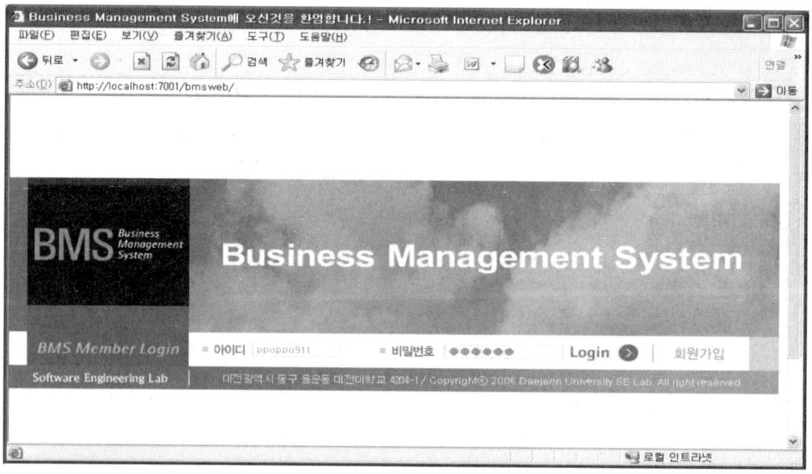

그림 7-23 index 페이지

연 습 문 제

1. 업무처리 시스템(BMS)에 관리자 로그인 기능을 EJB를 이용하여 추가하시오.

2. 업무처리 시스템(BMS) 관리자 기능 중 최종정산 기능을 EJB를 이용하여 작성하시오.

CHAPTER 부록

웹로직 설치 가이드

부록 웹로직 설치 가이드

Ⅰ. BEA 웹로직 플랫폼의 기능

BEA 웹로직 플랫폼은 현존하는 웹로직 제품문(Application Server, Development, Portal, Integration)의 모든 기능을 통합하여 단일화하고 확장성 있는 솔루션으로 결합한 제품이다.

Ⅱ. 설치

웹로직 설치 프로그램은 그래픽 모드, 콘솔 모드, 사일런트(silent) 모드 설치와 같이 3가지를 지원한다. 본 교재는 이 중 그래픽 및 콘솔 모드 설치 과정을 다루도록 하겠다. 2가지 모드의 설치 과정은 다음과 같다.

1. BEA 라이센스 협정 동의
2. 설치 타입 선택
3. BEA 홈 디렉토리 선택
4. 다운로드 옵션 선택
5. 제품 설치 디렉토리 선택
6. 설치

각 단계에 대하여 자세히 알아보도록 하자.

웹로직 플랫폼은 라이센스 없이는 사용할 수 없다. 웹로직 플랫폼을 설치하면 90일간 평가판 라이센스가 설치된다. 이 평가판 라이센스에서는 최대 20개 클라이언트가 접근할 수 있다. 90일간의 평가 기간이 끝나면 개발 라이센스(Development License)또는 제품 라이센스(Porduct License)를 구매해야 하는데 웹로직 플랫폼 전체 라이센스로 구매할 수도 있으며 개별 컴포넌트별로 구매할 수도 있다.

웹로직 플랫폼 설치 프로그램은 일반 설치와 사용자 정의 설치 와 같이 두 가지 설치 타입을 제공한다.

일반 설치 타입은 웹로직 플랫폼이 제공하는 모든 소프트웨어 컴포넌트가 시스템에 설치된다. 또한 모든 소프트웨어 컴포넌트에 대한 샘플 도메인과 웹로직 플랫폼 투어 프로그램이 포인트베이스(PointBase) 데이터베이스와 함께 미리 설정된 환경하에 설치된다.

사용자 정의 설치는 사용자가 시스템에 설치 할 컴포넌트를 선택할 수 있는 기능을 제공한다. 사용자가 선택한 컴포넌트가 설치되고 나면 웹로직 플랫폼 설정 마법사(Weblogic Platform Configuation Wizard)가 제공된다. 설정 마법사는 이미 설정된 도메인 템플릿을 이용하여 웹로직 도메인을 구성할 수 있는 기능을 제공한다.

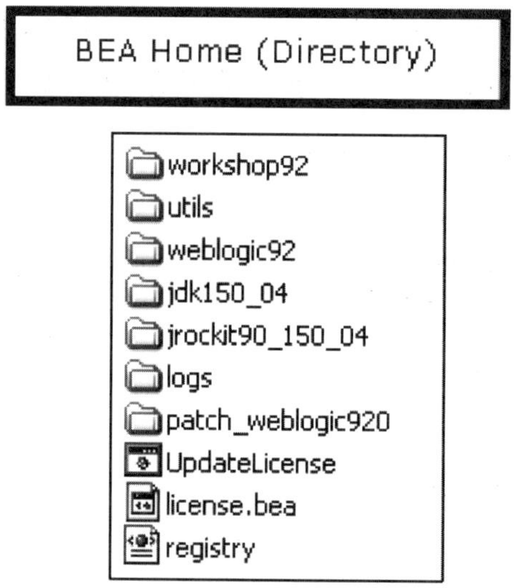

그림 1 BEA 홈 디렉토리 구조

[그림 2]는 제품 설치 디렉토리를 지정하는 그림이다. 이 디렉토리에는 시스템에 설치할 웹로직 플랫폼 소프트웨어 컴포넌트와 예제 파일이 들어간다. 기본값으로 BEA_HOME 디렉토리 밑에 weblogic92 디렉토리가 생성된다. 설치 프로그램은 이 디렉토리를 WL_HOME으로 설정하여 사용한다.

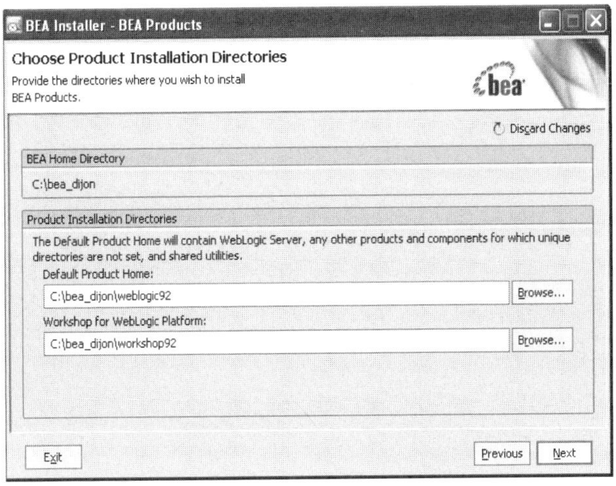

그림 2 제품 설치 디렉토리

웹로직 플랫폼을 설치할 디렉토리를 지정하고 나면 사용자가 선택한 웹로직 플랫폼 컴포넌트를 시스템에 설치한다. 설치가 완료되면 웹로직 플랫폼이 설치된 디렉토리에 웹로직 플랫폼 소프트웨어가 성공적으로 설치되었다는 메시지가 나타난다. 이로써 웹로직 플랫폼 설치를 모두 마쳤다.

찾아보기

(O)

저자 약력

황 선 명

e-mail : sunhwang@dju.ac.kr
1982년 중앙대학교 전자계산학과 (이학사)
1984년 중앙대학교 소프트웨어공학전공 (이학석사)
1987년 중앙대학교 소프트웨어공학전공 (이학박사)
2006년~현재 한국정보처리학회 소프트웨어 연구회 위원장
2006년~현재 한국지식정보기술학회 부회장
1997년~현재 ISO/IEC SC7/WG10 운영위원
2000년~현재 한국소프트웨어 프로세스 심사인협회 이사
2003년~2006년 한국정보처리학회 논문지 편집위원
1996년~2000년 한국정보과학회 학회지 편집위원
2004년~2005년 한국멀티미디어학회 학회지 편집위원
1989년~현재 대전대학교 교수
관심분야 : 소프트웨어 프로세스 모델, 품질 메트릭스, 소프트웨어공학 표준화, 컴포넌트 품질측정, 테스팅 방법론 등

염 희 균

e-mail : yeom@dju.ac.kr
2002년 대전대학교 소프트웨어공학 전공 (공학 석사)
2004년~2006년 대전대학교 소프트웨어공학 전공 박사 수료
2006년~현재 대전보건대학 바이오정보과 초빙 교수
관심분야 : 소프트웨어 프로세스 모델, 품질 메트릭스, 소프트웨어공학 표준화, 컴포넌트 품측정, 테스팅 방법론 등

도서출판 그린

시스템분석 및 설계

초판 발행일 ▶	2007년 3월 1일
재판 발행일 ▶	2007년 3월 5일
저자 ▶	황선명, 염희균
발행인 ▶	윤 덕 우
발행처 ▶	도서출판 그린
출판등록 ▶	제8-161호(1995. 5. 3.)
주소 ▶	서울시 서대문구 연희동 219-20 (우)120-110
전화 ▶	02)333-2574, 2575
Fax ▶	02)333-2561
E-mail ▶	greenpress@greenpress.co.kr
Homepage ▶	http://www.greenpress.co.kr

판권 소유

정가 : 19,000원

ISBN 978-89-5727-089-9 93560